기도의 도리

How to pray
by the Word of God

기도의 도리

발행일　2024년 7월 5일 초판 1쇄

지은이　김홍전

펴낸이　김진우

펴낸곳　생명나무

전화　02) 977-2780

등록일　2016년 10월 20일

등록번호　318-93-00280

주소　서울특별시 노원구 수락산로(상계동) 258, 502동

홈페이지　www.rew.kr

총판　(주)비전북출판유통

주소　경기도 고양시 일산서구 덕이동 1347-7

전화　032) 907-3927

팩스　031) 905-3297

How to pray by the Word of God
by Hong Chun Kim © Hong Chun Kim's
Heirs 2024, Printed in Korea

ISBN　979-11-985650-13 03230

가격　20,000원

\ **생명나무** 출판사는 위대한 종교개혁의 정신을 계승하고,
개혁신앙의 유산을 이 시대에 적용하고 확산시키며
후손들에게 상속하기 위해 설립되었습니다.
이러한 거룩한 도전과 모험을 통해서
주께서 영광을 받으시고 주의 백성들이 새롭게 되며,
교회가 참된 권능을 회복하도록 최선을 다하겠습니다.

기도의 도리

How to pray
by the Word of God

김홍전 지음

생명나무

일러두기

- 성경은 주로 개역한글판을 사용했으며 설명의 편의를 위해서 구역을 인용하기도 하고 낱말이나 구절을 다시 번역하거나 설명을 더 하기도 하였습니다.

- 성삼위의 한 위(位)의 성호(聖號)인 성령을 저자는 성신(聖神)으로 호칭하였습니다. 성신은 한국교회에서 1960년대까지 널리 사용된 이름이었습니다. 이 책에서는 성신 대신 성령으로 바꾸어 표기하였습니다.

〔 김홍전 신학연구회 www.hckims.kr 소개 〕

고 김홍전 목사의 가르침을 직접 혹은 간접으로 받은 후학들 일부가 모여 그의 가르침을 연구하고 체계화하여 다시 제시하는 것이 우리의 사명이요 성령님의 인도임을 확신하게 되었습니다. 동시에 우리가 속한 현실과 역사를 성경이 가르치는 교훈으로 더욱 밝혀 나가야 할 필요성을 절감하였습니다. 이런 이유로 우리는 이 시대에 보냄을 받은 자들로서 김홍전 신학연구회를 결성하여 개혁하고 건설해야 할 일들을 힘써해나가기로 하였습니다. 주 예수 그리스도를 본받아 섬기는 자세로 신자의 사명을 성실히 수행하기를 소원합니다.

연구회 머리말

저자는 기도라는 주제로 1977년 11월 21일 주일부터 이듬해 5월 21일까지 19회에 걸쳐 가르쳤습니다. 앞서 출판된 『예수 믿는 도리』에 실린 9강 (1977년 11월 14일)에 이르기까지 몇몇 신앙의 기초 도리를 살핀 후 이어서 새로운 주제, 즉 기도에 대하여 가르친 것입니다. 이 강설도 미국 필라델피아의 몇몇 가정이 모인 모임에서 시작된 교회에 전해졌습니다.

대체로 교회에서 기도에 대하여 가르침을 받은 경험이 얼마나 되는지 잘 모르겠습니다. 만일 그런 경험이 적거나 아예 없다면 기도를 어떻게 드리게 될까요? 그냥 다른 사람이 하는 걸 모방해서 하기 쉽겠지요. 그런 기도는 부정당하다는 것입니다. "기도는 배워야지 안 배우고 그냥 다른 사람이 하는 걸 모방해서 그러려니 하고 하는 것은 부정당합니다." 왜 그럴까요? 기도란 종교를 가진 모든 사람이 다 하는 것이고 어떤 것은 서로 대단히 흡사해서 부주의할 수 있다는 것입니다.

기도 본연의 자태는 신자인 나와 하나님과의 사이에서만 그 관계가 성립합니다. "기도는 하나님의 은혜를 받아서 구원함을 받는 자녀가 그의 하늘 아버지께 무엇을 아뢰고 아뢴 바를 받는 형식으로 교통을 하게 하신 거룩한 특권 혹은 특별한 은혜"이기 때문입니다. 그렇다면 하나님의 자녀가 아닌 사람에게는 결코 이런 특권이 내리지는 않겠지요. 또한 기도가 그에게 현실상 필요한 여러 가지 것들을 하나님께로부터 받는 은혜의 수단이 될 수도 없기 때문입니다.

그렇다면, 기도하는 목적은 내가 잘 되고 행복하게 되는 것일까요? 그렇지 않습니다. "하나님 당신의 거룩하신 계획과 경영하시는 일을 나의 몸 위에 잘 이뤄 가도록 하려는 데 있습니다. 그러려면 내가 건강히 살고 건전하게 살고 하나님을 사랑하고 살고 바르게 늘 살아가야 한다는 것이 기본인 까닭에 이 기본적인 문제를 위해서 항상 우리가 기도하는 것입니다." 즉 나의 행복이 우선이 아닌 하나님이 요구하시는 열매를 드리는 생활 곧 하나님의 영광을 나타내는 것이 더 앞선다는 것입니다.

모든 기도는 "항상 기본적으로 내가 아무것도 아니고 어떻게 할 수가 없고 주님을 의지하지 않고는 살 길이 없으며 자기가 어떤 것에 대해서도 신뢰하지 아니해야" 한다는 데 기초를 두고 있습니다. 그런 기도를 드리려면, "하나님께 자기의 마음을 집중해야 하고 자기가 기도한 내용에 대해서 항상 책임을 지고 명백히 해야" 하는 것입니다.

이 책과 더불어 저자의 『기도에 대하여』(성약출판사)도 함께 읽으실 것을 권합니다. 이 두 책에 같은 내용이 들어 있기도 하지만 서로에게 더 채워 줄 수 있는 내용도 함께 들어있기 때문입니다.

반세기 전 미국의 어느 작은 교회에서 가르친 내용이지만 성령께서 지금도 쓰셔서 기도가 무엇인지를 바로 깨달아 하나님의 뜻을 따라서 기도하는 신자로 서시기를 빕니다.

2024년 6월

김홍전신학연구회 연구원 조주석

차례

하나님
앞에
기도하는
생활

마태복음 6:5-15

5 또 너희가 기도할 때에 외식하는 자와 같이 되지 말라 저희는 사람에게 보이려고 회당과 큰 거리 어귀에 서서 기도하기를 좋아하느니라 내가 진실로 너희에게 이르노니 저희는 자기 상을 이미 받았느니라 6 너는 기도할 때에 네 골방에 들어가 문을 닫고 은밀한 중에 계신 네 아버지께 기도하라 은밀한 중에 보시는 네 아버지께서 갚으시리라 7 또 기도할 때에 이방인과 같이 중언부언하지 말라 저희는 말을 많이 하여야 들으실 줄 생각하느니라 8 그러므로 저희를 본받지 말라 구하기 전에 너희에게 있어야 할 것을 하나님 너희 아버지께서 아시느니라 9 그러므로 너희는 이렇게 기도하라 하늘에 계신 우리 아버지여 이름이 거룩히 여김을 받으시오며 10 나라이 임하옵시며 뜻이 하늘에서 이룬 것같이 땅에서도 이루어지이다 11 오늘날 우리에게 일용할 양식을 주옵시고 12 우리가 우리에게 죄 지은 자를 사하여 준 것같이 우리 죄를 사하여 주옵시고 13 우리를 시험에 들게 하지 마옵시고 다만 악에서 구하옵소서 나라와 권세와 영광이 아버지께 영원히 있사옵나이다 아멘 14 너희가 사람의 과실을 용서하면 너희 천부께서도 너희 과실을 용서하시려니와 너희가 사람의 과실을 용서하지 아니하면 너희 아버지께서도 너희 과실을 용서하지 아니하시리라.

하나님 앞에 기도하는 생활

기도의 성격

　신자가 늘 가지고 있어야 할 생활 태도의 중요한 것 가운데 하나는 하나님 앞에 기도하는 생활입니다. 신자가 하나님의 은혜를 늘 받고 은혜받은 바를 또한 증거하면서 살아가는 데 필요한 것들이 여러 가지 있습니다. 하나님이 그렇게 주신 것들을 꼽을 때 첫째 기도하는 것, 그다음에 하나님을 찬송하는 것, 또 하나님 앞에 경배하는 것 즉 그 영혼이 절하는 것이 있습니다. 이렇게 예배를 하고 기도하고 찬송하면 그것이 다인가? 또 하나님의 뜻을 바로 알기 위해서 그 말씀을 늘 바로 공부하고, 그렇게 하나님의 뜻을 알아서 원하시는 바를 우리가 바로 행하도록 하는 것이 있습니다. 그다음에 우리에게 주신 모든 것들을 주께 드리되 몸으로써 산 제물로 드립니다. 우리의 몸을 의의 병기로 하나님 앞에 드리면 하나님께서 직접적인 영광을 위해서 쓰실 것입니다. 우리들의 것이 다 주의 것이지만 그렇게 직접적인 영광을 위해서 쓰시도록 어떤 부분을 특별히 구별해서 늘 드리는 것입니다. 이렇게 헌금, 헌상을 하고 살아가는 것입니다.

　또 그다음에는 우리들 자신이 살아가면서 주신 은혜를 감사하면서 확실한 증거를 가지고 다른 신자와 그 사실들을 나누고 얘기도 하는데 그것은 서로의 믿음에 도움이 되도록 하는 일입니다. 이렇게 간증도 하는 것이고, 또 믿지 않는 친구나 아는 사람들에게 바른 것을 믿도록 복음 전도도 하는 것입니다. 이것이 꼭 전도사나 목사에게만 맡겨진 일이 아니고 모든 신자가 다 하는 일이에요. 그뿐 아니라 신자는 결국 신앙생활을 계속해 가면서 자기가 매일매일 이 세상 사람 비슷하게 살아가는 여러 가지 생활 제도 안에서의 생활이 어떤 의미를 가져야 하겠고 어떤 목표를 향해서 확실히 전진하는 사실로 나타나야 할 것입니다. 그렇게 해서 하나님께서 우리를 세상에 보내신 본의를 알고 마땅히 이행해야 할 사명을 이루어 가야 할 것입니다. 무엇보다도 먼저 그리스도의 거룩한 교회 안에서 사이비적인 것과 그릇된 것과 암매한 것들을 대항해 나가면서 바른 것을 세우려고 하는 점에 더욱 주력해야 할 것입니다. 그리고는 적극적으로 하나님 나라의 아름다운 것과 거룩한 것과 좋은 것들을 땅 위에다가 보여 주며 나가는 것이 필요합니다. 하나님 말씀의 신비와 거룩하고 심오한 것들, 또 아주 새로운 것을 땅에 비추고 나가는 이 일을 개인만이 아니고 교회가 같이 해 나가는데 서로 협력하여 힘을 써야 하는 것입니다.

　신자는 이렇게 생활하는 것이라고 얘기를 했는데 오늘은 그중에 한 가지를 들어서 생각을 해 보겠습니다. 맨 처음에 말한 것, 하나님 앞에 기도하는 생활이지요. 옛날 선지자들은 어떻게 기도하라고 그 제자들이나 따라오는 사람들에게 일일이 가르쳐 준 기록이 없습니다. 그러나 우리 주님께서는 제자들이 기도를 어떻게 해야 할 것인가를 묻기도 했지만 또한 직접 당신의 거룩한 교훈 가운데 기도를 가르쳐도 주셨습니다. 기도는 그냥 다른 사람이 하는 대로 모방을 해서 한다고 바로 다 되는 것이 아닙니다. 물론 진실한 심정을 가지고 하나님 앞에 무엇을 구할 때 많은 훌륭한 언변을 거기다 쓰지 않고 간단하게 말씀을 올릴지라도 그게 기도가 됩니다. 진실한 기도가 될 수 있지만 그러나 모든 기도가 항상 그렇게 말이 제대로 되지 않고 그냥 아무 훈련이 없는 사람에게서 나오는 것 같은 언어 몇 마디로 한다면 그것이 늘 좋은 기도로 쓰이는 것은 아니에요.

기도라는 것 자체가 하나님께서 주신 은혜이면서 또한 하나님과 거룩한 연락 혹은 교통을 할 수 있는 좋은 수단으로 우리에게 주신 것입니다. 하나님 앞에 내 마음을 살펴서 말씀드리고자 할 때 말 너덧 마디로 끝내며 간곡하게 다 아뢰지 못하는 것이오. 기도의 성격상 말은 자연스럽게 여러 가지로 나올 수가 있는 것이고, 그래서 하나님 앞에 고하면 하나님께서는 거기에 대해서 들어 주시기도 하고 혹은 나무라시기도 하실 것입니다.

우리가 이제 기도의 성격이라는 것을 차례차례 배워 가겠지만 기도라고 할 때 내게 부족한 무엇을 하나님 앞에 고해서 하나님께서 주시는 것을 받는다 하는 것으로 끝나는 것이 아닙니다. 비록 하나님께서 안 주겠다 하시는 말씀을 하실지라도 하나님이 나의 말씀 올리는 것에 대해서 대답을 해 주시면 족한 것입니다. 주시고 안 주시는 문제를 떠나서 그것이 첫째 중요한 문제고 또 더 귀한 일입니다. 우리가 하나님 앞에 응답을 받았다, 기도 응답을 받았다 하는 것은 내가 기도하는 것에 대해서 하나님이 가부간에 대답을 해 주셨다는 것을 의미하는 것이지 꼭 내 기도한 그대로 다 주셨다는 것만을 의미하는 게 아닙니다.

이런 점에서 하나님께서 내게 대답을 해 주시고 나는 말씀을 올렸다 할 것 같으면, 말씀을 올리고 대답을 해 주시는 이 관계의 교통이라는 것은 참으로 좋은 교통이고 늘 있어야 할 것입니다. 그런데 하나님께서 나의 기도에 대해서 그런 응답, 대답을 해 주실 때에는 꼭 한 가지로만 해 주시는 것이 아님을 우리는 성경의 여러 가지 사례와 우리들 생활의 경험 가운데서 알고 있습니다. 성경이 가르치신 대로 기도를 우리가 잘 배워서 잘못하지 않도록 하는 것이 참 중요합니다. 잘못된 기도를 했을 경우 하나님께서 잘못된 것도 '네가 모르고 그랬으니까 내가 그대로 다 받아주마' 하시는 건 아니오. 마땅히 그 잘못된 것을 자기가 회개하고 고쳐서 바로 할 수 있게 하나님이 하신 까닭에 그걸 기다리시는 것입니다. 하나님은 결코 그냥 '내가 바쁘니까 너하고 일일이 상대할 수 없으니 네가 잘못했을지라도 잘한 것으로 하고 내가 준다' 하는 식으로 소홀하게 하시는 일이 없어요. 하나님 앞에는 모든 것이 완전하지 불완전이 없습니다.

기도 응답의 양태들

그렇다면 하나님께서 우리의 기도에 대해서 응답을 하시든지 아니하시든지 둘 중에 하나인데 응답을 하실 경우라도 그 응답의 양태는 두어 가지의 조건으로 서로 결합되어 몇 가지로 나타납니다. 두 가지 요소 혹은 조건이라고 할 것들은 응답하는 내용이 무엇인지가 하나이고, 둘째는 응답해 주시는 시간은 어느 때냐 하는 문제입니다. 이 두 가지가 서로 합쳐 가지고 결국 기도에 대해서 응답해 주시는 모양 혹은 양태라는 것을 만들어 냅니다. 첫째로 내 기도에 대해서 어떻게 하시느냐 하면 어떤 기도에 대해서는 직접 바로 그 즉시 대답해 주시는 기도가 있습니다.

성경의 예는 열왕기상 18장 보면 나옵니다. 엘리야가 갈멜 산상에서 바알과 아세라의 선지자들을 상대로 하여 "자, 어느 하나님이 참 하나님인가. 이스라엘 백성아 봐라"(21절) 하고 도전합니다. 둘러서 있는 이스라엘 사람 앞에 바알이 참 하나님인가, 여호와 그분이 참 하나님이신가를 이제는 깨달으라. 어느 때까지 두 사이에 있어서 머뭇머뭇하려느냐. 이제는 확실히 둘 중 하나를 결정해서 바알 그가 하나님이거든 그를 따라가고 여호와 하나님이 하나님이시거든 그의 말씀을 청종해야 할 것이다, 하고 선언을 해 놓았습니다. 그때 바알과 아세라의 선지자들은 수백 명이었어요. 바알의 선지자 400명, 아세라 450명, 모두 다 꼭 따로따로 있는 것은 아니고 어떤 것은 겹쳐도 있을 테니까 좌우간 수백 명이, 한 400명이나 500명이나 600명이나 몇백 명이 될는지 모르나 이 사람들이 모여들어 가지고 엘리야와 "자, 누가 참 하나님인가 우리가 보자" 하고 거기 단을 쌓고 제물을 올렸습니다. 제물은 놓되 불은 붙이지 말고 거기서 기도를 해서 응답을 받자는 것이었습니다. 하늘로부터 불이 와서 응답해 주시는 그분이 참 하나님이다 하는 것을 거기서 서로 확실히 알자 한 거지요.

이와 같은 일을 해서 결국은 여호와 하나님께서 엘리야의 기도에 응답하셔서 제물을 다 불살랐을 뿐 아니라 제단 옆에 만든 도랑까지 말려 버렸습니다. 거기다 통으로 가득하니 채워 붓고 또 붓고 해서 물을 여러 번 부었는데, 주위의 그 도랑에 물이 가득 차게 된 것까지 싹 핥은 것같이 불이 와서는 말려 버리고 말았어요. 하나님이 어떠한 분이시며 어떠한 기도를 들으시며 누구시냐 하는 것을 이스라엘 백성들에게 꼭 보여야 할 그때 엘리야의 기도에 직접 응답하신 일이 성경에 있습니다.

이 밖에도 성경에는 가령 유다 왕 아사가 구스 왕 세라의 백만 대군을 대적해서 마레사라는 데에 내려가서 대전할 때 유다가 열 세였지만 강세에 떡 대항해 섰을 때에도 기도에 응답하신 일이 있습니다. 전장에 서서 "강한 자와 약한 자 사이에 판단하시고 힘 주시고 은혜 베푸시는" 하나님을 불러서 기도를 해 가지고 대승한 얘기가 있습니다(대하 14:9-15). 또 히스기야가 앗수르 왕에게 받은 수모(受侮)의 편지를 가지고 성전에 가서 편지를 펴 놓고 기도를 했을 때 곧 들으셨습니다. 그날 밤 앗수르 대군이 예루살렘을 둘러치고 거기 모두 주둔하고 있는데 그렇게 포위하여 주둔하고 있는 군대 18만 5천을 그날 밤에 도륙을 하신 얘기가 있습니다(왕하 19:35).

성경에 이렇게 기도를 곧 들으시고 그대로 이루어 주신 일이 있습니다. 즉 시간으로는 즉시고 이루어 주신 내용은 기도한 그대로라 말입니다. 이런 것이 있지만 양태가 그렇게만 오는 게 아니고 어떤 것은 시간이 쭉 미뤄지는 경우도 있습니다. 기도를 했어도 그 즉시 안 들어 주시고 끌고 끌고 가셔서 마침내 기도하는 사람에게 큰 깨달음을 일으키시는 것입니다. 그냥 중얼중얼 말하고 안 이뤄졌으면 또 가서 말하고 안 이뤄졌으면 또 가서 말하고 이렇게 한 것이 아닙니다. 자기가 기도하는 내용에 대해서 하나님이 안 이뤄 주시니 그러면 내 기도의 내용이 하나님의 뜻에 마땅하지 아니한 무엇이 있지 않은가 하고 반성을 하고 그 일에 대해서 깊이 생각을 하여 구하고 다시 구한 것입니다. 오래 끌고 가시다가 결국은 그것을 이뤄 주시되 훨씬 완전한 형태로, 자기가 생각한 거보다 훨씬 충족한 형태로 이뤄 주시는 일이 있습니다.

이런 것도 성경에 예가 있는데 가령 나사로가 아팠을 때입니다. 예수님이 속히 오셔서 손을 얹어서라도 고쳐 주시기를 누이들인 마르다와 마리아가 청하였습니다. 예수님께 사람을 보내서 "보시옵소서, 사랑하시는 자가 병들었나이다"(요 11:3) 하고 가장 함축 있게 간단히 보고를 했습니다. 하지만 예수님은 즉시 안 가시고 계시던 곳에서 이틀을 더 계신 후에 나사로가 죽은 후에야 비로소 베다니까지 오셔서 무덤에 묻힌 지 나흘 만에 그를 살려 내신 것을 아실 겁니다. 그러면 병든 사람이 나았다는 기적과 죽은 자가 다시 완전히 살아났다는 이 기적의 의미가 많이 다른 것이지요. 따라서 그들이 받은 은혜의 내용이 달라졌습니다. 그것이 무엇을 가르치는가를 더 깊이 깨달았을 것입니다.

물론 거기서 예수님은 마르다에게도 "나는 부활이요 생명이니 나를 믿는 자는 죽어도 살겠고 무릇 살아서 나를 믿는 자는 영원히 죽지 아니하리니 ……"(요 11:25-26) 하고, 예수님 당신이 부활

이고 생명이라는 것을 가르쳐서 마르다로 하여금 그 말씀을 후에
라도 더 깊이 새기고 깨달아 알 수 있게 하셨습니다. 이렇게 그리
스도에 대해서 우리가 좀 더 알 수 있게 했다는 것은 참 큰일이고
큰 은혜이지요. 우리가 여러 가지 은혜를 받아서 결국 그리스도를
좀 더 깊이 바로 알고 나간다는 것이 얼마나 귀중한 일인지 알 수
없어요. 어쨌든지 그와 같이 기도에서 어떤 문제를 구했지만 즉시
대답지 아니하시고 오래 끌고 가시다가, 얼마동안 오래가 될는지
시간의 장단이 있지만, 좌우간 끌고 가시는 것이 여기서는 특징으
로 나타납니다. 그러다 결국 그것을 주시되 더 충족한 형식으로
풍부하게 만족하게 주시는 것이라 말입니다.

　그러나 또 하나 중요한 양태는 무엇이냐? 어떤 기도를 했으면
그 기도에 대해서 주께서 오래 끌고 가시든지 즉시든지 무엇을 주
시는 것이 아니라 다른 것으로 바꿔 주시는 것이 있습니다. 이렇
게 다른 것으로 바꿔 주실 때 즉시라고 하는 것은 금방이라는 의
미보다 그 다른 것이 무엇인가를 안 다음에 그것을 받는 것을 말
합니다. 그런 특례의 하나는 가령 바울이 자기를 찌르는 사탄의
사자라고 하는 가시가 있을 때 세 번 간구했던 경우입니다. 그렇
게 세 번을 간구하는 기간이라는 것이 얼마나 긴지 알 수 없으나,
좌우간 잘 낫지 않고 아무 대답 없으니까 다시 하나님 앞에 간구
하고 그리고 나서 또 구한 것입니다. 그렇게 하니 마침내 주께서
"내 은혜가 네게 족하니 대개 내 능력은 네 약한 데에서 이루어진
다"(고후 12:9)고 말씀하신 것이 있습니다.

　이와 같이 말씀으로써 우리에게 가르쳐 주신다면 그건 반드시

오래 지내야만 아는 건 아닙니다. 사도 바울 선생과 같이 항상 주와 교통을 하고 있는 사람에게는 자기의 어떤 기도에 대해서 곧 말씀으로 깨닫게 하신 것입니다. 그 가시라고 하는 것이 무엇이었든지 좌우간 사탄의 사자라고 하는 몹시 괴로운 것인데 그것을 없이 해 주십시오, 했지만 "아니, 내 은혜가 네게 족하다. 그것이 모자란 것같이 자꾸 날 보고 구하지 말라. 족하다. 왜냐하면 네가 그렇게 약하지만 내 능력은 네 약한 데서 더 이루어지면 되지 않느냐?" 하니까 '아! 내가 우리 주님의 능력을 이루는 그릇 노릇을 했으면 그만인데 그릇 노릇하는 데서 내 약점이라는 게 오히려 더 크게 이용이 된다면 차라리 내 약한 것들을 나는 더 자랑하겠다. 이렇게 그리스도가 나를 인하여 영광을 받으시고 나를 쓰셔서 그 능력을 나타내신다면 내가 어떤 상태에 있어도 상관없지 않느냐?' 이렇게 생각하는 참 훌륭한 선생, 사도 바울 선생의 그 기도에 대해서 그리스도께서는 과연 그렇게 말씀하신 것입니다.

이렇게 할 수도 있지만 또 하나 마지막의 양태라는 것은 쭉 끌고 가시다가 다른 걸로 주실 수가 있어요. 끌고 가시는 동안에 자기가 기도했던 내용이 '아! 이것이 하나님 뜻에 그렇게 가까운 것이 아니다' 하는 것을 알고, 그러면 무엇일까 하고 그 생각이 자꾸 발전해 나가서 마침내 '아! 내가 처음에 시작할 때 A를 구했지만, A가 아니고 결국 주께 구할 만한 것은 B이고, B를 주께서 주시기를 바란다'고 간곡히 구했을 때 주님은 "그러냐. 이제 네가 깨달았느냐. 네게 필요한 것은 A가 아니라 이 B다" 해서 B를 그에게 주신다 말입니다. 이렇게 오래 끌고 가시다가 다른 걸로 바꿔 주시는 양태가 있습니다.

무책임한 기도

이와 같이 기도를 응낙하시는 양태는 한 네 가지쯤 되지만 그러나 또 하나 중요히 생각해야 할 문제는 많은 성도의 많은 기도들은 사실은 어떤 양태로도 이루어지지 않고 하나님께서 아무 대답도 아니하시고 그냥 안 들어 주시는 데에 그친다는 점입니다. 그런데도 거기에 대해서 별로 이상하게 생각지 않고 그냥 지나쳐 버리는 일이 참 많습니다. 사람들이 여러 가지 기도를 하나님 앞에 올릴 때에 대부분 안 들어 주시는 일이 있을지라도 그것을 이상하게 생각지도 아니하고 그것 때문에 괴로워하지도 아니하고 그냥 지나가는 일이 많아요. 왜 그러냐? 우선 꼭 받아야 할 가장 귀한, 요소적인 중요한 문제들이 아니었던 까닭에 그렇습니다. 또 하나는 그것을 이루어 주셨는지 안 이루어 주셨는지 알아볼 성의도 없는 것들이 기도 가운데 많이 나온 까닭입니다. 그렇지 않을 것이라고 생각하십니까? 많은 사람의 기도에 그런 것들이 있습니다. 우리도 혹여라도 우리 기도에 이렇게 무책임하고 무관심하고 무의미한 기도가 있을까 늘 주의해야 할 것입니다.

예를 들면 누군가 같이 앉았다가 나를 위해서 좀 기도해 달라고 얘기를 할 때 어떻습니까? 그런 때 신자들이 앉아서 기도해 달라고 하면 사교적으로 '아 그러면 하십시다' 하게 됩니다. 특별히 교직자들에게 많이 오는 일인데 기도를 해 달라고 하면 그냥 그때는 기도를 많이 하지만 사실상 그 사람하고 다시 언제쯤 만날는지 잘 알지 못하지요. 바쁜 세상에 서로 바쁘게 돌아다니다 보면 한 주일이나 두 주일이나 혹은 한 달 이후에라도 그 사람을 만날 수가 있겠지요. 그렇게 시간이 지난 후 만나면 한 달이나 한 주일 전에 기도했던 것은 까마득하게 다 잊어버리기도 합니다. 하나님이 그 기도에 대해서 응낙하셔서 어떻게 했는가 하고 물어볼 아무런 마음의 관심조차 없는 일이 수두룩한 것이오. 그렇게까지 기도가 사교의 언어[辭令, 사령]로 떨어지고 말았습니다. 진정으로 하나님 앞에 그것이 꼭 있어야만 하겠다고 절실하게 구한 것이 아니라 말입니다. 그런데 그런 것을 하나님이 일일이 다 들어 주실 수 있겠습니까? 그런 것을 하나님이 들어 주시면 또 어떻게 되겠습니까?

이렇게 사람들이 그저 자기의 외교 사령(辭令)이나 무슨 친분을 돈독하게 하려고 혹은 어느 때는 세력 있는 사람에게 아첨하기 위해서 그릇된 기도를 하는 수가 참 많이 있는 것입니다. 가령 그러지 않고 자기로서는 진실하게 마음을 기울여서 했다고 하더라도 반드시 다 들어 주시는 것은 아니지요. 아니 들어 주시는 경우가 있는 것입니다. 이렇게 아니 들어 주시는 것이면 그냥 안 들어 주시니까 어쩌랴! 가타부타 안 들어 줬어도 괜찮다, 하는 식으로 지나가는 사람들도 있는 것입니다.

아까 말한 거와 같이 그런 무책임하거나 무관심하거나 사실상 진정이 안 섞여 있는 그런 기도들, 그러나 사람들에게 듣기 좋으라고 하는 식 기도들은 그 결과를 사람에게는 구할지도 모릅니다. 내가 그를 아주 높이 칭찬해서 기도하고 그가 좋은 복을 많이 받기를 위해서 기도하니까 그 사람은 기분이 좋아서 다음부터는 잘 대해 주고 친하게 지낼 수 있게 해서 외교적으로는 소득이 있다고 생각할 수 있습니다. 이런 기도란 참으로 하나님 앞에 무책임하고 옳지 아니한 것입니다. 이런 무책임하고 옳지 아니한 기도를 하나님께서 안 들어 주시지만 혹 진실히 기도했다고 하더라도 안 들어 주시는 일이 있는 것입니다.

하나님의 말씀 가운데 이러이러하면 내가 듣지 않겠다고 하는 것이 분명히 있습니다. 그렇게 하나님이 안 듣겠다고 딱 조건을 내놨으면 암만 내가 진실하고 암만 간절하고 암만 울며불며 부르짖을지라도 안 들으십니다. 안 들으신다고 하셨으니까 안 들으시는 것이지 그걸 억지로 들어 주시라고 할 수가 없는 것입니다. 그런데도 불구하고 그걸 억지로 '하나님, 꼭 들어 주셔야겠습니다' 하고 졸라댄다고 해서 들어 주시는 거 아니라 말입니다. 하나님께서는 미리 우리에게 경고를 하셔서 "네가 이러이러하면 내가 안 듣겠다" 하고 말씀하신 것입니다. 이와 같이 기도에는 하나님께서 아니 들어주시는 것도 많이 있습니다.

그러면 안 들어주시는 이런 기도, 내가 진실하지 못해서라기보다 하나님께서 요구하시는 거룩한 요구에 충당하지 못하는 부족과 악조건 때문에 들으실 수 없는 일들이 많이 있습니다. 이런 일에 대해서 우리는 앞으로 더욱 공부해 나가야 합니다. 하나님께서 들으시는 네 가지 양태, 직접 금방 들어 주시거나 끌고 가시다 들어 주시거나, 또 끌고 가시다 다른 걸로 들어 주시거나 그렇지 아니하면 "내 능력은 네 약한 데서 이루니 내 은혜가 네게 족하다"고 말씀으로 위로를 주셔서 깨닫게 하시는 네 가지의 양태로서의 대답을 우리가 공부해야 하겠지만 그건 뒤로 미루겠습니다. 제일 많이 있는 경우는 안 들어 주시는 일인데, 그렇게 안 들어 주셔도 모르고 덮어놓고 자꾸 조르기만 하고 또 하고 거듭거듭 자꾸 해도 되는 것같이 생각하는 건 옳지 않습니다.

오늘 본 마태복음 6장 7-8절을 보면 "또 기도할 때에 이방인과 같이 중언부언하지 말라. 저들은 말을 많이 하여야 들으시는 줄 아나니 그들과 같이 하지 말라. 너희가 구하기 전에 너희 아버지께서 너희에게 있어야 할 것을 이미 다 알고 계시다" 하는 말씀을 했습니다. 중언부언(重言復言)이라는 것, 많은 말을 하고 자꾸 이야기해도 안 들어 주시는 건 안 들어 주시는 것이오. 말이 많으면 안 들어 주시려다가도 들어 주시는 것은 아니다 말입니다. 사람들 생각에는 지성(至誠)이면 감천(感天)이라 하는 말도 있고, "지성이 부동자 미지유(至誠而不動者 未之有)니" 해서 자기가 지성을 다했을 때 감동하지 않는 사람은 일찍이 없었다는 말도 있습니다. 그러나 하나님은 사람의 지성 때문에 감동하는 것이 아닙니다. 지성이면 감천이라는 것은 불신자들이 한 소리이지 성경에 있는 말은 아니에요. 하나님의 법에 따라서 하나님께서 들으시도록 말씀을 올려야 하는 것이지 내 지성을 가지고 하나님 앞에 나가서 되는 것이 아닙니다.

내가 아무리 정성을 많이 쏟아도 그걸로 되는 거 아닌 것을 알고 우리는 참으로 주의해서 기도해야 합니다. 기도에서 하나님의 법칙을 떠난, 사람의 인간적인 종교의 감정과 생각에 의해서 함부로 하는 것들을 참으로 주의해야 할 것입니다. 기도도 그렇고 찬송도 그렇고 또 헌상하는 것도 그렇고 예배하는 것도 다 사이비적인 것이 있어요. 게다가 그것이 아주 기독교적인 이름를 가지고 횡행(橫行)하는 것입니다. 이렇게 가장 기본적인 것부터 틀어지면 교회가 바로 서지 못하는 것이오. 그리고 자기 신앙생활이 참으로 은혜가 없는 것입니다. 그런데도 덮어놓고 종교 감정만을 자꾸 쏟아 나가면서 그것이 신앙생활로 고도적인 것으로 생각하는 것은 옳지 않습니다. 종교 감정이 중요하지 않고 또 내 기분이 중요한 게 아닙니다. 하나님의 법에 맞춰서 내 마음이 안정되고 거룩하게 사는가 하는 것이 가장 중요한 것입니다. 울고불고 항상 감정을 토로하는 것이 신앙이 있는 게 아닌 것을 주의하라는 말입니다.

기도

거룩하신 아버님, 주님께서 저희에게 원래 주신 은혜의 방도가 있고 그런 일반적인 은혜의 방도들이 하나님의 은혜의 결과로 우리에게 있는 것들이 있사옵니다. 이런 것들에 대해서 주께서 가르쳐 주셨지만 배우지 아니하고 사람의 종교 감정과 과거에 배운 그릇된 전통적인 도덕 교훈 속에서 잘못 생각하여 하나님의 교회의 거룩한 법칙은 무시하면서도 그것이 기독교인 양 횡행하고 또 크게 주장하는 일이 너무나 많이 있어 왔던 것을 느끼오니 주께서 저희를 불쌍히 보시고 이런 거룩한 도리의 깊은 것을 하나씩 하나씩 바로 잘 깨달아서 하나님 앞에 참으로 바르게 경배하고 바르게 섬기며 아버님께서 기뻐 받으실 기도를 드리고 찬송을 드릴 수 있게 하시옵소서. 아버님의 자식다운 확실한 은혜가 저희 안에 늘 있어서 거룩히 살게 하시옵소서.

우리 구주 예수님 이름으로 기도하옵나이다. 아멘.

1977년 11월 21일

듣지
아니하시는
기도

시편 66:16-20

16 하나님을 두려워하는 너희들아 다 와서 들으라 하나님이 내 영혼을 위하여 행하신 일을 내가 선포하리로다 17 내가 내 입으로 그에게 부르짖으며 내 혀로 높이 찬송하였도다 18 내가 내 마음에 죄악을 품으면 주께서 듣지 아니하시리라 19 그러나 하나님이 실로 들으셨으며 내 기도 소리에 주의하셨도다 20 하나님을 찬송하리로다 저가 내 기도를 물리치지 아니하시고 그 인자하심을 내게서 거두지도 아니하셨도다.

2강
듣지 않으시는 기도

복습

  지난번에 우리는 하나님의 자녀들 혹은 그리스도를 믿는다는 사람들 가운데 기도를 할 때 그 기도에 대해서 하나님이 어떻게 하시는가 하는 문제에 대해서 첫째로 생각했습니다. 개론적으로 하나님께서 기도를 들으시는 양태가 네 가지이고 또 그다음, 안 들으시는 문제가 큰 문제라고 하였습니다. 들으신다고 할 때에도 직접 금방 그대로 구하는 대로 주시거나 그렇지 않으면 쭉 끌고 가시다가 구한 것을 넉넉히 주시거나 그렇지 아니하면 끌고 가셨던 끝에 구한 거 아닌 별다른 것으로 주셔도 받는 사람은 그게 기도의 응답으로 분명히 깨달을 수 있게 주신다고 그랬습니다. 그렇지 아니하면 하나님 앞에 무얼 구했을 때 말씀의 위로를 통해 그가 도리를 깨달아 알 수 있게 해서 하나님께서 별다른 것으로, 구한 그것이 아닌 다른 내용으로 그에게 주시는 것이 있다고 하였습니다.

  이와 같이 들으실 때는 그럴지라도 아니 들으실 때는 거기에 이유가 있습니다. 거기에 대해서 지난번에 사람은 사람들의 상식과 인간의 종교와 그릇된 인식과 그런 전통 하에서 성경이 가르치신 참 하나님도 사람들의 철리(哲理)로 해석하고서 그게 맞는 것같이 생각하는 게 위험한 일이라고 했습니다. 예를 들면 "지성(至誠)이면 감천(感天)이다" 지성이면 하늘도 감동하신다는 아주 평범한 말을 했고, "지성이부동자 미지유야(至誠而不動者 未之有也)" 지극한 정성을 가져서 움직이지 않는 이는 일찍이 없었다는 것을 얘기했어요.

그러면 정성이 부족해서 그런다 해 가지고 정화수를 떠놓고서 빌다가도, 이래서는 안 되겠다 하고서는 새벽에 산에 일찌감치 올라가서 산 기도를 하고 옵니다. 아마 영산(靈山)이라 하여 산으로 높이 올라가는 정성이 있으니까 들으실 것이다 하는 생각을 하는 수도 있습니다. 요컨대 특별히 동양에는 많은 그런 종교들이 있어 가지고 그렇게 종교적으로 기도하는 내용이 있습니다. 그런 기도는 사람의 정성과 노력을 많이 요구해서 그 정성과 노력 때문에 하나님께서 감동하시고 들으시는 것같이 생각을 하는 것이지요. 그렇게 이론을 세우지 아니할지라도 그런 심정을 갖도록 하는 일이 비일비재(非一非再)라 말이오.

그러니까 그것이 나중에는 심지어 오래 열심히 기도하면 간단히 몇 마디로 기도한 것보다는 훨씬 하나님 앞에 가까이 가고 하나님께서 들으실 확률, 가능성이 많다는 식으로 생각을 하기도 합니다. 자기가 스스로 오래 기도하고 난 다음, 그 기도의 후련한 것 때문에 '아! 하나님께서 이제 난 잘 들어주시겠다' 하는 생각을 한다 말입니다. 내가 이렇게 애타게 슬프게 울면서 호소했는데 안 들으시겠는가 하고 어느새 자기가 애타게 울며 호소한 것을 신뢰합니다. 그걸 공로로 혹은 적어도 그것을 무엇인가 값이 있는 것, 크레딧(credit)으로 내놓는데, 이것이 다 그릇된 것입니다.

우리의 기도와 예수님의 공로

우리는 기도할 때 오직 예수님의 이름 혹은 그 공로로 기도합니다, 하는 말을 쓰도록 합니다. 예수를 믿는 사람들에게는 특별히 그것이 필요한데 왜 그러냐 하면 원래 예수님의 공로를 떠나서 내가 기도할 자격도 없는 게고, 내가 하나님 앞에 어떠한 정성과 혹은 내 몸뚱이를 백번 드려서 제물을 삼을지라도 하나님이 그런 것 가지고서 나의 음성을 들어주실 아무런 가치가 내게 있는 것이 아닌 것을 깨달으라는 거지요. 예수님 공로 때문에 지금 이 기도를 들어 주시는 것이지 내 자신의 정성 때문에 들으시지 아니한다는 것을 주의해야 합니다. 그런데 예수님의 이름으로 혹은 그 공로로 '기도를 합니다' 해 놓고, 열심히 정성을 들여서 애쓰는 그 정성도 거기다가 보태서 생각하는 겁니다. '예수님의 이름에다가 덧붙여 내 정성도 보시옵소서.' 그런 말은 않지만 그러한 야릇한 잠재의식이나 심정을 가지는 것입니다.

이런 것들이 다 이교적인 것입니다. 기독교가 아니고 이방 종교적인 생각인 것이에요. 그런고로 지성이면 감천이라는 말도 그 천(天)이 어떤 하늘인가요? 사람들은 그때 막연하게 천이라 했지만 하나님께서는 사람의 지성을 보시는 게 아니라 사람의 신뢰, 사람의 의지(依支)를 보시는 것이오. 하나님을 의지하고 의뢰하는 것이 중요합니다. 사람이 정성을 막 기울였다고 하는 것에 가장 중요한 의미가 있는 건 아닙니다. 그러나 이 말이 '그저 예수님의 공로만 가지고서 나가면 아무렇게 해도 괜찮다'는 그런 의미는 아닙니다. 예수님의 공로에 아무것도 덧붙일 것이 없지만 진정으로 예수님의 공로를 의지하는 사람의 영혼의 상태라는 것은 가장 진실해야 할 것이오. 그것은 예수님의 공로에 대한 우리의 생각이 발라야 한다는 말입니다. '예수님만을 의지합니다' 할 때 내 맘의 호소나 내 속에서 내 영혼이 작용하는 것들은 예수님의 공로를 전부로 삼고 가장 진실히 작용하는 것이지 그것을 떠나서 그냥 아무희망이 없이 정신에 아무런 특별한 초점이 없이 그냥 예수님의 공로, 예수님의 공로, 그렇게 나가는 것은 아니라 말입니다.

이런 것을 나중에 우리가 좀 더 자세히 배우겠지만 사람이 그리스도로 말미암아 새로운 생명을 얻고 새로운 사람으로 나서 장성할 때 이 새로운 사람은 그리스도적인 거룩한 품성을 가져야하는 것입니다. 거룩한 품성은 항상 진실한 것이요 미쁜 것입니다. 즉 진실한 것들이 늘 거기 있는 것이고 또 마음을 기울여서 주를 사랑하고, 또 주님의 뜻을 늘 찾고 나가는 생활 태도가 필연적으로 따라다니는 것이오. 그것이 기도에서도 필요한 것인데 그것이 없이 예수님의 공로라는 말만 끄트머리에 붙이면 되는 건 아니라 말입니다. 사실상 예수님의 공로를 가지고 혹은 예수님의 이름으로 기도합니다, 할 때 그 이름에 대한 신뢰가 없이 그것을 쓰는 것은 거짓말이 되고 맙니다. 그러니까 예수님의 공로, 그 이름에 대해서 확실한 신뢰와 또 '아! 그밖에는 의지할 데가 없다'는 확실한 의지가 내 영혼의 상태 가운데 명료해야 할 것입니다. 그런 것 없이 그냥 헛되이 말로만 하는 것은 언제든지 옳지 않습니다.

　이렇게 예수님의 공로를 가지고 기도하고 그 공로만을 의지하려 할 때에는 필연적으로 거기에 가장 진실한 태도와 또 가장 심오하게 예수님의 공로를 간절히 생각하고 믿고 의지하고 있는 태도가 그에게 분명히 나와야 합니다. 그런데 그렇게 기도하면 자연히 기도자 자신이 세상 사람들이 무슨 정성이라 해 가지고서 자기 열정을 거기다 쏟는 것 같은 것을 떠나서 오히려 신령하고 심오한 마음의 경계 가운데 들어가는 것입니다. 사람이 인간의 종교에 정성을 기울인다 할 때에는 거기다 성의(誠意)를 넣어 가지고 이것도 해야겠다, 저것도 해야겠다 하고 자꾸 무엇을 하는 데다 주력합니다. 하지만 예수님의 공로를 의지하는 심정은 자꾸 무엇을 해야겠다는 것에 있는 게 아니라 그분의 공로에 대한 나의 인식과 또 거기에 대한 나의 상찬(賞讚), '아, 높습니다. 훌륭합니다' 하는 것, 또 그분에 대한 나의 찬송하는 심정, 이런 것들이 내 속에서 자연스럽게 더 깊이깊이 작용해 나가야 합니다. 이것이 신자로서 중요한 일입니다. 종교적인 무슨 노력을 하고 열정을 쏟는 것이 가장 중요한 것이 아니라 이렇게 예수님께 대한 나의 찬양과 또 나의 의지(依支)와 신뢰와 또 그 인식이 심오해지는 이런 것들이 우리에게 중요합니다.

　그러면 이제 이 기도에 대해서 다시 우리가 생각할 때에 기도를 듣지 아니하시는 것들은 참 중요한 문제인데 왜 듣지 아니하시느냐? 사실 듣지 아니하시는 것으로서, 내가 너희에게 이미 이렇게 하면 듣지 않겠다고 말했는데 그런 것은 무시하고 '네 맘대로 네 마음에 원하는 대로만 나에게 청하느냐?' 하는 일종의 꾸지람이 되는 것입니다. 하나님의 말씀에 어떠어떠하면 듣지 아니하신다는 말이 전연 없었다면 지금 막막한 암중(暗中) 속에서 '어째서 안 들으시는가' 하고 방황도 하겠지만, 우리에게 선명하게 듣지 아니하실 것을 선포한 말씀이 있습니다. 그런데 그런 것에 대해서는 일고(一考)도 하지 아니하고 그냥 덮어놓고 하나님 앞에 호소만 하고, 간절히 요구만 한다면 그건 하나님이 하신 말씀과 뜻을 무시하는 태도가 됩니다. 자기 억지와 자기 욕심만을 자꾸 내거는 일이 되는 까닭에 이런 일에 대해서는 하나님께서 절대로 그냥 용허하시거나 용인하시거나 그대로 봐주시거나 하시지 않습니다.

그러기 까닭에 하나님께서 우리에게 이러이러하면 듣지 아니하신다 하는 말을 이미 하셨다는 걸 우리가 상기하고, 만일 응답을 하지 아니하시면 '내가 어느 편에 저촉되어 있지 않느냐?' 하는 것을 송구스럽게 생각해야 합니다. 이렇게 경고하시는 의미가 은연중 여기의 듣지 아니하시는 기도 가운데에 나타나는 것입니다. 우리 기도에 대해 하나님께서 응답하지 않는 것은 그것대로 하나님의 거룩한 태도의 하나입니다. 나를 버리셨다는 것보다는 나에게 대해서 경고하시고 깨우치시려고 하시는 뜻이 거기 있습니다.

내 마음에 죄악을 품으면 듣지 아니하심

그런데 이제 듣지 아니하시는 기도의 조건이라고 할만한 것을 하나님께서 이미 경고하신 몇 가지가 있습니다. 그 가운데서 한 가지를 생각해 보겠습니다. 우리가 시편 66편 16-20절까지를 읽었는데 그 대부분이 기도에 관해서 하신 얘기로서 거기 특별히 듣지 아니하시는 얘기는 18절입니다. 즉 "내가 내 마음에 죄악을 품으면 주께서 듣지 아니하시리라." 그 위에는 "내 혀로 높이 찬송하였도다" 하는 말도 있고 "그에게 부르짖으며" 하는 말도 있는데, 그런 이야기보다도 18절과 19절이 연해서 '그러나'라는 말로 연결되어 있습니다. "그러나 하나님이 실로 들으셨음이여!"라고 해서 여긴 들었다고 했습니다. 뭐냐 하면 "내 기도 소리에 주의하셨도다" 그랬어요. 그런고로 기도 소리에 대해서 하나님께서는 들으셨으며 내 기도 소리에 주의하셨도다!고 한 것입니다. 그 윗말은 "내가 내 맘에 죄를 품으면 주께서 내 기도를 듣지 아니하시리라"고 말씀합니다. 그리고 19절에서 "그러나 하나님께서 실로 들으셨으며 내 기도 소리에 주의하셨도다" 이렇게 연결되어 있어서 그건 기도에 관한 얘기입니다. 주께 내가 무엇을 부르짖었다든지 호소를 하든지 구하든지, 무엇이든지 좌우간 그게 다 기도인데 주께서 듣지 아니하신다! 어느 경우에 그러냐? "내가 내 마음에 죄를 품으면 주께서 듣지 아니하신다" 하고 말씀하신 것입니다.

그러면 얼른 생각하기를, 이 세상 사람으로 아무리 예수를 잘 믿는다고 하더라도 소위 죄가 없는 사람이 없고 자기가 죄가 없다고 하면 성경 말씀도 "하나님을 거짓말 하시는 분이라고 돌리는 것이 된다"고 요한일서에 말씀했습니다(요일 1:10). 그럼 모두 죄가 있으면, 맘 가운데 죄를 가지고 있다면 아무도 기도할 사람 없지 않느냐? 기도를 하더라도 듣지 아니하실 것 아닌가 하는 식으로 생각하기 쉬울 겁니다.

그러나 사실상 우리는 죄가 있고 죄가 있으면 있는 만큼 더 기도는 해야 할 것이오. 그래서 하나님 앞에 사죄함도 받고 사유하심도 받고 하나님과 끊어졌던 거룩한 교통도 다시 바로 이어져서 하나님과의 화목이 거기 명료한 현실로 나타나야 하는 것입니다. 이렇게 사람이 죄를 가지고 있으므로 오히려 하나님 앞에 더욱 기도해야 할 필요가 있는데도 불구하고 죄인들이 하나님 앞에 나와 기도하면 안 들으시겠다는 말인가 하면, 여기는 그런 뜻이 아닙니다. 성경의 큰 도리는 죄인들은 하나님 앞에 나와서 회개하고 하나님의 불쌍히 여기심과 은혜를 구해야 할 것으로 가르치는 것이지, 죄가 있으니까 다시는 기도도 하지 말라고 하지 않습니다. 그렇다면 이 세상에서 기도할 사람이 다 없어지고 마는 것이지요. 하나님께서 우리에게 주신 기도의 특권은 그런 건 아닙니다. 우리가 슬프거나 기쁘거나 그뿐 아니라 우리에게 죄가 있을 때, 우리가 하나님 앞에 잘못됐을 때 더욱 나아가서 고하고 사죄함을 받고 불쌍히 여기심을 받아야 하는 것입니다. 그러기 위해서 예수님의 공로, 속죄의 공로가 항상 우리에게 효과 있게 역사하는 것입니다.

그런데 여기서 말하는 "내가 내 마음에 죄를 품으면" 하는 말뜻은 무엇이냐? 이 히브리 말뜻을 그대로 번역할 것 같으면 "내 심정으로써"-심장이든지 심정이든지 영어로 하트(heart)인데, 내 하트를 가지고 죄를 보면 주께서는 아니 들으신다, 그렇게 말씀하신 것입니다. 여기 심정으로써 죄를 본다 하는 히브리적인 표현은 무슨 뜻입니까? 본다는 말도 그 말뜻이 여러 가지가 있지요. 우리나라 말로도 보아준다는 말도 있고, 또 돌아본다는 말도 있고, 그냥 단순히 본다는 말도 있어요. 그런데 여기 '마음으로 무엇을 본다' 하는 것은 마인드(mind)를 가지고 본다는 게 아니라 하트(heart)를 가지고 본다는 뜻인데, 히브리 사람들이 그런 말을 쓰는 이 표현의 진의(眞意)는 '좀 잘 봐준다'라는 뜻입니다. 동정한다 혹은 승인한다, 좌우간 그걸 좋게 여긴다. '혹시 그런 일이 있더라도 괴이할 것 없다'[容或無怪, 용혹무괴]고 해서 '그냥 뭐 사정이 그렇다니 봐줄 수밖에 없다' 하는 말과 같은 의미입니다. 그것이 다른 사람의 죄였거나 나의 죄였거나 간에 죄라는 것이 있는데 그죄의 사실에 대해서 '할 수 없지. 다 그렇게 생겼으니까. 그렇게 사는 세상이야' 해 가면서 그것을 용인하고 지나간다 그것입니다.

그렇게 내가 내 마음 가운데 죄를 용인하고 지낸다 할 것 같으면 그런 사람이 기도할 때 주께서는 아니 들으시겠다 한 것입니다. 이 말은 '죄에 대해서는 철저히 태도를 늘 취해라. 네 마음이 죄에 대해서는 철저한 태도를 늘 취하고 있어야지 어림어림하면서 괜찮다 할 수 없다 그냥 뭐 용인할 수밖에 없다' 하고 그렇게 넘기고 지나가서는 아니 된다는 것을 가르친 것입니다. 죄라는 말도 성경에서는 여러 가지로 표현했는데, 죄가 가지고 있는 다양한 성격을 드러내기 위해서 여러 가지로 표현했습니다만, 특별히 여기 쓰인 죄라는 말은 구약에서 가장 많이 쓰는 죄라는 말이 아니고 어떤 독특한 성격을 표현하는 죄라는 말입니다. 그걸 죄라는 말로 번역했지만 영어로는 씬(sin)이라는 말보다 이니퀴티(iniquity)라 해서 거기에 좀 더 악하다는 표시가 있습니다. 그리고 허영이라는 표시가 있고, 공허하다, 아무것도 없다는 것, 심지어 우상 숭배라는 의미도 거기 들어 있습니다. 그러니까 이게 대부분 악하다든지 혹은 아주 곤란(trouble)을 만들어 내는 것, 또 그다음에는 헛되다는 것, 허영, 또 우상 즉 아무것도 아닌 것, 이런 것들을 표시하는 말입니다. 그런데 그러한 말을 여기다 갖다 쓴 것은 특별히 일반적인 죄보다도 어떤 특수한 것들을 좀 지정하느라고 그런 것입니다.

이 말을 한 사람이 누구냐, 누구 앞에 기도를 한 사람이냐, 할 때 물론 하나님 앞에 기도한 사람입니다. 그런데 그 안에는 "하나님이 실로 들으셨으며 내 기도 소리에 주의하셨도다!"(19절) 하고 하나님이라는 이름이 나오지만, 이 18절에는 '주'라는 말로 표시했습니다. 여기 주, '아도나이'라는 말은 종이 그 상전을 향해서 쓸 때 하는 말로서 첫째 뜻은 그렇습니다. 아브라함의 아내 사라가 자기 남편 아브라함을 '주'라고 불렀다고 베드로 사도도 그 말을 인용했는데(벧전 3:6), 이렇게 남편을 존중히 여기고 존대할 때 '주'라는 말을 썼습니다. 어떻든 첫째의 뜻은 주종의 관계에서 '주'라는 말입니다. 주와 종의 관계, 상전과 종의 관계입니다.

물론 하나님과 우리 사이에는 주종의 관계가 있습니다. 단순히 하나님을 존경할 분이라 해서 주라고만 부르지 않고 분명히 우리의 상전이라는 그 의미를 거기에 붙여서 주라는 말을 거기에 쓰는데, 여기에 보면 이 시를 쓴 사람은 분명히 주님의 종으로 자처하고 그런 확신을 가지고 주님의 분부에 따라서 생활해 나가는 사람으로서, 주님 앞에 필요한 것을 구하고 주님과 무엇을 교통하기 위해서 말씀드리곤 합니다. 하지만 만일 그럴 경우에 자기의 행보 가운데 주께서 싫어하시고 미워하시는 어떤 죄악이든지 죄에 대해서, 특별히 '그 죄', 어떤 죄보다도 가령 악을 행하는 것, 곤란을 일으키는 문제, 또 우상을 섬기는 문제, 또 허영, 이런 것들을 좋다고 보아 넘겼다면 자기는 주님 앞에 기도를 할 수 없는 사람이 될 것이다! 주께서는 그런 기도라면 아니 들으신다, 그렇게 말씀한 것입니다.

허영을 추구하는 심정이란

그럼 여기서 허영이라 할 때는 이 세상을 좇아간다 곧 세상에 있는 헛된 영광을 가리키는 것입니다. 헛된 영광이라고 하니까 처음부터 나쁘다고 하겠지만, 세상의 영광이라고 우리가 해 놓고 세상 사람들이 영광스러운 일이라, 훌륭한 일이라, 출세한 일이라, 장한 일이라 하는 것들을 주의해서 볼 때 거기 헛된 것들이 많다 말입니다. 예수 믿어서 천당도 가고 이 세상에서도 그런 헛된 것을 취해서 번영해야겠다고 하는 사람들이 기독교인 가운데는 많이 있습니다. 그것이 허영인지 참된 그리스도의 영광인지를 분별 못하고 덮어놓고 사람들이 훌륭하다고만 하면 그렇게 훌륭하게 되고 싶어 하고 또 뒤쫓습니다.

흔히 사람들이 이상(理想)이라 하면 자기도 그런 이상을 세우고 뒤쫓아 가고 싶어 합니다. 그러나 주의 종은 주님이 그의 생명을 이미 경영하신 까닭에 행한 그 행보의 목표가 벌써 있는 것입니다. 그것은 제 맘대로 정한 것이 아니고 주께서 정해 주신 목표로서 주께서 세워 주신 인생의 행로에서 제 마음대로 자기가 설정한 길을 걷지 않고, 가라고 하시는 길을 걷는 것입니다. 이렇게 하면 성공하고 이렇게 하면 출세하고 이렇게 하면 사람들이 부러워하고 이렇게 하면 크게 잘 된다! 그렇게 인간의 행복 추구를 기본으로 하지 않는 것입니다. 오히려 하나님께서 세워 주신 거룩한 목표를 향해서 나아가지만 그것은 사람마다 다 따로 있습니다. 다 공통으로 목사나 교역자가 되어야만 거룩하다고 할 수가 없습니다.

"무릇 내가 거룩하니 너희도 거룩하라" 하는 레위기 11장 44절 말씀대로 사람은 무엇을 하든지 거룩한 위치에서 해야 하는 것입니다. 장사를 해도 그렇고 농사를 지어도 그렇습니다. 문제는 우리에게 하나님께서 어떤 길을 세워 주시고 그 인생의 길을 걷도록 하셨을 때는 자기 생애에서 한 걸음씩 앞으로 나아가야 합니다. 하나님이 세우시고 경영하시는 일을 이루기 위해서 그리합니다. 경영하신 그 일을 내가 한꺼번에는 다 몰라도 매일 생활 가운데에서 한 걸음씩 한 걸음씩 열어 주시는 대로 나아가면서 조금씩이라도 터득해 가야 할 것입니다.

이렇게 나아가야 할 텐데 그의 행보 가운데에서 이 세상 사람이 자기 이상을 추구해서 사람에게 칭찬을 받고, 훌륭한 명예를 듣고, 또한 어느 때는 많은 돈을 버는 걸 보고 그게 부러워서 좋아하고 뒤를 쫓고 한다면 이런 것은 허영을 뒤쫓는 것입니다. 그렇게 세상의 영광을 뒤쫓으면 안 되는 것입니다. 야고보서 4장 4절을 보면 "간음하는 여자들과 같으니"라고 했어요. 사람들에게 하는 말입니다. "간음하는 여자들이여 너희가 이 세상과 벗되는 것이 하나님과 원수 되는 것을 알지 못하느냐. 그런고로 세상과 벗 되고자 하는 자는 하나님과 원수 되게 하는 것이니라." 세상과 벗된 것이 하나님과 원수인 것을 알지 못하는가! 그런고로 세상과 벗 되고자 하면 벌써 하나님과 원수 되는 위치에 갔다는 것을 의미하는 것이라 말입니다.

이렇게 이 세상에 대하여 사랑을 가지는 심정 그것이 허영을 추구하는 심정인데, 이것이 곧 악인 것입니다. 그런 독특한 악을 여기서 표시하고 있습니다. 남에게 무슨 거짓말해서 잘못했다든지 남을 잠시 미워했다든지 하는 문제로 자꾸 떠드는 것보다 앞서는 일입니다. 기본적으로 무엇이 참으로 하나님의 일이며 무엇이 세상의 일인가를 잘 식별하고 분별해서 세상의 일이라고 하는 것들을 허영을 좇고 죄를 좇듯이 하지 않는 것이 중요한 일입니다. 그런데도 불구하고 그것을 뒤좇아 나아가는 생활을 하거나 그렇지 아니하면 헛되이 하나님을 섬기는 생활을 해서는 안 될 일입니다.

하나님과 재물을 겸해서 섬기면 못쓴다고 했습니다(마 6:24). 그런데도 하나님과 재물을 겸해서 섬기는 일이라든지 하나님과 세상 권력을 겸해서 섬기는 일이라든지 다 교묘하게 합니다. 거기다가 하나님의 이름을 묘하게 붙여서 하나님을 섬기는 법이라고 둘러칩니다. 그렇게 정당한 해석이 없이 그릇되게 왜곡시켜 가지고 세상 것을 용인하고 변명하는 것은 바른 정신이 아닙니다. 뒤집어 놓고 그 정신을 들여다보면 속에 허영을 좇는 까닭에 그런 것입니다. 우상을 숭배하는 것이 그렇습니다. 특별히 우상 숭배라는 것은 결국 탐심이 든 것입니다. 하나님 앞에 그것을 그대로 품고 있으면 안 될 일이지요. 반성하고 다 통회하고 회개하고 고치고 거기서 나와야 합니다. 무엇을 그냥 용인하는 터 위에서 그대로 나가면서 하나님께서도 용인해 주시려니 하고 소홀하고 만홀 (漫忽)하게 하나님께 나가서 뭘 구하면 하나님께서 아니 들으신다 그것입니다. 우선 이런 것들을 참으로 주의해야 합니다.

탐심은 우상숭배

골로새서 3장 5절을 잠깐 보겠습니다. "그러므로 땅에 있는 지체를 죽이라. 곧 음란과 부정과 사욕과 악한 정욕과 탐심이니 탐심은 우상 숭배니라." 아까 말한 대로 죄에는 우상이라는 의미가 또 강하게 나타나 있는데 탐심은 곧 우상 숭배라고 성경에서 가르쳤습니다. 목석을 만들어 놓고 엎드려 절하는 것이 아니고 마음 가운데에 탐심을 품고 있으면 그것이 곧 우상 숭배인 것입니다. 세상에서 무엇이든지 그것을 어떻게든 자기 것으로 삼아야 하겠다 생각하고 나중에는 그렇게 계속 탐한 것 때문에 눈이 흐리고 마음이 완전히 그쪽으로 기울어집니다. 모든 일에서 하나님의 영광이 무엇인가, 그리스도께서 기뻐하시는 일이 무엇인가를 생각할 마음의 여유도 없이 그저 원하는 그것을 간절히 간절히 탐합니다. 그것을 가지려고 하나님 앞에도 달라고 자꾸 기도하지요. 그렇게 간절한 욕망이 심하게 움직이는데, 신앙의 초기에는 간절히 기도하는 그것이 훌륭한 기도인 것같이 생각되기도 합니다. 그러나 기도하는 그 정열과 요구가 어디서부터 출발했느냐 할 때, 어떤 물건이나 혹은 인물이나 명예 등 무엇이든 그것을 간절히 탐하는 데서 시작합니다. 그래 가지고 하나님까지 끌어다가 하나님도 내 편에 서서 그것을 해 주시기를 바라고 기도하는 것이지요. 이것이 이 세상의 많은 종교인들이 다 같이 가지고 있는 모습입니다.

이렇게 그릇된 것을 마치 하나님 앞에 간절히 기도함으로써 받는다 해 가지고 조장을 하는 일은 옳지 않습니다. 기도하는 내용이 간곡할지라도 대체 무엇 때문에 이 기도를 하는가를 돌아보아야 합니다. 이 기도의 동기는 무엇이며 어디서부터 출발해서 나왔는가를 반성해 보라는 말입니다. 탐심인가 그렇지 아니하면 참으로 그리스도의 영광을 그렇게 간절히 사모하고 생각해서 그렇게 하려는 것인가!

만일 그것이 그리스도의 영광을 참으로 간절히 생각해서 그렇게 하려고 했다면 하나님의 말씀의 법칙대로 어떻게 해서 그리스도의 영광이 되는가를 증명할 수 있어야 합니다. 이것을 원하면 어떻게 해서 그게 그다음에 그리스도의 영광으로 점점 발전하고 나갈 것인가, 그리스도께서는 과연 그걸 기뻐 받아주실 것인가, 이런 일들에 대해서 내 스스로 마음대로 생각하지 아니하고 하나님 말씀이 가르친 도리에 의해서 그것을 바르게 깨달아야 할 것입니다. 그리고 그리스도의 영광이라면 무엇보다 그리스도가 더 첫째지요. 그래서 간절히 기도합니다. 그리스도께서 이것을 기뻐 받으실 것이라고 한다면 자기가 큰 열정과 간절한 심정을 가지고 요구하고 나아가는 마음보다 믿는 심정이 더 강해지는 것입니다. 이것이 기도에서 나타나는 중요한 심리입니다. 참으로 내가 그리스도의 영광을 위한 기도를 할 때에는 그리스도에게 문제를 다 맡깁니다. 또 그의 선의와 능력과 지혜와 사랑을 내가 믿고 의지하는 심정이 더 강해지는 것입니다. 내가 어떻게든지 그것을 얻어야겠다고 갈구하면서 거기에 대한 강렬한 집착과 집념이 나를 강하게 지배하지 않는다 말입니다.

우리는 이런 기도의 심리에서도 인간적인 강한 집념과 집착을 마치 하나님께 대한 간절한 기도라고 얼른 그것을 뒤집어서 해석하고 정당화하는 것을 주의해야 할 것입니다. 탐심이라는 것은 우상 숭배라 그랬어요. 사람은 무엇을 탐하든지, 명예를 탐하든지, 금전을 탐하든지, 그렇지 아니하면 권력을 탐하든지, 사회 세력을 탐하든지, 혹은 지식을 탐하든지 그렇게 끝없이 요구해 나가는 그것이 사람들에게는 정당하고 가장 존경할 만한 훌륭한 욕망이라고 말합니다. 그래서 "소년이여 야망을 품어라(Boys be ambitious.)" 이런 말이 다 나왔던 것입니다. 그러나 실제로 생각해보면 그렇게 간절히 어떤 물건이라든지 어떤 사실이라든지 어떤 권력이나 돈이나 이런 것들을 그렇게 간절히 추구하고 나간다는 것은 정당한 일이 아닙니다. 가장 중요한 문제는 그리스도의 거룩한 계획과 경영을 알아서 그것을 내가 확실히 깨달았을 때 그것을 간절히 사모하고 구하는 것이 가장 중요한 것입니다. 그것이 이루어지기를 간절히 바라고 원하는 것이 제일 중요합니다.

그런데 그러지 아니하고 그 여타의 것을 그리스도의 이름으로

탐해서 추구하고 나가면 부지불식간에 우상 숭배자가 되기 쉬운 것입니다. 이런 것을 우상 숭배라 하는데, 하나님을 섬겼다가 우상을 섬겼다가 하는 것들이지요. 주께서는 보물을 하늘에 쌓아두라, 땅에 쌓아두지 말라는 말씀을 하신 끝에 "너희가 한 사람이 두 주인을 섬기지 못한다" 하시는 말씀을 하셨습니다. 이를 미워하거나 저를 사랑하거나, 이를 중히 여기거나 저를 경히 여기는 까닭에 그렇다. "너희가 하나님과 재물을 겸하여 섬기지 못한다."

우리가 하나님을 섬겨야 할 건가 재물을 섬겨야 할 건가! 돈을 번다는 것은 근실하게 노력해서 자기가 수익을 갖는다는 것입니다. 그렇다면 돈을 섬기겠다는 것은 별로 아니지요. 그러나 그렇게 돈을 번다는 나머지 돈을 섬기는 정신으로 빠져 들어가는 사람들이 허다합니다. 마침내 그것이 자기에게는 가장 중요한 인생의 문제가 되고 그것이 자기 자신을 지배하는 상전이 돼 버리는 것입니다. 자기의 주(主)가 되어요. 이렇게 되면 그것이 소위 주, 바알이라는 말인데 자기의 바알이 되는 거라 말입니다. 바알 귀신을 그렇게 섬긴 것입니다. 모든 우상이 다 과거에 인생의 수요와 필요에 따라서 차츰차츰 발생되어 가지고 그걸 인격화하기도 하고 의인화하기도 하고 그걸 형상화하기도 해서 섬긴 것입니다. 가령 그렇게 의인화하던지 형상화하는 사실이 없을지라도 그 필요라는 것이 우리의 봉사 대상이 되어 버리면 결국 그게 우상이 되는 것입니다.

이렇게 형상을 놓고 섬겼든지 형상이라는 것 없이 섬겼든지 간에 필요라는 것이 어디서 출발했든지 나중에 섬김의 대상이 될 수 있습니다, 가령 경제력을 생각할 때 사람에게 경제력은 필요합니다. 그렇지만 그렇게 필요한 것이 나중에는 봉사의 대상이 되어 가지고 형상화한다든지 할 때 그게 우상이 된 것입니다. 그래서 거기에 자기의 전력을 기울이고 정성을 기울이고 그것을 전부로 알고 간곡하게 섬겨 나갈 때 거기에 우상이 있는 것입니다. 이렇게 우리는 자칫 우상을 섬기면서 그걸 정당화하고서 하나님 앞에 열렬히 기도까지 합니다. 오히려 하나님의 가세(加勢)와 원조까지 청하는 일이 있는데 이게 다 그릇된 것입니다.

이렇게 내가 내 마음에 죄를 품으면, 우상이나 허영이나 악을 품고 있으면 하나님께서는 듣지 아니하신다! 그러고서도 그것을 반성하지 않고 그냥 그대로 자꾸 기도하는 것은 정당치 않다는 말입니다. 요한일서 2장 15-16절에 우리가 세상을 사랑해서는 안 된다는 걸 가르친 데가 있습니다. "세상이나 세상에 있는 것을 사랑하지 마라. 세상을 사랑하면 하나님의 사랑이 그 속에 있지 아니하니라. 대개 이 세상에 있는 것은 육신의 정욕과 안목의 정욕과 이생의 자랑이니 다 아버지께로 좇아 온 것이 아니요 이 세상으로 좇아 온 것이니라." 요컨대 우리가 눈으로 보기에 훌륭하다는 것과 또 육신의 마음 가운데에 요구하는 것을 얻으려고 하는 인간적인 부패한 욕망이 있는 것입니다.

여기서 육신이라는 것은 육체라는 말보다 사람이 가지고 있는 인간적인 욕망을 뜻합니다. 그것을 사르크스(σάρξ), 육신이라는 말로 신약에서 표현하고 있습니다. 특별히 악한 욕망뿐 아니라 모든 욕망, 인간적인 욕망이지요. 하나님께로부터 씻음을 받고 거룩하게 되어 새사람으로서 요구하는 욕망이 아니고 인간적인 욕망을 말합니다. 또 안목의 정욕은 사람의 센스에 호소하고 있는 훌륭하다는 것, 아름답다는 것, 고귀하다는 것, 그러나 이것도 욕망을 의미하는 것입니다. 훌륭한 예술품도 눈에 호소하는 것이 아니냐? 자기 마음 가운데 무엇을 자꾸 원해요. 그리고 또 이생의 자랑이 있습니다. 이생에서 도덕적으로 우수한 것이라든지 가치 있는 것들은 다 자랑스러운 것이 아니냐? 그게 아닌 거 아니나 그럴지라도 그리스도를 믿는 사람이 그리스도로 말미암아서 그리스도가 경영하신 계획 속에서 새로 우리의 인생이라는 게 설계돼 가지고 전진해야 하는 것입니다. 그런데 그러지 아니하고 이 세상 사람들이 추구하는 식으로 나가면 되겠는가! 물론 이 세상 사람에게도 의가 있고 선이 있어요. 미를 추구하고 진리를 깨닫는 게 있습니다. 그런데 그런 것을 가지고 그냥 나가면 그건 결국 하나님께서 받지 아니하신다는 것입니다.

세상 사람이 죄가 있을지라도 하나님의 형상을 완전히 상실한 건 아닌 까닭에 거기에 의나 선이나 선미(善美)를 좇는 것이 있지만 그러나 그걸 가지고는 하나님 앞에 정당하게 나가지 못하는 것입니다. 그런 까닭에 마음 가운데 죄를 품지 않고 그런 육신의 정욕과 이생의 자랑을 추구하지 아니하고 오직 주님의 뜻만을 찾는 것이 주님 앞에서 들으시는 기도를 할 수 있는 상태가 됩니다. 내가 종이라면 종답게 그렇게 나아가는 것이 옳다는 말씀입니다.

기도

　주께서 저희에게 은혜를 주셔서 항상 주님의 뜻을 생각하고 주의 경영을 따르게 하시고 세상을 좇지 않게 하시며 붙들어 주시고 성령님으로 주장하옵소서. 저희가 방황치 아니하고 주님의 뜻과 계획을 더욱 깨닫는 데 이르게 하여 주옵소서. 죄를 용서하시고 은혜로 주장하시옵소서.

　주 예수님 이름으로 기도하옵나이다. 아멘.

1977년 11월 28일

바른 기도

야고보서 4:1-10

¹ 너희 중에 싸움이 어디로, 다툼이 어디로 좇아 나느뇨 너희 지체 중에서 싸우는 정욕으로 좇아 난 것이 아니냐 ² 너희가 욕심을 내어도 얻지 못하고 살인하며 시기하여도 능히 취하지 못하나니 너희가 다투고 싸우는도다 너희가 얻지 못함은 구하지 아니함이요 ³ 구하여도 받지 못함은 정욕으로 쓰려고 잘못 구함이니라 ⁴ 간음하는 여자들이여 세상과 벗된 것이 하나님의 원수임을 알지 못하느뇨 그런즉 누구든지 세상과 벗이 되고자 하는 자는 스스로 하나님과 원수 되게 하는 것이니라 ⁵ 너희가 하나님이 우리 속에 거하게 하신 성령이 시기하기까지 사모한다 하신 말씀을 헛된 줄로 생각하느뇨 ⁶ 그러나 더욱 큰 은혜를 주시나니 그러므로 일렀으되 하나님이 교만한 자를 물리치시고 겸손한 자에게 은혜를 주신다 하였느니라 ⁷ 그런즉 너희는 하나님께 순복할지어다 마귀를 대적하라 그리하면 너희를 피하리라 ⁸ 하나님을 가까이하라 그리하면 너희를 가까이 하시리라 죄인들아 손을 깨끗이 하라 두 마음을 품은 자들아 마음을 성결케 하라 ⁹ 슬퍼하며 애통하며 울지어다 너희 웃음을 애통으로, 너희 즐거움을 근심으로 바꿀지어다 ¹⁰ 주 앞에서 낮추라 그리하면 주께서 너희를 높이시리라.

3강

바른 기도

중생의 결과

우리 예수를 믿는 사람들은 이 세상 믿지 아니하는 사람과는 달리 매일매일 생활에서 하나님의 은혜를 받고자, 그리고 하나님을 사모하며 모시고 사는 생활을 하고자 특별히 행하고 사는 것들이 있습니다. 예컨대 기도하는 일, 찬송하는 일, 하나님 앞에 경배하는 즉 예배하는 일, 또 하나님의 말씀을 열심히 공부해서 그 뜻을 깨닫고 아는 일을 합니다. 또 하나님 앞에 자기의 시간과 정력과 재물을 드려서 섬기는 일도 합니다. 하나님이 이 세상에서 살아가야 할 여러 가지 일들을 주시고 또 해야 할 일들을 주셨으면 그것을 하면서도 헌상(獻上)을 하는 것입니다. 본래 우리가 사는 보람이 주님을 섬기고 주님의 거룩한 영광을 직접적으로 땅 위에 나타내고 주님 말씀을 세계 사방에 펼쳐 나가도록 하는 일에 있습니다. 그러니 그런 일에 가담하는 활동을 해야 하겠고 거룩한 교회의 장성에 적극적으로 몸과 마음과 시간을 드리고 재물을 드려서 활동해야 할 것입니다. 그것들은 힘써 다해도 다함이 없는 것이지만, 충분히 못하는 클클한 마음 가운데서 내가 활동해서 번 재물 가운데 어떤 부분을 떼서 대신하여 드립니다. 내 몸으로 직접 나가서 수고하는 것을 대신하는 뜻으로 드리는 것이지요. 그렇게 해서 주님의 나라의 전진에 내가 가담하는 일도 하는 것인데, 이것이 헌금을 드리는 일입니다.

그렇게 기도하고 찬송하고 예배를 드리고 하나님 말씀을 열심히 공부하고 헌금을 드립니다. 그뿐 아니라 만일 나에게 어떤 기회가 있어서 서로 친절하게 얘기할 수 있는 친구를 만난다든지 하면 내가 믿는 도리를 그들에게 설명합니다. 그렇게 잘 간증하여서 그들로 하여금 그것이 무엇인가를 잘 듣고 깨달아서 연약하고 방황하는 가운데 있지 않고 좀 더 바르고 광명한 곳으로 나오게도 합니다. 아주 캄캄한 흑암, 죄의 노예 상태가 된 가운데에서 주님을 믿고 광명한 세계로 나와서 주님의 것이 되도록 이끄는 것이지요. 이와 같이 개인 전도도 하고 신앙의 간증도 해 나가는 것입니다. 이런 것들이 다 우리들 신앙생활 가운데에서 필요한 것입니다.

그러나 이런 모든 일은 궁극적으로 내 자신의 생활이 주님께서 주시는 거룩한 목표, 즉 나를 구원하신 크신 뜻이 어디 있는가를 아는 데 따라서 할 수가 있습니다. 내 신앙이 장성하고 속사람이 장성해서 깨달아 알면 거기서부터 시작하는 것입니다. 그것을 더욱 확실히 잡은 다음에는 자기의 모든 생활을 그 거룩한 목표를 향해서 집중해서 나아가는 생활을 하는 것이지요.

언제까지나 이 세상 사람처럼 그냥 아무것도 모르는 유치한 상태에서 살면서 기독교라는 종교를 가지고 습관적으로 예배당에 나가는 식이라면 문제입니다. 마음이 클클한데도 예배당에 나가지 아니하면 어쩐지 서운하다는 식의 맹목적인 생활을 할 것이 아니라 목적이 더 명료해져야 합니다. 내 생의 의의라는 것이 무엇인가를 더욱 반성하고 평가할 줄 알아야 합니다. 그렇게 나의 눈도 높아지고, 나의 시야도 넓어지고, 나의 관찰도 깊어져야 합니다. 동시에 자기의 생활도 미급한 데서 좀 더 나은 곳으로 올라가야 합니다. 주님을 봉사하는 것도 좀 더 넉넉하게 잘해야 합니다. 한 마디로 열매 맺는 생활이 필요합니다.

하나님께서 우리에게 요구하시는 거룩한 열매를 맺는 생활을 해야 하는데, 그 열매의 생활이라는 것이 무엇입니까? 먼저는 자기의 품성의 열매입니다. 도덕적인 성격이 전에는 조급하고 잘 참지 못하고 쉽게 분노하였습니다. 전에는 귀가 짧아 가지고 화를 잘 내고, 함부로 무례하였습니다. 또 전에는 항상 비천한 것을 좋아하였는데 그러던 것들이 변하는 것입니다. 그래서 비천한 것을 싫어하고 고귀한 세계와 고귀한 사람끼리의 교제라는 것을 좋아합니다. 고귀한 인품을 가지고 항상 도덕적으로 건실하고 윤리적으로 높습니다. 또한 착한 마음을 가지고 거룩하신 아버지의 어떠하심을 드러낼 만한 마음의 소원이라는 것이 있습니다. 즉 하나님이 어떠한 분이시냐 하는 것을 더 잘 깨닫습니다. 하나님이 인격신이시고, 한 인격으로서 그 거룩하신 정서와 의지와 지혜를 나타내신다는 것을 아는 것입니다. 그러면 나 자신의 인격적인 활동이 어떻게 나타나야 하는지를 생각합니다. 나의 의지라든지 정서라든지 나의 지혜와 지식이 좀 더 진리에 입각해서 하나님이 어떠하신 분인가를 다른 사람에게 조금치라도 드러나길 바라는 것입니다. 그런 암시라도 받을 수 있도록 더욱 더욱 신중히 단속하며 자기가 가는 길을 삼가지요. 거룩한 길을 걷는 아름다운 생활, 온유한 생활, 관대한 생활, 오래 참는 생활을 하면서 늘 자비로운 심정을 품습니다. 그러나 의에 대해서 철저한 심정 또 불의와 타협하지 않는 심정을 가집니다. 또한 하나님의 깊고 오묘한 세계를 늘 사모하고 나가는 초연한 심정이 단속되고 구비되어 갑니다.

이런 고귀한 품성이 그리스도를 더욱 방불케 증언하는 위치에 올라간다는 것이 심히 중요한 일입니다. 이 세상에서 칭찬을 받는 성자가 되려고 하는 게 아니라 하나님 당신이 원하시는 대로 좀 더 그리스도와 같은 모양으로 점점 변해 올라가야 하는 것입니다. 사람이 일생 동안 사는 생활의 의미라는 것이 자기 가족이 먹고 쓸 것을 위해서 벌고 그저 자기 소속을 꾸리려는 게 다라면 그건 세상의 안 믿는 사람들도 다 하는 것입니다. 물론 그런 일을 유능하게 하는 사람이 많이 있지만 그런 것으로써 무슨 보람을 찾으려고 하지를 않아야 합니다. 그걸 못하거나 무시해 버리는 것 또한 좋지 않습니다. 자기 일가를 돌아보고 자기 집안 식구들을 잘 살피는 것은 가장 중요한 일이지만 그것만이 일생에 가장 큰 의미를 나타내는 것은 아니라 말입니다.

신자에게 큰 의미를 나타내는 생활이란 일반적으로 우리가 해야 할 인간의 의무와 윤리를 잘 지키는 터 위에서 좀 더 무엇을 하는 것입니다. 그걸 희생하고 무시해 버리고 달리 한다고 무엇이 새로 생기는 건 아니오. 기독교를 사업처럼 할 것이 아니라 그것 자체가 그 사람의 장성에 따라서 거룩히 자꾸 전진해 나가는 것입니다. 그러면 그에게 전진해 나가는 생활 양태가 있는데, 그것은 무엇보다도 깊고 오묘한 도리를 잘 인식한 데서 바른 인생관이나 세계관이나 사관을 가지고 전체로 바른 사상 가운데 들어 있는 토대 위에서 이뤄집니다. 그 바른 사상이 더욱 명료해지고 심오해지는 데서 자기의 인생의 목표라는 것이 세워집니다. 이 세상 사람과 세상을 위한 게 아니라 이 세상과 인류 위에서 건설하시는 하나님의 나라를 위해서 전진해 나가는 데 있는 것이라 말입니다. 이런 것들이 신자 생활에 있어서는 기본적으로 중요한 것입니다.

그런데 그런 것은 하나씩 하나씩 차례차례 해 나간다는 게 아니라 모두가 다 함께 출발하는 것입니다. 기도를 잘한 다음에 비로소 찬송을 또 잘하고, 찬송을 잘한 다음에 비로소 예배를 잘하고 그러는 게 아니에요. 하나님의 자식으로 난 순간부터 그는 성령님의 인도와 그 말씀에 의해서 가르침을 받아 기도도 진정으로 하고, 찬송도 진정으로 하고, 예배도 진정으로 드리고, 자기 몸도 진정으로 헌상하고, 성경 말씀도 진실하게 잘 배웁니다. 그 밖에도 남에게 증언하는 것도 쬐끔 알았으니 못한다는 게 아니라 안 만치 '나는 이걸 믿는다' 이렇게 확신을 가지고 증거하는 것입니다. 자기가 예수를 믿은 것은 확실하니까 믿은 만큼 확실한 사실을 증언하는 것이에요. 그다음에 자기 자신이 어떠한 그리스도를 믿고 있는가를 보여야 합니다. 그리스도께서 나를 어떻게 변경해 주시고 새로운 생명을 주시고 새로운 품성을 주시고 새사람을 나에게 주셨는가를 자기의 인간됨으로써 증명해야 합니다. 인격적인 인간성의 발휘를 다른 사람들에게 나타내 뵘으로 거기에 큰 변화가 있는 걸 다른 사람이 알아 볼 수 있도록 해야 합니다. 이 변화라는 것은 예수 믿었을 때 초기 얼마동안만 그러고 마는 게 아니라 오히려 예배당을 다니면 다닌 만치 그것이 더 현저해져야 할 것입니다.

신앙의 장성이 없는 이유

여러분이 주의할 것이 있습니다. 많은 사람이 예수를 믿지 않았다가 참으로 예수를 깨닫고 믿고 그러고 중생함을 받아서 처음 얼마동안은 기쁨이 가득하고 순진하고 마음이 간절한 상태로 생활합니다. 그러다가 어쩐 일로 차츰차츰 예배당에 나가면서 오래 믿은 사람들의 저급한 생활 가운데로 끼어듭니다. 거기서 헤어나지 못하고 사욕(私慾)에 속한 생활을 한다는 것입니다. '아! 저것이 예수 믿은 사람, 선배들, 경력자들의 믿는 생활 태도인가 보다' 하고 부지불식간에 그런 데로 슬그머니 끼어들어 처음에 가지고 있던 정열, 하나님께 대한 사랑, 그리스도에 대한 사랑이 희미해집니다. 자신의 변화된 것이나 순진하고 아름다워졌던 심정이 차츰차츰 죽어가는 상태를 많이 보게 됩니다. 예배당에 다니면 다닐수록 속된 인간이 되어 버리고 마는 안타까운 경향을 보지 않을 수 없습니다. 이것은 물론 교회가 타락해 있다는 것도 하나의 이유가 되겠습니다.

하지만 믿은 다음에 정상적으로 양분을 섭취해서 자라지 못하고 그만 영양이 실조된 상태 가운데 들어 있다는 사실이 그에게 더 중요할 것입니다. 교회의 탓도 되겠지만 자기 자신이 간절하지 않고 이 세상 식으로 뜨뜻미지근하게 다시 돌아갑니다. 비로소 눈이 떠진 것으로 복음 도리에 취하여 지금까지 예수에게 붙어 있다가 여러 가지 주위의 사실들을 고려할 때 이제는 다시 현실에 눈을 떴다는 식이 됩니다. 예수 믿은 것이 위대한 기본적인 재창조요 참된 변개라고 생각했는데, 그것이 아니라 한때 고뿔 들린 것, 감기 들린 식으로 믿고 나오는 사람들도 많은 것을 주의해야 할 것입니다.

그렇게 되지 않아야 합니다. 신자는 진정으로 스타트를 해서 차츰차츰 더 높고 고귀한 곳으로 올라가야 할 것이고 교회도 그래야 합니다. 교회가 그렇지 못할 때에는 참으로 많은 사람에게 그만큼 손해를 끼치는 것이지요. 재창조와 변개로 시작한 신자는 다음부터는 점점 더 '내가 예수를 믿고 나왔는데 이제는 나를 위해서 살지 않고 그리스도를 위해서 살아야 할 텐데 어떻게 사는 것이 그것인가?' 하는 것을 간절한 마음으로 생각합니다. 어쩌든지 그리스도를 위해서 살아야 한다는 것이 무엇인가를 적극적으로 깨달은 위치로 들어가야 합니다. 주를 위하여 살고자 하는 적극적인 심정은 예수를 믿고 나온 그 때부터 시작하는 것이지 오래 믿은 다음에야 비로소 차츰차츰 생기는 건 아닙니다.

많은 사람의 경우 처음부터 그것이 생길 모든 가능성과 은혜를 하나님께서 그 속에 중생의 큰 사역으로 심어 주셨습니다. 중생을 시켜 주셨다는 사역 안에 그걸 다 포함해서 심어 놓으시고 출발케 하셨습니다. 하지만 사람들의 잘못으로 중간에 오히려 속되고 저급한 위치로 자꾸 타락해 갑니다. 아까 말한 것과 같이 저급한 다른 신앙 선배들과 교회의 환경과 크리스천이라고 하는 사람들이 사회 속에 들어가서 과연 예수를 믿는 도리가 무엇인지조차 나중에는 알지 못하는 처지로 떨어집니다. 그저 그런 정도 안에서 믿고 살아가는 것이 예수 믿는 것인가 보다 하고 나오게 되는 무서운 현실을 우리가 생각하지 않을 수 없습니다. 이럴 때 우리는 어떻게 해야 할 것인가?

두말할 것도 없이 우리는 처음부터 예수 믿는 도리의 바른 기초 위에서 바른 모든 조건들과 자격들을 구비해 가지고 자꾸 장성해 가야 합니다. 복음을 부분적으로만 받아선 안 됩니다. 복음 전체가 우리에게 주는 넉넉하고 풍성한 내용을 온전히 받아야 합니다. '이것은 관두고 저것을 제외하고 저런 것은 소용이 없다'는 식으로 만일 산다면 시시한 세속적인 많은 크리스천이라고 하는 사람들의 생활과 다를 것이 없어지는 것입니다. 굳이 따로 교회를 세우는 본의가 없는 것입니다. 그런 까닭에 이제 이런 거룩한 도리를 받았으면 받은 도리 안에서 우리는 다 충실하게 장성해 가야 할 것입니다.

거룩한 특권인 기도

이제 오늘 우리가 이러한 기본 도리에 입각해서 그 중에 기도라는 것을 잠깐 생각하겠습니다. 몇 가지 기본 도리들을 하나하나씩을 철저하게 다 규명해서 다 알고 나가는 것은 아니지만 하나하나씩을 조금 더 설명하고 나아가는 것이 좋을 것입니다. 지금까지 쭉 들어서 이야기한 여러 가지 것들 가운데 하나를 들어서 설명을 하겠는데, 그건 기도라는 문제입니다. 찬송도 있고, 예배도 있고, 성경 공부라는 것도 있고, 헌상이라는 것도 있습니다. 또한 신앙을 증거한다는 것, 품성이 그리스도처럼 거룩히 돼야겠다는 것, 그리스도적인 사명에 눈을 떠서 그리로 바로 나아가야겠다는 것, 이런 여러 가지 것들이 있지만 그중에 우리가 기도라는 것을 공부하겠습니다.

기도에 대해서 여러분들은 얘기를 많이 들었겠고, 지난번 여기서 하나님의 말씀을 강해해 나가는 도중에 몇 가지 언급을 한 것 같은데, 다시 한번 좀 더 깊이 생각해 보겠습니다. 기도라고 할 때는 하나님이 인생들 누구에게든지 그것을 할 수 있도록 준 일반적인 방법이 아닙니다. 기도란 하나님의 은혜를 받아서 구원함을 받은 자녀가 그의 하늘 아버지께 무엇을 아뢰고 아뢴 바를 받는 형식으로 교통하게 하신 거룩한 특권 혹은 특별한 은혜입니다. 이게 은혜의 결과이지 은혜 없이 사람이 하나님께로부터 창조됐다는 기초 위에서 누구에게든지 준 거는 아니라 말입니다. 기도는 그리스도의 십자가의 공로에 의해서 죄 속함을 받고 영원한 생명을 받았다는 구원받은 터 위에서 하나님께서 주신 은혜입니다. 그 은혜를 써서 우리가 하나님 앞에 무엇을 아뢰고 하나님께서는 그걸 들으시고 또 필요에 따라서 우리에게 주실 것을 주시는 형식으로 대답을 하십니다. 그러면 그것이 우리에게 또한 계속적으로 다른 은혜를 가져다주는 방법이 되는 것입니다.

그러니까 기도라는 것을 다른 말로 말하면 신자가 하나님 앞에 마음을 모으고 오직 하나님을 생각하면서 무엇을 아뢰면 하나님께서 그 사람의 말을 들어 주시고 거기에 따라서 적당하게 당신이 원하시는 뜻대로 어떤 대답을 내려 주신다는 것입니다. 기도는 그것 이외의 다른 형태의 내용을 구하고 나가서는 안 되는데, 이 말의 뜻은 이후에 다시 자세히 배우겠습니다. 다른 형태의 내용이란 뭐냐? 가령 인도의 사제 계급 브라만교의 기도를 생각해 볼 수 있습니다. 물론 거기에 꼭 이교만 들어가야 할 것은 아니고 기독교라는 이름을 가진 사람 가운데에서도 그런 파들도 있고 그렇게 생각하는 사람들도 있습니다. 기도를 한다고 할 때 그 말의 내용보다 기도를 한다는 자기의 심정과 정신의 통일에 초점을 맞춥니다. 그렇게 정신을 통일해서 한 군데로 집중해 가지고 간곡히 어떤 한 가지 정점을 향해서 마음을 모아 나가는 중에 어느덧 무아(無我)의 경계, 혹은 어떤 법열(法悅), 황홀한 경계에 도달한다든지 어떤 신비한 세계를 자기가 본다는 것을 기도의 큰 효과, 효용으로 생각하는 경우가 있습니다. 이런 것들은 항상 우리가 주의해야 합니다.

어떤 사람이 기도를 하다가 삼층천으로 올라갔다든지 어떤 신비한 세계에 도달한다든지 하는 일이 있다고 하면 그걸 경솔(輕率)하게 나쁘다고 당장 비판할 생각은 없습니다. 하지만 많은 경우에는 사실 그게 헛된 속임수에 불과합니다. 일반적으로 정신을 통일해 가지고 도달하는 어떤 정신 현상이지, 특별히 하나님께서 그를 맞이해서 그에게 천계의 신비한 사실들을 전개해서 가르쳐 주신다고 보기 어렵습니다. 그렇게 하나님이 어떠한 사람만을 특별히 뽑아서 천계의 영광스럽고 아름다운 비밀을 별달리 보여 주신다고 생각하는 건 바람직하지 않습니다. 원래 그와 같은 소위 신비주의적인 그룹들이 있어요. 영계(靈界)에 입신(入神)이 되어 가지고 입류(入流)의 상태 가운데에서 천계를 바라보고 거기 흐르는 영원한 영광의 물을 바라본다는 식의 기록을 남겨놓지만, 그런 것이 과연 진정인지에 대해서 대단히 의심스러운 것이 많은 것입니다.

사도 바울 선생께서 삼층천에 끌려 올라가셨다(고후 12:2) 하는 얘기를 한 일은 있습니다. 오직 그 사도가 삼층천에 올라가서 말할 수 없는 무슨 얘기를 들었다고 하지만 그걸 표현하지 않았습니다. 삼층천의 상태라는 것이 과연 어떻게 생겼는지 표현을 안 했어요. 물론 사람이 종교적인 심정을 가지고 정신을 한군데 모아서 자기가 신뢰하고 신의하고 있는 신께 간곡한 마음으로 어떤 초연한 세계에 들어가기를 바랄 때 그런 신비한 상태에 이를 수 없다고 할 수 없습니다. 기도자의 정신이 완전히 동화되어 그리로 들어가기를 간절히 바라는 가운데에서 그의 정신 상태가 보통 아닌 특이한 신비한 상태 가운데 들어가지 않는다고 단언할 수가 없는 것입니다. 하지만 대체 기도가 하나님과 우리가 교통하는 것이라면 과연 그런 것이냐? 그런 것을 가리키는 것은 아니라는 것입니다.

하나님께서 어떤 종, 가령 사도 요한이나 사도 바울 같은 이에게 묵시로서 무엇을 보여 주신다면 그것은 하나님께서 진리로서, 진정한 사실로서 보여 주시는 것입니다. 그 자체는 하나님께서 과거에 많은 선지자 혹은 사도들, 혹은 그분의 종들을 통해서 거룩한 계시인 진리로서 말씀하신 내용에서 벗어나지 않고 그 내용과 다르지 않습니다. 오히려 거기에 더욱 풍성케 하고 보강하고 그것을 입증해 주는 사실로 나타납니다. 흔히 산이나 굴에 가서 많이 기도를 한다는 사람들 가운데 묵시를 봤다면서 예수님이 금 면류관을 썼더라 뭐 어쨌더라 뭐를 이상하게 했더라 하는 식의 환상 본 이야기를 여러 가지로 합니다. 하지만 그런 걸 가지고 사도 요한이 바라봤던 묵시라든지 다니엘이 본 묵시라든지 선지자 이사야 같은 사람이 바라본 천계의 영광의 사실이라든지 사도 바울 선생이 삼층천에 올라가서 보셨다는 것들과 병행해서 함께 놔두려고 하는 태도는 절대로 옳은 게 아닙니다.

가령 다니엘이나 이사야나 혹은 사도 요한이나 사도 바울이나 이런 사람들은 계시 시대의 인물들입니다. 계시가 아직도 사람에게 임하고 사람에게 그 계시를 내리시므로 역사적으로 계시가 발전해 나가는 과정 가운데 있었습니다. 그들은 그걸 받아 가지고 땅 위에 전달할 중계자 혹은 그릇으로서 의미를 가지는 시대를 살았습니다. 계시의 그릇으로 채택함을 받아서 하나님께 쓰인 사람들이었습니다. 하지만 이미 계시가 완성이 되어서 하나님께서 더 이상 어떤 사람을 특별히 불러서 '과거에 내가 내렸던 계시가 부족하니 이것을 더 받으라' 해 가지고 내리는 일이 발생하지 않습니다. 그런데도 그런 것이 발생한다고 하는 운동을 하는 사람들이 과거에도 없던 것이 아니지만 그런 사람들은 다 하나님 말씀의 도리에서 분명히 벗어난 사람들인 것입니다.

기도에 대한 오해 – 신비주의 운동

　과거에도 역사가 진전한 현 세대에 와서는 구약과 신약만으로는 부족하다는 자들이 있었습니다. 그래서 하나님은 이렇게 발달한 세대에 맞는 풍부한 계시를 더 하셔야 했다고 주장하면서 다른 글을 써서 성경과 같은 위치에다 놓았습니다. 그런 것들은 기독교에서 다 떨어져 나간 것으로서 참된 기독교의 바른 도리가 아닌 것을 여러분이 다 잘 아실 것입니다. 지금도 몰몬교에는 구약이 있고 신약이 있지만 자기네가 또 몰몬경을 가지고 성경과 같은 계시의 내용이라고 쓰고 앉아 있습니다. 또 과거 1930년대에 한국에서도 신비주의 운동을 하면서 무슨 '새 생명의 길'이네 하는 괴상한 것을 들고 말한 사람들이 있습니다[백남주 등 원산신학산파]. 이런 것들이 다 바르지 못하게 하나님과 교통하는 어떤 위치를 생각하고 그것을 주장하는 데서 많이 나왔습니다. 기도라는 것이 그렇게 이상한 관계를 하나님과 맺어 가지고 기이한 교통을 하는 것으로 보았습니다. 그것이 아주 기도에서 최상의 효용이라고 생각하는 것은 큰 잘못입니다.

　기도가 가지고 있는 가장 정통적이고 가장 효과 있는 형태는 결국 마음을 모아서 하나님 앞에 무엇을 아뢰는 것입니다. 그러면 그렇게 아뢴 사람은 똑똑하게 자기가 아뢰는 것을 기억할 뿐 아니라 책임을 지고 있어야 합니다. 만일 하나님이 그렇게 아뢴 말씀에 대해서 "오냐, 네가 이것을 나한테 말했는데 너는 그럼 요렇게 해라" 하고 그다음엔 어떻게 하라는 명령을 내리신다면 그 명령을 곧 준행할 마음 상태를 가지고 있어야 하는 것입니다. 그런 까닭에 "구하지만 말고 네가 나한테 구하는 것을 이제 너는 저기 가서 찾아봐라" 하신다면 찾아볼 용의를 탁 가지고 그런 책임을 지는 사람이라야 합니다. 기도를 해 놓고 세 시간만 지나도 아까 세 시간 전에 어떤 집에 가서 누구를 위해서 기도했는데 내가 무얼 기도했던가, 한다면 말이 되겠습니까? 그때는 그 사람 듣기 좋으라고 별 소릴 다 했지만 나중에는 기도한 내용의 골자도 다 잊어버린다면 그것은 진짜 기도가 아니라는 말입니다. 기도란 그런 식으로 하는 게 아닙니다.

기도라고 할 때 자기가 무엇을 아뢰었으면 그렇게 아뢴 사실에 대해서 책임지는 사람이 되어야 합니다. "너 그 말 했지?" 하면 "예, 했습니다." "너, 뭐라고 말했느냐?" 하면 "요렇게 요렇게 말했습니다." 맘에 꽉 준비하고 있어서 간곡하게 자기 자신이 파악하고 있어야 하고 인식하고 있어야 하는 것이지 그거 없이 덮어놓고 말해 놓고 나중에 잊어버린다고 할 때 그것이 과연 진정한 기도이겠습니까? 기도문에 여러 가지 사치스런 언어와 문구와 수사를 다 써 놓고서는 나중에는 다 잊어버리는 정도라면 무슨 소용이 있느냐? 그런 기도는 기도가 아니라는 것입니다.

그런 까닭에 기도를 하면 자기가 기도한 말에 대해서 분명하고 똑똑하게 기억하고 알고 인식하고 확실히 느끼고 앉았어야 합니다. 하나님은 그러기를 요구하십니다. 그래서 어떤 기도에 대해서는 반드시 "오냐" 하고 바로 대답지 아니하시고 좀 더 그것을 반복하게 하시면서 반성하게 하시는 것입니다. 다만 단순히 반복만 하는 게 아니라 반성을 시키는 거예요. 이렇게 해서 하나님이 금방 대답지 아니하시고 자꾸 끌고 가시면, '아니 주시려는가? 왜 아니 주시겠나? 아니 주실 이유가 무엇인가?'를 생각하게 하십니다. 그렇게 아니 주실 때와 관련해서 성경은 아니 주시는 이유도 말했으니 그것도 상고해 보는 것입니다. 그러지 않고 '내가 지금 기도한 내용이 과연 하나님의 뜻에 합당한가?'를 살피기도 해야 합니다. 아직 분명하지 않다면 어떻게 해야 하는가? 자기에게 아직 불분명한 채 미숙한 대로 얘기했던 것을 알게 되면 좀 더 성숙하게 생각할 시간의 여유를 가져야 합니다. 하나님이 그런 기회를 주시거든 그것을 선용해서 생각과 사상, 또 기도의 상념이 발전해야 한다 말입니다. 이것이 중요합니다.

그런데 그런 것을 않고 덮어놓고 말만 또 하고 또 하고 한다면 어떻습니까? 못 받았으면 또 같은 말을 하는 일을 열흘이고 한 달이고 혹은 일 년이고 계속한다면 그것이 무슨 의미가 있겠는가? 그렇게 하는 것이 질기고 질기게 언제든지 낙심하지 않고 기도하는 의미냐? 그건 낙심하지 않고 기도한다는 의미가 아니에요. 낙심 여부가 아닙니다. 습관이 되어서 덮어놓고 하나님 앞에 같은 말을 반복하는 중언부언(重言復言)이라는 것입니다. 마태복음 6장에 갈 것 같으면 이 중언부언이라는 말이 7절, 8절에 있습니다. "이방 사람이 가지고 있는 기도의 성격에는 중언부언이라는 성격이 있다. 너희는 하늘에 계신 너희 아버지께 기도를 하는 사람들이니까 아버지를 그렇게 생각해서도 안 되고, 중언부언함으로 효과가 있다고 생각해서는 안 된다" 말씀하신 데가 있습니다.

나중에 그것을 자세히 배우겠지만 지금 개론적으로 기도라는 것이 무엇인가 하는 것을 바로 파악하기 위해서 잠시 꺼내는 이야기입니다. 내가 하나님 앞에 아뢰어 기도하는 내용을 다른 사람이 들어서 좋도록 하려고 꾸며서도 안 됩니다. 그것은 외식이 되는 것입니다. 이것도 마태복음 6장에서 엄밀하게 경계하신 말씀입니다. 5-6절 "너희는 기도할 때 외식하는 자와 같이 하지 말라. 저들은 회당이나 거리 어귀에 서서 다른 사람이 듣도록 기도를 하는데 저들의 상급은 이미 다 받은 것이다. 너희들은 기도할 때는 골방에 들어가서 문을 닫고 은밀한 가운데 계신 너희 하나님께 구하라. 그러면 은밀한 가운데 보시는 네 아버지께서 갚으시리라."

그다음에 7-8절 "또 너희는 기도할 때 이방인들과 같이 중언부언하지 말라. 저들은 말을 많이 하여야 들을 줄 아느니라. 그런고로 저들과 같이 하지 말라. 대개 구하기 전에 너희 아버지께서는 네게 있어야 할 것을 이미 다 알고 계시느니라." 이러한 교훈에서 어떻게 기도하라 하는 것을 우리가 알 수 있습니다. 우리 주께서는 제자들이나 그 문도(門徒), 따라다니는 사람들에게 기도에 대해서 가르쳐 주셨습니다. 선지자들이 기도를 가르쳤단 말을 우리가 잘 모르지만 우리 주님은 기도를 가르쳐 주신 것이 분명합니다. 그렇게 가르쳐 주신 대로 바르게 해야 할 것입니다.

기도

거룩하신 아버님, 저희에게 주신 이 특별한 은혜, 하나님께 기도하여 무엇을 아뢰면 아버님께서 거기에 원하시고 기뻐하시는 대로 이렇게도 대답하시고 저렇게도 대답하시옵니다. 혹여 저희의 잘못이 커서 주님의 말씀을 어겼으면 대답지 아니하시므로 반성하고 깨닫고 회개케 하시나이다. 이렇게 하시는 큰 은혜를 저희가 믿고 감사하오며 또한 믿는 자로서 마땅히 지켜야 할 여러 가지 사실들을 정순(貞順)하게 바로 지키게 하시옵소서. 그걸 이 세상에 있는 사람들이나 아무렇게나 믿는다고 하는 사람들과 같이 함부로 하지 아니하고 참 진중히 생각해서 거룩한 도리를 바로 깨달아 알게 하옵소서.

우리 주 예수님의 이름으로 기도하옵나이다. 아멘.

1977년 12월 5일

책임
있는
기도

데살로니가전서 5:9-22

9 하나님이 우리를 세우심은 노하심에 이르게 하심이 아니요 오직 우리 주 예수 그리스도로 말미암아 구원을 얻게 하신 것이라 10 예수께서 우리를 위하여 죽으사 우리로 하여금 깨든지 자든지 자기와 함께 살게 하려 하셨느니라 11 그러므로 피차 권면하고 피차 덕을 세우기를 너희가 하는 것같이 하라 12 형제들아 우리가 너희에게 구하노니 너희 가운데서 수고하고 주 안에서 너희를 다스리며 권하는 자들을 너희가 알고 13 저의 역사로 말미암아 사랑 안에서 가장 귀히 여기며 너희끼리 화목하라 14 또 형제들아 너희를 권면하노니 규모 없는 자들을 권계하며 마음이 약한 자들을 안위하고 힘이 없는 자들을 붙들어 주며 모든 사람을 대하여 오래 참으라 15 삼가 누가 누구에게든지 악으로 악을 갚지 말게 하고 오직 피차 대하든지 모든 사람을 대하든지 항상 선을 좇으라 16 항상 기뻐하라 17 쉬지 말고 기도하라 18 범사에 감사하라 이는 그리스도 예수 안에서 너희를 향하신 하나님의 뜻이니라 19 성령을 소멸치 말고 20 예언을 멸시치 말고 21 범사에 헤아려 좋은 것을 취하고 22 악은 모든 모양이라도 버리라.

4강
책임 있는 기도

배교 시대에 더 요구되는 빛의 역할

하나님께서는 우리로 하여금 예수를 믿고 나와서 당신과 거룩한 교통의 생활을 하게 하시고 하나님의 자녀로서 살게 하시고 하나님의 영광을 나타내는 그릇으로 이 세상에서 살게 하셨습니다. 그리하여 우리 생의 목표를 정해 주시고 해야 할 일들을 주셨습니다. 그것이 하나님을 섬기는 일이 되도록 만들어 주셨는데, 그런 것을 하기 위해서 기본적으로 우리가 행해야 할 것들이 있습니다. 그렇게 함으로써 우리는 하나님의 은혜 받은 자로서 특권을 행사하는 것이 되고 동시에 그것들은 그대로 우리에게 또 은혜를 가져다주는 방도 노릇을 하게 되는 것들이 있다고 하였습니다.

예를 들면 기도 혹은 찬송 혹은 하나님 말씀을 공부하는 것 또 그렇지 아니하면 예배를 드리는 것 또 헌상을 하는 것 또 그다음에는 우리들 자신이 믿는 바를 남에게 증거하고 말씀을 전파해서 다른 사람도 좀 더 바른 빛으로 오게 하고 또한 어둠 가운데서 광명으로 쏙 들어오게 하는 일들입니다. 이렇게 전도하는 일과 신앙을 간증하는 일뿐 아니라 우리에게 기본적으로 항상 잊어버려서는 안 되는 문제는 우리들 자신의 품성이 도덕적으로 그리스도의 은혜로운 품성과 같이 점점 더 명백하고 원숙하게 나타나는 경지로 늘 올라가야 한다는 것입니다. 그와 동시에 우리 자신의 생이 하나님께서 깨닫게 하시는 대로 깨달은 목표를 향해서 거룩히 전진해 나가는 생활을 해야 합니다. 이런 것들이 다 우리에게 참으로 하나님이 은혜 주심으로써 가지는 특권적인 영광스러운 일들입니다.

이런 일들은 안 믿는 사람이 하려고 해도 되는 것도 아니고 할 길도 없는 것이며 하고자 하지도 않습니다. 믿는 사람들에게 있는 이런 큰 은혜의 일에 대해서 우리는 좀 더 구체적으로 잘 알아 가지고 그렇게 살아야 하겠다는 것이 참 중요한 일입니다. 그렇게 하지 않고서 세상에서 타락한 저급한 소위 크리스천이라고 하는 사람들의 모양을 본받든지 그런 사람들 속에서 좀 자기는 잘 믿는다고 하는 정도로 산다면 절대로 오늘날 타락한 이런 기독교의 현실 가운데서 특별한 광명을 드러내지 못하는 것입니다. 오히려 타락한 여러 가지 현실 속에 자기도 휩쓸려 들어가기가 쉽습니다.

하나님께서 어느 시대든지 그의 백성을 땅에 두시고 거룩한 교회를 거기 두셨습니다. 그러니 그 시대에 그 교회는 자기의 시대적인 사명도 하면서 교회가 가지고 있는 본질적인 능력과 영광을 땅 위에 늘 비추고 나가야만 하는 것입니다. 오늘날과 같이 흑암이 도도하고 탁류가 흐르는 시대에 교회는 더욱 순결하고 능력 있게 찬연히 빛을 비춰야만 할 것입니다. 어둠이 크니까 빛도 커야 하겠다는 것입니다. 오늘날 시대의 특성, 특별히 기독교적인 특성이라는 것은 기독교가 본 도리를 떠나서 배반해서 배교한 상태로 지금 들어가고 있다는 사실입니다. 그것이 기독교가 세계 전체에 미치는 큰 영향의 사실이라 말입니다. 이런 배교의 큰 현상 앞에서 그저 분별없이 전통과 제도를 따라 나가는 나른한 정신으로는 적절한 대응을 할 수가 없습니다. 세상의 다른 것과 비슷하게 나가면서 그저 자기네끼리만 잘 믿겠다고 울고 매달리고 기도만하고, 그저 정통이라 근본주의라 하는 이름만 가지고 나아가서는 되지 않는다는 것입니다. 이름이 근본주의였든지 정통이었든지 개혁주의였든지 그런 주의가 지금 중요한 것이 아니고 성경이 우리에게 가르쳐 준 바른 도리가 무엇인가를 찾아서 그것이 우리에게서 나타나야겠다 말입니다.

이런 저급한 교회 현실과 타락한 크리스천 월드, 짙게 어두운 기독교 국가들[Christendom]의 이 현실 속에서 이제 우리는 아주 작지만 큰 빛을 드러내야 합니다. 무엇보다도 프로테스탄트 교회의 수가 가장 많다는 이 아메리카의 몹시 타락한 현실 앞에 우리가 서 있습니다. 이 배교의 흑암이 도도한 큰 세력으로 우리 앞에서 흐를지라도 우리가 작은 개체같이 보이나 분명히 서서 큰 빛을 드러내야 하겠다는 것입니다. 그러기 위해서는 개개인이 그런 각성을 하고 나서야 합니다. 이런 각성이라는 것은 꼭 성경을 많이 알고 예수를 오래 믿은 사람에게만 있는 게 아니에요. 누구든지 하나님께서 불러 주셔서 구원의 새로운 사실 가운데 들어간 사람, 즉 속죄함을 믿고 또 죄의 권세에서 벗겨 주신 것을 믿고 또 새로운 영원한 생명을 주신 것을 믿고 그 영원한 생명으로 그리스도와 연결돼서 지금 사는 사람에게서나 나오는 것입니다.

장성과 사명의 관계

그리고 우리를 새롭게 지어 주셔서 새사람이 점점 장성하도록 충만한 여러 가지 영양(營養)을 주신다는 사실, 그 가운데서 우리는 착실하게 먹고 자라야 한다는 것을 아는 이상에는 시작이 늦었든지 일렀든지 간에, 믿고 나온 지 아주 오래 됐든지 얼마 안 됐든지 간에 처음부터 여러 가지 생활 태도나 생활 행동에서 일반적인 의미로서의 은혜 방도는 반드시 다 구비되어야 하는 것입니다. 지난번에 강조했지만 대단히 잘 믿어야 찬송을 바로 부르는 것도 아니고, 크게 잘 믿어야 헌금을 바른 정신으로 제대로 드리는 것도 아닙니다. 오랜 기간 신앙생활을 해야 비로소 인생의 목적을 바로 깨닫고 걷는 건 아니라 말입니다. 이제 믿고 나온 지 얼마 안 됐더라도 나온 그만큼 갈 길은 가는 것인데 아직 제가 잘못 걸어가면, 마치 어린아이가 어디 길을 행보를 할 때에는 어른이 안고 가듯이 갈 것입니다. 그러나 목표를 향해서 조금씩이라도 발을 옮겨놓기도 해야 합니다.

하나님은 벌써 우리를 자녀로 삼으셨을 뿐 아니라 양자(養子)로 인정하셨습니다. 상속권을 충분히 행사할 수 있는 자로서의 자격을 인정한 것인데, 그것이 양자라는 말뜻입니다. 그러면 벌써 그런 자격을 가진 자, 말하자면 성인으로 세우신 것인데, 이제 우리에게 주실 상속의 풍성한 내용, 은혜의 내용 가운데 이 땅 위에서 우리에게 필요한 것들을 주심으로써 우리는 그 안에서 지금 장성해 나가는 것입니다. 몇 살이나 먹어야 우리가 비로소 하나님의 자식답게 인생의 목적을 바로 알고 나갈 것인가? 어떤 사람은 일생 그렇게 예수 믿는다고 하더라도 모르고 지나가는 사람도 많은 것입니다.

그러나 어떤 사람은 그렇게 오랜 세월 가는 게 아니고 하나님 말씀의 거룩한 도리의 기본들을 알고 또 믿는 사람의 생활의 바른 정신을 터득한 다음에는 그 목표를 세우고 나가는 것입니다. 왜 그렇습니까? 우리 인생의 길이라는 것은 잠시라도 방황할 여유가 없는 것이오. 어떤 사람이 아직 유치한 상태에 있어서 좀 많이 배우고 장성해야 할 처지에 있는 사람이 있기는 분명히 있어요. 그걸 성경이 무시하지 않았습니다. 즉 어린아이가 없는 건 아닙니다. 그러나 어린아이는 궤휼이 없는 순전한 도의 젖을 사모해야 합니다. 그 신령한 도의 젖을 먹는 경과 과정 가운데에서 빨리 장성해야 할 것입니다. 그러나 인생의 일생 가운데서 어린아이로 젖 먹는 기간이라는 것은 대단히 짧은 기간이에요. 대개 일 년 먹고 그다음에는 조금 커서 밥을 먹기 시작하여 걸어 다니면 그다음에는 차례차례 뛰어도 보고 또 그렇게 아장아장 걷는 걸음 안에서라도 갈 길은 갈 수 있는 것입니다.

이와 같이 우리는 자신이 반드시 오랜 신자, 아주 성경을 많이 아는 신자가 아닐지라도 기본적으로 필요한 것들은 취하면서 나아가야 합니다. 하나님만을 절대로 의지하고 살면서 은혜 주시고 보호하시며 불쌍히 여기시기를 바라야 합니다. 동시에 나는 늘 기도하는 생활, 진정으로 찬송하고 진정으로 하나님 앞에 예배드리고 사는 생활을 해야 합니다. 진정으로 전체를 다 주께 바치는 헌상을 하고, 진정으로 하나님 말씀을 열심히 공부해서 매일매일 자기 장성의 분량에 해당한 대로 더욱 깨달아 가야 합니다. 그런데 깨달음은 없이 이야기만 많이 아는 것은 일이 아닙니다. 무슨 신학이라든지 교리를 많이 알고 자꾸 이론을 하는 것은 그렇게 큰 문제가 아니라 말입니다. 무엇보다 깨달아야 하고 그렇게 깨달은 것들은 그 사람 생활에서 그대로 나타내야 합니다. 그리하여 그것이 남에게 진실하고 능력 있게 증거하는 것이 돼야 합니다. 성령님이 쓰실 만한 것이 돼야 합니다. 동시에 그것이 자기 자신의 품성에서도 상당하게 나타나야 합니다. 자기가 깨달아 안 것에 상응하게 그리스도적인 인격의 도덕적인 사실들을 자꾸 드러낼 수 있어야 합니다. 사랑하는 거라든지 마음에 늘 평안함을 가지는 거라든지 기쁨을 가지는 거라든지 주께 다 맡기고 의지하고 사는 거라든지 참고 나가는 거라든지 자비를 남에게 베푼다든지 착하고 친절하든지를 나타내는 것입니다. 또 하나님 앞에 늘 무엇을 충성스럽게 하든지 정성을 드리는 것을 나타내 보입니다. 하나님이 명령하실 때 "아니오" 하지 않고 "네" 하는 온유성을 드러냅니다. 그리고 무엇이든지 항상 헤프게 쓰지 않고 알맞게 아껴서 쓰면서 주께서 내놓으라 하실 때 참 넉넉히 내놓아서 주님이 쓸 만하게 합니다. 시간이나 정력이나 내게 있는 재물이나 내게 있는 지식이나 모든 것들을 존절하게 잘 가꾸고 저축하는 것입니다. 이런 것들이 다 그리스도적인 품성, 그리스도적인 도덕적인 성격인데 이런 것도 가져야 합니다.

그 위에다가 거룩한 인생의 목표를 확호히 주께서 보여 주시는 대로 내가 먼 데를 못 보면 가까운 곳을 보아야 합니다. 가까운 데서부터 한 걸음을 보면 한 걸음씩 나가는 것인데 이게 예수 믿고 사는 사람이 행보하는 방식입니다. 먼 데를 다 보려고 하지 않는 것인데 우리의 눈이 그렇게 멀리까지 못 보는 것입니다. 각각 가지고 있는 통찰력과 장성의 분량에 따라서 보면 보는 만큼 주의 말씀은 내 발의 등불이 되어 비추는 대로 한 걸음씩 가는 것입니다. 내 길에 빛이 되시어 비추면 내 길을 내다보고 '저기가 하이웨이구나, 내가 지금 달려가야 하리라' 하고 그 길로 가는 것입니다. 이렇게 해서 자기는 자기 인생의 목표에 대해서 바르게 전진해 나감으로 결국 생활에서 하나님이 요구하시는 열매를 맺습니다. 어떤 결산을 늘 맺어 나가서 그것이 쌓이고 쌓여서 열매를 맺고 더 풍성히 맺어서 이로 인하여서 하나님이 그를 기뻐 받으시는 사람이 되어야 할 것입니다. 그런 이들이 모인 교회가 가령 교인 수가 적을지라도 빛을 비출 수가 있습니다. 적더라도 그 비례가 커야 할 것이고, 적으면 적은 만큼 하나하나가 그렇게 돼야 하겠습니다. 이렇게 해서 모두가 그렇게 되면 그 교회는 비로소 거룩한 빛을 찬연히 비춰게 될 것입니다.

책임 있는 기도 - 중언부언하지 말라

지난번에 우리가 기도에 대해서 들으시는 양태에 따라 구분해서 공부를 해봤는데, 중요한 문제인 까닭에 다시 개론을 또 한 번 했습니다만, 이제 다시 기도로 돌아가서 생각하겠습니다. 기도는 하나님과 나 사이에 가장 개인적인 관계를 가지게 하는 일반적인 의미에서 중요한 은혜의 방도입니다. 사람을 구원해 나가는 은혜의 방도는 기도는 아니고 하나님 말씀의 전파요 말씀의 공급입니다. 그러나 이미 예수를 믿고 은혜가 있는 사람이 그 은혜를 더 풍성케 하는 데 뺄 수 없이 중요한 것이 이 기도라는 사실입니다.

지난번에도 말한 거와 같이 기도는 그것이 가지고 있는 명백한 성격이 있는데 그걸 상기하시기 바랍니다. 하나님과 교통을 하는 거룩한 방도인데 하나님과 교통을 하되 어떤 교통이냐? 하나님이 직접 내 감각 가운데 나타나서 신비하게 나를 압도하고 혹은 입신한 상태로든지 입료(入了)한 상태로 교통하는 것이 아닙니다. 혹은 어떤 환한 환상이나 빛이나 기이한 것으로 나에게 나타나서 나의 정신 상태나 감각이 어떤 압도적인 세력 가운데 눌리는 식의 교통을 의미하는 것이 아니라는 말입니다. 그렇게 어떤 신과 접촉하는 상태를 의미하는 것이 아니에요.

기도는 기도한 사람이 무엇보다도 다른 것은 의식하지 않고 먼저 하나님 당신이 계시다는 것과 그분이 내 기도를 지금 들으신다는 것, 나는 그분에게 무엇을 얘기한다는 것을 명백하게 의식하고 있어야 합니다. 내가 하나님 앞에 아뢴 모든 말씀들에 대해서 나는 명백하게 인식하고 있을 뿐 아니라 거기에 필요한 모든 책임을 확실히 지는 책임 있는 태도, 신실한 태도를 가져야 하는 것입니다. 그것을 잃어버리고 무슨 얘기를 하다가 그 내용은 잊어버리고 오히려 '환한 빛을 보았고 이상한 현상을 보았고 금 면류관을 쓴 어떤 분을 보았고 그와 손을 잡았고 혹은 많은 물결이 흘러가는 거기서 사람들이 왔다 갔다 하는 것을 보았다'는 식이라면 큰 문제입니다. 그러한 사람의 상상 가운데서 교묘히 발생할 수 있는 이상한 현상, 그런 것들이 사람의 신경 깊이 저 속에서 신기한 작용을 하는 식으로 신비한 세계를 봤다고 하는 그런 것이 기도가 아니라 말입니다. 똑똑한 상태 가운데서 자기가 하나님 앞에 아뢴 것을 잘 알고 있어야 합니다. 자기가 하나님 앞에 구한 것을 똑똑히 알아야 합니다.

그러면 하나님이 그의 기도에 대해서 끝을 맺어 주시기 전에, 어떤 결산을 해 주시기 전에, 어떤 청산을 완전히 해 주시기 전에는 끊임없이 그걸 계속해서 하나님 앞에 구하고 얘기하고 또 청하는 식이라면 어떻습니까? 그렇게 같은 말을 자꾸 반복하고 같은 내용을 끊임없이 얘기하는 것이 바른 기도냐 하면, 또 하고 또 하고 그러라는 데 기도의 본의가 있는 것이 아닙니다. 오히려 그렇게 하지 말아야 하는 것입니다.

여기서 우리는 기도에 대해서 마태복음의 산상보훈 가운데 나오는 내용, 주께서 가르치신 기도의 큰 원칙 몇 가지를 같이 병합해서 생각해 나가려고 하는데 거기에서 중요한 기도의 의미를 더 알 수 있을 것입니다. 요컨대 기도는 자기가 하나님 앞에 무엇을 고하는 것이니 그건 가장 개인적인 것이 됩니다. 가령 나 이외의 다른 사람의 일을 가져다 기도하더라도 그렇습니다. 예를 들면 내 식구의 일이라든지 내 교회의 교우들의 일이라든지를 가지고 내가 기도할지라도 기도는 내 기도라 말입니다. 내가 하나님 앞에 올리는 기도에요. 물론 우리가 기도하는 가운데 남을 위해서 하는 도고의 내용이 많으면 대단히 좋은 일입니다. 어쨌든지 자신을 위한 것이 됐든지 남을 위한 것이 됐든지 내가 하나님 앞에 기도하는 것은 나의 사적인 기도이고, 이런 것은 완전히 하나님과 나 사이에서만 문제가 확실히 처리되는 것입니다. 그런 까닭에 그렇게 기도하려면 다른 사람의 귀에 그게 들어가게 해서 나에게 호감을 가지게 한다는 것은 도무지 안 될 일입니다. 나를 높이 본다든지 칭찬한다든지를 고려하는 위치에서 기도해서는 결코 아니 된다는 것을 우리 주님이 가르치셨습니다.

마태복음 6장 5-6절을 보면 "또 기도할 때에 외식하는 자와 같이 회당이나 거리 어귀에 서서 큰 소리로 기도하는" 짓을 하지 말라고 하셨습니다. 다른 사람이 그의 기도를 듣고 감화도 받고 칭찬도 하고 혹은 그로 말미암아서 자기네의 지도력을 더 확보하고 존경을 그대로 보존하려는 것들을 주께서 크게 꾸짖으신 것입니다. 오히려 무어라고 가르쳤지요? 그런 예를 드신 다음에는 "기도할 때 너희는 너의 골방에 가서 문을 닫고" 기도하라고 하셨습니다. 다른 아무 사람도 네 소리를 듣지 못할 곳으로 가서, 다른 사람이 듣고 '나를 어떻게 생각하겠는가? 이 사실을 어떻게 하려는가?' 이런 것을 일체로 고려할 필요가 없도록 하라고 했습니다. 온전히 하나님께서만 들어주시면 좋고 아니 들어주시면 아무것도 아니다 하는 이런 배수진(背水陣)을 치는 위치에 들어가라는 것입니다. 네 골방에 가서 문을 닫고 다른 사람이 와서 방해를 못하도록 하고, 다른 아무것도 네 정신과 마음을 빼앗지 못하도록 하여 오직 하나님께만 마음을 다 기울이고 기도할 것을 말씀하셨습니다. 그와 동시에 은밀한 가운데 보시는 하나님께 기도하되 그런 하나님께서 네가 구하는 일에 대해서 갚아 주실 수 있도록 네 자신은 똑똑한 의식으로 기도하라는 것이었습니다. 자기가 기도한 내용을 알고 기억하고 거기에 대해서 책임을 지고 기대하고 있어라 하는 것입니다.

그런 까닭에 기도한 사람이 자기 자신이 기도한 말의 내용을 잊어버리고 나중에는 어떤 홀연한 청정한 세계라든지 혹은 종교 삼매의 경계라든지 황홀한 세계에 들어간다든지 하는 것은 벌써 기도가 가지고 있는 이런 성격에서 벗어나는 일입니다. 처음에는 기도라는 수단을 이용해서 무슨 말을 썼든지 말로 구했지만 차츰 차츰 입료나 입신의 세계로 들어간다면 그것은 내가 하나님 앞에 올린 말의 내용에 대한 책임자로서 확실한 위치를 취하고 준비하려는 것과는 아주 떨어진 이상한 다른 일이라 말입니다. 그런 것은 성경에서 가르친 기독교의 바른 기도가 아니에요. 바른 기도는 기도한 내용에 대해서 확실히 책임을 질 수 있는 위치에 서서 하나님 앞에 고하는 것입니다.

그렇게 바르게 기도를 하면 거기에 대해 하나님이 여러 모양으로 대답해 주십니다. 이제 그 일을 이루어 주시기 위해서 '네 생각한 것이 옳다. 그러니 내가 너에게 여러 가지 은혜를 주마'라고 하시기도 합니다. 그가 생각하는 것도 주시고 그가 원하는 그것으로 말미암아 따라오는 여러 가지 은혜로운 사실들을 발생하게 하시는 대답을 해 주신다 말입니다. 그렇지 아니하면 '네 생각이 미흡하다. 너는 이 기도가 당장 네 자신의 필요에서 시작한 말이지만 그것과 하나님 나라의 관계를 모르고 있다' 하고 깨우쳐 주십니다. 그것이 하나님 나라에서 가져야 하는 적응성과 적절성을 아직 잘 모르고 있다. 따라서 그것이 네게 오더라도 지금 가장 귀하게 잘 쓰지 못하고 낭비할 여러 가지 내용을 가지고 있다. 은혜를 헛되이 받지 않도록 나는 너를 끌고서 좀 더 생각하도록 기회를 준다, 그것입니다.

이렇게 보류하고 기다리고 계시면 그동안에 나는 기도할 때마다 같은 말을 또 하고 또 하고 또 해야 하는가? 한 달이 돼도 그것이 안 돌아오면 그대로 계속하고, 석 달이 돼도 응답이 없으면 또 하고, 일 년이 돼도 반응이 없으면 그대로 하는 것이 끈기 있는 기도이냐? 그런 것은 끈기 있는 것이 아닙니다. 이걸 가르쳐서 우리말로는 중언부언(重言復言)이라 합니다. 의미 없는 내용을 계속적으로 반복하는 것이라는 의미이지요. 의미 없는 내용 그것을 계속적으로 반복해 가지고 말을 자꾸 많이 한다면 결국은 내 정성을 보시고 들어 주실 것이라는 생각입니다. 그런 이교적인 신관과 기도관을 가지고 중언부언하는 짓을 하면 안 되는 것입니다.

쉬지 말고 기도하라는 말의 의미

마태복음 6장 7-8절에서 특별히 그것을 가르쳤습니다. "또 기도할 때 이방인들과 같이 중언부언하지 말라. 저들은 말을 많이 하여야 들으실 줄 아느니라. 그런고로 저들과 같이 하지 말라. 하늘에 계신 네 아버지께서 네가 구하기 전에 네 쓸 것을 이미 다 알고 계신다." 하나님 앞에 내가 통고를 해 드려서 모르시니까 잘 알아 두십사 하기 위해서 그렇게 기도를 하느냐? 그런 거 아니라는 말입니다. 그 말씀에 의해 보면 하나님이 그걸 아셔야 할 필요의 문제가 아니고 오히려 네가 네 기도하는 내용을 다 모르고 있다는 것입니다. '너는 부분적으로만 알고 또 그것이 어떠한 의미를 별달리 가지고 있으며 어떠한 결과를 가져올는지 지금 모르고 있다. 어떠한 관련을 다른 데 일으킬는지를 전혀 모르고 지금 구하는 중이다. 또한 그것이 어떻게 사용되어야 가장 정당하고 의미가 있게 되는지를 잘 모르고 덮어놓고 목전의 필요에 눈이 쏠려 그런 것을 구하고 있다. 네가 그렇게 하고 있지만 아니다. 좀 더 보류하고 좀 더 생각하도록 해라. 그것을 그렇게 해야 하겠는지 좀 더 연구해 봐라. 좀 더 의미 있게, 하나님 나라에 훨씬 더 적절하게 사용돼야 할 것을 어디 좀 생각해 봐라.' 이렇게 하심으로 기도하는 가운데 그의 생각은 더욱 발전해서 마침내 깨달음에 이르게 됩니다. 그런 상태에 이르렀을 때 '오냐, 그렇다' 하고 주신다고 지난번에 얘기했습니다.

그렇다면 이것은 무얼 의미하느냐? 그가 기도하고 있는 내용에 대해서 그렇게 책임을 지고 명백하게 알고 있다는 것을 의미합니다. 만일 그가 기도하는 내용에 대해서 구하기만 하지 말고 이제는 저기 나가서 그걸 찾으라 하면 그때는 찾아서 발견을 해야 할 것입니다. 이것은 기도가 명상삼매로 들어가서 황홀한 세계로 끌고 가는 게 아닙니다. 기도한 다음에 찾으라고 하시면 그것을 찾는 훨씬 이지적이고 명백한 인식 가운데서 움직여야 한다는 것입니다. 훨씬 책임 있는 생각 가운데 움직이는 생활 태도를 취해야 합니다. 그러한 정신을 늘 가지고 기다리고 있어야 한다는 의미인 것입니다.

이렇게 기도에서 첫째는 다른 사람에게 이끌려서 방해를 받는 위치에 들어가지 아니해야 합니다. 다음으로 자기가 말하는 내용에 대해서는 하나님이 청산해 주시고 결산을 해 주시기까지는 책임을 지라는 것입니다. 하나님이 이 기도는 이제 이것으로 끝났다고 해 주시기까지는 그래야 합니다. 하나님이 그 일에 대해서 완전히 다 응낙을 해 주시면 이야기는 끝났으니까 그 일을 가지고 다시 반복해서 얘기할 것이 없지요. 그렇게 되기까지는 책임을 지고 하라는 것입니다.

이것이 오늘 읽은 성경 말씀 데살로니가전서 5장 17절에 나오는 "쉬지 말고 기도하라" 하는 말입니다. "쉬지 말고 기도하라!" 쉬지 말고 기도하라는 것은 일생동안 어떤 내어 놓은 문제를 끊임없이 하라는 얘기가 아닙니다. 그런 사람은 없어요. 물론 쉬지 말고 기도하라는 것에는 언제든지 기도 해야 하겠다는 의미가 있습니다. 하지만 언제든지 기도하는 것이 좋으니까 덮어놓고 기도를 하라는 추상적이고 개괄적인 의미에서 말하는 것이 아닙니다. 우리가 어떤 문제에 대해서 기도를 할 때 다시 그 문제에 대해서 거듭 기도를 하게 되면 동시에 내 생각의 발전을 하나님 앞에 더 고하면서 나가야 할 필요가 있는 것입니다. 우리는 그렇게 기도하고 살아가야 합니다. 이렇게 기도를 해 나가는 사람으로서는 그런 중언부언을 하지 않는 것이 중요합니다. 다음 시간에 다시 좀 더 계속해서 생각하겠습니다.

기도

　거룩하신 아버님, 저희의 이 기도를 들어 주셔서 진정으로 주님께서 저희에게 가르치시는 거룩한 도리를 바로 깨달아 알게 하여 주시고 이리하여 저희들이 많은 사람이 하는 것과 같이 덮어놓고 따라 하는 종교적인 생활이나 행동 가운데에 그냥 젖어 들어가지 않게 하여 주시옵소서. 성경이 우리에게 요구하신 대로 명백하게 바른 기도를 늘 드리고 살면서 바른 신앙생활과 신앙행동을 하고 살게 은혜로 인도하여 주시옵소서.

　우리 구주 예수님 이름으로 기도하옵나이다. 아멘.

1977년 12월 12일

5 강

간곡한
기도

누가복음 18:1-14

[1] 항상 기도하고 낙망치 말아야 될 것을 저희에게 비유로 하여 [2] 가라사대 어떤 도시에 하나님을 두려워 아니하고 사람을 무시하는 한 재판관이 있는데 [3] 그 도시에 한 과부가 있어 자주 그에게 가서 내 원수에 대한 나의 원한을 풀어 주소서 하되 [4] 그가 얼마 동안 듣지 아니하다가 후에 속으로 생각하되 내가 하나님을 두려워 아니하고 사람을 무시하나 [5] 이 과부가 나를 번거롭게 하니 내가 그 원한을 풀어 주리라 그렇지 않으면 늘 와서 나를 괴롭게 하리라 하였느니라 [6] 주께서 또 가라사대 불의한 재판관의 말한 것을 들으라 [7] 하물며 하나님께서 그 밤낮 부르짖는 택하신 자들의 원한을 풀어 주지 아니하시겠느냐 저희에게 오래 참으시겠느냐 [8] 내가 너희에게 이르노니 속히 그 원한을 풀어 주시리라 그러나 인자가 올 때에 세상에서 믿음을 보겠느냐 하시니라 [9] 또 자기를 의롭다고 믿고 다른 사람을 멸시하는 자들에게 이 비유로 말씀하시되 [10] 두 사람이 기도하려 성전에 올라가니 하나는 바리새인이요 하나는 세리라 [11] 바리새인은 서서 따로 기도하여 가로되 하나님이여 나는 다른 사람 곧 토색, 불의, 간음을 하는 자들과 같지 아니하고 이 세리와도 같지 아니함을 감사하나이다 [12] 나는 이레에 두 번씩 금식하고 또 소득의 십일조를 드리나이다 하고 [13] 세리는 멀리 서서 감히 눈을 들어 하늘을 우러러보지도 못하고 다만 가슴을 치며 가로되 하나님이여 불쌍히 여기옵소서 나는 죄인이로소이다 하였느니라 [14] 내가 너희에게 이르노니 이 사람이 저보다 의롭다 하심을 받고 집에 내려갔느니라 무릇 자기를 높이는 자는 낮아지고 자기를 낮추는 자는 높아지리라 하시니라.

5강
간곡한 기도

기도가 무엇이냐 하는 문제에 대해서 배워 나갈 때 지난번은 데살로니가전서 5장에 있는 말씀을 우리가 보았습니다. 9-22절까지 보는 중에 특별히 17절 말씀에 "쉬지 말고 기도하라" 혹은 "항상 기뻐하라 쉬지 말고 기도하라 범사에 감사하라"는 말들이 쭉 있지만 "쉬지 말고 기도하라" 하는 말을 생각했습니다. 또 그 전 주일에 야고보서 4장 2절 하반절과 3절의 말씀 "너희가 얻지 못하는 것은 구하지 아니함이요" 그다음 "구하여도 얻지 못하는 것은 정욕으로 쓰려고 잘못 구함이라" 이런 말들을 가지고 생각을 해보았습니다.

그러나 그 구절만 해석하려고 한 게 아니고 지금 기도 전체를 놓고 생각해 나가는 중입니다. 특별히 이 기도를 생각하기에 중요히 필요한 말씀으로 인용한 것은 산상보훈에 있는 주님의 기도의 대한 교훈의 몇 군데였습니다. 마태복음 6장 5-6절, 그다음에는 7-8절에 있는 말씀들을 인용했어요. 중언부언(重言復言)이라는 말이 7절에 있는데, 중언부언이라는 말이 무슨 한 말을 또 하고 한 말을 또 하고 그냥 끊임없이 자꾸 무엇을 구하는 것을 하지 말라는 말인가? 그렇다면 우리가 무슨 문제를 놓고 하나님 앞에 기도했을 때 하나님께서 안 들어주시면 그 일에 대해서 간곡하게 또 기도하고 또 기도해야지, 그러지 않고 그걸 포기를 해야 하느냐? 한 번만 하고서는 거기에 대해서 하나님이 대답을 안 해주시면 그 냥 다시 할 것이 없이 말아 버리느냐? 그런 일 없다 말입니다. 그런 일이 없는 것은 오히려 그것을 또다시 기도하는 데서 그 말의 의미나 기도의 목표를 다시 살피기 때문입니다. 그러면서 오히려 내가 구하고 있는 그것들이 가지고 있는 의미와 적응성이라고 할지, 하나님 나라로서의 위치, 이런 것들을 생각해야 하는 것입니다. 그런 것을 생각하지 않고 아무런 정신없이 말만 허술[空疎, 공소]하게 또 하고 또 하고 반복한다면 의미가 없는 것입니다. 이런 것을 중언부언이라 합니다.

과부와 불의한 재판관 비유

오늘은 성경 누가복음 18장 1-14절까지 봤는데, 1-8절까지에 비유 하나를 만들어 내셨고, 9-14절에 또 하나의 비유를 우리에게 가르쳐 주셨습니다. 첫째 비유, 1-8절까지를 보면 어떤 성에 한 법관, 재판관이 있는데 하나님을 두려워하지도 않고 사람에게는 무례한 그런 재판관입니다. 아주 오만하여 자기의 권력만을 과시하고 권세에 도취돼 있는 사람이었습니다. 그 법관이 자기가 맡아 일을 하고 있는 구역 안에 한 과부가 있었는데 아무도 도울 사람이 없는 참 외로운 가운데 있는 사람이었습니다. 그에게 어떤 원수가 있었어요. 자기 남편을 죽였든지 아니면 그 원수가 빌미가 되어 남편이 아파 그냥 죽었다든지, 어떻게 됐는지 모르나 좌우간 과부라고 했는데, 원수가 있다는 것을 봐서 대단히 어려운 형편에 있는 것을 알 수 있습니다. 부요하고 아무런 걱정이 없을지라도 과부가 됐다는 것은 슬픈 일입니다. 그런데 원수가 있다 하면 분명히 과거에 어떤 아주 고약한 일이 있었던 것입니다. 그 사실로 말미암아 이제 기어코 자기가 설욕을 하고 원수를 갚아서 원한을 풀어야 할 처지에 있는 것입니다. 이런 어려운 정신적인 처지에 있는데 당시 사회처럼 과부가 사회적으로 활동할 아무 능력도 없는 경우에는 더구나 그렇습니다. 사회적으로 활동할 수 있는 아무 능력이 크게 없는 사람으로서는 참으로 어려운 지경에 처한 것입니다.

원수에 대한 원한을 풀기는 해야 합니다. 안 풀면 그 맺힌 원한 때문에, 불공의가 그대로 온전히 지배한다는 그것 때문에 자기의 마음에 있는 정의의 심정이 도저히 그냥 수긍을 하지 못해 견디기 어렵습니다. 그런 원한과 울분으로 그만 불만 가운데 죽을 수밖에 없을 거라 말입니다. 그런 원한을 풀려고 할 때 자기 힘으로 안 되니깐 공의로 재판하는 공의의 판단 앞에 그것을 내놓으려 했습니다. 바른 것을 쥐고서 바른 것을 주장하는 기관에 '판결해 줍소서' 하고 호소한 것입니다. 국가의 그런 사직(司直) 기관이 곧 법원이고 또 재판관들입니다. 그래서 사직을 맡은 법관한테 가서 '자 이러이러한 사실을 당했습니다. 이게 얼마나 억울한 사실입니까? 나라에 그런 억울한 것을 가장 적절하게 풀어주는 법이 다 있으니 그 법대로 이것을 풀어 주시길 바랍니다' 했습니다. 그렇지만 이 법관은 도저히 들어주지 않았다는 것입니다. '뭐 지금 당신이 와서 귀찮게 하지만 그런 것을 지금 일일이 따질 게 아니다'라고 했던 것입니다.

그러나 그것을 정 안 풀어주면 할 수 없다고 단념하고 만 게 아닙니다. 돌아가 가만히 생각하니 자기로서는 달리 도저히 할 수 없는 일입니다. 또 이것은 국가 사직(司直)의 역할, 국가의 공법(公法)에 비춰서 도저히 그대로 용인해서는 안 될 문제인데, 저 법관이 왜 저렇게 무례하게 안 들어 주는가! 그가 암만 무례할지라도 다시 가자! 결국 그가 국가의 법을 대표하고 해석하는 위치에 있다. 이 법을 바로 적용하는 위치에 서 있는 사람이니까 그 사람 외에 다른 사람한테 가서 구할 데가 없으니깐 또 가야겠다, 해서 또 갔습니다. 그래도 안 들어 줬어요.

그렇게 몇 번이고 가니까 이제 이 재판관이 스스로 생각합니다. '자, 내가 하나님을 두려워 않고 사람에게 무례하게 하는 사람이다. 내 마음에 싫으면 그까짓 거 그 사람이 무슨 말을 하든지 거절해 버리고 만다. 하지만 이 과부의 재판 소송 건만큼은 내가 받아서 잘 들어줘야겠다. 내용대로 조사를 해보더라도 분명히 사실은 이렇게 있지 않은가? 그렇게 사실이 억울하게 되었고 지금 이 일 때문에 공의가 한쪽은 파괴되었다. 그럴지라도 내가 안 들어줄 수가 없는 것은 공의를 회복하기 위해서가 아니다. 우선 내 자신의 손익[利害, 이해]을 따져 볼 때 저 과부가 와서 자꾸 얘기하는데 절대로 못 오게 할 재주는 없다. 국가의 법에 비춰서 법의 보호를 받고 법의 적용을 받을 권리가 있어서 나와서 하는데 내가 못 오게 할 수는 없는 일이다. 하지만 오면 자꾸 얘기를 할 것이요 그러면 나는 그것 때문에 몇 번이든지 이렇게 번거로움을 계속 당할 터이다. 그렇다면 이렇게 지속적으로 번거로움을 당할 것이 아니라 국법에 의해서 저 사람의 정당한 권리를 회복시켜 줘야겠다.' 하면서 그 과부의 원수에 대한 원한을 풀어 주었습니다. 과부에게 법적으로 자기 권리를 정당하게 가지게 만들었던 것입니다.

"이 불의한 재판관의 말을 들으라. 하물며 그 택하신 자들이 원한을 가지고 항상 비는데 하나님께서 갚아 주시지 않겠느냐?" 여기서 한 가지 일반적으로 보는 것은 사람은 기도를 할 때 그렇게 간단히 뒤로 얼른 물러서지 않고 계속적으로 끊임없이 가서 하나님 앞에 기어코 일을 이루도록 기도하는 것이 옳다 하는 의미로 보통 생각을 하게 합니다. 지금 이 비유에서 잠깐 해석을 붙여 가며 본 것과 같이 이 과부가 법관에게 가서 구한 것은 무리한 걸 요구한 것이 아니에요. 정당하게 자기가 얻어야 할 것을 얻고자 하였습니다. 하나님의 공의에 비춰서 과부로서는 그렇게 않는 것이 공의롭지 않은 것이고 가서 그렇게 말하는 것은 정당하고 공의로운 일입니다. 그건 특권을 요구하는 것도 아니고 특혜를 바라는 것도 아니에요. 국법에 의해서 정당하게 자기의 권리를 회복하게 해달라는 것입니다.

과부가 법관에게 갔으되 법관은 그렇게 무례하지만 과부를 다시 못 오게 할 권력은 없습니다. 그런 법은 없어요. 법은 적용을 할 때 그렇게 한쪽으로 치우쳐 적용하게 안 돼 있는 까닭입니다. 그런 법이 없으면 몰라도 그 법이 있어서 적용을 하는 데에는 그이도 꼭 공평하게 적용을 받아야 합니다. 어떤 권리가 주어졌다면 과부라고 해서 권리를 박탈당할 이유가 없어요. 그런 점에서 과부로서는 자기가 정당하게 늘 나가서 말한 것입니다. 나가서는 안 되는데도 무리하게 간 것이 아니요. 그리고 소송한 내용 자체도 당연한 일이지, 부당하거나 자기 욕심을 이루려고 한 것이 아닙니다. 오히려 정의의 요구에 맞도록 요구한 것이에요. 이런 점으로 봐서 과부가 나가서 구한 것은 구할 것을 구한 것이요 그건 정당한 의의 위치, 하나님의 공의의 위치에 서서 구한 것입니다.

또 하나 생각할 것은 덕의(德義)라는 문제입니다. 법관으로서는 그가 그렇게 계속적으로 와서 구하는 그 덕(德), 말하자면 한 개의 높은 일입니다. 흔들리지 않고 참고 견디며 끊임없이 나가서 구하는 과부의 덕의(德義) 때문에 법관으로서는 자신이 그것을 안 이루어 주고는 도저히 배길 수 없게 된 것입니다. 그것을 번거로운 것으로 느껴서 자기의 힘으로 한 것뿐인데 무례한 사람이니까 그렇게 생각한 것입니다. 그것으로라도 과부의 요청을 이루어 주고 말았습니다. 그러니까 가령 잘못을 바로잡는 일이나 덕의를 존중하려고 하지 않는 사람에게는 덕성과 신의가 부담이 되는 것입니다. 적어도 덕의를 바로 선양해야 할 위치에 앉아 있는 법관으로서는 부담이 되는데 만일 그 부담이 귀찮아서 그걸 포기하고 나가면 자기는 태만한 사람이 됩니다. 자기 의무를 이행하지 않는 사람이 되는 것이지요. 그로서는 자기 의무를 충실히 이행해야 하고 그걸 하지 아니하면 다른 사람에게 손해를 끼치게 됩니다. 다른 사람에게 법적인 권리와 보호를 못 받게 하는 것입니다. 그러니까 법의 공의를 이지러뜨리는 일을 하고 마는 것인데, 이 법관은 법관인 까닭에 그런 짓을 차마 하지 못했던 것입니다.

그렇다면 이러한 기도가 가지고 있는 성격은 무엇이겠습니까? 하나님 앞에 나가서 구할 것을 구하되 간단히 뒤로 안 물러서고 '주께서 주시지 아니하시면 제가 어떻게 할 수 없습니다' 하는 간곡한 점, 기어이 받고야 말겠다는 의지입니다. 큰 강을 뒤로 두고 그 앞에서 적을 맞아서 싸우는 배수(背水)의 진(陣), 그런 군대는 진을 칠 때 이제 뒤로는 물러날 데가 없게 합니다. 앞으로 안 나가면 죽는 거밖에 없습니다. 죽거나 앞으로 그냥 전진하거나 그 가운데 하나입니다. 하나님 앞에서 '이것은 옳은 일이요 또한 이 옳은 일이 하나님의 뜻인 까닭에 이 뜻이 여기서 이루어져야만 하겠습니다' 하는 간절한 심정을 가지고 하나님 앞에 나가서 구합니다. 안 주시면 돌아가서 다시 생각할 것입니다. 하나님의 말씀에 비춰서 거기에 기도해야 할 충분한 여러 가지 이유가 있을 때 그걸 포기하지 않고 계속적으로 기도하고 또 구한다는 것입니다.

간곡히 계속 구하는 기도

하나님께서 안 들어 주시는 것은 전에도 말한 것과 같이 보류하신다는 뜻입니다. 그러면 그것을 하나님이 얼마동안 미결(未決) 상태로 보류하시는 것으로 보아야 합니까? 하나님이 아직 그에 대해서 연구하실 필요가 있어서 그런 게 아니지요. 보통 사람들 사이에서는 결재권을 가진 사람이 자신이 연구할 필요가 있어서 미결로 보류를 해두는 것입니다. 하지만 하나님 편에서는 그런 것이 필요가 없는 거 아닙니까? 이미 구하기 전에 있어야 할 것을 다 알고 계십니다. 그렇다면 하나님은 이미 은혜를 주시려고 다 하셨지만 그걸 내놓은 사람 측에서 더 생각해 가지고 그 의미를 다시 밝히 드러내라고 하시는 것입니다. 그렇게 함으로써 자신이 기도한 내용에 대한 인식이 더 명백해집니다. 또한 그 범위가 넓어지고 생각지 못했던 것도 숙고를 해서 사상의 내용이 훨씬 풍부해집니다. 나중에 그것을 받게 되면 훨씬 높은 차원에서 그걸 처리할 수 있게 되고 그것을 가장 효용 있게 쓸 수 있게 된다 말입니다.

하나님은 그러기를 바라시고 또 그렇게 하려고 계획하시는 것입니다. 사람은 하나님의 계획에 처음부터 다 들어맞게 모든 걸 생각하지 못합니다. 하나님의 뜻에 들어맞게 처음부터 자기가 다 깨우치는 게 아닙니다. 희미하게나마 진리 가운데에서 어떤 단서를 얻으면 그 단서를 가지고 하나님 앞에 기도합니다. 그러면 '오냐 그것이 실마리니까 거기에서 자꾸 큰길[本道, 본도]로 나오너라. 그러면 그때에 네가 이제 일을 할 것이다.' 그걸 단서로 해서 참으로 들어와야 할 데까지 들어오게 만드시는 것입니다. 그런 점에서 기도의 이런 끝까지 참고 견디는 특성이 필요합니다. 끊임없이 계속적으로 하는 이것은 하나의 덕으로 필요하다는 것을 여기서 가르치는 것입니다.

이 과부가 법관에게 청하는 내용은 정당한 성격을 가진 것입니다. 그렇게 하지 아니할 수 없는 정당성이 있었습니다. 오히려 그것을 아니하면 의가 무너지는 상태로 떨어집니다. 그러므로 그대로 포기하고 말면 그냥 의를 외면하고 구차한 평안 가운데 살아가는 것이 됩니다. 그런 것을 우리가 알고서 그렇게 꾸준히 청하는 것이지 무리하고 부당한 결정을 들고 가서 하나님 앞에 구하고 또 구하는 것이 아닙니다. 늘 구하면서도 그것에 대해서 자기가 '아 이거 잘못했다'고 반성하는 일이 없이 계속 구하면 그게 일이 아닙니다. 또 하나님의 뜻이 아닌데도 불구하고 자기의 지레짐작과 일반적인 생각으로 구하고 또 구하면 되겠습니까? 하나님이 보류를 하셨는지 아예 안 주시려 하는지에 대해서 아무 연구도 없습니다. 그대로 안 됐으니까 이튿날 일어나 다시 하고 또 안 됐으면 또 하는 식으로 그렇게 10년을 한다고 하더라도 그게 무슨 의미가 있겠느냐 그것입니다. 이런 것은 자꾸 많이 구하고 열심히 끊임없이 구하면 결국은 하나님이 주실 것이라는 생각입니다. '간절히 간절히 비옵니다' 하고, 또 구하고, 이튿날 또 구하고, 다음에 또 구하는 이런 것을 보고 중언부언이라 합니다. 이방 사람이 자기네 기도에서 그렇게 하는 것이라 하였습니다.

　이방 사람이 기도를 할 때 기도하는 대상이 반드시 하나님은 아닙니다. 왜냐하면 이방 사람은 그렇게 하나님을 꼭 아는 게 아니거든요. 그러니까 우리말 성경에서 "저들은 말을 많이 해야 들으실 줄 아느니라" 하였는데, 그렇게 '들으실 줄'이라고 특별히 경어를 꼭 써야 하는지 의문입니다. 만일 이방 사람이 지금 기도를 하는데 자기가 알고 있는 어떤 신에게, 자기가 모시고 있는 자기 신에게 기도한다면 그것을 꼭 경어를 써서 들으신다고 할 까닭은 없는 것이라는 말입니다. 아마 '말을 많이 하여야 들을 줄 아느니라' 그렇게 표현하면 적당할 것입니다.

중언부언이라는 것이 그런 것입니다. 기도자 자신이 기도하는 내용에 대해서 인식이 불분명하든지 불철저하든지 미흡한 것을 하나님께서 아시고 그것이 고쳐져서 바른 정신과 정당성을 가지고 오기를 바라시는데도 도무지 그런 것을 보충하려고 않고 같은 기도를 반복하는 것입니다. 자기의 어떤 동기 가운데서든 구하는 일을 시작해 가지고 고만한 생각에서 별로 벗어남이 없이 그것만을 자꾸 반복합니다. 또 무슨 내용을 기도할 때 어떻든지 거기다가 정성을 다 드려서 지성(至誠)이면 감천(感天)이라는 식으로 열심히 하면 된다고 합니다. 지성이부동자(至誠而不動者) 미지유야(未之有也)라 해서 정성을 다하는데도 움직이지 않는 일은 지금까지 없는 일이라고 안 믿는 사람들이 많이 얘기합니다. 맹자가 쓴 말이지요.

지성이면 감천이다! 우리가 정성을 지극히 하여 하늘을 감동시킬 수 있는가. 옛날 사람들은 그렇게 생각했기에 그런 교훈을 했습니다. 사람이 어떤 일에 대해서 정성스럽게 하는 것은 좋은 일입니다. 하지만 그렇게 정성스럽게 하는 것도 정당성이 있어야만 할 것입니다. 정당성은 무시하고 어쨌든지 거기다 열정을 부어놓으면 그 열정 때문에 하나님은 들으시겠다고 한다면 그런 생각은 이방 사람들의 생각일 뿐입니다. 다만 열정 때문에 자기가 바라고 신뢰하는 자기 종교의 대상, 신앙의 대상인 신이 들어준다는 생각은 세상 사람들의 생각이라 말입니다.

그러니까 "너희는 이방 사람과 같이 기도할 때 중언부언하지 말라. 저들은 말을 많이 하여야 들으실 줄 아느니라." 말을 많이 하는 것을 중언부언이라 하였습니다. 중언부언이라는 말은 이미 말한 것, 같은 말을 자꾸 또 하는 동어반복이라는 뜻만은 아닙니다. 물론 동어반복도 없는 건 아니에요. 어떤 유파의 기독교인들은 처음에 시작할 때 의미 없는 말이라도 무슨 말 한마디를 자꾸 반복한다고 합니다. 그게 좋은 말이든지 나쁜 말이든지 듣기로는 심지어 우리가 먹는 김치라는 말을 가지고 '김치, 김치, 김치' 한다는 것입니다. 그렇게 계속 하고 있으면 나중에 정신이 환하게 통일돼서 어떤 특이한 영에 접한 경계 가운데 들어간다는 별난 사람들도 있는 것을 압니다. 그러지 않으면 '할렐루야 할렐루야'를 반복하면서도 하나님을 찬송한다는 의미를 확실히 가지고 그러는 게 아니라 그건 그냥 말로 '할렐루야 할렐루야 할렐루야' 하고 쓴다 말입니다. 이런 것은 정말 이교적인 형태이지요. 이교처럼 주문을 계속적으로 외운다는 것입니다. 심지어 주기도문을 천 번 할 것 같으면 뭣이 어떻게 된다는 소리도 합니다. 염주, 로사리오를 가지고 자꾸 넘기면서 중얼중얼 계속해서 그런 것을 한다는 일은 정당하지 않습니다. 그런 것이 중언부언하는 것입니다.

누가복음 18장 1-8절에 있는 비유에서 말씀하신 견인불발하여 끝까지 간곡하게 구해 간다는 것과 이 중언부언은 결코 같은 것이 아닙니다. 그것을 혼동해선 안 됩니다. 우리는 어떤 문제에 대해서 기도를 할 때 간곡하게 구하고 나서 간단히 뒤로 안 물러서는 것입니다. 책임 있는 사람답게 생각하니까 그렇습니다. 이 일은 하나님께서 꼭 이루어 주셔야만 하겠는데, 만일 이뤄 주시지 아니할 것이라면 이 일의 의미가 무엇인가 내가 그것을 바로 알아아

하겠고 또 잘못 생각한 것이 있으면 고쳐야 할 것입니다. 좌우간에 잘못 생각한 것은 고쳐야겠고 미흡한 것은 보충해야 하며 그렇지 않으면 그 일은 미뤄야 할 것입니다. 그렇게 어떤 정당성을 가지고 시작을 해야 할 것입니다. 그런 일은 중언부언이라고 하는 게 아닙니다. 우리가 하나님 앞에 무엇을 구했을 때, 하나님께서 꼭 이뤄 주시리라고 다 알고 확신하고 하는 것이 아닙니다. 하나님 뜻인지 아닌지 모르니까 이거 하면 반드시 주신다 하고 그렇게 믿을 수가 없는 처지에 있습니다.

처음에 그렇게 기도를 하지만 그럴지라도 기도할 때 정당성이 없는 것은 아닙니다. 과부가 자기의 소송사건을 가지고 나왔을 때 아주 정당성이 있는 내용이어서 법관도 그걸 물리치지 못한 것과 같이 우리도 정당성이 있어야 합니다. 하나님의 계획 가운데 확실히 들어있는지 아닌지를 다 모를지라도 내가 아는 대로는 하나님의 영광을 위해서 이것이 필요하다고 알아야 합니다. '나는 하나님의 뜻을 잘 알지 못하는 정도로 지혜가 짧고 생각이 짧은 인간이다. 그렇게 지식이 짧은 인간일지라도 나라는 인간의 범위와 장성의 정도 안에서는 이것이 가장 옳다'고 생각해서 하는 것입니다. 그러나 나는 지혜가 그렇게 많지 못한 사람이니까 내가 가지고 있는 최선의 판단으로 가장 정당하게 생각한 것도 하나님의 뜻이 아닐 수가 얼마든지 있는 거 아닙니까? 그러니 하나님의 뜻이 아닐 경우 하나님께서 그 뜻을 나에게 비추어주시는 것을 기다리면서 내 최선으로써 기도하는 것입니다. 이것이 바로 정당성인데, 무리한 일이 아니요 정당한 것이라 말입니다.

기도의 정당성

이런 정당성을 가지고 하나님 앞에 나아가는 것입니다. 만일 훨씬 더 정당성이 강하려면 하나님의 말씀 가운데 약속하신 거라든지 하나님 말씀 가운데 그것이 그렇게 될 것이라고 내가 해석해서 얻을 수 있는 결론이 필요합니다. 그걸 가지고 나갈 때 하나님의 뜻이라고 내 믿음으로 하나님 앞에 나가야 할 것입니다. 그렇지만 내가 해석한 것이니까, 내가 생각한 것이니까 의외의 모자람이 거기 섞일 수 있습니다. 그 모자람을 보충해 주시려고 기다리실 수 있는 것입니다. 다만 어떤 내용이 하나님의 말씀 가운데 가장 명백한 어조로 약속하신 것이라면 그 일에 대해서는 더 의심할 거 없이 가서 기도를 하는 것이지요. 중요한 것은 기도를 한 다음에 내가 그것을 믿고 의지하는 것입니다. 이렇게 믿고 의지하는 심정이 하나님의 성령님으로 말미암아 내 안에 발생해야 합니다.

예를 들면 내게 지혜가 부족한 줄 알면 "모든 사람에게 후히 주시고 꾸짖지 아니하시는 하나님께 구하면 주시리라"는 야고보서 1장 5절 말씀을 따라야 합니다. 내가 지혜가 부족한 줄 알았을 때 모든 사람에게 후히 주시고 꾸짖지 아니하시는 하나님 앞에 지혜를 구하면 주신다고 그랬습니다. "오직 믿음으로 구하고 조금도 의심하지 말라. 의심하는 자는 바다 물결이 바람에 밀려 요동하는 것과 같으니 이런 사람은 아무것도 주께 받을 것을 생각지 말지니라. 두 마음을 품어서 정함이 없는 자로다."(6-8절) 다음 구절들이 쭉 계속해서 그 말을 했는데 이 말씀에 의할 것 같으면 믿음으로 구하고 조금도 의심하지 말라 하였습니다.

지혜에 대해서 이렇게 약속하신 말씀이 있는데, 약속한 이 말도 내가 못 믿고 '혹시 주실지 안 주실지 모르겠다'고 한다면 다시 더 다른 걸 믿을만한 아무것도 없는 것입니다. 이렇게 명백하게 우리에게 약속하신 것은 우리가 그대로 믿는 거밖에 없습니다. 그걸 못 믿는다면 당초부터 내가 안 믿는 사람이었든지, 그렇지 않으면 어떤 큰 잘못이 내게 지금 있는 겁니다. 그런 것은 그대로 일찍이 믿고 딱 의지하고 '이제는 주신다!' 하면서 기다리고 있어야 합니다. 주께서 언제 주실 것인가 하는 것은 주님의 뜻에 합당한 대로 주실 것입니다. 문제는 내 믿음이 조금치라도 요동해서는 아니 되는 점입니다.

이런 것들이 다 정당성이라 할 수 있습니다. '주여 지혜를 주시옵소서. 주께서는 주신다고 하셨으니 주실 것을 확신합니다' 하고 기도하고 기다립니다. 아직도 내가 못 받았으면 '주여 내가 지혜를 구하고 지혜를 주시리라는 것을 확신한다고 했지만 제 믿음에 무엇인지 잘못이 있고 제 생각에 무엇인지 잘못이 있어서 이렇게 되었사오니 불쌍히 보시고 깨우쳐 주시옵소서. 확실히 정당성 있게 이것을 기도하게 하옵소서' 하고 기도해 나가는 것입니다. 그럴 거 같으면 주께서 반드시 주신다 말입니다.

우리가 기도에 대해서 생각해 나가면서 중언부언하지 말라고 그랬고, 정당성을 가지고서 하나님 앞에 끈기 있게 견인불발하는 심정으로 기도해야 할 것을 말했습니다. 주님께서 어떤 결산을 확호하게 대답으로 내주시기까지 하는 것이 책임 있는 자가 기도하는 태도라고 하였습니다. 기도한 내용에 대해서는 어떻게든지 그것을 명백하게 알고 거기 대해서 책임을 지고 있어야지 기도를 해놓고 언제 했는지 모르고 잊어버리는 식이라면 정당하지 않은 것입니다. 또 기도할 때는 그것이 가장 개인적인 일인 까닭에 다른 사람이 내게서 무엇을 뺏어가지 않게 해야 합니다. 즉 나의 주의(注意)나 집중하는 정신을 흐트러지게 하는 장소나 그런 위치에 있지 아니해야 할 것입니다.

여기서 한 가지 더 말하고 넘어갈 것은 그러면 내가 다른 사람이 내 주의를 이끌어 간다든지 내 정신을 산란하게 분산시키는 일이 없도록 하려면 골방에 들어가서 기도하라고 하시는 예수님의 말씀대로 하는 것이 제일 좋을 것입니다. 내 정신을 방해하는 일이 없도록 해야 하지만 그렇다면 공중(公衆) 기도는 어떻게 해야 할 것이냐 하는 문제를 같이 생각할 수가 있을 것입니다. 물론 공중 기도를 할 수 있습니다. 공중 기도를 할 때에는 다른 사람들이 다 같이 구해야 할 공동의 문제를 가지고 기도하는 것입니다. 공중 기도를 하면서 어떤 한 개인의 문제나 몇 개인의 문제만 가지고 자꾸 얘기하는 것은 좋은 것이 아닙니다.

어떤 개인이나 몇 개인의 문제는 결국 개인의 문제인 까닭에 그런 일을 위해서 각각 기도의 제목을 가지고 있는 사람들이 기도할 수 있습니다. '나는 이러한 문제가 있어서 이것을 지금 기도하는 중이다.' 그러면 그 다음에 있는 다른 친구가 '아, 나는 이러이러한 문제가 있어서 이런 문제를 가지고서 기도하는 중이다.' 그럼 또 하나는 '나는 저런 문제가 있어서 그 문제를 가지고 기도하는 중이다.' 이런 친구들끼리 모여서 우리가 같이 모여서 함께 문제를 서로 자기 문제로 알고 하나님 앞에 기도하면 어쩔까 하고 의논을 해서 찬성하여 세 사람이 다 같이 남의 문제를 자기 문제로 간절하게 하나님 앞에 기도할 수 있는 심정이 있으면 같이 모아서 기도회(prayer meeting)를 만들어 기도할 수 있습니다. 그리고 교인들의 사랑이라는 것은 적어도 그런 정도에 늘 있어야 한다고 예상하는 까닭에 교회 안에서 그런 기도회라는 것을 하게 됩니다.

그러나 그렇지 않을 경우에는 공중 기도 또 공공의 기도회라는 것은 주로 기도하는 내용이 제한되어 있는 것입니다. 뭐냐 하면 공통의 문제, 그렇지 않으면 모든 공중이 같은 비중으로 생각할 수 있는 어떤 문제를 두고 기도합니다. 가령 어떤 도고(禱告, intercession)를 하나 놓고 기도한다면 같은 무게로 모두 다 같이 생각할 수 있게 기도를 합니다. 어떤 한 사람에게 치우친 문제가 아닌 것들을 가지고 기도하는 것이 좋습니다.

교회 안의 기도회에서 하는 기도

그런 문제, 예를 들면 '우리가 오늘 기도회를 하십시다' 하는데 이런 기도는 우리 다 같이 관계되어 있고 동시에 우리 다 꼭 같이 중요하게 생각하는 문제입니다. 뭐냐 하면 '교회가 이러이런 경영을 하는데 이 일이 하나님 앞에서 바로 되게 기도하자. 하나님의 영광을 위해서 다 잘 되게 기도하자'고 한다면 그 교회 다니는 사람으로 그 일에 대해서 관심을 가지고 헌금도 할 것 같으면 그러자고 같이 모아서 기도할 수 있습니다. 교회의 기도회는 흔히 그런 문제를 가지고 모여 얘기하고 기도합니다. 어떤 사람이 개인적으로 자기가 일어나서 공동의 문제를 가지고 기도를 할 때 다른 사람이 나를 어떻게 생각할 것인가에 대해서 특별히 마음을 써야 할 이유가 없는 것입니다. 나는 내 마음 가운데 간절한 대로 '주여 이 일을 이렇게 이렇게 하여 줍소서' 하면 됩니다. 거기에 대해서 다른 여러 가지 잔사설을 붙여 가지고 그것으로써 다른 사람의 마음을 사려고 한다든지 다른 사람에게 자기의 유식한 걸 나타내려 한다든지 한다면 되지 않는 것입니다. 다른 사람의 평가에 주의를 기울이거나 마음을 쓸 이유가 없다는 것입니다.

그러니까 공동의 기도를 할 때 공동의 그 문제 이외에 다른 말을 거기 많이 안 붙여서 모든 사람들과 함께 들을 수 있게 기도를 하는 것이 좋습니다. 계속해서 다른 사람이 기도하면 나도 함께 기도한 것이니까 내가 그 문제에 대해서 하나의 영혼으로서, 교회의 한 지체로서 하나님 앞에서 기도를 하는 것입니다. 그렇게 하는 것도 의미가 있겠으나 어떤 사람이 일어나서 대표로 하나가 기도했으면 그것으로 또 의미가 되는 것입니다. 꼭 모두가 다 한마디씩 그걸 또 하고 또 하고 해야만 의미가 생기는 건 아니지요. 대체로는 그런 문제 같으면 누군가가 대표자가 일어나서 그 문제에 대해서 간곡하게 기도하는 것이 좋은 것입니다.

이렇게 대표자가 일어나서 공동의 기도를 할 때에는 자기가 다른 사람이 내 기도하는 소리를 어떻게 생각할까 하는 시험을 받을 이유가 별로 없겠지만, 너무나 자기의 명예에 대해서 민감한 사람은 혹시 그런 걸로 시험을 받을 수가 있습니다. 그래서 하나님 앞에 지금 간곡한 심정을 가지기보다 다른 사람 앞에서 내가 기도하는 말을 얼마나 수사적으로 잘 만들어내고 문장을 잘 만들 건가에 정신을 쏟기가 쉬운 것입니다. 많은 말을 자꾸 하니까 그게 그렇게 되는데, 그렇게 하지 말고 오히려 기도해야 할 중요한 문제 몇 가지를 놓고서 하나나 둘이나 셋이서 나눠 가지고 간곡하게 하나님 앞에 기도하는 것이 대단히 좋을 것입니다. 좌우간 공중의 기도를 할 때에는 듣는 사람들이 나를 어떻게 생각할 것인가 해서 자기의 명예에 대한 고려가 없는 사람, 절대로 그런 시험에 안 빠지는 사람이 해야 합니다. 그것을 이용해서 무엇을 어떻게 하려고 한다든지 남의 환심을 사려고 하는 일에 대해서는 거의 면역성이 있는 사람이 해야 할 것입니다.

그런 까닭에 교회에서 예배를 드릴 때 교회 예배의 기도라든지 헌상의 기도라는 것을 그 정도와 상태가 어쩐지 모르는 사람에게 개혁교회에서는 맡기지 않습니다. 가령 그것을 집사든지 장로에게 맡기는 게 아니라 그건 목사가 다 하는 것입니다. 목사는 그 일을 오래하고 겪어온 사람인 까닭에 오래한 사람일수록 그런 일에 대해서는 면역성이라고 할는지 별로 무관심한 것입니다. 남이 나를 어떻게 생각하는 것에 무관심하고 어떻게 기도하는 것이 하나님께 바르게 하는 말이 될 것인지 거기다가 집중합니다. 하나님 당신이 지금 무엇을 요구하시는가? 하나님께서 무엇을 성령으로 감화해서 고하게 하시는 건가? 그런 일에 집중을 해야 하는 것입니다. 목사는 그렇게 해야 하고 그렇게 돼야 합니다. 그러지 않고서 공중의 기도를 장로나 집사를 자꾸 시키면 어쩌다 한 번씩 나와서 함으로 말도 집중하기 어렵고 중언부언이라는 것이 있기 쉽고 그렇지 아니하면 조금 적절하지 못한 표현을 할 수가 있는 것입니다. 구하기 전에 쓸 것을 다 아시니까 내 말이 꼭 가장 적절하고 좋은 웅변이라야 하는 것은 아닙니다. 그러나 우리가 구하기 전에 다 아시면서도 우리에게 기도를 요구하신 이상 우리의 기도는 구체적이고 명백해야 하는 것입니다.

우리가 공중 기도를 할 때 혹은 다른 사람과 함께 기도를 할 때는 다른 사람이 그 기도에 합해서 같이 생각을 하는데 오도(誤導)하지 않도록 그 말의 의미가 분명하기를 바라는 것입니다. 그것은 우리가 무슨 모임의 대화를 할 때도 그렇게 분명해야 하는 것과 마찬가지이지요. 수사학적으로 훌륭해야 하겠다든지 문장으로 아주 사치스러워야 하겠다든지를 앞서 생각지 않습니다.

또 한 가지는 자기가 혼자 기도할 때 그 사람의 교육 정도나 표현력 같은 요소 때문에 잘못되는 일은 없습니다. 무슨 말을 속으로 꾸며낼 때 표현은 심히 부적당할 수가 있지만 하나님께서 그런 부적당한 표현 때문에 일을 비틀어지게 만들어 주신다는 것을 우리가 생각할 수 없습니다. 어쨌든지 간에 아무리 무식하든지 또 표현력이 심히 서툴더라도 자기가 마음 가운데 간절히 소원한 것을 구하는 일에서 어려서부터 부모에게 간절히 바란 것을 구해 버릇한 사람으로서는 그걸 비틀어지게 잘못 구할 수가 없는 것입니다.

그런 일에서 경어(敬語)를 쓰는 일이라든지 문장을 바로 쓰는 것에서 혹시 훌륭하게 못 썼더라도 문제가 되지 않습니다. 오히려 공연히 알지 못하는 문자를 써 가지고 더 문제를 일으킬 수는 있습니다. 하지만 그걸 떠나서 마음의 모든 공경을 가지고 솔직하게 그리고 단순하게 하나님 앞에 간곡히 구할 때 하나님께서 그것을 충분히 인정하시는 것입니다. 하나님께서 그것을 무시하시지 않습니다. 세상 사람과 같이 말 여하(如何)를 가지고, 말을 번듯이 잘하는 거 가지고 따져 주시지는 아니한다 말입니다.

그런고로 이러한 도리에 대해서 말할 때 오해하지 아니해야 합니다. 기도의 말이 명백하고 구체적이라야 하겠다는 것들은 공중 기도 때 다른 사람의 생각을 명확하게 바로 이끌어 나가기 위해서 그렇다는 것이지요. 공중 기도할 때 대표자는 자기의 말이 다른 사람에게 오해가 되지 않게 말을 바로 쓸 필요가 있는 것입니다. 그런 것을 미리 준비하는 것도 좋고 미리 준비까지 않았더라도 충분히 감당할 수 있는 능력 있는 사람은 즉석에서 그렇게 하겠지만 어쨌든지 항상 뜻이 명백한 것이 바람직합니다.

그런 점에서 거기 있는 사람들이 대개 어느 정도의 사람들이라는 것을 고려해서 거기에 상응하게 언어를 적절히 쓰는 것은 필요한 일입니다. 그런 것 때문에 배려를 하고 그 마음 가운데 고려를 해가면서 한다면 그것을 가지고 뭐라고 할 수는 없습니다. 그러나 그런 것 때문에 하나님께 대한 간절함과 하나님께 대한 간곡한 마음의 집중이라는 것이 흐트러진다면 안 될 얘기입니다.

제일 중요한 것은 무엇이 어쨌든지 조금치라도 희생해서는 안 될 문제가 있는데, 하나님께 자기의 마음을 간절하게 집중해야 한다는 사실입니다. 둘째는 자기가 기도하는 내용에 대해서 항상 책임을 지고 또 명백해야겠다는 점입니다. 공중 기도에서도 그건 꼭 마찬가지이지요. 다만 다른 사람들도 같이 소원할 어떤 문제를 나의 문제로 해서 내가 기도한다는 그 점이 하나 독특한 것입니다. 그러므로 공중 기도라는 것은 공동의 문제, 혹은 다른 사람들도 다 같이 동일한 비중의 문제로 삼고서 하나님 앞에 구해야 할 것을 자기가 대표로 간절히 구하는 것뿐입니다.

이런 정도 안에서 공중 기도를 할 수 있는 것이지만 기도의 가장 진수(眞髓), 중요한 것들은 각각 개인이 하나님 앞에 가장 개인적인 관계로 구한다는 데 있는 것입니다. 이건 결코 입신(入神)을 한다든지 혹은 황홀의 경계, 법열의 경계에 도달해야 하겠다는 것이 아닙니다. 그런 거와 상관이 없습니다. 아까도 말한 것과 같이 자기 개인이 하나님만 마음으로 간절히 생각하면서 기도하는 것입니다. 하나님과 마음을 열고 얘기를 하는 일을 하기 위해서 그 사람이 개인적으로 기도하는 것이 중요합니다. 그러한 기도가 우리 기도의 생활의 대부분을 늘 차지합니다. 또 마땅히 그렇게 차지해야 할 것입니다. 공중의 기도라는 것은 특히 교역자가 됐으면 자기의 사명인 까닭에 하나님 앞에서 진실하게 그걸 집행하고서 나가겠습니다. 하지만 교역자든 누구든 다 같이 기도의 대부분은 자기가 개인적으로 하나님 앞에 고하고 지내는 데에 있다는 것을 잘 아실 것입니다.

그런데 기도가 하나님 앞에 열납되기 위해서는 마음을 집중해서 하나님만 생각하고 자기가 기도한 일에 대해서 책임을 져야 한다고 했습니다만 단순히 그것만 가지고 다 되는 게 아닙니다. 무엇을 기도하느냐 하는 내용이 참 중요한 것입니다. 어떤 사람은 아주 열정적으로 기도하는데 그 열정이 왜 솟느냐 하면 자기가 그걸 꼭 얻어내고 싶어서 열정이 솟는 것입니다. 보통 일에 대해서는 미온적이었다가도 자기가 욕망하고 꼭 가지기를 원하는 것을 받겠다고 울고불고 매달리기까지 합니다. 그것이 하나님 나라에서 어떻게 된다는 것에 대해서는 고려하지 않고 자기에게 있으면 좋겠다고 열심히 하나님 앞에 그걸 주시라고 기도합니다. 하지만 이런 것들은 우리가 이제 깊이 반성해 봐야 할 문제입니다.

물론 우리들 자신에게 결핍돼서 꼭 있어야 할 것을 하나님 앞에 간곡하게 구하는 것이 나쁘다는 것은 아닙니다. 그러나 우리 기도의 모든 열정과 가장 중요한 문제가 계속 그런 데만 있다면 문제입니다. 하나님 당신의 나라에 대한 우리의 깊은 생각과 하나님께서 경영해 나가시는 일에 대해서 우리가 좀 철들은 사람다운 정신이 있어야 하겠습니다. 그런 정신이 모자라면 언제까지든지 유치한 어린아이의 상태, 사욕(私慾)에 속한 상태에서 방황하고 있는 것이 됩니다(고전 3:1). 그런 것은 절대로 좋은 게 아니에요. 그것보다는 하나님께 대한 우리의 생각이 더 깊어지고 하나님의 경영과 나라와 역사 위에서 진행시키는 여러 가지에 대해서 심각하게 생각하는 데까지 이르러야 합니다. 참말로 그것이야말로 자기에게 가장 귀중한 큰 제목으로 알고 생각해 나가는 사상적인 성숙성의 정도까지 자라야 합니다. 그렇게 되는 데 따라서 기도는 훨씬 더 능력 있게 하나님 앞에 열납될 수 있는 은혜의 경지로 나가게 됩니다.

그러려면 이제 우리는 그런 일에 대해서 더욱 하나님 말씀 안에서 풍부히 배워야 할 것입니다. 마지막으로 한 가지, 기도가 참으로 하나님 앞에 잘 열납되기 위해서 중요한 것은 성령님이 꼭 그 기도를 주장하셔야 하겠다는 것입니다. 그의 마음 가운데 성령님이 기도를 주장하시고 인도하셔야 한다는 사실들을 차츰차츰 계속해서 배울 것입니다.

기도

아버님, 저희의 여러 가지 부족과 연약으로 말미암아 저희가 아버님 앞에 잘못 기도하고 항상 우리의 부족이 거기 다 나올지라도 불쌍히 보시고 용서하시며 저희가 주님 앞에 간절히 바르게 기도하고 살아가게 하시고 주님은 저희를 받아주시고 더욱 키우시며 은혜로 이끌어 주옵소서.

우리 주 예수님 이름으로 기도하옵나이다. 아멘.

1977년 12월 19일

무책임한
기도

마태복음 6:1-6

[1] 사람에게 보이려고 그들 앞에서 너희 의를 행치 않도록 주의하라 그렇지 아니하면 하늘에 계신 너희 아버지께 상을 얻지 못하느니라 [2] 그러므로 구제할 때에 외식하는 자가 사람에게 영광을 얻으려고 회당과 거리에서 하는 것같이 너희 앞에 나팔을 불지 말라 진실로 너희에게 이르노니 저희는 자기 상을 이미 받았느니라 [3] 너는 구제할 때에 오른손의 하는 것을 왼손이 모르게 하여 [4] 네 구제함이 은밀하게 하라 은밀한 중에 보시는 너의 아버지가 갚으시리라 [5] 또 너희가 기도할 때에 외식하는 자와 같이 되지 말라 저희는 사람에게 보이려고 회당과 큰 거리 어귀에 서서 기도하기를 좋아 하느니라 내가 진실로 너희에게 이르노니 저희는 자기 상을 이미 받았느니라 [6] 너는 기도할 때에 네 골방에 들어가 문을 닫고 은밀한 중에 계신 네 아버지께 기도하라 은밀한 중에 보시는 네 아버지께서 갚으시리라.

6강

무책임한 기도

일반적인 은혜의 방도들

신앙의 생활 가운데 기초적으로 중요한 것들을 우리 교회가 차례차례 공부를 해야 할 것인데, 그 내용은 우선 복음의 진수에 대해서 바른 생각을 가지고 있어야 할 것입니다. 또 신령한 생활 도리에 대해서, 그렇지 않으면 교회란 무엇이며 어떻게 해야 하는 건가 하는 것도 알아야 할 것입니다. 그것 이외에도 하나님께서 우리에게 주신 여러 가지 은혜가 결과로 나타난 것을 잘 써야 합니다. 하나님께서는 당신과 교통을 계속하면서 하나님 자식답게 살게 하시려고 여러 가지 일반적인 은혜의 방도를 우리에게 주셨습니다. 하나님의 말씀만이 아니라 기도, 찬송, 헌상, 예배, 이런 것들을 주셨는데, 우리에게는 그것들이 중요한 일반적인 은혜의 방도로 늘 사용돼야 합니다. 그런데 이런 은혜의 방도의 바른 용도나 바른 상태라는 것이 공부하지 아니하고도 저절로 알아지는 게 아닙니다. 그저 모방하면 그대로 되는 것이 아니므로 배워서 정상적으로 사용해야 할 것입니다.

이런 것들을 배우지 않고 어떤 종교적인 모양만 모방을 해가면 그것대로 어떤 종교적인 영향을 끼칠 수는 있습니다. 그러나 하나님께서 그 나라에서 규정하신 거룩한 도리를 잘 알게 된 것이 아니므로 참된 하나님 공경의 도리에 바로 서지 못하는 것이고 오히려 그런 걸 방해합니다. 왜냐하면 부정당한 것이나 그릇된 것이 대치(代置)를 하고 있지만 스스로는 그만하면 됐다고 생각하기 때문입니다. 하지만 그게 그렇지 않습니다. 가령 기도라 하더라도 기도에 대해서 하나님께서 가르치신 여러 가지 도리를 성경으로 주의해서 배워야 합니다. 그래서 우리의 기도가 하나님 앞에 정상한 것이 돼야 합니다. 우리가 우리 식으로 기도의 효과나 내용을 규정하고 기대하고서 함부로 어떤 종교적인 행동으로 나가지 않아야 합니다.

그런데도 그렇게 한다면 마침내 그것이 우리에게 하나의 틀을 만들어 주어서 그 나름으로 종교적인 의미를 가질지라도 그게 정당한 것이 아니므로 하나님과 우리의 교통에 방해를 할 수가 있습니다. 또한 우리가 하나님의 자녀로 이 세상에서 살아가는 생활을 정상화하는데 그게 방해하게 되는 것이라 말입니다. 다 잘 아시는 것처럼 기도라는 것이 그리스도인들만 하는 게 아니고 종교를 가진 모든 사람이 다 합니다. 각각 자기 종교에서 가르치는 기도라는 종교 행동을 하고 있습니다. 따라서 어떤 것은 서로 대단히 흡사한 것들이 많습니다. 그런 것을 부주의하면 우리가 딴 것을 하게 됩니다. 그러니까 기도는 배워야지 안 배우고 그냥 다른 사람이 하는 걸 모방해서 그러려니 하고 하는 것은 부정당합니다.

우리에게 은혜를 베풀어 주시는 방법을 여러 가지로 주셨습니다. 그런데 그 방법을 바르게 못 쓰고 그 속에 있는 그릇된 종교적인 감정이나 세력이 나를 지배하면 그게 이교적인 것이 되는 것입니다. 기독교의 이름으로 이교를 행하면서 그것도 정당하다고 하기가 쉽습니다. 이런 것들은 우리 신앙의 기본을 바로잡는 데 아주 중요합니다. 이걸 바로잡지 못하면 사실상 우리 생활의 중요한 터전, 하나님 앞에서 걷는 인생의 길, 우리가 이 세상에 새로 지음을 받아서 사는 의미, 이런 것들이 다 비틀어지는 것입니다.

찬송에 대해서도 우리가 또한 잘 배워야 합니다. 찬송의 곡조와 가사만 배우는 것이 다가 아니라 찬송과 찬송이 아닌 것들은 어떻게 구별해야 하는지도 배워야 합니다. 그것이 하나님 앞에서 무엇인가? 얼마만큼 가치 있는 것이며 무엇이라고 정의하고 규정해 내는 것인가를 알아 가지고 해야 합니다. 형태가 음악이고 내용이 종교적이어서 그냥 하는 것은 종교음악일 뿐입니다. 종교음악과 찬송은 같은 게 아닙니다. 예술적인 모든 내용을 지니고 거기다가 심혼(心魂)을 기울여서 했다고 해서 그대로 찬송이 되지는 않는 것임을 우리가 주의해야 합니다.

이렇게 찬송도 배워야 하고 그다음에 헌상, 우리를 하나님 앞에 드리는 것이 무엇인가를 배워야 합니다. 우리가 하나님 앞에 우리를 드릴 때 어떤 예식을 행하지요. 우리 교회에서는 주로 찬송을 부르는 예식을 행하는데 그 시간에 찬송의 가사가 그렇게 드린다는 것을 담아서 올리는 게고, 다음에는 기도를 하고, 그다음에는 또다시 한 번 찬송을 하는 것으로 우리의 예식을 삼았습니다. 거기에서 어떤 물질을 통 속에 집어넣어 돌리든지 안 돌리든지 그것이 예식의 가장 중요한 부분은 아닙니다. 찬송하고 기도하고 찬송하고 하는 예식 가운데서 내가 하나님 앞에 작정을 하고 서약하는 것이고, 약속한 바를 그다음에는 어떤 형식으로든지 교회가 제정한 형식으로 행하면 되는 것입니다. 이와 같이 헌상이라 하는 것도 그게 무엇이냐 하는 걸 잘 배워야 하고 예배라는 것이 뭔가 하는 것도 배워야 합니다.

예배라는 것이 예배 의식을 집행하는 데 앉아 있으면 예배가 되는 것이냐 하면 그런 거 아닙니다. 예배는 자기가 하려고 하는 확실한 의식과 목적을 가지고 와서 거기 도달하기 위하여 하나님이 베풀어 주신 거룩한 방도에 의지해야 하는 것입니다. 그런 까닭에 우리가 예배 의식을 행합니다. 식은 하나의 방도이지요. 그러나 식을 하는 것으로 예배가 되는 게 아닙니다. 예배라는 것이 눈앞에 형태로 보이는 행동 같으면 그 형태를 우리가 갖추면 되는데, 형태로 보이는 행동이 아닌 까닭에 즉 영혼의 행위인 까닭에 우리는 더욱 주의해서 예배를 참으로 배워서 드려야 합니다.

성경의 눈으로 볼 때 예배와 찬송과 기도는 각각 고유한 부분이 있습니다. 찬송은 그대로 기도가 아니고 기도는 찬송이라고 하지 않습니다. 찬송과 기도가 서로 중첩하는 데가 물론 있습니다. 하지만 찬송은 찬송으로서 특성과 의미를 가지는 것이고, 기도는 기도로 또한 그런 것입니다. 예배도 그렇게 스스로의 특성과 의미를 가집니다. 찬송하고 기도하고 혹은 예배 의식을 죽 집행하면 자연스럽게 예배가 되는 것이 아닙니다. 각각 자기 마음 가운데 예배에 대한 의식을 가지고 있어야 하고 소원을 가지고 하나님 앞에 고하고 성령께 의지해야 되는 것입니다. 또 성경 즉 하나님의 말씀이라는 것과 우리와의 관계, 그것이 하나님 앞에 어떠한 의미를 가지고 있으며 우리 생활에는 어떻게 작용해야 하는 것인지도 배워야 하는 것입니다. 이런 것들을 다 우리가 제대로 배움으로 우리들의 신앙생활에서 그 은혜가 정상적으로 풍부하게 될 것입니다. 가르친 대로, 또 배운 대로 그걸 우리가 정당하게 사용을 해야 하는 것입니다.

배교 시대의 종교 행위에 그치는 기도

이제 우리가 한 가지를 들어서 기도에 대하여 다시 생각을 해 보십시다. 기도에 대해서 성경은 여러 가지로 가르쳤습니다. 옛날에 선지자들이 그 제자들에게 기도를 가르쳤는지 알 수 없지만 우리 주님은 분명히 제자들에게 "그러므로 너희는 이렇게 기도하라" 하고 어떻게 기도할 걸 가르쳤고 또 "이러이렇게 기도하지 말아라" 하고 어떻게 해서는 아니 될 것을 가르쳤습니다. 그뿐더러 우리 주님이 직접 제자들에게 가르치신 교훈 외에도 성경의 서신서나 여타의 구약에서도 하나님 앞에 무엇을 고해야 하는지를 많이 가르쳤습니다. 기도에 대해서 또 하나님께서 무엇을 들어 주시고 아니 들어주시는 문제에 대해서 가르친 것이 있습니다.

그런 것들을 우리가 주의해서 배워 가지고 우리의 기도를 반성하고 정상적인 기도를 하는 것이냐, 그렇지 않으면 이교적인 생각이나 그릇된 종교 관념에 의해서 행하는 것이냐를 분석하고 비판할 줄 알아야 합니다. 그것이 신앙이 성숙하고 자꾸 자라는 증거이지 그런 거 없이 세월만 가고 예배당을 꾸준히 다닌다고 절로 자라나는 것은 아닙니다. 항상 자신의 생활 가운데서 하나님 말씀의 도리에 의해서 자기 자신의 현재의 생활과 심경 상태를 분석하고 비판해야 합니다. 그래서 반성한 다음에 잘못된 걸 버리고 새로운 깨달음 가운데 들어가고 새로운 생활 가운데서 필요한 하나님이 주시는 어떤 은혜를 실증적으로 받고 살아가야 할 것입니다.

기도에 대해서 살필 때 그것이 참으로 많은 내용을 가지고 있는 까닭에 한 번에 다 이야기할 수가 없고 또 그렇다고 그것만을 계속해서 말할 수가 없습니다. 얼마동안 하다가 다른 걸로 또 가게 되겠지만 우선 기본적으로 배워야 할 것들이 있습니다. 기도의 내용이나 자세라는 것들을 생각하기 전에 기도라는 것이 무엇인가 하는 것을 알고 지내는 것이 좋을 것입니다. 그러나 당장에 기도는 이것이라고 정의(定義)를 해서 배우는 것보다 차례차례 기도에서 나오는 여러 가지 사실들과 성격들을 공부해 나가노라면 자연히 '아 그러니까 이렇게 하는 것이 기도다. 성경이 우리에게 가르친 기도라는 건 이런 것이지 사람들이 종교적인 교훈이나 영향 하에서 자기 마음대로 생각한 그런 종교 행동이 아니다' 하는 것을 깨닫게 될 것입니다.

우리 주님도 이스라엘 사람들이 하나님의 말씀을 가지고 있으면서 거기서부터 구성해 낸 기도의 생활에 대해서 그거 아니다 하고 잘못이라고 가르쳤습니다. 산상보훈을 보면 그 사람들이 하는 기도에 대해서 그거 아니다 하고 가르치는 데가 나오지요?

'그러니까 너희는 이렇게 기도해야 한다' 하고 가르친 데가 있어요. 그럼 그 사람들은 성경이 없어서 잘못 생각해서 그랬느냐 하면 그게 아니지요. 성경은 가지고 있으면서도 생각이 그릇되게 들어가니까 빗나간 기도를 한 것입니다. 기도뿐만 아니라 다른 여러 가지 신앙생활의 원칙에서 그릇된 관념을 가지고 나갔던 것입니다. 그뿐 아니라 그것이 나중에는 어디까지 미쳤느냐? 참된 메시아를 죽이기까지 하는 암매로 떨어졌습니다. 그들이 오래도록 바라고 간절히 기다렸던 진짜 메시아가 오시니까 사람의 손에 넘겨서 돌아가시게 했던 것입니다.

오늘날 기독교도 그런 암매를 저지르지 않는다고 아무도 장담 못합니다. 오늘날 세계 기독교의 현실을 볼 때 많은 점에서 그릇되어 가지고 암매의 길을 걷는 것입니다. 주께서 우리에게 말씀하신 것이 있습니다. 우리 주님이 재림하실 때가 가까울수록 일어날 이 세계 역사상의 큰 징조(sign)들이 있을 것을 가르쳤어요. 그건 어디 한구석에서 조금 일어나는 일이 아닙니다. 세계 역사의 성격이 이렇게 변해 나가거든 너희는 알고 주의해라 하셨습니다. 거기 물들거나 함께 나가지 말라는 것이오. 오늘날 우리가 볼 수 있는 큰 징조라는 건 가령 복음이 전 세계 모든 민족에게 퍼진다 하는 것이 중요한 증거인데, 그렇게 되리라고 했습니다. 그러나 복음이 모든 민족에게 퍼졌다는 그것뿐만이 아닙니다. 그날이 이르기 전에 먼저 배교하는 일이 있고 그다음에 죄악의 사람, 멸망의 아들이 나타나기 전에는 예수님의 재림으로 그날이 임하지 않는 것입니다. 금방 오늘밤이라도 예수님이 재림하리라고 생각하는 것을 경계하신 것입니다. 오늘날도 마찬가지입니다.

이 배교라는 큰 사실이 오늘날 역사의 현실인데, 배교는 여러 국면에서 오는 것입니다. 그것은 여러 면에서 오지만 가장 기본적인 것, 기도나 찬송이나 예배나 헌상이 다 왜곡되고 그릇되게 인간 종교화했다는 사실입니다. 원칙에서 벗어난 것이 배교의 현실이라 말입니다. 그러면 무엇이 원칙이냐 할 때 그걸 우리가 단독으로 꾸며내는 것이 아닙니다. 하나님의 말씀이 가르치는 것을 깊이 연구해야 알 수가 있습니다. 그러면 그렇게 연구한 결과는 전통과는 단절한 새로운 것이냐? 고대부터 하나님께서 그 나라의 참된 것들을 전혀 흐려 버리고 없애버리는 것이 아니라 항상 보존해 내려오시는 것입니다. 가장 배교가 심한 때도 보존하신 것입니다.

예를 들면 이스라엘 백성이 크게 배교를 하여 하나님이 포기할 수밖에 없어서 바벨론 손에 다 집어 내던진 일이 있습니다. 북쪽은 아시리아의 손에 남쪽은 바빌로니아의 손에 다 넘어가던 그때라도 하나님의 말씀을 바르게 전승할 사람들은 소수지만 보존을 했던 것입니다. 다니엘이나 미사엘, 하나냐, 아사랴 이런 사람들은 소수인데 참된 교회를 바벨론 궁정에서 자기네끼리 조직해 가지고 큰 증거를 나타냈습니다. 그것 때문에 박해도 받았고 사자 굴에도 들어가고 풀무불에도 들어갔습니다. 그러나 그럴 때마다 하나님께서 그들을 어떻게 승인하시고 인정하셨느냐 하는 증거를 보여 주셨습니다. 그들이 죽음으로써 교회가 무너지지 않게 하셨습니다. 증거자의 등불이 꺼지지 않게 하시고 그들을 보호하셔서 증거의 등불을 계승했던 것입니다.

그 시기에 다니엘이 가지고 있던 내용이 하나님의 계시였습니다. 오늘날 우리가 보는 이 다니엘서 이외에 다른 것이 그 시기에 안 나왔어요. 그러나 하나님의 계시는 계시 시대에 계속적으로 그냥 계승해 나왔던 것입니다. 다니엘과 세 친구들, 그들의 경배와 생활을 하나님이 열납하시고 가납하신 데에서 그들에게 계시를 주시고 승인하시고 세웠던 것입니다. 겨우 사람 넷이니까 교회가 아니지 않냐? 수십만 명의 이스라엘 전 군중이 다 망할 때, 하나님의 교회도 망할 때에 그 사람 넷 가지고 하나님은 거룩한 교회를 증거하신 것입니다.

오늘날 우리가 수가 적지만 적은 수가 문제가 아니에요. 하나하나가 그리스도 안에서 참된 증거를 세우고 있는 자들이냐가 문제인 것입니다. 그렇게 세계가 다 같이 배교를 하는 시기도 있는 것입니다. 이와 같은 큰 배교는 역사상에 이스라엘 멸망 당시, 그러니까 주전 580년이나 그 이전 600년대의 사실이 현저한 역사의 실례(實例)가 될 것입니다. 하지만 오늘날 역사에서는 그보다 훨씬 세계적이고 대규모이고 교묘합니다. 그리스도께서 재림하시기 전에 나타날 배교의 현실은 또한 영향력이 매우 강한 것입니다. 그런 강한 영향 속에서 자기네끼리 '성경은 하나님 말씀이다'라는 구호만 외치면서 살아가면 배교하지 않는 것인가? 그러면 진정한 교회냐? 그게 아니라는 것입니다. 성경은 하나님 말씀이라고 해 가면서 배교하는 것입니다.

이런 현실 속에서 우리 교회가 따로 확호하게 섰으면 그런 자기

의미를 가지고 서야 할 것입니다. 배교라 할 때 그러면 어디서부터 먼저 떨어지느냐? 배교하는 교회들의 현실 가운데서 사람들이 기도하는 것, 찬송하는 것, 또 예배하는 것을 보고, 또 어떻게 헌상하고 있는가를 볼 때 하나님께서 가르친 큰 원칙을 얼마나 무시하는지가 나타납니다. 그들이 중요한 원칙을 짓밟으면서도 그것이 전통적이고 역사적인 기독교적인 위대성이라고 떠드는 것이 드러난다 말입니다. 이러한 큰 경고 앞에서 우리는 그런 것들이 미미한 작은 일과 같이 보일 수도 있지만 미미하고 그게 작은 일이 아닌 걸 알아야 합니다. 하나님이 보여 주신 원칙을 사소한 교훈같이 볼 수도 있겠지만 사실상 오늘날의 교회가 그것을 얼마나 왜곡하고 짓밟아 버렸는가를 느껴야 합니다. 그러면서 하나님께서 가르치신 거룩한 도리의 참 것들을 찾으려고 늘 적극적으로 노력하고 힘쓰며 나가야 할 것입니다.

기도는 하나님과 자녀 사이의 교통이 핵심

이제 기도에 대해서 생각해 보겠습니다. 기도라는 것을 사람들은 여러 가지 동기와 여러 가지 이유로 합니다. 예수를 믿는 사람이라도 그 동기가 단순하지도 않고 이유가 제각각 다 있을 것인데 그러나 거기에 일반적인 현상 하나가 있어요. 그게 뭔가요? 기도한 내용을 하나님 앞에 받아서 그로 말미암아 자기의 어떤 목적을 달성해야겠다는 것입니다. 괴롬이 있을 때 하나님 앞에 기도해서 그걸 면제하는 것도 있고 아플 때 기도해서 아픔을 면제하려고 합니다. 또 무엇이 결핍되었다는 것을 생각할 때 기도에 의해서 그 결핍을 보충하고 채워서 자기의 생각 또는 구상을 그냥 전진시키려고 한다 말입니다. 그런고로 기도를 할 때 무엇보다 그걸로 말미암아 드러난 결과를 중요한 것으로 생각하는 것입니다.

이교에서 나타나는 기도의 큰 성격을 보면 다른 무엇보다도 그것으로 말미암아 응험(應驗)이 있을 것을 바라는 것입니다. 그것이 첫째의 중요한 기도의 성격이에요. 그러나 그것만이 전부가 아니고 이교의 기도도 그것이 접신(接神)이나 입신(入神)의 방법으로 쓰기도 하는 것입니다. 끝없이 어떤 기도문 혹은 주문 같은 것을 외우는 데서 자기가 우화등선(羽化登仙: 날개를 달고 신선이 되어 하늘에 오름)을 한다든지 그렇지 않으면 어떤 법열(法悅)의 경지나 신비경(神秘境)에 이르려고 합니다. 입신의 경지, 입류(入流)의 경지에 이른다고 하는 것입니다. 그것도 기도를 하는 중요한 이유의 하나일 것입니다. 이와 같은 사실이 기독교 안에 다 같이 흘러 들어와 가지고 그 영향은 기독교 안에 다 있습니다.

기도 그것 자체가 무엇을 얻어내야겠다는 공리적인 목적 아래서 이뤄지는 것은 허다한 예입니다. 기도 자체로는 무엇을 얻지 아니했을지라도 자기의 종교적인 어떤 경계를 증진시켜 주는 수단으로 하는 사람도 있습니다. 예를 들면 무엇이 부족해서 구하는 것이야 당연히 다 쉬운 예일 것입니다. 하지만 무엇이 부족하다기보다 가령 산에 들어가 동굴에서 살면서 소의(素衣) 소식(蔬食) 하면서 날마다 몇 시간씩이나 모여서 열심히 기도를 하는 일도 있습니다. 그들은 그렇게 기도함으로써 어떤 특별한 물질적인 것이라든지 정신적인 것을 꼭 얻으려고 하는 것 같지 않습니다. 그보다는 그렇게 힘써 기도를 하고 살았다든지, 아니면 날마다 몇 시간씩 기도를 계속하고 지낸다든지, 매일 빠짐없이 새벽에 예배당에 가서 늘 기도를 한다든지, 하는 그것으로 자기는 소위 기도 생활을 수행합니다. 그렇게 자기 종교 생활을 유지하는 행위[所爲]로 삼는 것입니다. 그렇게 해서 자기의 종교성을 유지하고 살아갑니다. 요컨대 기도가 어떤 종교적인 대상과의 접촉을 계속 이어가게 한다는 의미로 사용되는 거지요. 특별히 무엇 하나를 놓고 그걸 받아야 하겠다는 것보다 앞서는 일이 있는 것입니다. 그렇게 1년 365일 늘 하고 살아가고, 2년, 3년, 10년 해 나가는 데서 그런 종교를 유지하고 나아간다고 생각하는 것입니다. 그런 것을 교회에서 권하기도 합니다. 그리고 그렇게 하는 사람을 가리켜서 기도 생활을 한다 그러고, 대단히 존경하고 혹은 칭찬하는 일이 있다는 것입니다.

어찌됐든지 기도에 대해서 가장 기본적으로 우리 교회가 알고 있어야 하는 문제는 나의 어떠한 종교적인 차원을 유지하려 하는 것도 아니고, 내게 부족한 것을 어찌하든지 채우려는 공리적인 목적으로 하는 것이 아니라는 점입니다. 제일 중요한 것은 하나님께서 사랑하는 자녀들과 교통을 하시려고 내려주신 방법이라는 사실입니다. 이것은 분명한 것이오. 그런고로 기도는 하나님께서 나와 교통을 하신다는 데에 의미가 있습니다. 내 스스로가 날마다 기도를 해서 그런 기도 생활을 하는 종교의 차원을 유지하는 것은 의미를 안 갖는 것입니다. 그런 것이 필요 없어요.

내가 무엇을 구할 때 그것을 받으면 좋지만 궁극적으로는 하나님께서 나와 교통을 하시사 그렇게 하시는 방법으로 무엇을 주시기도 합니다. 내가 구한 것을 '오냐, 네가 그걸 구했느냐. 내가 네게 이걸 주마' 하는 것으로 교통을 하십니다. 그러나 그리 되지 않더라도 하나님께서 나와 교통을 하시면 좋은 거예요. 충분히 기도의 의미가 있는 것입니다. 예를 들 것 같으면 내가 무얼 구하면 하나님께서 그 일에 대해서 '오냐, 네가 그걸 구했느냐. 내가 네게 대답을 한다' 해서 묻고 대답하고 하는 이게 아주 좋은 교통입니다. 내가 뭘 구했지만 '아니 내가 너한테 그렇게 줄 것은 없다. 이미 너한테 준 것이 넉넉해. 넉넉한데도 네가 지금 모르고 그걸 구하고 있지' 하고 나에게 말씀하시면 '아, 그렇습니까! 참 감사합니다' 하고 깨닫게 되면 그것이 큰 교통이 되는 것입니다.

사도 바울 선생은 일찍이 자기가 받은 계시가 하도 오묘하므로 너무 자고(自高)하지 않게 하려고 자기의 몸에 찌르는 가시를 하나 주었는데 그것이 얼마나 고통스러운지 '사탄의 사자'라 하였습니다. 아무래도 자기가 그것을 그냥 가지고서 갈 수가 없이 너무 고통스럽고 많은 장애를 주니까 하나님 앞에 '이것을 저한테서 없애 주시옵소서. 이것을 저한테서 제거해 주십시오. 이것을 저한테서 완전히 떠나게 해 주십시오' 하고 세 번 간구했다고 했습니다. 고린도후서 12장 7-10절을 보면 그런 기록이 있지요. 그랬더니 하나님께서 거기 대해서 '얘야, 내 은혜가 족하다. 내가 준 은혜가 네게 풍족하다. 네가 지금 그것이 약점이라고 생각하고 그것 때문에 여러 가지로 제한을 받는다고 나한테 말하지만 아니다. 내 은혜는 네게 족하다. 내 능력이 네가 그렇게 약하다고 하는 것에서 이루어질 거니까 걱정하지 마라.' 그러니까 바울 선생에게 이건 교통이요 하나님께서 그에게 대답을 해 주시는 것이었습니다. 그러고는 자기 마음 가운데 감사하고 기뻐서 찬송하였습니다. '이제부터는 내가 내 여러 가지 약한 것을 자랑하겠다. 왜냐하면 내가 약할 때에 강하다. 하나님의 능력은 내 약한 데서 더욱 온전하여진다. 여기서 그걸 깊이 깨달았다.' 이것이 얼마나 훌륭한 기도입니까? 간절히 구하는 걸 이루어 주시지 않고 대신 '그런 것 구할 것 없다. 내 은혜가 너한테 다 넉넉하다' 하는 이 대답 하나로 가장 위대한 기도에 이른 것입니다. 기도란 그런 것입니다.

기도 응답의 양상-즉답

그런데 하나님께서 우리에게 기도에 대해서 응답을 해주시는데 아니해 주실 경우도 많이 있어요. 그렇게 대답을 아니해 주실 때 왜 아니해 주시는지 그 이유가 성경에 나옵니다. 그러니 '네가 주의하여 반성하고 그것을 배제하라. 그것을 네게서 없애고 회개하고 바르게 살아라. 그러지 않고는 내가 듣지 않는다' 하는 엄격한 하나님의 가르침의 의미로 전연 아무 대답도 없는 예가 허다합니다. 성경은 그런 것들을 특별한 이유를 들어서 가르치셨습니다. 어떤 구체적인 사건이나 사실을 들어 얘기를 하셔서 그로 말미암아 왜 안 들어 주셨는가의 참된 원인, 이유를 우리로 하여금 알게 한 것입니다. 그런 걸 주의해야 합니다.

성경에는 여러 군데 그것이 나와 있습니다. 우리가 그것을 보고 배워야 합니다. '아, 이렇게 하면 안 되겠다. 이러한 마음 상태를 가지고서 기도해선 안 되겠다. 내가 지금 그릇되게 이교적인 기도를 하기 시작했다. 이걸 포기해야 하겠다'고 해야 합니다. 그런 것에 대해서 아무 주의가 없이 반성이 없이, 안 들어 주셨다고 울면서 조르기만 하면 되는 줄로 알고 하면 그건 아주 큰 낭패요 큰 잘못인 것입니다. 그러니까 들어 주시지 않는 경우에 그래야 할 이유를 구체적인 사례를 가지고 성경에 가르쳐서 알게 하신 것이오. 그 사례라는 것을 종합적으로 볼 때 결국 어떠한 차원에 내가 있을 때 하나님께서는 내 기도를 아니 들어 주신다는 것을 가르치는 것입니다.

그러나 들어 주실 때라도 들어 주시는 모양, 양태는 한 가지가 아니라는 걸 전에도 얘기해서 잘 아실 것입니다. 하나님께서 내 기도를 가납(嘉納), 응낙해 주시는데 내가 구하는 그 내용을 그대로 주신다는 말이 다가 아닙니다. 기도에 대해서 응낙을, 응답을 해 주시는데 그거야말로 하나님과의 교통입니다. 가령 '내 은혜가 네게 족하다' 하는 것도 응답인데, '아니다' 하면 아니다 하는 그것도 응답입니다. 좌우간 '그렇다 주마' 하든지, '아니다 안 주겠다' 하시든지 무슨 응답이 내게 와야 해요. 그냥 아무 대답도 없이 안 오는 것은 그게 응답은 아닌 것이지요. 그것은 나에게 대한 하나님의 엄격한 태도인 것입니다.

하나님께서 우리에게 응답을 해 주실 때 그 응답한 양상을 몇 가지로 나눠 볼 수가 있습니다. 우선 기도를 했으면 기도한 내용이 있을 것입니다. 그리고 그 내용은 언제 받아야 할 필요가 있을 것입니다. 사람들이 가지고 가서 내용을 고하고 '이걸 주시옵소서' 합니다. 그 다음에는 그걸 언제 주시기를 바라는 것이 있습니다. '이걸 언제고 한 번 기억해 뒀다가 한 십년 후에 주시옵소서.' 그렇게 기도하는 사람은 없어요. 이것을 주시옵소서 하면 가까운 시간 안에 하나님께서 나를 불쌍히 여기시고 주시기를 바라서 기도하는 것입니다. 기도는 현실상 결핍이나 필요 때문에 대개 하게 되는 까닭에 그러면 그런 경우에 하나님께서는 기도하는 내용, 그 것을 받기 원하는 사람의 시간적인 관념, 이 두 가지를 가지고 응답에 임하시는데, 어떤 것은 내가 기도한 내용을 즉시 내려 주시는 것도 있습니다.

이렇게 기도한 내용을 즉시 내려 주시는 경우로 성경의 예가 여러 군데 있습니다. 열왕기상 18장 36-37절을 볼 것 같으면 선지자 엘리야가 갈멜 산상에서 바알과 아세라의 선지자들을 상대로 하여 경쟁을 합니다. 주로 바알 선지자들 400여명 이상을 상대로 하고 누가 참 하나님인가 이스라엘 백성 앞에서 실증하려고 하였습니다. 이스라엘 백성을 앞에 놓고 "너희가 언제까지 둘 사이에 서서 머뭇머뭇 하려느냐. 바알 그가 참 신이거든 그를 좇고 여호와 그가 참 하나님이시거든 여호와를 좇아야 할 것이 아니냐. 너희같이 이렇게 두 다리를 걸치고 이건가 저건가 언제까지 우물쭈물[逡巡, 준순] 방황(彷徨)하느냐" 하고 질책을 했습니다. 그러고 '자, 바알의 선지자들 다 모아라' 했고, 400명 이상의 바알 선지자들이 모여 있습니다. 그렇게 모아 놓고서 바알 선지자들보고 하는 말이 "바알의 선지자는 이렇게 많고 여호와의 선지자는 나 하나뿐이다. 이제 어떤 분이 참 신인가 우리가 여기서 결정을 짓자.

여기다가 단을 쌓고 제물을 놓고 거기다가 불을 놓지 말자. 너희 바알 선지자들은 너희 신을 불러서 그 신이 불로 응답을 해 가지고 제물을 받으면 그게 참 신이고, 나는 나대로 내 여호와를 불러서 그 여호와가 그걸 받으시면 그게 참 신일 것이다. 좌우간 불로써 응답해 주시는 신이 참 신일 것이다" 했던 것입니다.

중요한 쟁론점은 거기에서 바알도 대답하고 여호와도 대답한다는 것을 생각 안 한 점입니다. 둘 중의 하나이다. 또 둘 중의 하나는 반드시 대답한다는 것을 생각하고 얘기한 것입니다. 그런데 이와 같은 논리를 바알 선지자들도 다 승인했어요. 바알 선지자들은 '그래, 바알이 그럼 대답할 것이다. 저쪽 즉 엘리야의 신 여호와는 무효이다'라고 생각했을 듯해요. 물론 엘리야로서는 바알이 아무것도 아니고 여호와는 참 신이라고 확호하게 믿었던 까닭에 감연히 이런 논리 하에서 그런 제안을 했던 것입니다. '그러면 그렇게 해 보자.' 이렇게 해서 바알 선지자들을 모아 놓고 '너희들 수가 많으니까 먼저 너희 신을 불러 가지고 대답을 시켜라.' 그랬더니 그들이 처음에 기도하고 나중에 안 되니깐 막 그 앞에서 뛰고 놀고, 그래도 안 되니까 자기네 몸을 상하면서 칼에 다친 상처[創傷, 창상]를 가지고 '이 정성을 보시고 줍소서. 이 붉은 피를 보시고 대답을 하옵소서' 하였습니다. 아주 이교적인 것입니다.

바알이란 주인이란 말인데 가령 어떤 명확한 신이 없다고 할지라도 사람들은 맹자의 말대로 '지성이부동자 미지유야'(至誠而不動者未之有也)라 해서 지극히 정성을 다하면 하늘이 다 감응하시는 것이라고 생각합니다. 이렇게 자기의 지성(至誠)을 드리되 창으로 몸을 상해 가지고 피를 흘려 가지고 했습니다. 하나님은 물론 그 일에 대해서 감찰하고 계실 거고 바알 같은 것이 대답할 까닭은 없는 것이지요. 그렇게 야단을 내도 안 되니까 여러분 다 아시는 것같이 엘리야가 하늘에 조소를 했습니다. '더 크게 불러라. 지금 어디 있느냐? 잠을 자는가? 잠자면 가서 깨워야겠다. 혹은 잠깐 일 보러 나갔나?' 이렇게까지 얘기를 했습니다.

그렇게 해도 안 되니까 드디어 엘리야가 나섭니다. 저녁 소제를 드릴 때 즉 오후 세 시쯤, 이스라엘 백성에게 명하신 대로 하나님 앞에 소제(素祭)의 제사를 드리는 시간이 돼서 이제 더 이상은 무효로 끝내 버렸습니다. 그리고 돌을 취해서 단을 쌓고 거기다가 제물을 놓고 사람들을 시켜서 물을 갖다 붓고 또 부으라고 하였습니다. 그래 주위의 큰 해자(垓字)에 물이 가득하게 부어 놓았어요. 그리고 이스라엘 하나님 앞에 "이제는 제가 하나님의 종이라는 것을 증명해 주시옵소서. 하나님은 참 하나님이시요 이 백성으로 하여금 돌아오게 하시는 하나님이신 것을 여기서 나타내시고 대답하시옵소서" 하고 기도했습니다. 그 대답으로 하늘에서 불이 내려와 가지고 제물을 다 살라 버릴 뿐 아니라 주위 해자의 가득한 물까지 다 핥아서 깨끗이 없애 버렸습니다. 이런 것이 여기 나타난 기록입니다.

이런 것이 즉답입니다. 기도할 그때의 필요에 따라서 그 내용을 그대로 대답해 주신 것입니다. 이런 기도는 참 효과 있고 위대한 것입니다. 이러한 기도의 경우를 우리가 다 주의해서 조사를 해 보면 그것이 자기 개인의 욕망을 달성하려는 데 있는 게 아닌 것을 알 수 있습니다. 무엇보다도 하나님의 나라, 그 산업과 경륜을 드러내며 하나님의 거룩한 경륜(economy)이라는 것이 거기서 크게 증명되어 전진해야 할 역사적인 중요성이 있는 그 시기에 섰을 때 대답으로 이루어 주셨습니다. 종들이 그것을 각성하고 하나님 앞에 구하고 나갈 때 하나님께서 큰 능력으로 응답을 해 주신 것입니다.

이런 예가 열왕기상에 있지만 열왕기하 19장 15-19절을 보면 거기도 나옵니다. 히스기야 왕이 산헤립의 무서운 도전을 받고 나라가 망하든지 흥하든지 둘 중의 하나인 갈림길[岐路]에 섭니다. 아시리아의 큰 부대가 와서 예루살렘을 포위하고 사자를 보내서 힐난을 하니까 그 일에 대해서 하나님 앞에 간절히 구했습니다. 그때 하나님께서 즉시 들으시고 선지자 이사야를 시켜 가지고 거룩한 말씀을 내리신 다음에 18만 5천이란 아시리아의 대군을 그 밤에 도륙해 버리는 그런 장면이 나오는데, 이것도 즉답인 것입니다.

그리고 다윗으로부터 제 다섯 대 유다의 임금, 아사 왕이 구스 왕 세라의 백만 대군을 맞이한 일에서 발생한 사건에서도 나타납니다. 아사 왕이 열세를 가지고 대군을 맞이하면서 전장 앞에서 턱 바라보고 마레사 골짜기에 섭니다. 그리고 "다수와 소수 사이에서 판단하실 분은 하나님이십니다. 이제 우리가 하나님의 싸움을 싸우러 나가니 주여 붙들어 주옵시고 우리를 통해 이 전쟁에서 하나님의 영광을 나타내게 합소서" 하는 간곡한 기도를 하고 나갔을 때 굉장하게 도륙을 하게 만들었던 것입니다. 아사 왕의 이런 역사 기록은 역대하 14장에 있는 얘기인데, 이런 것이 다 직접 금방 대답해 주시는 경우입니다.

무책임한 기도와 기도에 대한 반성

직접 금방 대답해 주시는 경우에 대한 것을 우리가 좀 더 면밀하게 생각해 나가야 하겠지만 오늘 서론적으로 생각할 것은 그보다도 하나님께서 우리에게 대답을 해 주실 때에 대답을 바로 안 해 주시고 끌고 끌고 끌고 가시다가 대답하시는 경우가 많다는 사실입니다. 이렇게 끌고 가시다가 대답을 해 주시는데 그렇게 끌고 가시는 이유는 뭐냐? 직접 대답하실 때에는 그 사람의 기도한 내용과 하나님의 뜻이 완전히 병행했으니까 그렇게 된 것입니다. 그러나 끌고 가시다가 대답을 해 주시는 것을 보면 하나님께서 안 주시려는 것은 아니었다 말입니다. 그러면 왜 끌고 가시느냐? 그것은 기도하는 사람 측의 준비가 아직 미치지 못하기 때문입니다. 그렇게 미흡하고 그의 결핍이 있는 것을 보충하사 하나님께서 대답하시는 날에 그것이 낭비되지 않고 왜곡되지 아니하고 정상적으로 하나님께 영광을 돌릴 수 있도록 그의 자격과 능력을 보충하시는 의미가 제일 강한 것입니다.

그러면 기도하는 사람 측으로는 하나님께 구했어도 하나님께서 대답하지 아니하시면 그 까닭을 살펴야 할 것입니다. 그 사람이 전연 기도에 대해서 모르는 사람 같으면 처음부터 얘기가 안 되겠지요. 그러나 그저 무엇을 받으려는 욕심 가운데만 있는 저급한 사람의 경우에는 하나님이 왜 대답을 아니하시는지를 배워야 합니다. 그 사람의 소원이 하나님의 뜻에 어긋나지 않는다고 생각하고 하나님께서 원하시니까 그걸 하고자 하는데 왜 이렇게 끌고 가시는가? 하나님의 궁극적인 뜻은 알지만 하나님께서 나에게 지금 요구하시는 것, 내 결핍이 무엇인가를 반성해야 하는 것입니다. 이런 때 기도하는 사람은 우선 자기를 반성하는 것이에요. 지금 나는 하나님의 뜻으로 확신한 까닭에 이걸 구했다. 하지만 내 편에서 지금 내 인식 안에 어떤 부족이 있지 않은가! 지금 나의 덕성에 부족이 있지 않느냐? 내 인격적인 장성과 내 활동에서 그것을 능히 감당할 수 없는 자격미비가 있지 않느냐? 이런 것을 바르게 생각해야 하는 것입니다.

어떤 사람이든지 기도를 하고 무책임하게 집어 내던지는 것은 일이 아닙니다. 무책임한 기도의 예를 들면 심방을 하든지 찾아갔을 때 '이러이러한 기도를 해 주십시오' 하고 자꾸 해달라고 청을 계속해서 하면 다른 수가 없으니까 하게 됩니다. 특별히 교회에서 심방할 때 그런 문제가 많아요. 그렇게 해서 기도를 하지만 그 기도한 내용은 돌아가서 며칠 있다가 다 잊어버립니다. 남을 위해서 기도한다고 할 때 간절히 기도한다고 하지만 시간이 지나가면 간절히는 고사하고 기도한 내용조차 인식 않고 있는 일이 있다 말입니다. 그렇다면 무책임한 기도입니다. 하나님 앞에 그렇게 함부로 말을 해 놓고 나중에 가서, 만일 하나님이 주시려고 '네가 사흘 전에 나한테 무엇을 구했느뇨?' 하면, 무엇을 구했던가 암만 생각해 봐도 생각도 안 나는 예가 많다면 참 문제입니다. 이렇게 무책임하게 기도하는 것은 안 될 일입니다.

기도를 하고 하나님께서 안 주셔도 상관없고 주셔도 상관없고 그런다면 그것이 무슨 기도이겠습니까? 그런 일이 허다하다면 큰 문제입니다. 기도해 달라 하는 사람을 위해서 기도하고 또 무슨 아무데서 기도하라고 해서 기도하고 그걸로 끝이라면 큰 의미가 없는 것입니다. 흔히 이런 행습 가운데서 좋지 않은 종교적인 관습이 생긴 것 같은데 거기에 여러 가지로 그릇된 것이 많습니다. 기도를 소홀히 여기고 하나님 앞에 나아가서 무얼 덮어놓고 구하려고 하는 것을 주의해야 합니다. 자기의 종교적인 생활에서 남의 체면을 세우고 자기 위신을 세우는 도구로 삼는 소홀한 태도가 있어서는 안 됩니다.

민족적인 면에서 어쩌면 중요하고 또 역사적인 의미가 있는 행동조차도 기도의 본질에 이르지 아니했을 때 주님께서 엄하게 타매하셨습니다. 마태복음 6장 5절에 "또 너희는 외식하는 자들과 같이 기도할 때에 회당이나 거리 어귀에 서서 그렇게 기도하는 것을 사람에게 보이려고 기도하지 마라. 저들은 제 상을 이미 받았느니라." 오늘날 우리가 얼른 생각할 때 그게 무슨 이상한 짓이냐 하겠지만 실상은 그런 얘기가 아닙니다. 그 배경에 중요한 역사적 연결 관계가 다 있어서 정당성을 주장할 이유가 충분하다 말입니다. 그럴지라도 그것도 안 된다 하였습니다. 왜냐하면 기도라는 것은 그렇게 비본질적인 어떤 것도 집어넣으면 안 되는 것이기 때문입니다.

다른 사람을 위해서 하는 기도가 아니더라도 무책임한 기도가 되어선 안 됩니다. 누구를 위해서 기도할지라도 기도해 놓고 반성이 없는 것은 문제입니다. 내가 이 일에 대해서 하나님의 뜻이라고 하는 확신 가운데 기도를 했다고 하여도, 거기에 대한 내 인식에 지금 문제가 있지 않은지를 깊이 생각하고 평가를 해야 합니다. 지금 현재의 생활과 내가 갖고 있는 인격적인 능력이 그걸 주셨을 때 그 일을 주도하며 감당할 수 있겠는가? 그 일을 통해서 하나님의 영광스러운 나라를 건설할 수 있겠는가? 자기에 대한 이런 평가를 해야 하는 것입니다. 그런 것 없이 덮어놓고 그냥 그게 하나님의 뜻이요 좋은 일이니까 기도한다는 것은 하나님께 우리가 해야 할 것을 크게 소홀히 하는 일이 됩니다.

지극히 높으신 하나님과 거룩한 교통을 하는 일은 아주 신중히 해야 합니다. 기도는 고귀한 것으로서 신중해야 하는데 그렇게 큰 은혜의 사실을 소홀하게 대할 수 없습니다. 혹여 현실상의 생활 가운데에서 다른 사람에게 종교적인 영향을 미치기 위해 기도를 이용한다면 그것이 위선(hypocrisy), 외식이 됩니다. 옛날 바리새인들에게 그리스도께서 특별히 그것을 지적한 것입니다. 기도를 너희 자신의 덕으로, 종교적인 덕으로 알고 있다! 기도가 어디 그런 한 개의 덕목이냐, 덕의(德義)냐? 기도는 종교적인 덕의가 아니지만 그러나 덕의화 한다 말입니다. 가령 기도생활 한다고 할 때에는 결국 그만큼 덕이 있다는 뜻이 된다고 여기지만 그런 거 아니다 그것입니다. 성경이 그렇게 안 가르치는데도 불구하고 사람들이 제멋대로 그렇게 만듭니다. 이런 것들에 대해서 우리는 참으로 주의해야 할 것입니다.

만일 우리가 무엇을 기도하고 그렇게 기도한 일에 대해서 '하나님 앞에 내가 이 말을 한 것이 송구한 생각이 든다'고 한다면 어떻습니까? 그 말을 할 만한 마음의 자세, 자격이 있었는가를 반성해야 할까요? 그렇지 않으면 '아 내가 예수님 공로로 기도했으면 그만이지 예수님 공로로 가부간 들어 주시는 거 아닌가'라고 생각해야 합니까? 여러분, 예수님 공로로 기도하면 다 반드시 이루어지는 것이 아닌 줄 잘 아실 것입니다. 왜 그런가요? 자기가 예수님 공로를 유용할 때는 결국 자기 자신이 최종적으로 책임 있는 위치에 서 있어야 하는 것입니다. 자기의 그릇이 있어서 그 그릇 안에서 예수님의 공로로 위에서 주시는 은혜를 발휘할 수 있는 것입니다. 그런 위상(位相)이 없으면 못하는 것이에요. 그러니 그릇을 준비 않고 큰 것만 자꾸 구했더라도 주시는 것이 아닙니다. 우리는 항상 기도에 대해서 깊이 반성을 해야 하는 것입니다.

무엇보다도 기도는 우리가 날마다 하는 일인 까닭에 오늘 이 시간에 마음에 깊이 새기고 가야 할 것은 기도는 책임 있는 일이라는 사실입니다. 무엇이고 내가 하나님 앞에 말씀을 드렸으면 책임을 지는 것입니다. 이 세상에서 국가의 가장 높은 사람을 만나서 내가 무엇을 청하고 이야기한다고 할지라도 꼭 해야 할 말을 준비했다가 하고, 그 결과에 대해서 기대를 하고 있어야 합니다. 그 사람이 권세 있는 위치, 능력 있는 위치에 있으면 해 줄 수도 있고 안 해 줄 수도 있을 것입니다. 그러면 그이가 어떻게 해 주겠는가에 기대를 하고 있는 것입니다. 하물며 하나님 앞에 나가서 구하면서 그렇게 무책임하게 기도를 한다는 것은 안 될 일입니다.

혹시 그렇게 한다면 그런 것은 하나님 앞에 기도를 하려는 게 아니고 기도라는 종교의 형태를 자기가 취해서 현실상 어떤 도움,

종교적인 비익(裨益)을 거두려는 태도에 불과한 것입니다. 이런 것을 우리 주님은 강렬하게 타매하신 것입니다. 그런 걸 우리가 주의해서 책임 있는 기도를 하는 사람이 되어야 합니다. 기도를 하면서 늘 자기 기도의 내용에 대해서 깊이 생각하고 그다음에 하나님이 물으시면 '주님, 제가 이걸 이렇게 원했는데 어떻사옵니까?' 하고 여쭈어야 할 것입니다. 그러니까 기도를 한목에 여러 가지 종류를 늘어놓고 하기가 어려운 것입니다. 자기가 책임을 질 수 있는 범위 안에서 해야 합니다.

기도

거룩하신 아버님, 주께서 저희에게 여러 가지 은혜를 베풀어 주셨고 그 은혜 가운데 그것이 반전해서 은혜의 방도로서 쓰이옵는데, 기도는 참 귀한 은혜의 방도로 그것을 저희에게 쓰게 하셨나이다. 그러나 그건 아버님 앞에 나가서 말씀드리는 것이고 아버님께서 들으시는 것이, 아버님께서 그렇게 품하는 말씀을 들어 주시는 것이 권위 있는 일이므로 심히 신중하게 또 고귀하게 대단히 중요한 일로 생각해야 할 것입니다. 그럼에도 불구하고 오늘날 배교한 세계 교회의 현실은 그것을 종교의 행동으로 사람의 종교적 덕의로 생각하는 그릇된 경향과 사조, 그리고 그것으로 인하여 차라리 현실에서 그것을 이용한 종교적인 효과를 노리는 많은 잘못이 있는 것을 보게 됩니다. 그런 데서 저희도 부지불식간에 물들어 가지고서 저희의 기도가 책임을 지지 못하고 함부로 나아가는 일이 종종 있고, 또 많이 있을 때 주께서 불쌍히 보시고 다 용서하여 주시옵소서. 저희들로 하여금 참으로 기도하는 일에 대하여 책임 있게 생각하고 황송스럽게 생각하고 아버님 앞에 진실히, 깊이, 늘 기도하고 의지하고 살게 하옵소서.

우리 주 예수님 이름으로 기도하옵나이다. 아멘.

1978년 1월 8일

7강

합리적인
기도

하나님의 뜻과
나의 지혜 부족

야고보서 1:5-8

5 너희 중에 누구든지 지혜가 부족하거든 모든 사람에게 후히 주시고 꾸짖지 아니하시는 하나님께 구하라 그리하면 주시리라 6 오직 믿음으로 구하고 조금도 의심하지 말라 의심하는 자는 마치 바람에 밀려 요동하는 바다 물결 같으니 7 이런 사람은 무엇이든지 주께 얻기를 생각하지 말라 8 두 마음을 품어 모든 일에 정함이 없는 자로다.

합리적인 기도

하나님의 뜻과 나의 지혜 부족

종교인과 신앙인

계속해서 기도에 대하여 하나님의 말씀 한 가지를 생각하겠습니다. 오늘은 우리가 익히 잘 알고 있는 야고보서 1장 5-8절을 읽었는데 여기서 우리가 보는 것은 "누구든지 지혜가 부족하면 모든 사람에게 후히 주시고 꾸짖지 아니하시는 하나님께 구하라 그러면 주시리라"(5절) 하시는 말씀입니다. 우리들 자신이 이 세상에서 주의 것으로 그리스도를 믿고 살아가는 생활을 할 때 제일 중요한 문제는 하나님께서 우리에게 하도록 하시는 거룩한 생활과 일을 바로 알고 행하는 것입니다. 그것은 그냥 정통 교회에 가입되어 살고 있으면 그냥 저절로 이루어지는 것이 아닙니다. 교회 다니며 기도만 한다고 저절로 되는 일이 아닙니다.

하나님께서 우리에게 영혼의 기능을 특별히 주셔서 무엇을 생각하게 하시고 또 무엇을 뜻하게 하시고 무엇을 깨달아 알게 하셨습니다. 그런 여러 기능들이 우리에게 있는 까닭에 거기에 의해서 하나님께서 우리에게 계시하시고 보여 주시는 거룩한 뜻을 생각하고 또한 그것을 바로 알고자 해야 하는 것입니다. 그렇게 분변(分辨)하고자 할 때 하나님의 성령의 조명과 인도와 지시가 필요합니다. 성령님의 가르치심으로 인해 깨달으면 바르게 해나갈 마음의 소원을 가지고 성경이 가르친 대로 성령님을 의지해서 하나님의 뜻을 행하는 것인데, 그것이 소위 의지하고 살아가는 것입니다.

하나님께서 거룩하신 뜻을 우리를 통해서 이루실 때 우리의 주위에서도 당신의 뜻대로 이루어 나가십니다. 그렇게 우리가 하나님의 뜻을 행하고 살아가는 생활을 하고 하나님께서 원하시는 거룩한 뜻을 행하는 생활을 하면 그 상태 속에 있는 이들은 또한 거룩한 교회로서의 생활을 하게 됩니다. 그러면 필연적으로 그 교회가 또한 하나님의 거룩한 뜻을 이루고 영광을 나타내게 되는 것입니다. 사람들이 확신이 없이 자기의 뜻대로 살아가는데 교회만 저절로 하나님의 뜻을 행해 나간다든지 신성하게 된다든지 하는 수는 없습니다. 교회가 거룩하다는 말은 그 교회를 구성하고 있는 영혼들의 인격적인 생활 하나하나가 하나님 앞에 거룩함으로써 교회가 거룩한 것입니다.

우리들이 하나님의 뜻을 생각하고 그것을 깨달은 대로 하나님의 성령을 의지해서 행하여서 나아간다 하는 것이 예수를 믿는 사람의 아주 당연한 생활 상태요 마땅히 그렇게 해야 할 것입니다. 그런데 이런 당연한 상태에 이르지 못하고 병적인 상태, 혹은 사이비적인 상태, 그렇지 않으면 예수 믿는 사람의 생활 상태에서 멀리 떠난 생활을 하는 일도 흔합니다. 보통 이 세상의 안 믿는 사람의 상태와 같은 생활을 하는 일이 많습니다. 왜 그러냐 하면 기독교를 받을 때 하나의 종교로서 받고 그것으로써 충분히 기독교를 잘 믿은 사람이라고 생각하는 오해가 많은 까닭입니다. 종교적인 여러 가지 특색을 내가 구비하면 된다고 알고 그렇게 하는 것이지요. 보통 입으로는 하나님의 뜻, 하나님의 뜻 하면서 잘도 말하지만 하나님의 뜻에 대해서 실지로 알지도 못하고 어떻게 아는지도 모르는 경우가 있다는 것입니다. 그것도 모르고 있다면 백년하청(百年河淸)으로, 백년을 그렇게 살아도 결국은 믿음을 기독교라는 하나의 종교의 내용으로 파악하고 사는 수밖에는 없을 것입니다.

하나의 종교의 내용이라 할 때에 이 말은 무슨 의미이냐? 사람들은 보통 어떤 종교를 취할 수 있는 종교적 경향들을 다 가지고 있습니다. 자기 자신이 불안한 인생이라는 것을 느끼고 또 제한이 많은 인생인 것을 느끼는 것이지요. 특별히 이 세상에 살면서 장래 일을 도무지 모른다는 사실을 생각하게 되고 궁극적으로는 피안(彼岸), 이 세상 말고 죽은 다음에는 어떻게 되는가를 두고 고심합니다. 죽은 다음에는 무엇이 있는가, 죽은 다음에는 어떤 곳으로 가게 되는가에 대해서 사람들은 생각을 합니다. 이 세상에 살 때도 자기 힘에 겨운 일과 도저히 예측 못하는 사태를 만납니다. 여러 가지 재화(災禍), 어려움, 두려움, 이런 것들 앞에서 자연히 사람은 자기 이상의 큰 능력을 바라고 찾아나가는 종교적 요구를 가지게 된다 말입니다.

이렇게 사람은 자신의 종교적 요구에 대해서 여러 가지로 스스로 대답을 내린 종교에 몸을 담습니다. 불교라든지 무함마드라든지 힌두교라든지 하는 종교에 귀의(歸依)해서 거기서 가르치는 도리에 의해서 현재 자기로서 알지 못하는 여러 가지 수수께끼나 괴로움이나 문제 등에 대해서 어떤 해답을 보고 마음의 위로를 얻고자 합니다. 자기의 정신적인 안정을 찾고 거기서 더 나아가서 만족할 수 있는 길이 있으면 만족을 얻어 보고자 합니다. 또 더 할 수 있으면 물질적으로도 안정되고 신체상으로도 안정을 얻어야 하겠다는 마음의 요구가 흐르는 것이지요. 그러니 자연적으로 그런 것을 공급하고 주겠다고 약속하는 어떤 종교를 향하여 가는 것입니다.

몸에 중요한 병이 들어 가지고 의사들이 다 고칠 수 없다고 하면 살려는 간절한 생의 욕망 때문에 무슨 다른 수가 없을까 하고 생각하게 되는 것입니다. 그럴 때 '어떤 종교가 병을 잘 나숩니다' 한다면 그 병을 고친다고 하는 사람한테 쫓아가지요. 그 사람이 어떤 방식으로 고치든지 병만 나았으면 좋겠다 생각하고 갑니다. 여러 가지 괴상한 방법을 쓰는 사람도 있고 괴상한 신에 의존하는 사람도 있습니다. 그렇지 아니하면 기독교가 많이 전파되고 있는 서양 사회에서는 기독교적인 신성한 하나님의 이름도 부르고 예수의 이름도 부르기는 합니다. 그러나 하나님께서 우리에게 계시하신 바른 하나님과 예수에 대한 개념을 주는 게 아니에요. 자기네가 괴상하게 만들어 내서 병을 고친다든지 이적을 행한다든지 하는 것으로 종교적인 요구를 채웁니다. 사람이 인간의 무력을 느낀다든지 그렇지 않으면 자기의 어떤 절실한 필요를 갈구해서 채우려고 오는 사람에게 필요한 대답을 해나가는 것입니다. 그런 까닭에 미국 사회에서도 괴상한 여러 가지 유사 종교나 이상한 컬트(cult)라는 것이 유행합니다. 크리스천 사이언스 같은 것이 주로 병 고치는 데다 주력하는 신흥 단체인데, 다 이름은 크리스천입니다. 다 신의 이름을 가지고 있고 예수의 이름을 내세웁니다. 그러나 그렇게 하나님의 이름과 예수 이름을 가지고 하면 다르냐? 그런 거 아닙니다. 사람은 이렇게 종교적인 어떤 도움[裨益], 즉 복리(福利)를 받기 원하고 나오는 데서 종교의 열정이 생깁니다. 그래서 간절한 종교 생활을 수호해 나가고 종교의 규칙을 잘 지키고 나가는 생활 태도를 보입니다.

어떤 종교든지 그렇지만 기독교로 사람이 들어왔을 때도 내가 기독교에 들어온 이상에는 기독교적인 특색을 좀 나타내야겠다고 하는 것입니다. 소위 다른 종교에서 볼 수 없는 특색 있는 것들을 하려고 하는 것이지요. 찬송을 하는 것, 기도를 하는 것, 또 성경을 읽는 것, 그다음에는 거기에서 가르친 도덕적인 어떤 교훈을 자꾸 지켜 나가는 것들이 다 종교적인 요구와 열정에 의해서 하는 일입니다. 기독교에 입문해 가지고 다 해나가는 일들입니다.

이와 같은 사실이 있는 반면에 하나님께서 그를 불쌍히 여기시사 구원하심으로 각성이 되는 사람이 또 있습니다. 교회에 와서 눈이 떠져서 성경 말씀에 있는 도리가 진리인 것을 깨닫고 거기서 가르치는 거룩한 도리에 의해서 바르게 살겠다고 나오는 마음의 소원이 있다는 것입니다. 그러면 어쩌든지 하나님의 뜻을 바로 알아서 그 뜻대로 살려고 합니다. 하나님의 뜻대로 살고자 할 때 자기 힘으로 살 수 없는 것을 또한 깨달아서 성령님께 의지하고 그의 인도하심을 늘 받고자 합니다. 성령의 가르치심을 받고 살아야겠다는 이들이 있는 것입니다. 모든 은혜는 성령님께서 우리에게 또한 적용해 주시는 것임을 깨닫고 나와서 그렇게 살려고 하는 사람들이 또한 있습니다.

종교적인 요구에 따라 기독교의 열정을 가지고 종교적인 여러 특색 있는 행동을 하는 사람이 있는 반면, 그것보다는 자기 마음 가운데에 하나님께서 나를 이 세상에 내신 본래의 뜻도 알고, 죄인이었던 것도 알고, 죄를 속해 주시는 것도 아는 사람이 있어서 양쪽의 사람으로 나뉘는 것입니다. 죄와 죄 문제의 해결이 소중했던 쪽의 사람은 그렇게 속죄함을 받은 자로서 자기를 구원하신 목적에 합당하게 살아야겠다고 하는 마음의 간절한 소원을 가지고 나가는 것입니다. 하나는 종교적인 요구에 의해서 기독교에 들어와서 기독교를 지지하고 나가는 사람이고, 다른 하나는 하나님이 그를 불쌍히 여기시고 구원하셔서 새로운 생명을 주셨으므로 그 새로운 생명의 작용이 자연스럽게 그리스도에 속한 사람 노릇을 하려고 하는 경향과 활동을 자꾸 만들어 내는 것입니다.

새로운 생명이 정당히 장성하는 생활

그런데 이런 것을 자세히 관찰해서 볼 때 거기에 비슷비슷한 것들이 더러 있는 까닭에 사람은 혼동하기 쉽습니다. 인간의 공리적인 종교욕에 의해서 기독교를 찾아 들어오는 사람도 결국 하나님의 뜻을 말하고 또 하나님의 뜻대로 잘 행하고 나가겠다고 합니다. 아까 얘기한 것과 같이 종교적인 사람도 성경을 보고 성경이 가르친 여러 가지 도덕적인 교훈을 좇아 살아야겠다고 애를 쓰는 것입니다. 어떤 방면을 중시했든지 간에 가령 그 사람이 자기 몸의 질병을 고치려고 그 방면을 중시하고 나가는 사람도 있고, 여타 자기 인생의 여러 문제에 대한 해결을 위해서 그 방면을 중요시 하고 나가는 사람도 있습니다. 고귀한 이상과 철학과 사상의 내용 가운데 들어가야겠다고 그 방면에 주력하고 나가는 사람도 있는 것입니다.

예를 들 것 같으면 톨스토이 같은 위대한 문학자는 주로 기독교가 가르친 고매한 사상에 깊은 공감을 가지고 적극적으로 그것을 알아보고 그것을 펼쳐 나가는 위대한 도덕적인, 인도주의적인 정신을 발휘하고 살아간 사람입니다. 그가 그리스도의 이름으로 성경에 있는 여러 가지 말씀을 인용해서 여러 모로 전파하고 가르쳤다 할지라도 우리가 분명히 아는 건 그 사람이 신자는 아니라는 점입니다. 다른 말로 말하면 아까 말한 것과 같이 참으로 하나님께서 그를 구원해서 구원에 의해서 나아가는 생활의 자취는 없다는 거지요. 또한 잘 알고 있는 앨버트 슈바이처 같은 사람도 분명히 성자로 사람들이 모셔 앉혔는데, 상당히 기독교적인 향취가 있는 말을 하고 기독교적인 사상을 이야기하고 나가더라도 그가 기독교인이 아니라고 단언할 수밖에 없는 명확한 사실들이 거기에 있습니다. 그러나 넓게 말할 때에는 기독교 사회에서 발생한 기독교적인 성자라 하는 말도 회자되는 것입니다.

이렇게 어떤 사람은 물질적이거나 육체적인 욕구, 즉 병이 났다든지 생활이 괴롭다든지 하는 데서만 출발하는 것은 아닙니다. 그런 건 가장 미미하고 비천한 한 케이스가 되겠지만 가장 고귀한 정신과 요구에서 출발하는 사람들도 있습니다. 그러나 다 같이 그것이 기독 종교에 불과하다는 사실은 명확합니다. 그런 사람들이 다 기독교를 말하고 그리스도를 말할지라도 진정으로 하나님께서 구원하신 사람은 하나님께서 구원하신 사람답게 기본적으로 확호하게 믿고 살아 나가는 것이 있는 것입니다. 그것이 있는 것과 없는 것이 갈림길이 되는 것이지요. 가령 톨스토이나 슈바이처 예를 들었지만 그들이 왜 기독교인이 아니냐? 진정으로 하나님께서 구원하신 사람이 기본적으로 견지하고 나아가는 것이 그 사람들에게 없다는 것입니다. 기본적으로 견지하는 사실은 뭐냐? 성경의 말을 술어(術語)를 쓰면 그게 복음인데, 복음이란 뭐냐 할 때 예수 그리스도의 속죄와 새로운 생명을 주시는 사실과 부활이라는 사실을 확호히 믿을 뿐 아니라 그로 인하여 자기가 속죄함을 받았다는 것과 새로운 생명이 자기에게 있다는 것입니다. 그러므로 이제부터는 자기의 뜻대로 살지 않고 새로운 생명이 정당하게 장성하는 생활을 해야겠다고 나서는 것입니다. 새로운 생명이 정당하게 장성하는 생활은 뭐냐? 하나님의 뜻을 알고 깨닫고 그 뜻대로 주를 의지해서 살아가는 생활을 하는 것입니다.

이것이 복음을 믿는 사람 자신에게 기본적으로 있어야 합니다. 형식상 어떤 교회에 속했다든지 안 했다든지 하는 건 그때 중요한 문제가 아닙니다. 왜냐하면 새로운 생명을 안다는 것은 그리스도와 신비한 일체를 이루는 까닭에 필연적으로 보편의 교회 안에 속하는 것이에요. 그걸 각성했을 때 자기는 자기 개인이 아니고 그리스도의 지체로서 다른 지체와 연결되어 가지고 신령한 몸을 이루어 나가는 자라는 인간관, 새로운 교회관으로 변해 갑니다. 물론 이런 거룩한 교회관과 새로운 인간관을 가지게 되는 것은 대단히 좋은 일이고 바람직한 일이나 처음부터 꼭 그렇게 시작하는 건 아닙니다. 아닐지라도 그건 상관없어요. 얼마 있으면 깨닫게 되는 것입니다.

그런 점으로 봐서 신자는 예수 그리스도의 속죄와 속죄를 위해 십자가에 돌아가신 것, 부활하신 사실, 나에게 주신 영원한 생명의 사실 같은 가장 기본적인 복음의 첫째 대강령들을 확실히 믿습니다. 그리고 그 터 위에서 하나님의 뜻을 찾아서 그 뜻을 따라서 살겠다는 정신 하에서 움직여야 합니다. 그런데 위대한 성자라고 하는 톨스토이나 슈바이처 같은 사람에게는 첫째 예수 그리스도가 하나님의 아들로서 성육신하사 십자가에 달려 돌아가신 사실과 그것이 주는 속죄와 또 죄로부터 해방된 은혜의 사실들에 대해서 한 번도 고백한 일이 없습니다. 그러나 그리스도의 위대한 박애 정신과 높은 사상을 찬양하고 그를 본받아서 뒤따라가는 자로서 자기의 자세를 취하고 나아갑니다.

그런 까닭에 그가 말씀하신 것들에서 하나님 나라의 의미를 깨닫지 못합니다. 다만 땅 위에서 어떻게 하는 것이 가장 고귀한 도덕적인 생활이요 훌륭한 정신적인 생활인지를 파악해서 그대로 실천을 해 나갑니다. 가령 톨스토이가 산상보훈을 파악할 때의 정신, 그것을 그대로 땅 위에서 실시하고 준행하고 나아가겠다고 할지라도 그것이 가지고 있는 하나님 나라의 성격과 차원의 문제, 그 위치의 문제에 대해서는 생각을 않는 것입니다. 그 사람들이 하나님의 나라를 말할 때에는 그리스도께서 이미 이루시고 우리를 그리로 옮겨 놓으신 거룩한 그 나라의 사실보다는 인도적인 고귀한 정신을 발휘해서 형성될 인간적인 사회를 얘기한다 말입니다. 결국 인간들이 만들어 내는 사회를 가리켜요. 즉 하나님께서 이미 조성하신 거룩한 실체가 우리의 교회 생활과 연결된 생활에서 구현해 나가는 현실을 가리키는 것은 아닙니다.

하나님의 뜻을 아는 바른 태도

이제 야고보서에서 말한 "누구든지 지혜가 부족하거든 모든 사람에게 후히 주시고 꾸짖지 아니하시는 하나님께 구하라. 그러면 주시리라" 하는 말씀을 우리가 깨달으려고 할 때 무엇보다도 중요한 것은 우리들 자신이 하나님이 주시는 바른 지식과 바른 관찰을 늘 가지고 살아야 할 것을 먼저 깨닫느냐 하는 문제입니다. 왜냐하면 첫째의 조건이 거기에 있어요. "누구든지 지혜가 부족하거든" 부족을 느끼는 것이오. 자기에게 있는 지혜가 유효하다고 느끼지 않고 결국 어떤 일에 대해서 바로 판단하고 바로 이뤄 나갈 때에 필요한 지식이 내게는 결핍되어 있다는 것입니다. 여기 말하는 지혜라는 것은 한 인격 예수 그리스도를 의미하는 것보다는 성경의 잠언에서 주로 쓰는 지혜라는 말, 호크마(חָכְמָה) 혹은 헬라말로 소피아(σοφία)라는 말로 썼는데, 그것은 일종의 지식이지만 어떤 목표가 있어서 그 목표에 도달할 때에 가장 유효하게 실용될 현실적인 지식을 뜻합니다. 그냥 단순히 이론이나 장황하고 심오한 논(論)이 아니에요. 어떤 목표에 도달하려면 어떻게 하면 도달하겠다는 방법론에 관한 구체적인 판단과 지식이 있어야 합니다. 이러한 지식과 판단 그걸 가르쳐서 지혜라는 말로 히브리 사람들이 표현한 것입니다.

그리고 지혜가 인격을 표시할 때에는 그리스도를 나타냈습니다. "예수 그리스도는 하나님의 권능이요 하나님의 지혜니라"(고전 1:24) 이렇게 말했지만, "너희 중에 지혜가 부족하거든" 할 때는 '너희 중에 예수 그리스도가 부족하거든' 하는 그런 의미로 취할 게 아닙니다. 너희들 자신이 영혼의 기능을 발휘하고자 할 때 필요한 지식의 결핍이 있을 것 같으면 하나님께 구해라! 예컨대 어떤 목적이 있어서 그 목적에 도달하려면 거기에 도달하기에 필요한 방법에 대한 지식이 꼭 있어야 할 겁니다. 방법을 알고 있어야 할 텐데 그게 없다면 그걸 다른 데서 구하려고 하지 말고 모든 사람에게 후히 주시고 꾸짖지 아니하시는 하나님께 구하라고 얘기한 것입니다.

첫째는 그의 지혜의 부족이라는 점이 여기서 중요히 드러납니다. 내게 적절한 지혜가 없다고 생각한 결과 '아! 여기 성경에 이런 말이 나오니까 그러면 하나님께 그걸 구해 보자' 하고서 하나님께 구하다가 잘 안 된다든지 하면 어떻게 합니까? 흔히 다른 지혜 있는 사람 유력한 사람한테 묻겠다, 혹은 책을 보고 알겠다, 내가 곰곰이 생각해서 최선의 길이라고 생각하는 걸 하겠다, 아마 여러 가지일 것입니다. 그러나 그렇게 하더라도 그것이 아주 썩 적절한 방법이 못 되면 좀 더 좋은 방법이 없을까를 찾겠지요. 그러나 성경은 그렇게 뒤에다 '마지막 수단(resort)'을 한 자락 두고 구하는 것은 안 된다는 것입니다. 여기 지혜의 부족이란 말은 자기 자신이 좀 미흡하니까 조금 더 나은 것이 어디 있을지 구해 보자는 식으로 얘기하는 것이 아닙니다. 거기 보면 이것을 주실 때 "오직 믿음으로 구하고 의심하지 말라" 하고, '확실히 믿고 꼭 주신다고 의지하고 구해야 할 것'을 말씀했습니다. 그런 믿음은 만일 구하다가 안 되면 다른 데로 피하겠다는 도피할 장소를 만들어 놓은 사람에게는 안 생기는 것입니다. 내가 열심히 구해 봐도 하나님께서는 대답을 아니하실 수도 있는데 아니하신다면 그때는 할 수 없이 차선이라고 생각하는 것을 가지고 하겠다! 요컨대 최선을 구해 보다가 안 되면 차선을 행하겠다는 이런 생각은 부정당합니다. 이런 생각을 가지고 하나님이 주시는 지혜를 바르게 가질 수 없는 것입니다.

다시 본문으로 돌아가지요. 흔히 사람이 어떤 때 하나님의 뜻을 왜 구하느냐? 자기가 어떻게 할지 모르고 자기가 한다고 하더라도 그것이 가장 선하게 되는지 알지 못하니까 구합니다. 이런 때에는 하나님께서 좋은 방법을 일러주셔서 그 방법대로 하면 제일 좋을 것이다 해서, 말하자면 유리하다는 공리적인 동기에서 출발하는 수가 많이 있습니다. 자기에게 유익하고 좀 더 나은 것을 찾을 때는 항상 공리적인 동기에서 시작을 합니다. 여기서 그러면 그렇게 구해 가지고 얻는 것인가? 그렇게 구해 가지고 얻는 것이 아니라 말입니다. 여기 이 경우에는 하나님의 거룩하신 뜻을 구할 때 내가 알지 못하니까 하나님이 뜻을 일러 주셔서 그걸 알아 가지고 하면 아마 제일 유리할 것이라 생각해서 하겠지요. 하지만 그다음에 자기가 그런 것을 할 만한 다른 지혜가 있다 할 것 같으면 그때는 다른 지혜에 따라서 그대로 하겠다고 할 겁니다. 요컨대 어떤 때 생각이 궁하면 하나님의 뜻을 찾고, 또 어떤 때 자기가 어떻게 하는 것이 가장 유리한가를 모를 때에는 하나님의 뜻을 찾습니다. 그러나 자기의 눈에 이렇게 하면 가장 유리한 것이 뻔할 것 같으면 구태여 하나님의 뜻까지 찾을 것이 없다고 여깁니다. 하나님께 지혜를 구할 것이 없는 거지요. 이것은 이미 나에게 타고난 지혜니까 이미 받은 그 지혜로 자기가 가장 적당하게 일을 치러 가겠다고 할 텐데, 그렇다고 하면 그것은 하나님의 뜻을 아는 바른 태도가 아니라 말입니다.

하나님께서 어떤 사람에게 하나님의 뜻을 보여 주실 때에는 그 사람의 상태에 따라서 꼭 필요한 것을 보여 주시는 것입니다. 그 사람이 일생 전체를 하나님 앞에 드려서 살고자 하는 마음의 요구와 그렇게 하는 것이 정당한 생활이라는 깨달음이 없을 때에는 그 사람에게 그것을 깨닫게 하시는 일이 무엇보다 중요한 일입니다. '너는 네 일생의 상당한 부분은 네가 쓰고 어떤 부분만은 남겨서 내 뜻을 적용해서 쓰려고 그러느냐? 그러면 그렇게라도 해라' 하시지 않는다 말입니다. 하나님이 그 사람을 두고 아쉬우나마 부분적인 뜻이라도 가르쳐 가면서 당신의 뜻을 행하시려고 할 이유가 없는 것입니다. 하나님께서 당신의 뜻을 행할 사람이 없고 행할 만한 인격자가 없어서 당신의 뜻을 우리보고 행하라고 하시는 것이 아닙니다. 요컨대 하나님께서 당신의 뜻을 우리에게 행하게 하시려는 건 그로 인한 어떤 결과로 인하여 하나님 나라의 경영에 유리하게 만드시려고 하는 게 아니라 말입니다. 이런 것을 우리가 항상 주의해야 합니다.

물론 사람은 다른 사람을 쓰던지 할 때 궁극적으로 자기의 계획에서 무엇이 유리하게 되기를 바라고 합니다. 플러스되기를 바라지요. 하지만 하나님은 당신 자신이 완전하시고 만족하신 분인 까닭에 아무것도 그에게 보태서 더 플러스 해드릴 것이 없습니다. 하나님이 순식간에 삽시간에라도 우리보다도 말을 훨씬 더 잘 듣고 훨씬 더 유능하고 훨씬 더 하나님의 뜻을 잘 행할 인격적인 존재를 만들어 내지 못하시겠습니까? 우리를 단박에 싹 쓸어버릴 능력이 없어서 우리를 두어 두시는 것이 아닌 걸 알아야 할 것입니다. 우리 자신이 사실 하나님 앞에 과연 무엇이냐? 거추장스럽고 하나님 나라에 두어둘 데가 없이 누추한 것이에요. 아주 화려한 장식의 궁전, 모두 대리석으로 찬란하게 꾸며 놓은 곳에 남루한 누더기 옷을 입고 들어가 서 있을 수가 없다는 것을 생각해야 합니다. 이사야서는 우리에게 가르치기를 우리의 의가 더러운 옷과 같다고 가르쳤습니다(사 64:6). 그 더러운 남루(襤褸)와 같은 의를 가졌다는 우리가 약간 잘하는 것을 가지고 하나님의 거룩한 궁전에서 용납할 데가 있다고 생각해야 합니까? 하나님이 우리를 받으시기를 간절히 고대해서 드리기만 하면 오냐 하고 얼른 받아들이는 식으로 생각하지 말라는 것입니다.

하나님께는 아무것도 부족할 것이 없습니다. 구약의 시인들이 얘기한 것과 같이 천산에 있는 모든 짐승이 내 것이고 모든 피조물들이 다 내 것이라 하였습니다(시 50:10). 우리가 무엇을 내서 하나님께 더 보태 드릴 것이 있느냐 말입니다. 그러니까 먼저 생각해야 할 것이 있습니다. 우리가 어떤 일을 행하기를 하나님이 원하신다고 할 때 하나님의 뜻을 행하는 것이 너무나 부족하고 적으니까 하기를 자꾸 바라신다고 생각할 것이 아닙니다. 요컨대 어떤 차원에서 사는지 못 사는지의 문제를 살펴야 합니다. 어떤 차원이나 어떤 세계에서 살라는 것이지요. 사랑하시는 아드님의 나라로 옮기신 후에 그 나라에 살고 있는 사람다운 생활을 하도록 우리 주 예수께서는 비유로 그것을 가르치셨습니다. 포도나무와 가지의 연결 관계의 생활을 하라는 것입니다. 포도나무와 가지의 관계에서야 비로소 열매를 맺는다 하셨습니다. 모든 믿는 사람은 예수 그리스도 안에서 다 포도나무의 가지같이 그리스도에 붙어 있었다는 그런 의미가 아닙니다. 거기의 포도나무 비유는 생명으로 서로 연결되었다는 것을 의미하기보다 그 진액을 받아 예수 그리스도의 뜻을 행해서 열매를 맺는 구체적인 관계, 훨씬 고도의 관계를 가르치는 것입니다. 그러니까 거기서 찍어 불에 던지는 일도 있다는 것을 가르친 것입니다. 그러므로 그것은 영원한 멸망을 받을 것이라는 그런 의미가 아닌 것입니다.

여기서 우리가 주의해야 할 것은 하나님께서 우리에게 요구하시는 것은 우리의 전체가 하나님의 뜻대로 사는 생활의 차원과 세계에서 지내는 것을 원하신다는 사실입니다. 우리가 일시적으로만 그러다가 나머지는 자기의 뜻과 생각대로 혹은 자기의 정욕대로 한다면 어떻습니까? 어떤 부분은 하나님 뜻을 따르고 다른 어떤 부분은 자기의 지혜대로 하는 걸 원하시는 게 아니라 말입니다. 우리 주님께서 한 번 비유를 하실 때에도 누가복음 5장에 있는 것과 같이 어떤 사람이든지 새 감에서 한 조각을 베어 가지고서 헌 옷을 깁는 사람이 없다고 하셨습니다. 그러면 새 감만 버리고 그 기운 새 조각이 헌 옷을 잡아 당겨서 헌옷조차 못쓰게 되는 것이다. 이와 같이 항상 새 술은 새 부대에 담고 새 감으로 새 옷을 지어 입는 것이라 하신 것입니다(36-39절). 새 감과 같은 하나님의 뜻을 헌 옷과 같은 사람의 의와 계획과 생각에다 붙여 주시지 않습니다. 그래서 사람으로 하여금 어떤 부분은 하나님의 뜻, 다른 어떤 부분은 사람의 뜻을 뒤섞어 가면서 자기의 의를 형성하게 만들어 주시지 않는 것입니다.

사람은 하나님의 뜻을 행하고 살아갈 수 있는 차원에 서서 자기의 일생을 주장하게 만들든지, 아니면 자기의 뜻이 자기 일생을 주장하게 만들든지 하는 것입니다. 하나님의 뜻이 내 일생을 주장하게 한다고 해서 나의 사사건건 일거수일투족 어떤 것이든지 하나님의 뜻이 아닌 것이 없다는 말이냐 하면 그렇게 된다는 얘기는 아닙니다. 적어도 나를 주장하는 큰 뜻과 내 일생을 장악하고 밀고 나가는 큰 계획은 결국 하나님의 뜻 안에서 이루어 나가는 것입니다. 우리는 행보를 하면서도 때로 자빠집니다. 그러니 넘어지는 것이 없다는 말은 아니에요. 그러나 하나님의 거룩한 목적을 향해서 우리를 내신 본래의 목적을 향해서 전진해 나갈 때 가다가 넘어지면 채찍질도 하시고 가르치기도 하시고 일으키기도 하십니다. 그렇게 징계를 받고 교훈을 받고 깨달음을 받아서 그로 인하여 우리는 자기의 자리를 정돈하고 다시 나아가는 것입니다.

그러므로 하나님의 뜻을 행하는 차원이라는 것은 결국 그가 완전한 사람이 됐다는 의미가 아닙니다. 결국 생애의 모든 목표가 하나님을 향하고, 하나님께서 세우신 거룩한 목표를 향해 가는 것이냐 하는 문제인 것입니다. 그런 까닭에 그를 주도하는 정신이 명확합니다. 자기는 하나님의 것이라는 점이 언제든지 항시적으로 있고, 동시에 나는 하나님의 거룩하신 뜻을 꼭 행하고 살아야 한다는 신성한 의무감을 늘 가지고 삽니다. 또한 하나님께서 나를 이 길로 보내시사 이 일을 하시려고 하는 걸 믿습니다. 자기의 행보가 자기 마음대로 정한 것이 아니라는 사실에 대해서 고백할 수 있는 상태에 있게 됩니다. 어떤 사람이든지 자기의 길을 스스로 적당하게 정하면서 유리한 대로 결정하는 동안에는 하나님 뜻을 따라서 가는 생활을 한다고 말하지 못하는 것입니다.

지혜의 부족을 알고 느껴야 함

우리들 생활 가운데 여러 가지 비즈니스를 하고 다양한 일들을 하게 되는데 그렇게 비즈니스를 한다든지 혹은 학교에 다니면서 어떤 결정을 내릴 때 어떻게 합니까? 고등학교를 다니면서 대학에 가서 무슨 과를 전공해야 할 것인가 할 때에도 일일이 하나님께 그 뜻을 묻고 확신을 얻어 가지고서 결정했느냐면 그런 거 아니지요. 그때그때마다 형편 따라서 정하는 것입니다. 그때의 형편 따라서 대학의 무슨 과에 들어가서 그 과를 이수했으니까 이제는 거기에 가서 종사를 해야 하겠다든지 그러기가 쉬운 것입니다. 흔히 대학을 들어갈 때 과가 나누어 있을 경우 그 과에 들어갈 때의 결정은 아직 고등학교 학생 때 하게 됩니다. 고등학교 졸업할 고만한 나이 정도밖에 안된 때 자기 일생의 문제, 중요한 문제를 결정하게 되어 있다 말입니다. 그렇게 결정을 해가지고 들어가서 나중에 전연 다른 길로 가는 사람도 많지만 큰 부분이 그때의 결정에 영향을 받습니다. 그때 비로소 인생을 살아가는 생활 방법의 중요한 것들을 거기서 배우니까 거기에 따라서 사는 일이 많습니다.

이러한 일에서 하나님의 뜻 하나님의 뜻, 하는 사람들이 얼마나 그런 일에 하나님께서 인도하시는 것을 확신하고 나가느냐 할 때 그것이 다 희미합니다. 비즈니스를 결정할 때에도 얼마나 하나님의 뜻에 대한 확신을 가지고 하느냐? 희미한 채 그때 유리하게 자기 앞에 나타난 바에 따라 나가는 것입니다. 이런 점에서 안 믿는 사람하고 뭣이 다르냐? 안 믿는 사람도 그렇게 하고 믿는다고 하면서도 그렇게 합니다. 또 하나님 뜻을 행한다는 사람도 그렇고 별로 그렇게 생각 않는 사람도 그렇게 하지 않는가!

그러면 이런 문제에서 우리가 중요히 생각할 것은 그 사람이 이미 그런 길에 들어왔다고 할지라도 주어진 자기 현실에서 먼저 충실히 살면서 하나님께서 자기를 향한 거룩하신 계획과 뜻을 따라서 살기를 바라야 합니다. 나를 인도하시는 거룩한 뜻, 그 거룩하신 작정을 나에게 확신으로 가르쳐 주시기를 기도하고 바라는 것이 첫째 중요합니다. 아직 그처럼 내가 하나님의 거룩하신 뜻으로 나를 부르사 이 길에서 내 일생의 행보를 정하게 하셨다 하는 걸 믿을 만한 소명감이 없을 때라도 그러합니다. 소명이란 꼭 목사

될 때만 소명이라 말하는 거 아니에요. 무엇을 하든지 하나님이 '그럼 그 길로 가거라' 하는 소명감이 필요합니다. 꼭 일생을 그 길만 가라고 할는지 그건 알 수가 없습니다. 장사를 시키다가 나중에는 버리고 다른 것도 시킬 수 있습니다. 그러나 적어도 내가 장사를 할 때에는 하나님께서 이 길로 나에게 확실히 서도록 하셨다 하는 것을 믿을 수 있는 확신, 그런 신념 가운데에서 살 수 있는 상태가 자기에게 없을 때에는 그 일에 대해서 하나님 앞에 구하는 것입니다. 이것이 기도할 때에 중요한 내용인 것입니다. 왜냐하면 하나님은 그렇게 막막한 가운데 환경이 나를 밀어 붙여 가지고 이리 가고 저리 가고 하는 데로 끌려가는 생활을 하기를 원치 아니하시는 것이기 때문입니다. 환경이 나를 지배하고 하나님이 나를 주장하시는 주(主)로서의 거룩한 은혜를 주시는 관계에서 내가 못 산다고 하면 예수님을 실컷 '주여' 하면서도 주(主)된 현실은 어디 가 있느냐? 없는 것이 아니냐 하는 것입니다. 실질상 주가 없고 주는 자기도 못되고 환경이 주가 되는 셈인 것입니다.

이런 까닭에 지혜가 부족한 것을 알아야 한다는 것입니다. 나는 하나님의 뜻, 하나님이 나에게 보이신 거룩한 지식이 무엇인지 모른다. 하나님께서 나를 세우신 목적을 알아야 하고 그 목적에 도달하는 지식도 내게 있어야 하는데 그 목적도 잘 모른다. 목적을 알았다 하더라도 내게 방법에 대한 지식이 없다. 그런즉 '너희가 지혜가 부족한 줄 비로소 아느냐? 알거든 모든 사람에게 후히 주시고 꾸짖지 아니하시는 하나님께 구하라. 어떤 사람에게만 주는 게 아니라 모든 사람에게 주시는 것이다.' 이렇게 기본적으로 자기가 지혜가 부족한 것을 그런 데서 느껴야 하는 것입니다. 느꼈으면 그다음에는 하나님 앞에 그걸 구하는 것이지요. 구했으니까 하나님께서 주실 것을 믿어야 하지만 구하는 동안에 금방 받는 것이 아닌 경우가 많은 것입니다.

지난번에 얘기한 거와 같이 하나님께서는 기도를 오래 끌고 가시다가 대답하시는 경우가 있습니다. 왜 그러시는가 하는 문제를 얘기했는데 하나님이 그의 성숙을 기다리시고 기도자 자신의 마음 가운데에 사고의 변천을 기다리십니다. 그래서 확신에 도달할 수 있는 마음자리를 주시는 것인데, 거룩한 시간을 그에게 주시기 위해서 바로 주시지 않고 끌고 가시는 수가 있다 말입니다. 그러는 동안에 그는 부단히 기도하면서 자기를 반성하고 생각하는 것이지요. 그러고 하나님의 말씀이 가르친 큰 도리를 자꾸 더 배워가는 것입니다.

이와 같이 먼저 자기가 지혜가 부족한 것을 느껴야 하는 것이지 자기가 실컷 배포해서 경영해 나가다가 '요건 어떻게 하면 내 큰 계획에 들어맞게 유리하게 기대한 바[所期]의 결과를 얻을 수 있을까? 그걸 내가 모르겠다. 그러니까 이건 하나님한테 구하자?'고 한다면 옳지 않습니다. 즉 경영은 자기가 하고 그중의 어떤 부분의 방법을 자기가 잘 알지 못할 때에는 하나님한테 구해서 그 방법을 용케 배워 가지고 한다면 어떻습니까? 결국 그렇게 하여 자기가 맨 처음에 기대하고 계획한 대로 가장 유리하게 되리라 생각한다면 끝까지 자기가 주(主)요 하나님이 주가 되는 것이 없는 것입니다.

예수님께서 누가복음 6장에서도 "너는 왜 날 보고 주여 주여 하면서 내가 너에게 이른 말은 행치 않느냐?"(46절)고 하셨습니다. 그렇게 아도나이(אֲדֹנָי) 혹은 헬라말로 퀴리에(Κύριε) 퀴리에 자꾸 그러면서, 왜 주여 주여 하면서, 너는 내가 시키는 일을 하지 않느냐 하십니다. 내가 주라면 너는 내 종이 아니냐 하시는 것입니다. 그런 의식은 없고 입으로만 주라고 부르면서 결국 네가 주인 노릇 하지 않느냐? 실제로는 너도 자기 주인 노릇을 못하고 다른 여러 영향과 세력과 환경이 지배하도록 내맡기고 움직이는 것 아니냐? 여기서는 그런 걸 다 예상하시고 있습니다. 그렇다면 하나님한테 무엇을 구해도 하나님께서 그걸 주시겠다는 신앙이 안 생기는 것입니다.

그런 사람은 바다 물결이 바람에 밀려 요동하는 것과 같다 하였습니다. 바람에 밀려 요동하는 바다 물결 같으니 아무것도 주께 얻을 것을 생각 말아라. 두 마음을 품어서 정함이 없다. 두 마음을 가진 것입니다. 어떻게 좀 하나님 뜻대로 해볼까 하다가 결국 최종적으로는 항상 자기의 마음대로 움직이는 것이라 말입니다. 그런 사람은 아무것도 하나님한테 기도해서 얻을 생각을 말라는 것입니다. 그런 까닭에 무엇보다도 중요한 것은 그리스도를 주로 알거든 두 마음을 품지 말아야 한다. 자기가 다시 주 노릇도 하려고 하지 말아야 한다. 자기가 자기를 주장하려고 말아야 한다는 것입니다. 예수 그리스도께서, 즉 하나님께서 성령님으로 우리에게 말씀을 쓰셔서 가르치는 거룩한 도리에 의해서 내 현실상 문제에 대해서 주의 가르치심과 인도하심이 거기 분명히 있다는 확신 가운데 살아가야 하는 것입니다. 그것이 기도하는 요체(要諦)입니다.

기도를 왜 하느냐 할 때 우리는 하나님과의 거룩한 교통을 늘 유지하고 그럼으로써 하나님께서 나에게 공급하시는 것을 받아서 살아가야 하기 때문입니다. 하나님이 양식을 내려 주셔야만 비로소 내가 살 수 있는데 그 양식이란 뭐냐? 지혜가 부족할 때는 지혜가 양식인 것이고 지식이 부족할 때는 지식을 주시는 것이 양식이 됩니다. 또 내 믿음이 부족할 때 믿음을 넉넉하게 주시는 것이 양식입니다. 이런 것들을 내가 받아 가지고 살아야겠다 그것입니다. 그런 걸 받는 은혜의 방도로서는 하나님의 말씀이 가장 고귀한 것입니다.

그러나 그것은 메디아(media), 수단이지 그 자체가 나에게 금방 양식이 고대로 되는 게 아닙니다. 성령께서 그것을 쓰셔서 내 안에 필요한 것들을 일으키셔야 합니다. 성경을 읽는다고 믿음이 금방 생기는 건 아니에요. 그러나 성령께서 거기에 역사하시면 내 속에 믿음이 생기는 것입니다. 내 속의 평안도 성령께서 이 말씀을 쓰셔서 주십니다. 그렇게 해서 실지로 그 양식을 우리에게 내려주시는 것을 받고 살아가야 하는 것입니다. 이런 점에서 하나님의 은혜 가운데 산다는 말이 우리 매일매일 생활에서 중요한 의미가 됩니다. 은혜, 그건 거저 주시는 것이오. 왜 거저 주시느냐? 아버지이시고 가장이시니까 그 권속(眷屬)에게 먹여 주시는 것입니다. 이걸 먹고 살아가야 합니다. 이와 같이 살아가는 생활은 무엇보다도 자기의 현실에서 일생 하나님의 뜻을 꼭 따라 가겠다

하는 간절한 마음의 소원이 늘 움직이는 데서 이뤄집니다. 그것은 내일이 아닌 지금 현실 생활에서, 지금 내 행보 한 걸음 한 걸음씩 나아갈 때 하나님 뜻대로 나가겠다는 것에서 실현됩니다.

하나님의 뜻이란

여기서 우리가 이제 배워야 할 중요한 말은 하나님의 뜻이라는 말입니다. 하나님의 뜻이라는 말이 성경에서 여러 가지로 사용되는데, 적어도 그것을 구분할 줄 알아야 합니다. 우리가 이 시간에 그걸 다 얘기할 수 없으나 예를 하나 들 것 같으면 하나님이 내신 일반적인 법칙도 하나님의 뜻입니다. 일반적인 법칙에 자연의 법칙이라는 것이 있는데, 자연계의 법칙이 있어서 지구가 돈다, 자전하는 것도 하나님의 뜻입니다. 즉 하나님이 그 법칙을 내서 지구를 굴러가게 만들었다는 거지요. 지구가 둥글게 생겨서 굴러가는 거기다 대고 지구는 굴러가지 말고 서게 하시옵소서! 한다면 어떻습니까? 그것보다 더 우선하는 무슨 이유가 있어서 그게 하나님의 뜻이라고 생각하는 것입니다. 그런 이유가 없는 이상에는 그렇게 못하는 것이라 말입니다. 일반 진리라는 이 터 위에서 거룩한 특별한 계시라는 것이 역사하는 것입니다. 일반 계시, 즉 일반의 진리라는 사실을 중시하는 것은 당연한 것이고 사람은 일반의 진리 위에 서서 비로소 정당한 기도를 하는 것입니다.

가령 사람이 병이 났을 때 의사에게 보이는 것이 무슨 죄악이나 불신인 것 같고 꼭 신유(神癒)하는 사람한테 기도 받아야만 한다고 주장하면 그것은 하나님이 내신 일반의 법칙을 전연 무시해 버리고 다른 걸 가지고서 전부를 삼는 것입니다. 하나님이 그렇게 일반 법칙을 무시해 가면서 다른 걸 다 하시느냐? 그런 약속을 하신 일도 없고 그런 계시란 없는 것입니다. 물론 모든 일반의 계시라는 것이 하나하나 절대로 고것 고대로 되어야 한다고 하면 그것은 이신론(理神論)이 되는 것입니다. 하나님은 모든 일반의 법칙의 운행 위에서 친히 감독만 하시는 게 아니에요. 일반 법칙이 제대로 잘 이루는가 보고만 계신다고 하면 그건 소위 초연신론적인 해석입니다. 그러나 하나님께서는 역사 위에서, 인류 생활 위에서 사랑하는 자녀들을 위해서 직접 손으로 붙드시고 필요한 때는 필요한 대로 역사해 놓으시는 것입니다. 이것이 하나님의 섭리의 역사요 동시에 우리에 대한 하나님의 극진한 사랑의 역사인 것입니다.

　우리가 지혜의 부족을 늘 느끼고 하나님한테 구할 때는 무엇보다도 내 마음이 하나님의 뜻을 꼭 바르게 행하려는 간절한 소원이 있어야 합니다. 그리고 그것은 부분적으로 내 남루와 같은 의로 내가 행하고 나머지 어떤 부분만 하나님의 뜻을 따라 행하겠다는 그런 생각을 하지 않아야 합니다. 나의 전 생애에 하나님 뜻 이외의 다른 것이 이루어지지 않기를 간절히 바라고 나가는 것이 중요합니다. 여기서 보이시는 하나님의 뜻은 하나님께서 내신 대권 하의 뜻일 경우가 있는데 그것은 사람이 어기려 해도 어길 수 없는 것입니다. 태양이 높이 있는데 태양을 향해서 주먹질 해봐도 소용이 없는 것이고 해가 없어지라고 암만 얘기해도 소용이 없습니다. 하나님 뜻으로 태양을 세운 것이고 하나님 뜻으로 우주 만상의 움직임, 말하자면 우주의 여러 가지 운행을 정해 놓으신 것입니다. 질서가 정연하게 움직이는 태양계의 사실, 이런 우주론적인 사실도 하나님의 뜻이지만 그러나 여기에서 말하는 뜻이라 할 때는 우리들 자신에게 하나님께서 보여 주시사 내가 거절할 수도 있고 내가 그걸 따라서 순종할 수도 있는, 그렇게 보이시는 뜻입니다. 그것은 주로 내 생활이 직접 관여되는 문제로서 내가 거절하면 거기에 상당한 결과를 내가 거두는 것이고 순종하면 순종에 상당한 하나님의 은혜를 받는 것입니다. 그런데 하나님께서 나에게 뜻을 보여 주시기를 바라는 것은 하나님의 절대의 대권 하에서 사람이 그 안에서 살면서 그것이 어떻게 움직이는 것조차 모르는 신비한 전체의 뜻을 의미하는 게 아닙니다. 내 생활 속에서 내가 의식할 수 있고 내가 깨달아서 알 수 있는 것, 내 행보에 필요하다고 내가 이지적으로 사고할(reason) 수 있는 그런 뜻을 구하는 것이라 말입니다.

이런 뜻은 첫째 나는 어떤 위치에서 사는 사람인가를 아는 데서부터 시작하는 것입니다. 나는 어떠한 자격과 능력을 가졌는가? 나는 어떤 것을 어떻게 하고 살아가야 할 의무를 가지고 있는가? 이런 걸 먼저 아는 데서 뜻이라는 게 오는 것이지 그런 거 아무것도 없는 데 막연한 백지의 정신 가운데는 하나님 뜻이 올 수가 없는 것입니다. 먼저 중요한 건 나 자신이 어떠한 존재인가를 알아야 해요. 어떤 곳에 놓아두시고, 어떤 능력을 주셨고, 또 어떤 약속을 하셨는가? 그것은 이미 주신 바 은혜의 내용입니다. 이미 주신 은혜의 내용을 알면 그 은혜의 내용에 내가 어떻게 적용되고 어떻게 그걸 응용하는가를 배워야 합니다. 예를 들면 우리에게 하나님께서 새로운 생명을 주셨다, 성령을 주셨다, 그뿐 아니라 하나님께서 이미 사랑하시는 아드님 나라로 옮겨 놔서 우리가 서 있는 세계가 단순히 이 세상만이 아니라는 사실을 분명히 쥐고 있어야 합니다. 그럴지라도 우리를 이 세상에 발을 붙이고 사는 하나의 인간으로 존재하게 한 것이지 우화등선(羽化登仙)해서 신선처럼 공중에다가 누각 짓고 노는 사람들은 아닌 것입니다. 그뿐 아니라 또한 하나님은 우리를 이미 장성의 분량이 찬 아들이라는 명분을 주시사 그리스도와 함께 상속받은 내용으로 선 사람이라는 것을 가르친 것입니다.

이러한 자격들은 필연적으로 우리로 하여금 무엇을 응용할 수 있게 하는가? 예를 들면 우리는 만사에 성령님을 의지해서 성령의 능력으로 일을 이루게 하신다는 큰 약속을 가지고 있습니다. 그렇게 의지하는 사람은 성령을 의지해서 이루어야 할 그 뜻을 하나님이 그에게 보이시므로 일을 해 나가는 것입니다. 하지만 성령을 의지하지 않고 자기 힘으로 하려는 사람에게는 이야기해 봐야 소용이 없는 까닭에 하나님의 뜻을 보여 줄 까닭도 없는 것입니다. 그러니까 먼저 뜻을 받기 전에 그것을 받을 수 있는 나의 위치를 바로 정돈해야 합니다. 여기서 지혜가 부족하거든 지혜를 구하라 했지만, 내가 지혜를 구하면 하나님께서 늘 그 지혜에 대해서 금방 '오냐' 하고 무얼 알려 주시는 것은 아닙니다. 그러기보다 지혜를 바로 받아서 행할 수 있는 위치로 자꾸자꾸 끌고 올라가십니다. 내가 지혜가 부족해서 어떠한 문제에 대해서 어떻게 하면 좋겠습니까? 하고 묻지만, 너는 아직 그 문제에 대해서 '어떻게 하면 좋겠습니까?' 하고 물을 만한 자격이 없다고 하시기도 합니다. 네가 있는 곳은 그런 자리가 아니다. 너는 이것부터 깨달으라. 그렇게 서 있는 자리를 보게 하시고 거기서부터 끌고 올라가시는 것입니다.

이렇게 해서 하나님 나라의 심오한 사실을 자기가 감히 하나님 앞에 여쭙고 그걸 이루겠다고 하는 그 일 앞에서 먼저 이르러야 할 위치에 올라가도록 하시는 것입니다. 그게 하나님의 뜻이지, 그거 않고 어떤 자리에서라도 하겠다고 할 때 그 사람한테 하나님께서 다 주실 리가 없는 것입니다. 언제든지 우리가 주의할 것은 우리 자신을 바라보고 우리 자신의 무자격한 것을 알고 있어야 합니다. 우리 자신이 얼마나 여러 가지에서 결핍이 많은지를 알아야 합니다. 이 무자격과 결핍이라는 것을 하나님의 거룩한 은혜로 채움을 받아 가지고 유자격한 위치와 결핍이 충족되어 있는 자리에 이를 때 비로소 이뤄야 할 일을 시작하는 것입니다. 이런 걸 무시하고 자기의 위치에 그대로 앉아서 하나님 뜻을 공중에서 끄집어 당겨 자기 앞에 놓으려는 생각은 잘못입니다.

하나님은 존엄하신 분이고 따라서 그 뜻도 존엄한 것입니다. 내가 거기에 도달해서 깨닫기 전에는 그 뜻을 나에게로 잡아당기지 못합니다. 무슨 말이냐 하면 그 뜻을 알려면 알기에 상당한 영혼의 장성의 분량이라는 게 있다는 것입니다. 새사람의 장성에 해당하는 그 분량에서 떨어져서는 그것 모르는 것이다! 그리고 여기서 지혜를 구했지만 그렇게 지혜를 구한 내용 고대로 하나님이 늘 대답해 주신다는 말은 아닙니다. 우리가 어떤 기도를 하지만 기도한 내용 그대로 주시지 않는다는 걸 주의해야 합니다. 받을 만한 장성의 분량과 그릇이 없는 사람들이 자기 그릇을 스스로 잘 판단치 못하고 뚱딴지같이 딴 것을 구하는 까닭에 그렇습니다.

그런 까닭에 오늘 우리가 기본적인 몇 가지를 잘 이해해야 합니다. 지혜를 구한다 할 때에 그가 어떠한 위치에서 비로소 지혜를 받을 수 있는가 하는 걸 오늘 얘기했습니다. 우리 교우들은 다 정신을 차려서 오늘 내 위치에서 먼저 깨달아야 할 것이 무엇인가를 하나님 앞에 구하는 것이 좋습니다. '하나님, 제가 알아야 할 것을 먼저 알게 해주옵소서. 지금 나의 현실에서 나는 인생에 대해서, 하나님이 주신 은혜에 대해서, 내 발을 옮겨 나가는 일에 대해서 어떻게 해야 할 것인지 가장 먼저 알아야 할 것들을 가르쳐 주시고 인도해 줍소서' 하고 비는 것이 필요합니다. 이것이 또한 가장 합리적인(intelligent) 기도가 됩니다. 그러면 하나님께서 '그러냐, 네게 필요한 지혜를 내가 주마' 하면서 주실 것입니다. 자기가 규정하지 말고 먼저는 하나님 앞에 그걸 구하는 것이 중요합니다. 그러면 우리에게 지혜를 주시기 전에 우리 안에 믿음을 일으키시는 것입니다. 그러므로 '아, 이것이 하나님 뜻이다'는 걸 식별할 수 있게 돼야 합니다. 그러고 그것을 믿고 의지해야 할 것입니다. 이것은 하나님이 하셔야 하는 것이지 내 스스로 아무리 해 봐도 안 되는 것입니다.

기도

거룩하신 아버지시여, 주님의 거룩하신 뜻을 저희가 한 마디로 주의 뜻, 하나님의 뜻이라 말하지만 오묘하고 깊으며 다양한 그 뜻에 대해서 저희는 참으로 창해일속(滄海一粟: 넓은 바닷 속의 좁쌀 한 알)밖에 알지 못하는 어리석은 자들이로소이다. 그럴지라도 주의 것으로 주께서 저희를 택하시고 주의 나라에 저희를 두시고 새로운 생명을 주셨고, 그리스도의 거룩하신 뜻과 사랑과 계획을 깨달아 알아서 이에 순종하고 살도록 그러한 신성한 의무를 다 주셨사오니 이 신성한 의무를 충실히 감당할 수 있게 저희를 붙들어 주셔서 오늘날 저희의 발걸음을 옮길 거룩한 빛을 뵈시고 깨달음을 주시고 이리하여 아버님께서 저희에게 필요한 지혜로 각각 내려 주시므로 저희가 진정으로 하나님의 거룩하신 뜻을 좇아서 의지하고 살아가는 자 되기를 간절히 원하옵나이다.

우리 주 예수님 이름으로 기도했사옵나이다. 아멘.

1978년 1월 15일

8 강

기도자의
바른
심상 心狀

누가복음 12:13-21

13 무리 중에 한 사람이 이르되 선생님 내 형을 명하여 유업을 나와 나누게 하소서

하니 14 이르시되 이 사람아 누가 나를 너희의 재판장이나 물건 나누는 자로 세웠느

냐 하시고 15 저희에게 이르시되 삼가 모든 탐심을 물리치라 사람의 생명이 그 소유

의 넉넉한 데 있지 아니하니라 하시고 16 또 비유로 저희에게 일러 가라사대 한 부자

가 그 밭에 소출이 풍성하매 17 심중에 생각하여 가로되 내가 곡식 쌓아 둘 곳이 없

으니 어찌할꼬 하고 18 또 가로되 내가 이렇게 하리라 내 곳간을 헐고 더 크게 짓고

내 모든 곡식과 물건을 거기 쌓아 두리라 19 또 내가 내 영혼에게 이르되 영혼아 여러

해 쓸 물건을 많이 쌓아 두었으니 평안히 쉬고 먹고 마시고 즐거워하자 하리라 하되

20 하나님은 이르시되 어리석은 자여 오늘밤에 네 영혼을 도로 찾으리니 그러면 네

예비한 것이 뉘 것이 되겠느냐 하셨으니 21 자기를 위하여 재물을 쌓아 두고 하나님

께 대하여 부요치 못한 자가 이와 같으니라.

8강

기도자의
바른 심상(心狀)

세상 지혜의 잣대와 하나님 나라의 거룩한 자태

　오늘 하나님의 말씀은 누가복음 12장 13-21절까지입니다. 지난 주일에 우리는 야고보서 1장 5-8절을 읽고 거기에 있는 말씀을 조금 공부했습니다. 거기에 맨 처음에 나오는 말씀은 "누구든지 지혜가 부족하면 모든 사람에게 후히 주시고 꾸짖지 아니하시는 하나님께 구하라. 그러면 주시리라" 하시는 말씀인데, 어떻게 해서 지혜를 구하게 되는가? 어떻게 해서 지혜의 부족을 깨닫게 되는가 하는 것을 주로 생각했습니다. 우리가 참으로 그리스도를 믿는 사람으로 그리스도의 제자답게 살아가려고 할 것 같으면 분명히 우리는 주께서 그 제자가 되기에 필요한 조건을 내세우신 것을 늘 기억하고 거기에 부응하는 사람이 되려고 해야 할 것입니다. 누가복음 14장 26절에 그 조건의 첫째 가지가 쓰여 있는데 "무릇 내게 오는 자가 자기 부모와 처자와 형제와 자매와 및 자기의 목숨까지 미워하지 아니하면 능히 나의 제자가 되지 못하고" 이렇게 제자가 되는 조건이 여기 분명히 나타나 있습니다. 여기 미워한다는 것은 다른 곳에서 가르치기는 '그리스도를 더 사랑치 아니하면' 하는 말로 표시를 했는데 더 사랑하는 위치에서 바라보면 미워한다는 말입니다. 미워한다 사랑한다 하는 말들이 다 상대적인 의미를 가진 까닭에 그렇습니다. 예를 들면 빠르다 하면 조금 늦은 편에서 보면 빠르고 또 그것이 빠르다 하지만 좀 더 빠른 편에서 돌아보면 늦다 이렇게 말할 수밖에 없는 것처럼, 내가 부모와 형제와 처자와 자기 목숨에 관한 나의 사랑의 정도를 내가 그리스도를 좀 더 사랑하는 위치에서 바라볼 때에는 덜 사랑하는 것이 곧 미워한다는 말로 표시된 것입니다. 그런데 누구든지 무엇도 그리스도보다 더 사랑하거나 동렬에 놓고 사랑하고서는 도저히 그리스도의 제자가 될 수 없다는 말입니다.

마태복음 10장 37절에 보면 거기는 이 말씀의 표현을 이렇게 했습니다. "사람이 아비나 어미를 나보다 더 사랑하는 자는 내게 합당치 아니하고 아들이나 딸을 나보다 더 사랑하는 자도 내게 합당치 아니하고" 또 그다음에 38절은 누가복음 14장 27절과 서로 병행하는 같은 뜻의 말씀인데 "또 자기 십자가를 지고 나를 좇지 않는 자도 내게 합당치 아니하니라." 누가복음 14장으로 돌아가서 27절을 보면 "누구든지 자기의 십자가를 지고 나를 좇지 않는 자도 능히 나의 제자가 되지 못하리라." 그리고선 두 개의 비유를 말씀했어요. "너희 중에 누가 망대를 세우고자 할진데 자기의 가진 것이 준공하기까지에 족할는지 먼저 앉아 그 비용을 예산하지 아니하겠느냐? 그렇게 아니하여 그 기초만 쌓고 능히 이루지 못하면 보는 사람이 다 비웃어 가로되 이 사람이 역사를 시작하고 능히 이루지 못하였다 하리라. 또 어느 임금이 다른 임금과 싸우러 갈 때에 먼저 앉아 일만으로써 저 이만을 가지고 오는 자를 대적할 수 있을까 헤아리지 아니하겠느냐? 만일 못할 터이면 저가 아직 멀리 있을 동안에 사신을 보내어 화친을 청할지니라."(28-32절) 그리고 여기 33절 말씀이오. "이와 같이 너희 중에 누구든지 자기의 모든 소유를 버리지 아니하면 능히 내 제자가 되지 못하리라."

이렇게 제자 되는 조건을 명확하게 규정하신 것이 이 성경 말씀인데, 이런 명확한 규정의 말씀이 있는데도 에누리를 해서 별달리 그만 못하고 훨씬 그런 표준에 도달하지 못할지라도 예수님의 제자로 그 뒤를 따르는 사람이다 하고 스스로 칭하고 싶은 사람들이 많이 있을지라도 성경은 그런 일에 대해서 너희들은 내 제자라고 이렇게 말하지 아니했어요. 이제 막 또 보신 바와 같이 그러지 아니하면 내 제자가 못된다. 예수님께서 한번 하신 말씀인데 그걸 번복하든지 그걸 경감하든지 할 수가 없는 얘기입니다. 우리가 예수님의 제자가 되려면 어쨌든지 예수님께서 이러지 아니하고는 내 제자 못 된다고 했어요. 이렇게 꼭 필요한 조건을 우리가 받아서 거기에 부응해야 할 것입니다. 그런 조건을 채우는 사람이 돼야만 예수님을 따라가는 사람이 될 것이고, 예수님의 제자들이 과연 그리스도와 연합된 그 생활 가운데 모여서 보이는 교회란 형식을 취함으로 참된 보이지 않는 거룩한 교회의 본질을 제대로 드러낼 수 있는 것이고, 이렇게 교회의 본질을 제대로 드러내야만 이 세대에 주께서 원하시는 그 거룩한 영광의 빛을 또한 땅 위에 비출 것입니다.

어느 시대든지 그래요. 어느 시대든지 예수 그리스도와 연결되어서 참된 교회로서의 자태를 가져야만, 그리고 그와 같은 교회의 자태의 상태를 유지하고 있을 동안에만 그리스도의 능력을 땅 위에 비춰서 그 교회의 사명을 다하는 사람들이 되는 것입니다. 이런 것에 대해서 에누리를 해가면서 기독교사를 마치 문화사적인 견지에서만 해석하려고 하고, 하나님께서 친히 교회의 가장이 되시고 주인이 되셔서 친히 통치하시고 나가는 그 나라의 자태를 무시하는 이 세상 사람의 안목만 가지고 교회라는 것을 생각해서 과거에 이러한 교회도 있고 저런 교회도 있고 이런 교파도 있고 저러한 종파도 있지 않은가? 다 상당히 자기의 의미를 나타내고 살았으니 우리도 그저 그러한 한 종파로 우리의 의미를 나타내고 살아가야 하겠다고 하는 소위 하나의 종교 종파를 형성하는 것으로 족히 여기는 사람이 있다면 참된 교회의 거룩한 자태를 나타낼 것을 기대도 말아야 할 것이라 말이오. 왜냐하면 그것이 다른 사람의 눈에는 종파와 같이 보일지라도 궁극적으로는 참된 교회의 바른 자태를 가지는 것이 유일의 방법이고 목표가 되는 것이고, 그것을 떠나서 어떤 형식으로든지 그것이 가령 기도만 하는 종파가 됐든지, 손을 벌벌 떨면서 안찰을 하고 안수를 해서 병을 고치는 종파가 됐든지, 그렇지 아니면 그것이 이상한 소리를 지르고 시끄럽게 하는 종파가 됐든지, 그것이 사회 운동을 하든지 민족 운동을 하든지, 무슨 현대의 문제에 집착해 가지고 문제를 붙들고 해결해 보겠다고 노력하는 종파가 됐든지, 어떤 학문을 가지고서 널리 떠들어대는 혹은 어떤 음악이라든지 기독교적인 문화의 여러 가지 내용을 종합적으로 잘 드러내려고 하는 종파 운동을 한다 할 것 같으면, 하나님 나라의 거룩한 역사를 생각지 못하는 사람의 하나인 것입니다. 하나님 나라의 거룩한 역사가 그런 일을 하는 것이 제일 주된 목적은 아닌 것입니다. 그런 것들로 보람이 있고 의미가 있는 것으로 생각한다면 참 문제입니다.

참 하나님 나라의 거룩한 자태를 땅 위에다가 드러내고 사노라면 다른 사람 눈에 보기에는 어떤 문화적인 요소도 그 속에 포함돼서 나타날 것이고 학문적인 요소도 포함되어 나오겠고 또 어떤 높은 도덕적 사상에서 비롯된 능력도 거기에 포함되어 나오겠지만 그것은 저절로 나오는 것이지 그것이 목표가 돼 나오는 것은 아니에요. 기본적인 목표는 예수 그리스도의 생명에 강하게 연결된 사람들에게서 그리스도의 거룩한 몸, 그 몸의 지체의 부분으로서 그리스도께서 하고자 하시는 품성이 드러나고 도덕적인 성격이 드러나고 또 동시에 그리스도께서 각 시대에 증거하고자 하시는 진리의 말씀과 거룩한 도리를 바로 증명해 나가는 거기에 있는 것입니다. 종파 운동이 아니라 말입니다.

오늘날 교회의 중대한 사명과 주께서 주시는 지혜

오늘날 흑암이 도도하고 사이비적인 기독교 상태가 너무나 사방에 만연되어 있고 오히려 그러한 정신들이 팽창해 가는 사회현실 속에서 주께서는 우리를 쓰셔서 무엇을 하시려고 하시겠는가 생각할 때에 정신을 차려서 생각할 것이 있어요. 무엇이 바른 것이며 무엇이 그릇된 것인가를 알지 못하고 혼탁한 데서 사람들은 다 '이만하면 됐다. 이것도 경우에 맞는 일이다. 이것도 이치에 합당하다' 하고 사람의 생각과 이치와 사람이 타산하는 정신, 공리적인 정신을 가지고 하나님의 나라에 대해서도 그 같은 수식과 논식을 가지고 판단하고 평가하려고 한다는 이것이 기본적으로 하나님 앞에서 옳지 못한 것입니다. 왜냐? 하나님께서는 인간적인 이성과 판단에 의해서 하나님 나라의 오묘를 깨달아 알 수 있게 가르치신 것이 아니에요. 사람이 건전한 이성과 논식을 사용하지 말라는 게 아니나 하나님 나라의 도리는 깊고 오묘한 까닭에 그런 것이 최종이 안 된다 그것입니다.

건전한 이성이나 건전한 논식이 작용하려면 그 전제로 주어지는 최초의 명제들이 있고 조건들이 있는데 소위 이 최초의 전제들(premises)이라는 것들이 이 세상 사람이 생각하는 것들이 아닌 것입니다. 바른 전제 위에서 그 사람이 논식을 발전시켜 가지고 연역적 추론(syllogism)을 하든지 뭘 하든지 해서 그 논법에 의해서 어떤 결론을 얻고 그것이 보편타당성이 있고 건전하다면 좋은 거요. 그렇지만 그런 전제가 처음부터 비틀어져 가지고 이 세상 사람 식 전제 가운데 즉 세상 사람이 평가하는 소유관이나 혹은 세상 사람이 평가하는 가치관이나 혹은 세상 사람이 평가하는 존재관으로부터 출발해서 논리를 전개한다 할 것 같으면 삐뚤어져 나가고 마는 것입니다. 그런 까닭에 하나님 나라의 거룩한 자태에 대해서는 하나님께서 계시하신 말씀에 의해서 먼저 확호한 전제들을 파악하고 거기에 의해서 확호한 준거(criteria)를 자기가 가지고서야 비로소 사색을 바로 하고 논리도 바로 할 수 있고 평가도 제대로 할 수 있게 되는 것입니다. 그러지 못하고서 이 세상 사람의 눈으로 기독교도 마치 문화적인 도덕적인 또 사회적인 어떤 현실 하나를 일반적으로 평가하듯이, 정치 현실을 평가하듯이, 사회 현상을 평가하듯이, 예술적인 어떤 현상을 평가하듯이 해 나가면 되느냐면 안 되는 것이다 말입니다.

그런 까닭에 하나님께서 이 세상에 지혜 있는 사람을 비웃으시고 또 이 세상 사람으로서 아무리 지혜가 많고 지식이 많을지라도 하나님의 신의 일을 못 받는다 했어요. 고린도전서 2장 12절에 보면 분명히 그런 얘기를 했어요. "우리가 이 세상 영을 받지 않고 하나님께로부터 온 영을 받았는데 이는 하나님께서 우리에게 주신 여러 것들을 알게 하시려는 것이다." 그렇게 말씀해 나가시고 그다음에는 14절에 "혈기에 속한 사람 혹은 이 세상 육신의 생명에만 속해 있는 사람 곧 사람의 피에만 속해 있는 사람은 하나님의 영의 일을 받지 아니하나니 이는 저가 미련히 여김이요. 또한 깨닫지도 못할지니 이런 일은 영적으로라야 분변함이니라. 혹은 하나님의 성령으로야만 비로소 바로 분별하고 깨달을 수 있는 것이다" 그런 것입니다.

이 세상에 아무리 지식이 많은 사람이라도 하나님의 거룩한 나라의 도리는 성령님의 계시로 거룩한 전제를 받아들이고 '과연 이게 진리로구나' 하고 수긍한 위에서부터 비로소 추리를 하지 아니하면 도저히 하나님 나라의 일의 깊이를 처음부터 깨달을 수가 없는 것입니다. 그런 까닭에 참된 교회가 오늘날 이 세대에 나타내야 할 중요한 것들, 교회가 지고 있는 중대한 사명은 무엇보다도 이 혼탁한 현실에서 무엇이 진리이며 무엇이 참된 것인가? 무엇이 참된 것 비슷하지만 아닌가를 확실히 분별할 줄 알고 분별을 해서 사이비적인 것과 그릇된 것을 완전히 배제하고, 참된 교회의 거룩한 자태를 드러내는 것이 지금 급선무입니다. 우선적으로 중요한 것이다 말이오. 교회는 언제든지 하나님께서 주신 거룩한 말씀이 있고 그 말씀의 심오한 것들을 전파하여야 합니다. 그것을 바로 깨닫고 아는 사람들이 그로 인하여 바르게 서고 시대적인 여러 그릇된 것들에 대하여 바른 것을 드러내고 살아가게 될 것인데 이것도 또한 해야 할 것입니다.

이런 것들이 있는 속에서 그리스도의 제자로서 충실히 그리스도를 따르지 않고서 어떻게 바로 설 수가 있겠습니까? 혼탁과 사이비가 많고 적의 세력이 많고 유혹이 많고 시험이 많은 이런 중대한 시대에 능히 굳건히 서서 그리스도의 자태를 거룩히 나타내는 길은 그리스도를 충실히 따라가는 것입니다. 그리스도의 제자가 되지 않고서 중간에 머뭇머뭇하고 어리뻥뻥해 가지고는 도저히 될 수가 없는 것입니다. 그런 까닭에 우리가 이렇게 새로 교회로서 확호하게 설 때에는 거기 목표가 있고 그 목표는 참 교회로서의 자태를 드러내야만 하겠다는 것이 지상의 명령이요 주님의 절대 명령인 것을 느끼고 서는 것입니다. 그런 것이지 안 해도 괜찮고 조금 해보려다가 마는 것이 아니라 말입니다. 이와 같은 것을 하려면 그리스도의 제자로서의 자격과 조건을 다 갖추고 나가야 할 텐데 그러려면 우리가 우리의 길을 스스로 정하지 않고 필연적으로 하나님께 물어서 주께서 주시는 거룩한 지혜에 의해서 바로 깨닫고 바로 판단하고 바로 전진해야 할 것입니다. 야고보서 1장 5절에서 '지혜의 부족을 느끼는 우리로서 지혜를 오직 하나님께만 구해야 한다'는 생각을 할 때에 우리가 중요히 생각했던 일입니다.

삼가 탐심을 물리치라

이제 오늘은 우리가 그러한 거룩한 지혜를 구해 나가고 그리스도의 제자의 길을 구해 나가는 사람으로서 어리석은 부자와 같은 그릇된 관념 가운데에서 방황하거나 잘못되게 하나님의 뜻을 해석하든지 혹은 만홀히 여기든지 하고 나가는 것이 심히 죄송스럽고 두려운 일인 것을 주의해야 할 것입니다. 모든 기도의 기초는 항상 기본적으로 내가 아무것도 아니고 어떻게 할 수가 없고 주님을 의지하지 않고는 살길이 없으며 자기가 어떤 것에 대해서도 신뢰하지 아니해야 합니다. 그런데 사람에게 자기가 인생을 신뢰한다는 현상 가운데 가장 흔히 발생하기 쉬운 것이 부(富) 곧 금전을 추구하는 것이에요. 수입이 많아야만 한다는 것에 유혹을 받습니다. 원래 성경에도 많은 부에 대해서 엄격하게 가르친 것이 있지요. 근실하게 노력해서 자기의 생활을 지지하고 자녀를 교육하고 또 교회를 거룩히 봉사하고 나가고 하는 것을 나무라는 것이 아닙니다. 그런데 그렇게 정상적인 생활 궤도에만 서 있는 것이 아니지요. 현재 돈이 많든지 적든지 마음 가운데에 어떻게든지 한번 돈을 많이 벌어서 부해 보겠다는 마음의 소원이 있는 사람은 항상 성경이 가르친 여러 가지 무서운 교훈이 있는 것을 주의해서 살펴야 합니다. 혹여라도 참된 교회의 거룩한 자태를 찾아 나가는 길에 그런 것으로 말미암아 방황을 하거나 시험을 받거나 넘어지는 일이 없기를 바라는 것입니다.

성경을 한 군데 보십시다. 디모데전서 6장 9절에서부터 몇 절을 주의해서 보겠습니다. "부하려 하는 사람들은 시험과 올무와 여러 가지 어리석고 해로운 정욕에 떨어지나니 곧 사람으로 파멸과 멸망에 빠지게 하는 것이라." 그다음에 10절 "돈을 사랑함이 일만 악의 뿌리가 되나니 이것을 사모하는 자들이 미혹을 받아 믿음에서 떠나 많은 근심으로써 자기를 찔렀도다." 그러므로 11절 말씀 "오직 너 하나님의 사람아 이것들을 피하고" 즉 부하려고 하는 것이나 돈을 사랑하는 이런 것들을 피하고, "의와 경건과 믿음과 사랑과 인내와 온유를 좇으며" 돈 대신 그런 것을 따르라 말이오. 그다음에 "믿음의 선한 싸움을 싸우라. 영생을 취하라. 이를 위하여 네가 부르심을 입었고 많은 증인 앞에서 선한 증언을 하였도다."(12절) 다시 같은 장 즉 디모데전서 6장 6절로 돌아가서 "그러나 지족하는 마음이 있으면 경건은 큰 이익이 되느니라. 우리가 세상에 아무것도 가지고 온 것이 없으매 또한 아무것도 가지고 가지 못하리니 우리가 먹을 것과 입을 것이 있으면 족한 줄로 알 것이니라."(6-8절)

이러한 엄중한 교훈 앞에서 우리가 스스로 마음 가운데에 저항을 느끼거나 스스로 별달리 또 무슨 하나님의 보장이 있지 않을까 하는 생각을 가지는 것은 좋지 않습니다. 성경 말씀이 우리에게 하나의 명료한 교훈을 했을 때는 성경의 전체의 뜻이 그 명료한 교훈과 배치돼서 나타나는 법이 없어요. 그런 까닭에 부하려고 한다든지 돈을 사랑한다든지 하는 문제 앞에 성경은 부하려고 해도 좋고 돈을 사랑하는 것도 용인할 수 있다거나 또 누그러지게 말하는 데가 없는 것입니다. 그런 기본 정신에 대해서 깨닫지 못하면 오히려 그걸 깨달으려고 하는 것이 중요합니다. 그걸 깨닫도록 성경은 여러 가지로 우리에게 가르치는 것입니다.

아까 누가복음 12장 13-21절까지 봤는데, 이게 예수님 공생애 제 2년 중간쯤 지내서 있던 일입니다. 어떤 사람 하나가 예수님께 나와서 "선생님이여 제 형제로 하여금 유산을 저와 나누도록 좀 타일러 주시길 바랍니다" 하고 자기의 재산 문제 가지고 뚱딴지 소리를 했습니다. 아마 자기 형제가 독식하려고 하니까 그것을 좀 못하게 막아주십시오 한 게지요. 생각컨대 예수님과의 친분을 이용하되 예수님은 공평하신 분이고 권위 있는 분이고 점잖으신 분이니까 독식하려는 욕심 많은 자기 형제를 예수님이 불러가지고 그러지 말라고 타이르면 아마 들을 듯도 싶었던 거지요. 예수님이 한 번 수고를 해주셔서 그렇게 욕심 많은 자기 형한테 다 뺏기지 않고 좀 나눠서 가졌으면 하는 마음의 탐욕, 그런 소원을 가지고 요청을 드렸습니다. 다른 사람들도 '그것이 참 당연하겠다. 욕심 부리는 형제가 잘못이다' 하고 자기 편을 많이 드니까 예수님도 자기 편을 들어주시는 위치에서 뭐라고 말씀해 주시겠다 생각을 하고 그렇게 말씀을 여쭸던 것이지요.

그러니까 예수님이 "이 사람아 누가 나를 그런 일을 재판해 주는 너희의 재판관이나 물건을 나눠주는 사람으로 세웠느냐 내가 그런 거 하는 사람이냐?" 이것이 예수님의 냉철하신 말씀입니다.

예수님이 그런 데에 대해서 말씀을 한마디만 하면 자기 형제가 예수님의 말은 존경하고 존중히 여기는 사람인 까닭에 잘 들어서 자기에게 그만큼 비익(裨益: 보태고 늘려서 도움이 되게 함)이 될 것으로 알고 그랬던 것입니다. 또 그것이 공평한 일인 줄로 알고서 청을 드렸는데 그 공평에 대해서 예수님은 내가 너희의 재판관이든지 혹은 물건 나누는 사람이냐? 이렇게 말씀을 하셔서 일언지하(一言之下)에 그것을 거절하셨습니다. 그다음에는 삼가 탐심을 물리쳐라 하셨는데, 이건 그 사람보고 말하시는 게 아니라 일반적으로 하신 말씀입니다. "삼가 탐심을 물리쳐라. 사람의 생명이 그 재산의 넉넉한 데 있는 것이 아니다" 하고 여기서도 재산과 생명의 문제를 얘기한 것입니다. 산상보훈에서 재물 있는 곳에 그 사람의 마음이 있다고 했지요. 이게 보통 사람의 정신이에요. "그러나 알아야 할 것은 이거다. 사람의 생명은 그 재물이 많은 데 있는 건 아니다" 하는 것입니다.

오늘 밤에 네 영혼을 도로 찾으련다

그러면서 비유를 하나 들어 얘기하셨는데, 어떤 부농(富農) 비유를 말씀하셨습니다. 농장 주인이 있는데 밭에 자기 농장의 소출이 풍성해서 아주 소산이 많아지니까 '자 이것을 어떻게 할까? 쌓아둘 곳이 없는데 ……' 생각하게 되었습니다. 풍년이 들어서 너무나 많이 곡물이 산출이 되고 어디다 쌓아둘 데가 없으니까 '아 내가 이렇게 해야겠다. 지금 있는 곳간을 헐고 다시 크게 새로 지어야겠다. 그래서 여러 해 쓸 것을 거기다가 아무 부패나 또 아무런 손실이 없이 잘 저장을 해놓자'고 했습니다. 그러고서 또 제가 자기보고 하는 말이 '자, 영혼아 여러 해 쓸 물건을 많이 잘 쌓아 두었으니 이제는 평안히 쉬고 먹고 마시고 즐거워하자. 여러 해 쓸 물건을 많이 저장을 하지 않았느냐? 이것이 다 내 것이요 내가 맘대로 할 수 있는 것들이다' 했던 것입니다.

그러나 하나님께서는 뭐라고 하셨느냐? "어리석은 자여 오늘 밤에 네 영혼을 도로 찾으리니 그러면 네 예비한 것이 뉘 것이 되겠느냐?" 무서운 얘기죠? 오늘 밤에 네 영혼을 내가 도로 찾겠다. 그러면 네 예비한 것이 다 누구 것이 되겠느냐? 주께서는 어떤 사람들을 특별히 경고하셨는고 하니 "자기를 위하여 재물을 쌓아 두고서 하나님께 대하여 부요치 못한 자가 이와 같으니라" 하셨습니다. 우리 주님의 말씀이오. 자기를 위하여 재물을 쌓아두고 하나님께 대하여 부요치 못한 자가 이와 같이 위험하다 말입니다. 또한 그것이 어리석다 했습니다. 소유의 넉넉함에 정신을 다 빼앗긴 사람은 하나님께서 경고를 내릴 대상인데, 갑자기 밤에 영혼이라도 불러갈 수도 있다는 것입니다. 사실 그가 하나님 앞에서 얼마나 위험한 위치에 서 있는지를 모르는 캄캄한 상태 가운데 있다는 것을 가르친 것입니다.

이와 같이 사람들은 각각 자기 재주껏 이 세상에서 살면서 재물을 많이 얻을 것 같으면 그로 인하여서 세상의 행복을 재물로 살 수 있는 것으로 생각합니다. 일반적으로 재물을 가지면 세상에 있는 행복을 자기의 것으로 삼을 수 있다 하는 것이 일반 사회 사람들에게 하나의 이치이요 법칙인 거요. 경제상 법칙이기도 한

데 어떤 교역(交易)의 수단으로 통화를 사용한다는 것 때문에 필연적으로 물건을 쌓아두는 대신 자기가 통화를 쌓아둠으로써 교역의 수단이 넓어져서 그만큼 다른 물건을 자기가 많이 수입할 수가 있습니다. 그래서 물질로 자기가 부요로울 수 있다고 다 생각하는 것이 당연할 겁니다. 그러나 그것으로 자기가 행복을 살 수 있다든지 마음의 평안과 기쁨, 즐거움을 가질 수 있다고 생각할 때, 거기에 대해 무서운 말씀을 하신 것입니다. 재물에 의하여 그런 행복들을 자기가 얻을 수 있다는 사람, 그래서 '영혼아 평안히 쉬고 먹고 마시고 즐기자'는 사람에게 하나님께서는 오히려 '오늘 밤에 네 영혼을 도로 찾으련다. 네 예비한 것 다 뉘 것 되느냐?' 이렇게 무서운 말씀을 하신 것입니다. 자기를 위하여 재물을 쌓아두고 하나님을 위하여 부요치 아니하는 자가 그와 같다는 것입니다.

자기를 위하여 재물을 쌓아 두고서 하나님께 대하여 부요치 못한 자가 하나님 앞에서 어떻게 보이는지 우리가 그 사실을 여기서 알 수가 있습니다. 사람들은 모두 자기 자신을 위해서 자기 집안을 위해서 혹은 어떤 사람들 생각에는 자기 자녀들을 위해서, 결국 크게 말하면 자기라는 카테고리 안에서 재물 모으기를 우선적으로 생각합니다. 물론 우리가 이 세상에서 살려면 생활에 꼭 필요한 것들이 있지요. 우선은 그것이 먹을 것 입을 것 살 곳 즉 의식주라는 사실입니다. 그렇게 우리가 먹고 입고 살고 또 사람답게 이 세상에서 살아가기 위해 필요한 여러 가지 것들을 하나님께서 포기하라든지 무시하라고 하신 말씀이 아닙니다. 그러나 그런 것들을 가지기 위해서 자자영영(孜孜營營)히 노력할지라도 그 마음이 돈을 사랑하거나 부를 사모하는 상태가 될 때 어떻게 일만 악의 뿌리가 되고 또 많은 괴로움으로 자기를 찌르는 것이 되는가를 가르치는 것입니다.

부하려고 하는 사람은 시험과 꾀와 여러 가지 악하고 해로운 정욕에 빠진다고 가르치셨고, 돈을 사모하는 것이 일만 악의 뿌리라고 했습니다. 그걸 사모해야만 버는 것도 아니고 또한 돈을 사랑해야만 돈이 자기에게 들어오는 것도 아니에요. 재물이 우리의 생활상 필요한 자원으로서 하나님께서 주시기를 기뻐하시고 허락하시는 일이지만 그것에 눈이 어두워서 하나님도 섬기고 그것도 섬길 때 결국 하나님의 무서운 경고 앞에 서게 됩니다. 저 어리석은 부자에게 선고하신 하나님의 거룩한 심정과 엄위를 생각해야 합니다. 하나님이 기뻐하시지 않는 심정으로 대하신다는 것이 얼마나 두려운 일인가요? 우리가 이 세상에서 필요한 물질을 추구하여 얻어 나아갈지라도 그걸 사모하고 사랑하며 뒤쫓는 것이 어떻게 죄악적인가를 우리는 성경의 가르침을 볼 때마다 더욱 깨닫게 되는 것입니다. 다음 주에 계속해서 이 문제를 생각하겠습니다.

기도

거룩하신 아버지시여, 이제 저희들은 이 세상에 살면서 육신을 입고 사는 까닭에 아버님께서 이 육신의 생활에 필요한 모든 것을 다 주시고 또한 인간으로서 떳떳하고 정당한 생활을 하기 위해서 필요한 것들도 다 주셔서 육신과 저희의 영혼이 아버님 앞에 건실하게 자라가게 하시겠지만, 오히려 그런 것을 자기가 스스로 맡아서 염려하고 생각한 나머지 돈을 사랑하고 부하려고 하는 심정에서 그릇된 정욕의 노예가 돼서 아버님이 주신 저희의 고귀한 생명을 언제인지 알 수 없는 장래에나 잘 살고 장래에는 잘 하겠다는 기묘한 생각 가운데 현재를 다 파괴하고 유린해 버리고 아버님 앞에 계속적으로 방황하고 반역하고 나가는 일이 많이 있사오니, 이런 저희의 모든 잘못을 주께서 일일이 찾으시사 각각 반성하게 하시고 잘못됨이 있사오면 주님 앞에 회개하고 고침으로 주께서 저희를 기뻐 받으시는 참된 거룩한 자녀로 거룩한 교회의 지체로 세우시고 주께서 원하시고 나타내시려고 하시는 그 큰 능력을 나타내는 데 필요한 도구들이 되게 하여 줍소서.

예수님 이름으로 기도하옵나이다. 아멘.

1978년 1월 22일

9강

확실한
결심을
고백하는
기도

누가복음 8:4-15

4 각 동네 사람들이 예수께로 나아와 큰 무리를 이루니 예수께서 비유로 말씀하시되 5 씨를 뿌리는 자가 그 씨를 뿌리러 나가서 뿌릴새 더러는 길가에 떨어지매 밟히며 공중의 새들이 먹어 버렸고 6 더러는 바위 위에 떨어지매 났다가 습기가 없으므로 말랐고 7 더러는 가시떨기 속에 떨어지매 가시가 함께 자라서 기운을 막았고 8 더러는 좋은 땅에 떨어지매 나서 백배의 결실을 하였느니라 이 말씀을 하시고 외치시되 들을 귀 있는 자는 들을지어다 9 제자들이 이 비유의 뜻을 물으니 10 가라사대 하나님 나라의 비밀을 아는 것이 너희에게는 허락되었으나 다른 사람에게는 비유로 하나니 이는 저희로 보아도 보지 못하고 들어도 깨닫지 못하게 하려 함이니라 11 이 비유는 이러하니라 씨는 하나님의 말씀이요 12 길가에 있다는 것은 말씀을 들은 자니 이에 마귀가 와서 그들로 믿어 구원을 얻지 못하게 하려고 말씀을 그 마음에서 빼앗는 것이요 13 바위 위에 있다는 것은 말씀을 들을 때에 기쁨으로 받으나 뿌리가 없어 잠깐 믿다가 시험을 받을 때에 배반하는 자요 14 가시떨기에 떨어졌다는 것은 말씀을 들은 자니 지내는 중 이생의 염려와 재리와 일락에 기운이 막혀 온전히 결실치 못하는 자요 15 좋은 땅에 있다는 것은 착하고 좋은 마음으로 말씀을 듣고 지키어 인내로 결실하는 자니라.

확실한 결심을
고백하는 기도

가시떨기에 떨어진 씨란

오늘 누가복음 8장 4-15절까지는 여러분이 많이 들으셔서 잘 아시는 씨 뿌리는 비유입니다. 이것은 마태복음 13장에 있고 마가복음 4장에도 나타나 있습니다. 오늘은 우리가 이 씨 뿌리는 비유 자체를 공부하려는 것이 아니고 지난 주일에 상고했던 이 세상에 있는 것, 그 중에도 물질이라는 것을 우리가 어떻게 생각하고 있는지를 점검하는 도구로 살펴보려 합니다.

우리는 매일 근로해서 물질 얻기를 위해 노력하는데, 그것을 위해서 많은 시간을 보내고 또 정력을 들이고 있습니다. 그러면서 자칫 우리를 얽어가기 쉬운 무서운 시험의 사실에 대해서 주의를 하지 않을 수 없습니다. 우리가 예수 그리스도로 말미암아서 구원함을 받고 또 그 나라에 옮기심을 받고 그리스도의 것으로서 땅위에 세우심을 입고 그리스도의 지체로서 거룩한 교회를 나타내고 살게 하신 그리스도의 큰 사랑과 계획을 생각할 때 우리들의 마음 가운데에서 이 옅고 천한 인간적인 정욕에 얽매여 잘못 감으로써 얼마나 그리스도의 기대와 자애를 다 무너뜨려 버리고 혹은 반역하고 나아가지는 않는지 돌아보아야 합니다. 그러기가 얼마나 쉬운지를 생각할 때 불가부득 우리 매일매일 생활 가운데에서 부지불식간에 점점 쌓아 올라가기 쉬운 그릇된 관념이나 잘못된 생각이나 잘못된 마음의 상태를 늘 반성하고 주의를 해야 합니다. 하나님께서 우리를 불러내시사 거룩한 교회로 거룩한 자녀로 또 하나님을 증거하고 살아가도록 세우신 크신 뜻을 온전히 바로 이루어 가도록 해야 할 것을 다시 계속해서 생각해야 합니다. 오늘 이 문제와 관련해서 이 씨 뿌리는 비유의 한 부분을 우리가 지금 다루어도 적절할 것으로 생각하는 까닭에 이 부분을 읽은 것이고 거기 의해서 몇 가지를 생각하고자 합니다.

씨 뿌리는 비유는 어떤 사람이 나가서 씨를 뿌릴 때 더러는 길가에 떨어지고 더러는 돌밭 혹은 넓은 암반이 있고 그 위에 얇은 흙이 덮여 있는 이 돌밭에 떨어지고, 더러는 가시떨기에 떨어지고 그리고 더러는 옥토에 떨어진다고 하였습니다. 그중에 가시떨기에 씨가 떨어졌다는 것이 뭔가? 여기 보면 비유 자체는 더러는 가시 위에 혹은 가시떨기 위에 떨어지매 가시가 자라서 기운을 막았고, 혹은 가시가 자라서 기운을 막았으므로 결실치 못하였다고 했습니다. 누가복음에는 어떻게 쓰여 있는고 하니 "더러는 가시떨기 속에 떨어지매 가시가 함께 자라서 기운을 막았고"(눅 8:7)라고 말했어요. 마태복음, 마가복음을 우리가 보았을 때 "더러는 가시떨기 위에 떨어지매 가시가 자라서 기운을 막았고" 혹은 "기운을 막았으므로 결실치 못하고" 했는데, 이 누가복음에는 가시떨기에 떨어지매 가시가 함께 자라서 기운을 막았다 하였습니다.

이것의 해석을 우리 주님께서 설명하실 때 마태복음에서는 "가시떨기에 떨어졌다는 것은 말씀을 들으나 세상의 염려와 재리의 유혹에 말씀이 막혀 결실치 못하는 자요"(마 13:22)이지만, 마가복음 4장 18-19절에는 "또 어떤 이는 가시떨기에 뿌려진 자니 이들은 말씀을 들되 세상의 염려와 재리의 유혹과 기타 욕심이 들어와 말씀을 막아 결실치 못하게 되는 자요." 누가복음은 오늘 읽은 8장 14절 보면 "가시떨기에 떨어졌다는 것은 말씀을 들은 자니 지내는 중에 이생의 염려와 재리와 일락에 기운이 막혀 온전히 결실치 못하는 자요."

요컨대 거기 보면 세 가지를 주로 말씀했는데 가시떨기에 떨어졌다는 이 비유로 표현한 사람은 어떤 사람이냐? 하나님의 말씀을 받기는 받고 열심히 듣기는 듣지만 그 속에서 그 말씀이 결실치 못하게 작용하는 세력이 있는데 그건 외부에 있는 마귀나 이 세상 기구가 그를 막 지지눌러 가지고 결실을 못하는 게 아니라, 자기 속에 이 세상에서 살기 위한 염려와 둘째는 재리의 유혹입니다. 부자가 되겠다, 돈을 사모하여 어떻게든지 좀 더 많이 벌어야 하겠다는 것 때문에 그것으로 부지불식간에 유혹을 받아 가지고 넘어가는 것이지요. 또한 그 이외 기타의 욕심, 누가복음에는 그것을 일락이라 했습니다. 결국 자기가 좀더 행복을 얻어야 하겠다는 것 때문에 받는 여러 가지 손해인데, 마음에 가득한 그것으로 마음이 막혀서 마음 가운데 하나님 나라의 거룩한 도리를 깊이 사모하고 생각하고 나아갈 여유가 없어지는 것입니다.

또 그뿐 아니라 그런 마음의 욕심이 있으면 말씀이 들어가서 아무리 비추고 아무리 예배당에 가서 열심히 듣긴 들어도 그 속에 깊이 들어가질 않고 진리가 그 속에서 환연한 각성을 일으켜 가지고 깊은 깨달음에 따라 하나님 앞에 '아! 이렇게 나가야겠구나' 하는 각성의 결과가 나타나질 않는 것입니다. 이와 같이 재리라는 것이, 혹은 이생의 염려라는 것이 결국 사람이 하나님의 말씀을 정당하게 먹고 자라게 하는 일을 다 막아 버리는 것임을 여기서 주의해야 합니다. 이 세상에서 살아가려면 이생의 염려라는 것이 잘 붙어 다니는데 그 이생의 염려라는 것이 뭔가? 문제는 우리가 이 세상에서 살려면 살기 위해서 근실하게 노력을 해야 하는데 근실하게 노력을 하면서도 또 문제가 있으면 그 문제 때문에 걱정을 하고 거기다가 마음을 기울이고 쓰게 됩니다. 또 내가 무엇을 좀 더 낫게 하려고 하면 좀 더 계획을 해서 그 일을 좀 더 잘해야겠다, 해서 거기에 마음이 골똘해야 할 것입니다.

그럼에도 무슨 일을 하든 내가 현상을 유지하고 살면서 고요히 마음의 여유를 얻어 가지고 하나님의 말씀을 좀 더 묵상하고 깨닫고 나가야겠다고 생각하지만 주위와 환경이 그 마음을 그대로 고요히 지켜서 살게 놔두질 아니합니다. 그리고는 어떤 전쟁을 하는 거와 같은, 경쟁을 하는 거와 같은 현실 가운데 몰아넣게 되면 그 현실 앞에서 자기는 그대로 포기를 하고 그래서 못 나오고 맙니다. 자기가 처음부터 원하는 하나님의 말씀의 도리 가운데 전진해야겠다는 정신을 그대로 유지하지 못하고, 그건 뒤로 두고 목전에 닥친 자기의 비즈니스나 자기의 사업의 중요한 문제를 해결하기 위해서 동분서주(東奔西走)하고 밤낮으로 노력을 하게 된다 말입니다.

이렇게 하는 동안에 세월이 간 후에 회고해 보면 결국 말씀으로 말미암은 건실한 장성이라는 것은 없고 미미한 마음의 소원만 그냥 남아 있고 그 나머지는 그저 종교 생활을 한 몇 가지의 틀이 전부입니다. 또 그 생활도 허다하게 잘못해서 잘못된 관념과 사상으로 자기 비즈니스 할 때 가지고 있던 관념이나 물질관, 또한 경제관이나 사회관이나 그런 걸 그대로 갖다가 거기다 집어 넣어 가지고 교회에서 무엇을 합니다. 그러면 하나님의 교회도 교회답지 않게 돼서 나가는 현실에 영합하고, 자기 자신의 생활의 참된 의미가 없이 환경과 비즈니스와 자기의 물질적인 현실이 올무와 같이 자기를 엮어서 끌고 가는 것인데, 그런 사실을 정신 차려야 반성할 수가 있는 것입니다.

배교의 탁류가 흐르는 오늘의 현실

이러한 현실 앞에 사람들이 살아가면서 어떻게 해야 하나님이 부르신 부름에 합당하게 될 것인가? 이 고귀한 부르심으로 우리를 세우사 그리스도의 영광을 나타내게 하셨는데 어떻게 그대로 살 것인가? 이것을 사모하는 것은 대단히 좋은 일이나 사모하는 것만으로는 결국 아무것도 오는 것이 없는 것입니다. 그것만으론 안 돼요. 사모를 했으면 이제 그 길로 자기가 들어가고, 의지할 것을 의지하고 또 순종해야 할 말씀을 순종하고 나가야 할 것입니다. 그런데 그렇지 못하고 그냥 항상 마음에는 좀 예수를 바로 잘 믿고 살겠다 하는 아주 추상적이고 개괄적이고 대책이 없는 생각 가운데 그냥 늘 젖어 있을 뿐이고, 세월은 갔는데 마땅히 그동안 상당한 장성을 했어야 할 텐데 아무런 장성이 없는 속된 한 존재로만 그대로 남아 있는 일이 비일비재(非一非再)인 것을 우리가 보게 됩니다.

여러분, 이와 같은 현실에서 우리는 아주 심히 중요한 사실 하나를 놓고 그 앞에서 어떤 중요한 결정을 해야 할 것을 이제 각성하시기를 바랍니다. 그건 뭐냐면 지금 여러분은 어떤 분기점(crisis)에 서 있는 것이라 말입니다. 그건 뭔가? 참으로 그리스도의 것답게, 그리스도의 제자로 그 뒤를 따라가겠는가! 그러려면 세상을 버리라는 것입니다. 세상을 사랑치 말라는 것입니다. 세상을 버린다, 기세(棄世)라는 것은 불가(佛家)에서 이 세상을 버린다고 하듯 이 세상의 한 부분인 산속에 있는 절로 들어가는 그런 것이 아니에요. 수도원으로 향해서 들어가는 것을 의미하는 것이 아닙니다. 세상을 버린다는 것은 내 마음 가운데 세상에 대한 모든 애착을 포기한다는 것입니다. "이 세상과 세상에 있는 것을 사랑하지 말라. 세상을 사랑하면 하나님의 사랑이 그 속에 있지 아니하니라. 대저 이 세상에 있는 것은 육신의 정욕과 안목의 정욕과 이생의 자랑이니 다 아버지께로 좇아 온 것이 아니요 이 세상으로 좇아 온 것이니라." 요한일서 2장 15-16절에 있는 말씀인데, 세상이나 세상에 있는 것들을 사랑치 말라고 그랬어요. 야고보서 4장 4절 보면 "간음하는 여자와 같은 너희들아" 그렇게 말씀하셨습니다. 오히려 거기 성경 말씀은 "간음하는 여인들이여 세상과 벗 된 것이 하나님과 원수 되는 것을 알지 못하느냐. 그런고로 세상과 벗 되고자 하는 자는 하나님과 원수 되는 것이니라." 이렇게 세상과 벗이 되어서 같이 가겠다고 할 때는 하나님 편으로는 하나님과 원수 되는 것이다 그거지요. 둘 중의 하나를 취하는 것이지 둘을 다 같이 취할 수는 없다는 것입니다.

마치 갈멜 산상에 서 있는 엘리야가 거기에 와서 앞으로 나타날 어떤 큰 현실을 참관하고 증인으로 참석하려고 하는 많은 이스라엘 사람들, 혹은 이스라엘의 대표자들에게 한 말과 같은 것입니다(왕상 18장). 그 앞에는 바알의 선지자 450인이 있고, 아세라의 선지자가 400인, 바알과 아세라를 섬기는 자들이 혹시 중첩되어 있으면 정확하게 850인은 안 될지라도 그러나 굉장히 많은 수의 저쪽 바알 진영의 선지자들을 상대로 하고, 이제 어떠한 것이 참으로 저들에게 중요한 것인가를 가르치는 것입니다. 누구를 좇아야 할 것인가! 백성들 보고 엘리야가 하는 말이 "너희들이 어느 때까지 둘 사이에서 머뭇머뭇하려느냐? 여호와그가 하나님이시면 그를 좇고 바알 그가 하나님이면 그를 좇을지니라"(왕상 18:21) 하니깐 백성들이 한마디도 대답치 못했다고 그랬습니다.

그러므로 정신을 차려야 합니다. 어느 때까지 둘 사이에서 머뭇머뭇하려고 하는 것인가 하는 거요. 주위 환경을 바라볼 때 수많은 사람이 적당한 정도의 기독교를 다 가지고 살고 그런 식의 생각 하에서 교회를 한다고 하고 나아가는 것을 보는 것입니다. 그러나 그들이 가지고 있는 세계관이나 사관이나 물질관이나 사회관이나 또 무엇에 대한 생각이 도저히 이 세상에 있는 다른 불신자들하고 근본적으로 차이가 없는 생각을 가지고 있는 것입니다. 다만 자기가 종교를 하니까 종교에다 회비를 내듯이 의연금을 낸다 하는 정도의 해석밖에 할 수 없는 그런 소위 헌금이라는 것, 연보라는 걸 하고 지내는 것뿐입니다. 이것이 하나님 앞에 무엇이 기쁨이 되고 무엇이 하나님 앞에 용인이 될 것인가 생각해 보세요. 배교하는 교회도 헌금을 많이 해서 배교하는 일을 위해서 열심히 쓰는 것입니다. 교회가 타락하면 마침내 사탄의 교회가 된다고, 우리 교회가 가지고 있는 웨스트민스터 신앙고백서에도 분명히 얘기를 했어요. 점점 타락해서 결국 사탄의 교회도 없는 것이 아니라 말입니다. 교회라고 해서 덮어놓고 다 신성한 것이 아닌 것입니다. 사이비적인 것이 하도 많이 돌아다니는 오늘날 시대와, 또한 도도한 배교의 탁류가 흐르고 있는 이 현실 앞에서는 참으로 참 교회와 그렇지 아니한 것을 바로 분간할 줄 알아야 하는 것입니다.

이렇게 도도한 배교의 탁류 속에서 그저 많은 교회가 따라가는 식으로 따라 나가는 그런 태도는 의미가 없는 것입니다. 그런 태도는 어디서 나오느냐? 교회를 생각할 때, 교회의 행정의 내용을 생각할 때, 또 교회라는 것이 가지고 있는 성격을 생각할 때 이 세상에 있는 다른 종교 단체와 달리 생각 못하는 그것 때문에 그러는 것입니다. 결국 교회라고는 하지만 이 세상에 있는 종교 단체의 하나로 그걸 운영하려고 사람들은 의연금을 내고 회비를 내어 관리해 가면서 여럿이 앉아서 자기네가 결정해 가지고 이대로 하자, 저렇게 하자고 합니다. 한 번도 하나님께서 원칙적으로 가르친 사실을 제대로 배워서 해 보려고 생각조차 아니합니다. 세상에서 자기 비즈니스 하고, 자기 일을 하고 자기 생을 추구하던 그 관념 그대로를 가져다가 이식해서 하고 있더라 말입니다. 이와 같이 세상을 포기하지 아니한 심정을 교회 안에도 끌고 들어와서 교회를 세상으로 끌고 가지, 세상을 포기한 교회를 못 만드는 것이라 말입니다.

이런 현실에서 그런 사람들의 영향이나 그런 사람들의 본을 보고 경우를 따져서 잘잘못을 얘기하지만 그것은 이 세상의 다른 어떠한 사회 단체로서도 가질 수 없는 몰경우한 일이나 불공의한 일이나 이해할 수 없는 괴상한 일들에 대한 비판에 불과한 일일 뿐입니다. 그것이 교회라는 바른 전제(premise)하에서, 하나님이 내리신 계시에 따른 거룩한 도리로 해석한 게 아니라는 것입니다. 그렇다면 그런 것이 다 의미 없는 얘기지요. 거기서 자기네가 틀렸다 맞았다 해 가면서 떠들고, 틀린 건 틀린 것이니까 다시 다른 걸 만들겠다고 할지라도 그러나 그건 이 세상에서도 하는 일입니다. 자기네의 도덕적인 관점이나 자기네가 생각하는 어떠한 일반적인 이치를 따라 균형(balance)을 맞추느라고 어떤 주장들을 거기에 반영시켜서 나가게 하려고 하는 정도에 불과한 것입니다. 하나님이 내리신 거룩한 계시에 입각해서 이 세상을 완전히 포기하고 오직 하나님 나라의 아름다운 것만을 사모하고 그것의 도구가 되려고 하는 정당한 새사람의 심정에서 시작한 것이 아니라 말입니다. 그러한 저회적(低徊的)이고 저급한 것들의 영향을 받아 가지고 그대로 따라 나간다면 결국 무엇이 되겠습니까!

세상을 포기한다는 것

여기 보면 이생의 염려뿐 아니라 재리라는 것도 굉장한 사실로 유혹을 해서 그것이 사실상 아무리 사람이 조용하려고 하더라도 가만 놓아두질 않습니다. 수욕정이풍부지(樹欲靜而風不止)라고, 나무가 고요하려고 하더라도 바람이 그치지 아니할 것 같으면 자꾸 흔들리는 것입니다. 자기는 자기의 현실 안에서 좀 고요히 살고 보람 있게 하나님 나라의 일에 대해서도 좀 배우고 공부하고 살겠다고 하지만 주위의 바람이 그대로 가만히 두지를 않고 그를 다시 일으켜서 여념(餘念)이 없이 만들고 가는 것이에요. 이럴 때에 여념이 없이 되는 것은 완전히 주위의 바람만 탓할 수 있는 것이 아니라 자기의 마음 가운데 그걸 완전히 포기하지 못하는 심정 때문에 그런 유혹과 바람을 맞는 것이라 말입니다. 결국 이 세상은 바람이 있고 유혹이 있는 곳이지요. 유혹이 있고 바람이 있는 이 세상에서 하나님의 나라를 증시하고 살아가려고 할 때 자기 마음이 완전히 무장되고 단속되지 아니하고서는 도저히 할 수가 없는 것입니다.

여기서 이 세상의 염려라는 것이 사실상 우리가 정당하게 노력해서 먹고 입고 쓰고 살고 또 인생으로서 생활에 필요한 여러 가지 것들을 공급하고 나아가는 일을 하나님이 하지 말라고 하신 것이 아닌 것을 주의해야 합니다. 그러나 그것을 하는 동안에 어느덧 이 세상 사람의 본을 받아서 세상 사람 식 사고를 하고 세상 사람 식 생활 감정을 물질을 향해서 가지게 되어서 물질을 사모하고 추구하고 그것으로 인하여 자기 마음의 기쁨이나 행복감을 얻고자 하는 동안에 부지불식간에 이 세상적인 생활 감정이 그를 노예화 하는 것입니다. 그런 것이 자기에게서 떠나게 되어야 완전히 포기한 상태를 자기가 보유하고 살 것인데 떠나지 못했다는 것이 문제인 것입니다.

그러면 그런 마음만 가지면 되느냐? 그렇게 마음만 가지면 다 되는지를 물을 수 있겠지요. 요컨대 그 마음이 자기를 완전히 부인하고 압도적으로 하나님을 사랑하는 그런 사랑이 자기를 지배하고 있을 때에는 경우에 따라서, 문제에 따라서 하나님께 대한 사랑과 자기 부인(否認)의 현실상 태도가 늘 나타나는 것입니다. 그러니 무엇을 지금 하라는 건 아닙니다. 그리고 하나님께서는 각 사람에게 생활에 필요한 것들을 다 주시기를 기뻐하시고 그렇게 생활에 필요하다는 것은 사람에게 반드시 요구되는 것들입니다. 짐승으로서 존재만 하라는 게 아니라 사람으로서 고귀한 정신과 또 고귀한 인격을 발휘하고 살며 하나님께서 주신 거룩한 지혜를 가지고 거룩한 목표를 세우고 나아가는 그 일에 필요한 것들을 주십니다. 즉 하나님께서 세워 주시고 보여 주신 목표를 향해서 이지적으로 합리적으로 나아가는 일에 필요한 자료들을 주신다 말입니다. 지혜도 주시고, 지식도 주시고, 도덕적인 품성도 갖도록 하시고, 물질도 필요한 대로 주시고 생활의 근거도 다 주시고 하는 것입니다.

이런 근본적인 하나님의 모든 비치, 준비, 나를 위해서 마련해 놓으시는 것, 이것들을 포기한다는 게 세상을 포기하는 게 아니라 말입니다. 그건 포기할 수 없는 사실이에요. 왜냐하면 사람이 자기 목숨이 끊어지기까지는 목숨을 유지해야 하는 것입니다. 그러나 세상을 포기한다는 것은 이 세상에 대한 자기의 애착이나 요구나 또 무슨 이상이라는 미명하에서 출세를 하고 자기의 생을 가치화하고 보람 있게 해보려고 하는 이런 정신에서 떠나 버려야 한다는 것입니다. 세상을 포기하려면 먼저 자기가 부인되어야 하는 것입니다. 자기 자신이라는 것이, 나라는 것이 먼저 드러나지 아니해야 합니다. 그리고 자기 자신이라는 것이 부인되려면 자기가 정당하다고 하고 자신이 높다고 하던 것들을 일단 무가치한 것으로 여기는 마음이 들어가야 합니다. 사도 바울 선생의 그 위대한 정신, 성경에서 보이신 그 거룩한 정신을 우리도 체험을 해야 한다 말입니다. 사도 바울 선생은 자기가 자랑할 만한 정신적인 것과 계통적인 것과 사회적인 것들을 쭉 나열한 다음에 그러나 전에 내가 가치 있게 여기는 걸 다 무가치하게 여긴다. 그런 것을 차라리 배설물로 여기고 다 진토(塵土)로 여기는 것은 그리스도를 알고 그를 소유하는 것이 더 고귀한 것인 걸 깨달아서 그렇다고 하였습니다(빌 3:4-9).

자기 부인과 마음의 작정

빌립보서 3장 5-6절에 그런 말씀이 나오죠? 5절부터 읽겠습니다. "내가 팔일 만에 할례를 받고 이스라엘의 족속이요 베냐민의 지파요 히브리인 중의 히브리인이요 율법으로는 바리새인이요 또 열심으로는 교회를 핍박하고 율법의 의로는 흠이 없는 자로라." 7절에 "그러나 무엇이든지 내게 유익하던 것을 내가 그리스도를 위하여 다 해로 여길뿐더러 또한 모든 것을 해로 여김은 내 주 그리스도 예수를 아는 지식이 가장 고상함을 인함이라. 내가 그를 위하여 모든 것을 잃어버리고 배설물로 여김은 그리스도를 얻고 그 안에서 발견되려 함이니 내가 가진 의는 율법에서 난 것이 아니요 오직 그리스도를 믿음으로 말미암은 것이니 곧 믿음으로 하나님께로서 난 의라."(7-9절) 여기 볼 것 같으면 과거에 자기가 정신적으로 가치 있게 여기고 이스라엘 사람이 소중히 여기는 여러 가지 조건들과 자격들조차(그것이 자기 생의 보람을 이룰 것들이었는데) 그것조차 다 이제는 해로 여겼다. 왜냐? "전에는 무엇이든지 내게 유익하던 것, 사도 바울 선생이 말하는 자기에게 유익하다는 것은 그런 자기를 가치화 하던 것들인데 그것을 내가 그리스도를 위하여 다 해로 여길뿐더러 또한 모든 것을 해로 여기는 것은 내 주 그리스도 예수를 아는 지식이 가장 고상함을 인함이라. 내가 그를 위하여 모든 것을 잃어버리고 배설물로 여김은 그리스도를 얻고 그 안에서 발견되려 함이니." 이와 같은 정신은 사도 바울 선생만 혼자 그렇게 하라는 것이 아니죠? 이것은 바울 선생의 고백에 의하여 참된 그리스도인이 가져야 할 정당한 태도를 보인 것입니다.

바울 선생의 경우 물질은 그만두고 자기에게 훨씬 고상하다는 정신적인 가치, 그것도 어느 한 시대의 이 세상 사람의 가치에 불과한 것이 아니고 이스라엘처럼 하나님의 언약 가운데에서 그것을 산출해낸 위대한 역사상의 가치가 곧 히브리주의였고 히브리적인 중요한 가치였던 것입니다. 그런데 바울 선생은 그런 것도 다 해로 여겼어요. 율법의 의로는 흠이 없다는 사실은 그만큼 율법의 의로도 그는 가치 있던 사람이었는데 그것조차 포기했다는 것입니다. 자기가 인간 생활로서 하나님의 의의 표준을 보이신 거룩한 율법을 자기가 준수하고 살아갈 때 흠이 없이 준수를 했는데 그와 같은 사실도 이 세상의 도덕적인 교훈이 아니고 하나님의 율법이었습니다. 그것을 자기가 흠 없이 지킨 사실까지도 다 해로 여겼습니다. 그리고 전에 그렇게 유익하다고, 가치 있는 것이라고 얘기했던 것을 포기하는 이 정신이 바로 세상을 버리는[棄世] 정신입니다.

이렇게 해서 온전히 하나님만을 생각하고 하나님께서 보이신 푯대만을 향하여 달음질한 것이 사도 바울 선생의 생애였습니다. 내가 달려갈 길을 다 달려갔다! 혹은 내가 선한 싸움을 싸웠다! 그리고 내 믿음을 지켰다! 마침내 이렇게 얘기할 수 있던 그런 생애를 보낸 것입니다. 그런데 이런 문제에 대해서 우리가 주의해야 할 것이 있어요. 누구든지 그리스도의 것으로 그리스도의 거룩한 영광의 도구로 확호하게 서서 이 세상에 보내신 본의에 합당한 생활을 하고자 한다면 바로 그리스도 앞에서 작정을 하는 것입니다. '내가 비록 연약하여서 때때로 세상으로 끌려 나가고 비꾸러지고 자빠질지라도 주께서 나를 불쌍히 여기사 한번 내가 내 마음 가운데에서 주 앞에 작정한 것을 변치 않고 지켜 나가도록 하게 해주실 것을 기도합니다.' 이렇게 구체적이고 합리적으로 기도할 수 있는 사실은 자기 마음의 확실한 결심을 하나님 앞에 먼저 고백하는 것입니다. 자기가 입으로 고백을 안 할지라도 하나님께서는 아시지만 그러나 하나님 앞에 자기 자신에 대한 신실성을 지키기 위해서라도, 그러니까 자기 자신의 명확한 태도를 취하는 획기적인(epoch-making) 일을 자기가 이루기 위해서라도 고백을 하는 것입니다. '주여 나는 주께 모든 걸 바치고 하나라도 내가 내 스스로를 주장하지 않고 내 것이라고 생각지 않으며 이 세상을 온전히 포기하겠습니다. 나를 받으시고 원하시는 대로 마음대로 하시옵소서. 사사건건에 주께서 날 지시하시고 가르치시고 내 뜻대로 하지 않게 하옵소서. 세상의 때 묻은 생각과 세상 사람의 풍속을 좇아서 행하던 나의 생활, 나의 생활 감정, 이런 것들을 다 주께서 씻어 주시고 정결케 바로 세워 주시옵소서' 하고 기도해야 할 것입니다.

이런 사실이 있은 다음에 비로소 하나님의 말씀을 향해서 귀를 기울이고 정신을 차려야 말씀이 또한 나에게 무엇인지를 비췰 것입니다. 그런 확실한 마음의 작정이 있어야, 그런 새로운 인간으로서 생활 태도가 명백해야지만 참으로 자기 생활에 대해서 비신국적인 요소가 침입하는 것을 없애고 방어할 수가 있습니다. 자기에게 남아 있는 잘못된 것을 제거하는 용단을 내리면서 세상의 염려와 재리의 유혹과 기타의 일락으로 말미암아서 자기 속에 들어온 하나님의 거룩한 계시의 내용을 막아서 아무 발전이 없게 하는 이런 무결실의 생활을 하지 않아야 합니다. 주께서 결실을 요구하실 때 아무것도 보여 드릴 것이 없고 껍데기만 허울 좋게 퍼런 잎사귀가 난 무화과나무같이 되지 않아야 합니다. 그래야 참으로 주께서 원하시는 열매를 드릴 수가 있게 될 것입니다.

이런 기본적인 태도가 있어야만 주께 지혜를 구해서 인도해 주시기를 바랄 수도 있고, 또한 이런 기본적인 위치에 서 있어야만 우리가 하나님 앞에 기도를 하더라도 그 기도가 의미 있는 기도가 되는 것입니다. 그렇지 아니하면 죄에 대한 회개와 또한 내가 그러지 못한 위치에서 그런 위치로 올라가기 위한 기도만이 가장 의미를 가지는 것입니다. 그 이외에 밑에서만 뱅뱅 도는 저급한 자기의 정욕 가운데서 자기가 스스로 주(主)가 되어 자기를 운전하고 나아가려는 길에서 무엇이 모자라니까 '주십시오' 하며 하나님을 공리적으로 이용하려고 하는 그런 종교는 참된 의미의 거룩한 기도의 의미를 못 가지는 것입니다.

기도

사랑하시는 주님, 저희를 불쌍히 여기사 주님이 저희에게 말씀하신 그 거룩한 조건들에 대해서 심각하게 생각하게 하시고 확실한 태도를 취하고 주님을 참으로 믿고 의지하고 살게 하시며 주님이 원하시는 길이 무엇인가를 깨달아 알게 하옵소서. 주여 이 거룩한 도리를 더 깊이 깨달아 알게 저희를 인도하여 주시고 이리하여 주께서 이 세상에서 건져내신 크신 뜻을 이루게 하여 주옵소서.

우리 주 예수 이름으로 기도하옵나이다. 아멘.

1978년 2월 5일

10 강

바리새인들의
기도
배경

마태복음 6:1-15

¹ 사람에게 보이려고 그들 앞에서 너희 의를 행치 않도록 주의하라 그렇지 아니하면 하늘에 계신 너희 아버지께 상을 얻지 못하느니라 ² 그러므로 구제할 때에 외식하는 자가 사람에게 영광을 얻으려고 회당과 거리에서 하는 것같이 너희 앞에 나팔을 불지 말라 진실로 너희에게 이르노니 저희는 자기 상을 이미 받았느니라 ³ 너는 구제할 때에 오른손의 하는 것을 왼손이 모르게 하여 ⁴ 네 구제함이 은밀하게 하라 은밀한 중에 보시는 너의 아버지가 갚으시리라 ⁵ 또 너희가 기도할 때에 외식하는 자와 같이 되지 말라 저희는 사람에게 보이려고 회당과 큰 거리 어귀에 서서 기도하기를 좋아하느니라 내가 진실로 너희에게 이르노니 저희는 자기 상을 이미 받았느니라 ⁶ 너는 기도할 때에 네 골방에 들어가 문을 닫고 은밀한 중에 계신 네 아버지께 기도하라 은밀한 중에 보시는 네 아버지께서 갚으시리라 ⁷ 또 기도할 때에 이방인과 같이 중언부언하지 말라 저희는 말을 많이 하여야 들으실 줄 생각하느니라 ⁸ 그러므로 저희를 본받지 말라 구하기 전에 너희에게 있어야 할 것을 하나님 너의 아버지께서 아시느니라 ⁹ 그러므로 너희는 이렇게 기도하라 하늘에 계신 우리 아버지여 이름이 거룩히 여김을 받으시오며 ¹⁰ 나라이 임하옵시며 뜻이 하늘에서 이룬 것같이 땅에서도 이루어지이다 ¹¹ 오늘날 우리에게 일용할 양식을 주옵시고 ¹² 우리가 우리에게 죄 지은 자를 사하여 준 것같이 우리 죄를 사하여 주옵시고 ¹³ 우리를 시험에 들게 하지 마옵시고 다만 악에서 구하옵소서 (나라와 권세와 영광이 아버지께 영원히 있사옵나이다 아멘) ¹⁴ 너희가 사람의 과실을 용서하면 너희 천부께서도 너희 과실을 용서하시려니와 ¹⁵ 너희가 사람의 과실을 용서하지 아니하면 너희 아버지께서도 너희 과실을 용서하지 아니하시리라.

10강
바리새인들의
기도 배경

외식자의 기도 문제

마태복음 6장 1-15절까지를 우리가 읽었는데 이 마태복음 6장 1절에서부터 볼 것 같으면 거기 특별히 산상보훈 가운데 나타난 중요한 것들의 몇 가지를 볼 수가 있습니다. 특별히 6장 1-18절까지를 하나의 구분으로 생각하면 6장 1절에 "삼가 사람에게 보이려고 너희의 의를 행하지는 말아라. 그리하면 하늘에 계신 너희 아버지께 상을 얻지 못하는 것이다" 하는 중요한 선언이 있습니다. 그 선언 하에서 그와 같은 예를, 즉 사람들이 사람 앞에서 자기의 의를 과시하는 예를 세 가지 방면에서 뽑아서 그릇된 신국관이나 그릇된 의관(義觀)이라는 것, 의에 관한 그릇된 관념, 그것을 시정해 주시는데 거기에서 세 가지 방면의 중요한 예를 드셨습니다. 첫째는 구제할 때에 어떻게 하는가, 둘째는 사람이 기도할 때 어떻게 하는가, 셋째는 금식할 때 어떻게 하는가 하는 이 세 가지를 가지고 예를 드셨습니다. 이것이 마태복음 6장 2-18절까지에 세 가지의 예로 나타나 있는데, 2-4절까지는 구제, 시제(施濟)하는 문제, 5-15절까지는 기도에 관한 문제, 또 16-18절까지는 금식에 관한 문제를 말씀을 하시되 사람에게 보이려고 의를 행하는 예를 드셔서 주의시킨 것입니다.

　우리가 그 동안 기도에 대해서 공부를 했는데 여기서도 계속해서 기도에 대하여서 공부를 해보겠습니다. 그런고로 마태복음 6장 1-18절까지에 있는 이 세 가지 유례(類例)를 다 배우는 게 아니고 특별히 5-15절까지 있는 기도에 대한 것을 뽑아서 생각하는데, 이 5-15절까지도 세 가지로 구분해 볼 것 같으면 첫째, 5절과 6절은 어떠한 기도의 모양, 기도의 태도를 들어 그렇게 하지 말라 하신 것이고, 또 7절과 8절은 또 별다른 기도의 잘못된 모양을 들어서 그렇게 하지 말라고 하신 것이고, 그다음 9-13절까지는 그러면 어떻게 기도할 것인가? 이렇게 기도해라 하시면서 주님이 기도를 가르쳐 주신 것인데 이 기도가 곧 우리가 주일날마다 주께 드리는 주기도입니다.

　주님이 가르치신 기도에 대해서는 13절로 기도 본문은 끝나고 14절과 15절은 그중 한두 가지를 보충해서 설명해 주시는 것입니다. 이렇게 해서 기도에 관한 산상보훈의 가르침 가운데에는 마태복음 6장 5-15절에 중요한 것이 나타나 있습니다. 방금 전 말한 대로 마태복음 6장 5-8절까지에 기도에서 옳지 아니한 태도, 사람들은 그게 옳다고 생각할지언정 그러나 진정으로 바로 생각할 때 원칙상으로 옳지 아니한 기도의 태도나 상태를 지적하시면서 시정하신 것이 두 가지로 나타나 있습니다. 그 중 첫째 가지가 5절과 6절인데, 오늘은 5-6절에 있는 말씀을 잠시 생각하겠습니다.

　"또 너희가 기도할 때에 외식하는 자와 같이 되지 말라. 저희는 사람에게 보이려고 회당과 큰 거리 어귀에 서서 기도하기를 좋아하느니라. 내가 진실로 너희에게 이르노니 저희는 자기의 상을 이미 받았느니라. 너희는 기도할 때에 네 골방에 들어가 문을 닫고 은밀한 중에 계신 네 아버지께 기도하라. 은밀한 중에 보시는 네 아버지께서 갚으시리라." 이러한 말씀들입니다. 어떤 잘못된 것 하나를 특별히 지적해 주셨는데 어떤 외식하는 사람들처럼 기도할 때에 회당이나 큰 거리 어귀에 서서 사람들에게 보이려고 그렇게 기도하지 말라는 것입니다. 이것은 물론 어떤 사람이든지 자기가 '나는 이렇게 하나님한테 가까이 하고 늘 기도한다' 하는 것을 뵈려고 하는 것을 나무라신 말씀으로 생각하기가 쉽습니다. 어떤 사람이 그렇게 천박한 생각을 가지고 자기의 종교적인 행동을 다른 사람에게 자랑하고 싶어서 하는 그러한 태도를 물론 우리가 다 나무랄 것이고 그런 것은 두말할 것도 없이 비천한 것이라고 다 생각하는 것입니다.

그런데 예수님께서 그렇게 사람들 가운데서도 아주 비천한 사람의 예를 들어서 그런 짓을 하지 말라고 말씀하신 것인지를 우리가 생각하게 됩니다. 이런 사람들이 그렇게 많은 건 아닙니다. 누군가가 자기의 종교에서 얼마나 진실하고 열심이 있다는 것을 다른 사람에게 보이려고 자랑하고 싶어서 돌아다닌다면, '그 사람 그렇게 도를 닦는 거라든지 수양하는 것이 다 헛것이라'고 생각하는 것은 누구에게나 흔히 있는 일입니다. 안 믿는 사람일지라도 그렇게 자기의 덕과 어떤 종교적인 열정을 다른 사람에게 과시하고 자랑하고 돌아다니는 걸 볼 때에는 저 사람 좀 정신없다든지 덜됐다든지 대단히 사람이 유치하다고 평할 것입니다. 조금 식자

(識字) 있는 사람으로서는 그리스도인이었든지 아니었든지 불구하고 그것을 비난하고 빈천하게 본다는 것을 우리가 다 잘 압니다. 그러면 예수님께서도 이와 같이 신자의 안목으로 안 보고 가령 보통 사람의 안목으로라도 도덕적인 판단을 하거나 정신이 있는 사람의 눈으로 볼 때 대단히 천박한 일, 빈천한 일이라고 타매(唾罵)하고 깔볼 정도의 잘못을 끄집어내서 '너희들이 이런 짓을 해서는 아니 된다'고 말씀하셨겠는가 말입니다.

하나님 나라의 성격을 선언한 산상보훈

여러분, 이 산상보훈이라고 하는 것은 가장 고귀한 하나님 나라 성격의 선언입니다. 산상보훈의 성격을 한마디로 말할 때 그런 일종의 선언서(manifesto)라고 할 수 있습니다. 그런 것에 하필 왈 기도에 대해서 중요히 간단하게 선언해 나가실 때 이런 인간 가운데 도덕적으로 가장 빈천한 것들을 적발해 가지고 그걸 타매하시면서 너희들은 그렇게 하지 말라고 하는 정도이겠는가? 산상보훈이 요구하는 가장 고귀한 위치에서 볼 때 그런 것이 그렇게 문제가 되는 것은 아닙니다. 산상보훈의 위대한 정신을 볼 때에 제일 처음에 축복을 말씀하셨습니다. 즉 '행복스러운 사람들아!' 하는 것을 말했습니다. 어떤 사람들이 행복스런 사람들인가? 행복스런 사람들은 첫째 마음이, 심령이 가난한 사람이다. 다른 말로 말하면 어떤 영적인 사실에 대해서 항상 빈곤을 느끼고 사는 사람이라는 얘기입니다. 애통하는 사람이라든지 온유한 사람이라든지, 우리가 말하는 팔복이라는 것, 여덟 가지의 복에 대해서 말씀을 하셨습니다. 그 여덟 가지의 축복에 대한 말씀을 쭉 하시는 거 보면 그게 보통 일반적인 도덕적인 상태 정도를 말씀하신 것이 아닙니다. 그것은 훨씬 고도적인 도덕적 상태를 얘기합니다.

다시 한번 말하자면 심령이 가난하다 하는 이것도 고귀한 도덕적인 상태입니다. 그다음 애통한다는 것도 자기의 부족에 대해서 슬퍼하는 것입니다. 결국 자기의 영적인 사실에 대한 결핍을 항상 느끼고 빈곤을 느낄 때 마음의 슬픔이 그로 말미암아 생기는 것입니다. 돈이 없어서 먹고 살 길이 없어서 슬퍼하는 게 아닙니다. 그렇지 아니하면 인간적인 정리(情理) 관계에서 누가 떠났다고 해서 슬퍼하는 것보다는 오히려 자기 자신이 신령한 표준에 비출 때 너무도 빈천하고 빈곤한 것을 느낄 때 깊이 마음에 애통을 느낄 수 있다 할 것 같으면 그건 고귀한 상태입니다. 온유하다는 것도 그다음의 귀중한 복입니다. 즉 하나님께서 무엇을 보이시고 말씀하실 때 거기에 대해서 항의하지 않고 저항을 해보려고 하지 않고, 제 마음대로 해보려고 하지 않고 '아! 하나님의 대권과 지극히 선하신, 또 지극히 지혜로우신 마련에 의하여 나에게 보이신 큰 뜻인 까닭에 두말할 것 없이 나는 순종한다'는 것입니다. 항상 그 마음이 하나님을 순종하고자 기다리고 있는 이런 마음의 상태가 또 얼마나 귀한가! 그뿐더러 사람이 의에 주리고 목마르다는 것도 참 고귀한 상태입니다. 사람들은 다 인간적인 부(富)에 주리고 목마른 것같이 정력을 다 들이고 자기의 세월과 생명을 거기다 불어 넣고서 그걸 얻으려고 추구하고 다니는데, 그런 게 아니라 오히려 의에 대해서 그렇게 기갈을 심하게 느끼고 있고 그걸 추구한다고 할 것 같으면 달리 여타의 일에 전력을 기울일 마음의 여유가 없어지는 것입니다. 또한 남에게 대해서 자비를 베푸는 것, 즉 긍휼히 여긴다는 것 그것은 마음이 그렇게 관대하고 마음에 그렇게 사랑이 늘 차 있다 하는 상태를 의미합니다. 그다음에는 마음이 청결하다 할 때는 깨끗한 심정을 가진다는 말입니다. 불의하고 궂은 심정이라든지 탐욕과 정욕이 자기를 지배하고 있지 아니하고 늘 맑고 아름다운 심정으로 하나님께 대하고 사람에게 대하고 나가는 심정, 그런 청결한 심정은 고귀한 도덕적인 상태입니다.

그다음에 화평케 하는 자는 또한 행복스러운 사람이라 했는데, 왜냐하면 저희가 하나님의 아들이라고 칭함을 받는다고 그랬습니다. 화평케 한다 하면 어디 가든지 그 자신이 가지고 있는 인격적인 향기와 가지고 있는 거룩한 사상이 어떤 사실에 그냥 덮어놓고 싸움하지 말고 평화하라는 그런 단순한 얘기가 아닙니다. 하나님과 원수 된 사실에서 서로 화목한 상태, 화해된 상태 그래서 참된 화평을 하나님께로부터 받도록 하는 심정입니다. 이런 것은 그 마음 가운데 평화라는 것, 화평이라는 것이 참으로 어디서부터 나오는 것이며 어떻게 해야만 그것이 성립되는 것인가를 잘 알 뿐 아니라 자기가 그 상태 가운데 늘 살아 있으면서 다른 사람에게도 그 상태가 미칠 수 있도록 인도해 나가는 일입니다. 그뿐 아니라 그와 같은 화평이라는 것의 근원(source)이나 또 그 길의 인도를 어떻게 하는 것인가를 알고 있는 사람, 그래서 다른 사람을 거기로 인도해 주는 사람이라면 그건 오직 모든 참된 화평, 평화의 왕이신 하나님과 그런 깊은 관계를 지니고 있고 또 하나님께서 주신 거룩한 품성을 가진 사람인 까닭에 다른 사람이 볼 때 저야말로 하나님께로부터 온 사람이다, 즉 하나님의 아들이라고 일컬음을 받는 그런 사람이 될 거라 말입니다.

그리고 그다음 의를 위하여서 핍박을 받는다는 것이 있는데 그 생활이 얼마나 의에 대해서 민감하고 명백하고 철저한가! 다른 사람, 특별히 흑암의 세력이 그러한 사람의 존재를 용인할 수 없다 해서 핍박할 정도에 이르는 것입니다. 누구든지 그리스도 안에서 경건히 살고자 하는 자는 핍박을 겸하여 받는 것인데 이런 사람은 자연스레 또한 핍박을 받는 것입니다(딤후 3:12). 그중에서 특별히 예수 그리스도의 이름으로 모욕[詬辱, 후욕]을 받고 핍박을 받고 또 비방을 받는 사람들, 이것은 그만큼 도덕적으로 고귀한 상태 가운데 있음으로 자연히 흑암의 세력과 충돌이 일어나 흑암의 세력이 그걸 용인치 못하고 이 세상이 그를 그냥 두어 두기를 원치 아니해서 핍박하는 것이라 말입니다. 그런고로 "세상이 너희를 미워하면 너희를 미워하기 전에 세상이 날 먼저 미워했느니라"(요 15:18)고 하신 우리 주님의 말씀대로 그러한 고귀한 위치에 있는 사람들을 산상보훈에서 먼저 전제로 크게 내놓은 것입니다.

그리고 그다음에 이 6장에 들어와서 이 구제라든지 기도라든지 금식이라는 유례를 독특하게 들어서 말씀하시기 이전에 앞서 5장에서 하신 말씀의 큰 것들은 또 무엇입니까? "너희는 세상의 빛이다" 하는 것, "너희는 세상의 소금이다." 그다음에는 율법과 선지자와 우리 주님과의 관계를 선언하시고, 그런고로 율법을 폐하러 온 줄로 생각하지 마라. 내가 하나의 반동 세력을 만들려고 온 것이 아니다. 나는 오히려 율법의 미비를 완성케 하려고, 성취케 하려고 온 것이다. 그런고로 그런 것을 혹은 안 가르친다든지 폐한다든지 하는 것이 얼마나 잘못인 것을 여기서 지적하시고, 천지가 없어지더라도 일점일획의 율법도 없어지지 아니한다. 천지가 없어지기까지는 일점일획도 폐해지지 아니할 것이다, 하는 말씀으로 율법의 존중성을 표하시고, 그것이 이 천지가 없어지는 그 시간까지 필요한 필요성을 얘기하신 것입니다. 그런 다음에는 율법의 문제 가운데 중요한 것을 들어 말씀하셨습니다.

율법의 원리적이고 본질적인 중요한 것이 계명인데, 이 계명이 가지고 있는 두 개의 부분, 첫째 사람이 하나님께 대해서 어떻게 해야 하는가 하는 문제, 그다음에 하나님의 나라에서 사람과 사람끼리는 서로 어떻게 하고 사는 것인가 하는 것을 중요히 가르칩니다. 십계명 열 조목 가운데에서 제1조에서 제4조목까지는 사람이 하나님께 대해서 어떻게 해야 할 것인가를 보이셨고, 제5조부터 10조목인 끝까지 그러니까 6개의 조목에 걸쳐서 사람과 사람끼리는 어떻게 해야 할 것인가를 가르친 것을 여러분 다 잘 알 것입니다.

그중에 다섯째, 맨 처음에 나오는 사람끼리의 관계에서는 자식과 부모의 관계를 얘기해서 부모를 공경을 해야 한다는 것입니다. 그러나 그다음의 문제는 좌우로 퍼져서 사람은 사람에게 어떻게 하라는 생명의 존중성, 또 인명의 존엄성이라는 것을 심히 강조하셔서 살인하지 말라. 그다음에는 사회의 정결이라는 것을 가르쳤지요. 사람과 사람끼리의 관계와 또 사람과 사람끼리 관계에서 성립되는 이 사회라는 것은 어떻게 정결하게 질서 있게 깨끗하게 보존해야 한다는 이야기로서 거기 간음하지 말라 하는 말이 있습니다. 특별히 이 제6계명과 7계명을 들어서 그 계명이 나타난 원칙과 정신을 하나님 나라라는 성격에서 볼 때에 무엇인가를 구체적으로 보이신 것입니다. 그 원칙이 무엇인가, 원래 하나님의 거룩하신 뜻이 무엇인가 하는 것을 우리 주께서 보여 주시는 것이 거기 나타나 있습니다. 이런 것들을 볼 때 계명의 정신이 얼마나 고귀한가를 우리가 알 수 있습니다.

하나님께서 승인·금지하시는 자리

보통 십계명의 문면(文面: 문장에 나타난 대강의 내용)에만 나타나 있는 것, 보통 사람이 가지고 있는 도덕적인 상태와 레벨에서 생각하던 그런 것과는 훨씬 달리 깊고 또 고도적인 것을 거기서 가르치시고 말씀하시는 것을 우리가 볼 수 있습니다. 그뿐만 아니라 맹세의 교훈을 가르치셨는데, 사람과 사람끼리 사이에서 서로 거래(transaction)할 경우 필요한 것이 신뢰와 약속입니다. 상호의 신뢰에서 서로의 신뢰를 보증해야만 하겠다 해서 맹세를 하고 서로 무슨 서약을 하고 계약을 합니다만, 이 문제에 대해서 더 중요한 사실, 하나님 나라에서 중요한 것은 도대체 그런 맹세가 없이 말 자체가 항상 신뢰성 있는 생활을 해야만 한다는 걸 얘기하시며 "맹세하지 말라"고 하셨습니다. 그러나 맹세를 덮어 놓고 하지 말라는 게 아니라 그보다는 더 한 발 올라가서 신뢰성 있는 언어, 언동을 함으로써 시(是)는 시고 비(非)는 비라고 해라! 무엇이든지 이에서 지나쳐 나갈 것 같으면 '그 악'에서 나오는 것이다. 즉 악한 자 사탄에게서 나오는 일이 되는 것이다. 흑암의 세력 가운데서 비로소 사람은 불신하게 하고 불신 때문에 그것을 보충하려고 어떤 법망, 소위 계약이라는 것으로 얽어매게 되어 있다는 것입니다. 하나님 나라의 형성은 그런 식으로 되어서는 안 된다는 것입니다.

그다음에는 율법에서 매우 중요한 평형의 관계, 눈은 눈으로 이는 이로 갚는다는 문제에 대해서 그 원칙이 무언가를 밝히셨습니다. 그것을 당시에 법조화(法條化)해서 나타낸 것이 어떤 연유에서 나왔는지를 우리가 비로소 깨닫고 생각해 나갈 수 있게 위대한 근원, 법원(法源)이라는 것을 우리에게 알아볼 수 있게 이르신 것입니다. 그리고 5장 마지막에 가장 근원상 중요한 문제가 마음 가운데 있는 사랑이다 하는 것을 가르쳤습니다. 마태복음 5장 43-48절까지 마지막 여섯 절에 걸쳐서 원수를 사랑한다 하는 독특한 문제, 그리고 사랑을 가장 명백하게 설명할 수 있는 중요한 사례, 유례를 들어서 말씀하신 것입니다.

이와 같이 차츰차츰 고도적인 위대한 세계의 실상을 우리 앞에 전개시켜 놓고서 이제 6장에 썩 들어와서는 "삼가 사람에게 보이려고 너희 의를 사람 앞에서 행하지 않도록 주의를 해라" 하는 이 말씀을 했다면 이것은 그러면 뭔가 하는 것을 생각해야 할 것입니다. 아까도 말한 거와 같이 보통 세상의 불신자라도 조금 점잖고 도덕적인 사람 같으면 타기(唾棄)하고 타매하고 무시할 만한 도덕적인 빈천성을 여기서 특별히 예수님께서도 지적하시며 그러지 말라 하신 것인가? 누군가가 자기의 종교 열정을 남에게 보여서 나는 이만큼 종교적으로 열정이 있다고 한다면 그것 사실 도를 닦는 사람으로는 너무나 빈천한 얘기입니다. 자기가 무슨 선을 행하고도 자기가 선을 행했다고 생각했을까 봐 주의를 하는 것이 기독교에만 있는 것이 아니라 불교에도 있는 문제이지요. 불교에 아상(我相)을 떼어 버린다 하는 중요한 얘기가 있지 않습니까? 그래서 허다한 많은 선과 인도적인 일을 피골이 상접하도록 하고서도 자기가 좋은 일을 했다고 생각할까 봐 가장 송구히 생각하고 마음에 두렵게 생각했다는 도를 닦던 중의 얘기도 있지 않습니까? 원효대사의 일화입니다.

그런데 하물며 그리스도인의 거룩한 도리 안에서 자기라는 것이 어떤 좋은 일을 했다, 선을 했다고 나타내는 것도 빈천한 일이거든 하물며 제 정신적인 복리를 얻어 보고자 열심을 내어 기도하고 혹은 열심을 내서 무슨 구제 사업도 해보고 금식도 하고 하면서 그것을 남에게 보여 준다고 한다면 그것같이 빈천하고 너절한 일이 어디가 있겠는가 하지 않겠습니까? 안 믿는 사람이라도 그렇게 아상을 떼려고 노력하고 그것을 생각하고 있는 불신자 혹은 이교적인 도인이라도 그걸 빈천시할 것입니다. 그런데도 불구하고 여기서 마치 그런 것을 들어서 말한 것같이 생각한다면, 지금까지 우리 주께서 죽 펼쳐 오신 고도적인 천국의 아름다운 상태, 하나님 나라의 아름다운 모습에 비교해서는 너무나 대조적인 별다른 세계를 보여준 것 아닌가요? 사실상 우리 주께서 우리에게 가르치시는 중요한 문제는 그러한 데가 있는 것이 아님을 우리가 좀 더 깊이 생각하면 깨달을 수가 있습니다. 대체로 우리 주께서 그저 당하는 대로 조금 잘못한 것이 있으면, 혹은 세상 사람 보기에 누가 보든지 다 타매할 만한 일이 있을 것 같으면 그걸 두고 시시하다, 그런 짓 하지 말라, 하고 일일이 소위 우리말로 말할 때 잔소리를 하시는 그러한 말을 쓰신 일이 없습니다.

가령 제6계명에 살인하지 말라 하는 말을 했을 때도 법조문에는 그렇게 쓰여 있지만 우리 주님께서 하나님 나라에서 가지는 거룩한 사상과 거룩한 정서를 펼쳐 보이실 때에는 단순히 그 살인이라는 말을 평범하게 요즘 말하는 외면적인, 법적인 살인이란 의미로 제한하지 않으셨습니다. 그보다도 오히려 마음 가운데 있는 미움 그것 자체를 적시하셨습니다. 마치 요한일서에 있는 말씀과 같이, "형제를 미워하는 자는 곧 살인하는 자니라"고 하셨습니다. 요한일서 3장 15절에 있는 말씀인데, "그 형제를 미워하는 자마다 살인하는 자니 살인하는 자마다 영생이 그 속에 거하지 아니하는 것을 너희가 아는 바라." 그리고 "우리가 형제를 사랑함으로 사망에서 옮겨 생명으로 들어간 줄을 알거니와 사랑치 아니하는 자는 사망에 거하느니라." 이것이 14절에 있는 말씀이에요. 그러면 이러한 말씀에 의해서 결국은 우리 주께서는 하나님 나라에서 살인하지 말라는 것은 어디까지 적용되는 말인가, 무엇인가 하는 것을 우리에게 가르쳐 주시는 것입니다.

그런데 지금 6장에 들어와서 사람 앞에 보이려고 너희 의를 행하지 않도록 주의해라 하십니다. 행의(行義)를 한다, 특별히 종교적인 "의(義)를 사람에게 보이려고 그들 앞에서 행치 않도록 주의하라. 그러지 아니하면 하늘에 계신 너희 아버지께 상을 얻지 못하느니라"(1절) 하신다 말입니다. 이렇게 사람 앞에 보이려고 하는 행의의 문제가 어디까지 미치는 이야기인가를 여기서도 우리가 바로 생각해야 합니다. 법이 모든 사람이 잘 알 수 있는 어떤 비행(非行)이나 악덕을 적발해서 그것을 행치 말라고 금령(禁令)을 했을 때 그 금지 명령의 범위 혹은 미치는 바가 어디까지인가? 물론 이 세상 사람은 세상 사람으로서 볼 수 있는 한계라는 것이 외면뿐인 까닭에 그 외면에 한정하는 것입니다. 가령 그 사람이 자기의 중심에 살의가 있어서 사람을 죽였다고 말한다고 할 것 같으면 그 말을 중요히 참작을 해서 '이것은 단순한 과오가 아니고 분명히 고의로, 살의를 가지고 행한 것이다' 해서 훨씬 그 형벌을 중하게 하는 것을 잘 아실 것입니다. 하지만 그런 정도이지 그 이상 가지고 있는 중요한 원인이라든지 동기라든지를 사람이 더 캐 보아도 알 수 없을 때에는 더 캘 길이 없는 것이지요. 그러나 하나님께서는 사람의 심정을 꿰뚫어 보시고 폐부(肺腑)를 살피는 까닭에 그 사람이 어디서부터 출발을 해 가지고 그 말을 하고 또 그런 행동을 했는가에 대해서 다 알고 계십니다. 하나님 나라는 그 출발점이 하나님이 보시고 승인하시는 데서 항상 시작하는 까닭에 하나님께서 보시고 승인하시는 그 자리, 하나님께서 보시고 금지하시는 그 자리, 그것을 규명하는 것이 중요한 일입니다.

민중 교도를 의도한 바리새인들의 기도

살인이라는 문제가 하나님께서 보실 때는 이렇게 증오가 마음 가운데 싹트는 거기서부터 출발하는 것이고 그런고로 살인하지 말라는 것은 거기까지 적용되는 말입니다. 즉 증오의 마음을 가지면 아니 된다! 만일 네 마음 가운데 증오의 심정을 가졌다 할 것 같으면 그것이 곧 살인하는 죄를 행동으로 이끌고 나가는 중요한 동인(動因)이 되고 상태가 되는 까닭에 그 상태 자체는 죄악적인 것이다, 하고 말씀하시는 것입니다. 이와 같은 점에서 사회의 청결 맹세라는 문제들도 다 말씀을 하셨습니다. 하지만 이렇게 종교적인 의를 행하는 문제, 그것도 사람에게 보이려고 하는 문제를 말씀하실 때 우리 주께서는 그 근원을 설명해 나가시면서 거룩한 내용을 우리에게 깨닫게 하시고 우리에게 생각하게 하시는 것입니다.

산상보훈을 전부 다 읽어 볼 것 같으면 -마태복음 5장과 6장과 7장에 걸친 말씀인데- 거기에서 우리는 하나님 나라의 아름답고 거룩한 상태의 중요한 것들을 명백하게 우리 주님께서 선언해 나가신 것들을 주로 봅니다. 그래서 우리는 '여기에 그리스도의 은혜의 왕국이 있구나, 여기에 곧 하나님의 나라라고 말하는 그것이 있구나, 하는 것을 절실하게 느끼고 그 나라의 성격이라는 것을 명백하게 파악할 수 있게 하셨던 것입니다. 그러시기 위해서 또 한 가지 우리 주님이 쓰신 방법은 사이비적인 신국에 대해서 때를 따라 가끔 언급하시고 부분적으로 지적하신 것입니다.

사이비적인 신국이라는 말은 왜 쓰느냐 하면 그때 당시 이스라엘 사람들이 많이 가지고 있던 하나님 나라의 사상에 오해와 그 릇됨이 있었기 때문입니다. 그들은 메시아가 오셔서 하나님의 크고 기적적인 권능을 가지고 좋은 나라를 세워 주셔서 도덕적으로는 아주 고도적이고 또 영적이고 그리고 정치적으로도 아주 자유로운 세계를 건설할 것을 기대하고 있었던 것입니다. 이런 메시아 왕국 사상은 전통적이고 보편적인 이스라엘 사람들의 기대였습니다. 그 사람들이 가지고 있는 이 사상과 기대는 예수님이 오심으로써 혹시 예수님이 그 메시아가 아닐까 하고 생각한 사람도 많았습니다. 그래서 저분이 메시아이다 하고 따라 다니는 사람들도 많이 있었어요. 그렇게 생각한 사람들은 예수님의 제자로서 자처하고 늘 수종(隨從)하고 있었던 것입니다. 이 점에서는 처음의 열두 사도들도 예외가 아니었습니다.

그런데 예수님이 메시아가 아니시냐 하면 아니신 거 아니지요. 분명히 예수님은 메시아이십니다. 메시아인 까닭에 그 말을 번역해서 헬라말로 크리스토스(Χριστός) 즉 그리스도라, 기름부음을 받은 분이다 하는 뜻입니다. 이 메시아 예수 그리스도, 기름부음을 받은 그분의 나라라는 것을 이스라엘 사람들은 이미 전통적으로 생각하고 있었던 것이에요. 그래서 그분이 오시면 이러이러한 나라를 꾸밀 것이요 이렇게 될 것이다 하고 어떤 나라, 어떠한 큰 새로운 세계를 마음 가운데 그리면서 기대했던 것입니다. 그렇게 기대했던 나라라는 것은 그럼 어떠한 나라이냐? 예수님이 가르쳐 주신 그러한 나라와는 별다른 나라였어요. 그들이 기대하던 나라는 말하자면 물질적이고 현세적이며 또 유대 사람 중심적이고 그리고 그것은 동시에 아주 기적적인 나라입니다. 당시 그들은 로마 제국의 판도 안에 속령(屬領)으로 들어 있었습니다. 로마의 원로원에서 보내는 총독이 문치(文治)를 하는 나라이기보다 로마 황제의 특명으로 보내는 군정관이 총독으로 그 나라를 다스렸어요. 특별히 위험 지대에만 보내는 군정관, 군인 총독이 그 나라에 와서 명령일하에 통치하고 있었습니다. 총독이 로마 황제를 대리해 가지고 어떤 법이든지 그대로 실시하고 실행할 수가 있도록 특별히 강력한 체제를 가지고 통치를 하던 상태의 나라였던 것입니다.

그러니 이스라엘 사람들은 하루라도 속히 로마 사람들의 철권(鐵拳), 쇠로 만든 발톱과 손톱이 꽉 쥐고 있는 무서운 손에서 어떻게 하면 자유를 얻을 수 있을까 하고 간절히 고대했던 것입니다. 그와 같은 로마의 무서운 철권의 제재와 압박 속에서 살 뿐 아니라 또한 세금 청구를 시켜 높은 수세리(收稅吏)들을 보내 가지고서 백성의 고혈을 짜는 일들이 두루 이뤄지고 있었습니다. 군인이나 백성들의 시간과 생명과 정력 같은 것도 마음대로 징용해써 나갔던 까닭에 그런 굴레에서 어서 하루속히 자유를 얻기를 간절히 바랐던 것입니다.

그런 까닭에 하나님의 희한하신 기적으로 땅 위에 훌륭한 나라가 메시아의 강림으로 말미암아 그 자리에서 당장 실현되기를 바랐습니다. 그런 메시아가 와서 어떤 희한한 것들을 행하여 많은 사람들이 메시아의 뒤를 따르게 한다면 마침내 땅 위에서 로마 제국의 거대한 철권의 힘, 철 발톱의 세력이 완전히 순식간에 쓰러질 것으로 생각한 것입니다. 그런 다음에 거기다가 훌륭하고 아름다운 세계를 건설해 주고 유대 사람들을 가장 행복스럽고 또 가장 자유로운 위치에다가 놓아두실 것을 기대하였습니다. 이 세상 사람이 육신을 가지고 행복과 자유라는 것을 얻으려면 필연적으로 수반하는 것이 경제 문제이지요. 빈곤해 가지고는 자유가 있기가 어려운 것입니다. 그런고로 생산이 넉넉하고 생활이 다 부요해야겠다는 것을 생각했을 것입니다. 백성들이 다 치밀하게 그런 것을 생각했는지 모르나 적어도 식자(識者)들은 생각했을 것입니다. 결국 경제적으로 부요한 나라가 필요했습니다. 가령 예방 의학 같은 것도 고도로 발달해서 질병 같은 것을 잘 막을 수 있어야 했는데, 그런 사실들도 기적적으로 다 같이 발생할 걸 기대했던 것입니다. 나라가 부유하려면 지하자원도 많고 생산도 풍부해야 할 텐데, 그런 풍부한 생산력과 자원들도 다 기적적으로 발생해야 할 것으로 생각했을 겁니다. 일반 사람들은 그런 구체적인 것들을 따지지 않더라도 막연히 훌륭한 나라, 이상적인 나라, 살기 좋은 나라, 자유로운 나라, 천하에 비교할 나라가 없이 아름다운 나라를 기대하고 생각하고 있었던 것입니다.

그 사람들은 자기네의 의무로서 거기에서 어떤 도덕적인 생활을 늘 지키고 나가야겠다는 것을 알고 있었습니다. 헤브레이즘에는 전통적으로 도덕성에 관한 애착이 강했습니다. 말하자면 히브리 사람들이 가지고 있는 종교와 사회(community)를 바르게 유지하고 경건하게 보존해 나간다는 것이 그 사람들의 중요한 의무였던 것입니다. 그래서 그것을 가장 잘 가르치고 또 사람들을 시켜서 하도록 할 뿐 아니라 자기네가 모범을 보이던 사람들이 바로 바리새인들과 서기관들이었습니다. 그들이 가지고 있는 종교적인 행동이나 교훈이라는 것은 이스라엘 사람들에게는 늘 중요한 사실로 받아들여지던 현실이었습니다. 바리새인들이 가지고 있는 종교 행위나 교훈이라는 것들에 대해서 사람들은 그것이 하나님 말씀에 의해서 짜인 것으로서 여기고 또 느끼고 있었습니다. 그것을 그대로 받아서 그 사상 아래서 메시아 왕국관도 가졌고 사회 생활도 했습니다. 일반 사람들이 하는 종교 생활은 바리새인의 가르침에 영향을 크게 받았던 것입니다.

이렇게 바리새인들 역시 일정한 도덕적인 관념을 가졌습니다. 가령 '기도' 하면 기도를 위대한 도덕적 행동이라고 생각할 때 그들은 또한 기도라는 것이 사람과 사람끼리 관계의 한 부분으로서 도덕적인 어떤 감화와 교훈을 줄 수 있는 유용한 일로도 인식하게 됐습니다. 다른 말로 말하면 어떤 사람이 간절히 기도하는 것을 옆의 사람이 보든지 그런 기도자와 자주 접촉할 때에는 필연적으로 영향을 받고 그 사람이 간절히 기도하는 데서 배우는 것이 있다는 것입니다. 그런 모범적인 행동이 귀감이 되어 옆의 사람도 그와 같이 경건한 심정을 가지고 따라갈 가능성이 더 많아지는 것으로 생각하는 것입니다.

옛날 우리 한국의 이야기 가운데서도 불량한 아이를 선량한 아이로 선도하기 위해서는 아주 선량한 아이와 함께 늘 지내도록 권장하였습니다. 선량한 아이와 생활하도록 다른 곳에 격절(隔絶)해서 두었더니 결국 본이 되는 아이가 행하는 여러 가지 효행, 어른을 잘 공경하는 일, 예의 있는 태도를 이 아이도 본받아서 선량한 아이가 됐다는 얘기가 있습니다. 이와 같이 좋은 모범을 보이고 시범에 의해서 교훈을 하는 것은 물론 중요한 교육의 방도인 것이 사실입니다. 그런데 사람들의 주의를 모으고 경건한 심정으로 귀를 기울이는 시간을 가장 잘 붙잡으려면 옆에 사람이 있어서 그가 사람들 앞에서 여러 가지 좋은 내용으로 경건히 기도를 할 때라는 것입니다. 그렇게 기도하는 말과 내용 자체도 보는 이들이 생각하게 되고 또 감화를 받게 된다는 것입니다.

이와 같은 것들은 필연적으로 바리새인들로 하여금 다른 사람 앞에서 길게 기도를 하게 만든 것으로 우리가 생각할 수 있습니다. 우리 주님도 바리새인들의 긴 기도, 서기관들의 긴 기도에 대해서 말씀하신 일이 있습니다. 특별히 주님께서 십자가에 달리시기 한 사흘 전, 그러니까 마지막 주간 화요일에 여러 가지 말씀을 하시는 가운데 마가복음 12강 39-40절에 기록된 이야기를 하셨습니다. 같은 내용이 누가복음 20강 45-47절에도 있습니다. "서기관들은 긴 옷을 입기를 좋아하며 시장에서 다른 사람에게 문안받기를 좋아하며 회당에는 상좌에 앉기를 좋아하고 잔치에서는 상석에 앉기를 좋아할 뿐 아니라 과부의 가산을 삼키고 또 외식으로 길게 기도한다." 이와 같은 긴 기도, 또 어떤 기도로 말미암아 다른 사람들에게 영향을 준다든지 다른 사람이 좀 들으라고 하는 종류의 기도하는 예가 우리 주님 비유 가운데 나옵니다(눅 18:9-14). 어떤 바리새인하고 세리하고 둘이 성전에 가서 기도하는 예가 거기 있습니다.

이와 같이 다른 사람에게 보이려고 기도를 한다 할 때에 거기에는 바리새인이나 서기관, 교법사들의 긴 기도를 생각할 수 있습니다. 다른 사람 앞에서 혹은 거리에서 회당에서 하는 기도가 쉽게 예상됩니다. 그와 같이 기도를 하는 것은 아까도 얘기했지만 요컨대 거기에는 교육적인 의미, 교훈적인 의미가 중요히 담겨 있습니다. 이와 같은 문제에 대해서 우리가 다시 더 생각을 해나겠습니다.

기도

거룩하신 아버님, 저희에게 이 거룩한 도리를 가르쳐 주셔서 참으로 우리들 스스로를 반성하여 빈천한 비도덕적인 행동에 대해서만 우리가 잘못이라고 생각하고 가책을 느끼는 그런 저회적인 저급한 상태에 있지 아니하고 심오하게 인간 종교적인 여러 가지 것에 대해서 바르게 반성할 수 있도록 은혜로 인도하시며, 저희의 기도가 주님 앞에 참으로 상달되는 기도가 되기를 원하옵니다. 주께서 저희를 바로 가르쳐 주시며 인도하시옵소서.

우리 주 예수님 이름으로 기도하옵나이다. 아멘.

1978년 2월 12일

바리새인들의 기도와 이상

누가복음 18:1-14

1 예수께서 그들에게 항상 기도하고 낙망치 말아야 될 것을 저희에게 비유로 하여 2 가라사대 어떤 도시에 하나님을 두려워 아니하고 사람을 무시하는 한 재판관이 있는데 3 그 도시에 한 과부가 있어 자주 그에게 가서 내 원수에 대한 나의 원한을 풀어 주소서 하되 4 그가 얼마 동안 듣지 아니하다가 후에 속으로 생각하되 내가 하나님을 두려워 아니하고 사람을 무시하나 5 이 과부가 나를 번거롭게 하니 내가 그 원한을 풀어 주리라 그렇지 않으면 늘 와서 나를 괴롭게 하리라 하였느니라 6 주께서 또 가라사대 불의한 재판관의 말한 것을 들으라 7 하물며 하나님께서 그 밤낮 부르짖는 택하신 자들의 원한을 풀어 주지 아니하시겠느냐 저희에게 오래 참으시겠느냐 8 내가 너희에게 이르노니 속히 그 원한을 풀어 주시리라 그러나 인자가 올 때에 세상에서 믿음을 보겠느냐 하시니라 9 또 자기를 의롭다고 믿고 다른 사람을 멸시하는 자들에게 이 비유로 말씀하시되 10 두 사람이 기도하러 성전에 올라가니 하나는 바리새인이요 하나는 세리라 11 바리새인은 서서 따로 기도하여 가로되 하나님이여 나는 다른 사람 곧 토색, 불의, 간음을 하는 자들과 같지 아니하고 이 세리와도 같지 아니함을 감사하나이다 12 나는 이레에 두 번씩 금식하고 또 소득의 십일조를 드리나이다 하고 13 세리는 멀리 서서 감히 눈을 들어 하늘을 우러러보지도 못하고 다만 가슴을 치며 가로되 하나님이여 불쌍히 여기옵소서 나는 죄인이로소이다 하였느니라 14 내가 너희에게 이로노니 이 사람이 저보다 의롭다 하심을 받고 집에 내려갔느니라 무릇 자기를 높이는 자는 낮아지고 자기를 낮추는 자는 높아지리라 하시니라.

11강
바리새인들의
기도와 아상

바리새인의 유래와 그들의 기도

지난 주일에 우리는 마태복음 6강 5-6절에 있는 말씀을 생각했습니다. 5절에 있는 말씀을 생각해 나아가다가 다 완결을 못했습니다. 5절에 있는 말씀에서 중요한 것은 그게 바리새인이었든지 아니었든지 좌우간 기도라는 종교적인 행동을 다른 사람 앞에 보여서 다른 사람에게 그것으로 감화를 끼치고 교훈을 주고, 그렇게 함으로 그들을 선한 종교적인 생활로 이끌겠다는 마음의 의도와 소원을 가지고 행동하는 것에 대하여서 우리가 주의해야 할 것을 보았습니다. 물론 그와 같은 행동이 생긴다면 그럴 만한 이유가 거기에 있을 것입니다. 바리새인들이 그렇게 해야 했던 그들 나름의 이유가 있었다는 것이지요.

바리새인들은 어떤 사람인가? 그들의 시작은 에스라나 느헤미야의 개혁 때부터입니다. 그러니까 당시 귀환한 유대인들 사이에서 종교개혁을 위해 처음부터 가장 열심을 내던 사람들의 후손입니다. 말하자면 경건파 운동자들인 하시딤(Hasidim)의 후예들입니다. 에스라가 바사 왕 아닥사스다 때 유대 땅으로 돌아왔는데 대체로 그것이 BC 457년경입니다. 그 후 13년 뒤 느헤미야가 한

민간 장관 즉 총독이 되어 돌아와서 에스라와 느헤미야는 합력해서 거기에 예루살렘 성 중수(重修)에 힘썼을 뿐만 아니라 종교개혁을 위해 노력을 했던 것입니다. 여기에 열렬하게 호응했던 위대한 유대 사람들의 지도자들, 이들이 나중에 자기네가 가지고 있는 경건한 생활과 또 그것을 이스라엘 백성에게 그대로 전승시키고 유지해야겠다는 간절한 염원이 결국 바리새적인 한 유파를 형성하고 바리새 당이 되었습니다.

바리새인들은 그렇게 이스라엘 사람들에게 그들이 가지고 있는 메시아의 소망과 거룩한 종교를 끝까지 바로 유지하고자 했던 것입니다. 그 이후 바사 나라가 주권에서 떠난 이후에는 알렉산더의 마게도니아 국가가 와서 유대 땅을 휩쓸었어요. 그다음 알렉산더 제국이 넷이나 다섯으로 여러 장군들의 손으로 들어가서 나뉘었을 때, 크게 북쪽의 시리아와 남쪽의 프톨레미 즉 애굽이 서로 겯고틀면서 엎치락뒤치락했습니다. 어느 때는 북쪽 시리아의 셀류코스 왕조가 와서 유대 땅을 덮쳐서 차지하고, 어느 때는 애굽의 프톨레미 왕조가 와서 덮치는 틈에 살면서 지냈습니다. 그런 가운데 알렉산더 대왕 때 강력하게 추진했던 헬레니즘의 운동이나 그런 조류 가운데 빠져들기가 쉬웠습니다. 헬레니즘 사상에 빠져들기가 쉬운 여러 위험이 있었던 것입니다. 달리 말하면 이방 세계의 문화 운동이라든지 정신적인 운동, 물질적으로 찬란하게 발달한 여러 가지 운동 가운데 휩쓸려 들어가기가 쉬웠습니다.

그러다 마침내 폼페이우스가 BC 70년대에 와서 그만 마지막에 로마의 세력이 팔레스타인 땅도 전부 지배하게 된 이래로 이두메

아 사람 안티바스가 총독으로 거기를 다스렸습니다. 그리고 그의 아들 헤롯이 가이사한테 가서 왕호를 얻어가지고 와서 통치할 때 일방으로 강력하게 헬레니스틱한 운동을 일으키면서 그런 건축들을 사방에 세웠습니다. 동시에 자기가 유대 사람인 체하며 유대 사람의 왕으로 자처하고 행동을 하던 그런 시기에 로마는 제국이 되어 가이사 아우구스투스가 황제로 임했습니다. 가이사의 찬란한 로마 제국이 시작한 지 얼마 안 되어 로마가 주장하고 있는 여러 가지의 현 세계적 물질 문화 운동과 문명 제도 속에 휩쓸리지 않을 수 없게 되었고, 이제 이스라엘 사람들은 다시 거기에 영향을 받을 큰 위험 상태 가운데 처하게 되었습니다. 그런 때마다 이것을 막아내고 순수하게 헤브레이즘, 히브리 사람들의 위대한 전통을 그대로 유지해야겠다는 운동에서 중심이 된 사람들이 바리새인들이었습니다.

그런고로 이런 사람들은 어떠한 방면으로든지 이스라엘의 민중과 접촉하면서 가르쳐야 했습니다. 허나 자기네가 가서 이스라엘 민중을 마음대로 조직할 수도 없고 이렇게 하라 저렇게 하라고 그럴 수도 없었습니다. 강력한 로마가 정복한 소위 속주(屬州)의 사람들로서 그 속주에 대한 정책을 가지고 있는 로마의 제국 국권 하에서 자유롭게 무엇이든지 할 수가 없는 처지였습니다. 자기네 맘대로 헤브레이즘을 유지하는 활동을 하기 어려운 그들은 자연히 자기네가 유지하며 용인 받고 있는 자기네 종교 생활을 통해서 일반 민중을 향해 방향을 제시하였습니다. 전통적인 부조(父祖)의 히브리적인 독특성, 전래의 헤브레이즘을 유지해야 하겠다는 것이었지요. 이런 민족적이고 또 메시아 왕국적인 경건한 심정의 토대 위에서 그들의 종교 생활을 꾸려 가도록 했던 것입니다.

구제를 하든지 금식을 하든지 다른 사람에게 모범이 되도록 하고 다른 사람이 그걸 보고 그대로 따라서 함으로써 이 세상 세속주의에 그냥 물들어 가지고서 휩쓸려 넘어지지 않도록 하자는 정신이 강하게 나타났고, 자연히 기도는 그들로 하여금 단순히 자기가 하나님 앞에 구하는 그것으로 끝나지 않고 그것이 자기 동포와 우매한 대중에게 끼치는 큰 영향이라는 것을 늘 생각했던 것입니다. 이렇게 해서 어느 때는 마침내 그런 부차적인 것들이 더 중요한 문제로 대두하니까 그들은 자연히 남에게 보여서 다른 사람이 자기네의 경건한 언어와 경건한 종교 생활과 종교 열정과 기도 같은 것을 본받기를 늘 바랐던 것입니다.

이렇게 그들에게 기도는 자기 민족에게 어떤 중요한 영향을 끼치는 일로서 늘 있기를 바란 종교 형식이었습니다. 물론 하나님께서 그들의 기도를 들어주시기를 안 바랐을 리가 없지만 동시에 중요한 종교 전통의 유지 방식이었던 것입니다. 거기에 또 한 가지 있을 수 있는 중요한 문제로서 바리새인들은 이스라엘 백성들을 위해서 정신적인 히브리 민족 운동의 한 지도 세력을 가진 그룹으로서 알려져 왔던 사람들인 까닭에 가장 헬레니스틱한 사두개인들이라든지 제사장들의 그룹과 대립해서 항상 자기네 자신의 독특성을 유지하려고 힘썼습니다. 그들의 독특성이 백성들에게 더 지지를 받고 그래서 지도권을 늘 행사하기를 바랐던 것입니다.

이와 같은 독특한 현실 아래서 바리새인들은 일반 민중 앞에서 자기네가 훨씬 더 가까이 접촉되고 지도권을 가지고 산다는 것이 대단히 중요한 관심사였습니다. 물론 정치적인 지도권이나 권력을 가진 사람은 어떻게 그 권력을 보존하느냐 하는 데 대해서 항상 크게 주의를 기울입니다. 마찬가지로 바리새인들도 정신적인 지도권을 가졌을 때는 그 지도권을 어떻게 하면 바르게 유지하고 신장해 나가겠는가 하는 것을 수뇌부의 사람들은 자연히 깊이 고려하였던 것입니다. 여기서 그들은 거리가 됐든지 회당이 됐든지 다른 사람 앞에서 손을 들고 하나님께 기도하는 자태를 남에게 보이고 그 언어를 남에게 듣게 하였습니다. 그렇게 함으로써 사람들에게 그만큼 감화를 끼치고 자기네 지도권을 그대로 더 잘 보존해 나가고 혹은 좀 더 광범위로 그걸 확대[富殖, 부식]할 수 있도록 해 나가자는 중요한 의도가 거기에 잠재하고 있었던 것을 우리가 잊어서는 아니 됩니다.

이런 것들이 그들로 하여금 필연적으로 기도하는 일에 대해서도 다른 사람들 앞에 보이게 했던 것입니다. 그래서 헤브레이즘을 잘 유지하고 히브리 사람들의 독특성과 종교와 경건주의를 유지하고 나가는 것이 잘못인가, 하고 문화사적인 관점에서 질문을 할 수 있게 한 것입니다. 그러나 우리 주께서는 기도라는 것이 어떻게 돼야만 가장 본질적일 뿐 아니라 최종적으로 그렇게 본질적인 것들이 모여야만 거룩한 하나님 나라의 덕, 도덕을 완성할 수 있다는 것을 말씀하셨습니다. 그렇게 함으로써 비로소 이 세상에서 너희는 소금 노릇도 하고 빛 노릇을 제대로 할 수 있다는 것을 아주 체계 있게 말씀하신 것입니다. 그렇게 우리가 체계 있게 생각할 수 있도록 말씀을 해주시며 거기에 의해서 하나님 나라의 거룩한 사상은 기도를 그런 위치에 놓아서는 아니 된다 하는 것을 여기서 가르친 것입니다.

기도뿐 아니라 금식이나 구제나 다 같이 그런 식 행동의 의미, 너희들이 생각한 히브리 민족주의나 히브리적 경건주의 유지에 목표를 두어서는 아니 된다 하는 것입니다. 왜 그러냐? 하나님 나라의 성격과 그 아름다운 것은 사람의 노력, 사람의 어떠한 정도의 도덕적인 상태와 정신적인 세력을 유지함으로써 그것이 보존되는 것도 아니고 그것이 존재할 수 있는 것도 아니기 때문입니다. 기본적으로 하나님 나라의 참된 존재의 양상과 성격은 그런 것일 수가 없는 것이라고 가르친 것입니다. 이런 점에서 우리 주님께서 기도를 가르칠 때 기도는 기도 본연의 자태에 그대로 놔둬라! 그 본연의 자태는 뭐냐? 그것은 기도하는 너와 하나님과 사이에서만 그 관계가 성립하는 것이라야 진정한 기도이다. 그렇지 아니하면 그것이 진정한 기도가 안 된다. 하나님께만 올려야 할 것을 하나님께도 드리고 사람에게도 나눠 주는 태도를 취해서는 아니 된다는 것입니다.

의미 없는 기도

바리새인들은 기도를 한 중요한 종교적인 행사와 행동으로 보았고, 그러한 종교 행사의 도덕적인 성격이 다른 사람에게 감화와 교훈을 끼치는 데에 유용한 것으로 여겼지만 우리 주님은 이

사상을 근본적으로 부인하신 것입니다. 기도는 다른 사람에게 감화를 끼치기 위해서 필요한 것이 아니라 하나님께서 들으시기 위해 필요한 것이다. 하나님이 거기에 대해서 응낙을 해주시는 데에만 의미를 가지는 것이다. 만일 하나님께서 네 기도에 응낙을 아니 해주신다 할 것 같으면 너는 다 잃어버리는 것이다. 그러니 골방에 들어가서 혼자 해라. 이 말은 무엇인가요? 다른 사람에게 어떠한 영향도 없이 어떠한 관계도 없이 하는 기도에서 하나님이 들으시면 그것으로 기도가 성립하는 것이라는 말입니다. 즉 은밀한 가운데 보시는 하나님이 네게 갚아 주신다면 그것으로 성립하는 것이다! 만일 그 사람이 다른 사람과 아무런 접촉이 없는 기도, 다른 말로 하면 기도라는 종교 행동으로 다른 사회적인 어떠한 접촉이나 어떠한 영향도 고려치 않고 다 단절해 버리고 오직 가장 고요한 데서 가장 은밀한 데서 하나님과만 관계해 가지고 기도를 해서 아니 들으셨다면 그건 다시 건져낼 아무것도 없는 것입니다. 다 잃어버리는 것이지요.

그러나 바리새인들은 가령 그런 경우 즉 하나님께서 아니 들었을 경우라도 남는 것은 그 사람들의 정치적인 고려, 교육적인 고려 하에서 던져놓은 그물이 있다고 여겼던 것입니다, 다른 사람에게 주는 영향, 우리에 대한 다른 사람의 좋은 평가와 우리의 지도력에 대한 지지, 이런 것들은 남는다고 생각하였습니다. 그러나 예수님께서는 삼가 기도를 가지고 그렇게 너희 정치적인 목적과 교육적인 목적으로 써서는 아니 된다고 가르치신 것입니다. 이것은 오늘날도 그냥 살아있는 중요한 문제입니다. 자신의 도덕적인 행동으로 남에게 감화를 끼치고 영향을 끼치고 시범을 보이려는 데 기도를 이용하지 말아야 합니다. 또한 그것을 가지고 교육적인 의도나 정치적인 목적으로 전용(轉用)해서도 절대로 되지 않습니다. 기도를 소위 영향력 있는 하나의 덕행으로 남에게 시범하려고 하는 모든 태도를 다 버리고 오직 가장 겸손히 기도해야 합니다. '하나님, 나의 이 기도를 들어주시지 않으면 저는 아무것도 어찌할 수가 없습니다. 또 제가 주께 드린 이 말씀은 참으로 아무 데도 소용이 없는 말씀이 되고 맙니다' 하는 위치, 그러한 자리에 서서 기도하는 것이 옳습니다. 가령 많은 사람 앞에서 기도했을지라도 그 정신과 영혼, 심정이 그런 자리에 서 있어야 한다 말입니다. '하나님 아버지, 이 기도를 아니 들어주신다면 저는 아무것도 소용없이 그저 낭비하는 일이 되겠습니다' 하는 심정이어야 합니다.

오직 은밀한 가운데에서 보시고 갚아 주시는 하나님께 구하고 바라는 심정이 무엇인가요? '은밀한 가운데'라는 말은 다른 아무것도 거기 개재(介在)하지 않고 오직 하나님만 거기 계시다는 얘기입니다. 다른 아무것도 끼어 있지 않은 데서 하나님만이 내게 갚아 주셔야 한다. 오직 하나님께서 나에게 안 갚으시면 어떻게 할 수 없고 하나님만이 갚으시도록 나는 기도를 해야 하겠다. 하나님께서만 응낙하시고 꼭 들어주시도록 기도를 하라는 중요한 교훈입니다.

기도는 하나님이 어떻게든지 꼭 들어주실 수 있는 기도를 하라는 것입니다. 그러지 아니하면 그것은 전연 아무 가치나 의미를 안 가지는 것입니다. 혹여라도 그것이 무슨 종교적 가치를 가지는 것으로 여기지 말라 그것입니다. 오늘날도 수많은 사람들이 기도를 할 때 하나님께서 아니 들어주신다고 하더라도 남는 것은 기도를 했다는 것과 기도를 함으로 얻은바 어떤 종교적인 정서를 가치화합니다. 자기가 종교 행동을 했다는 결과로 얻는 어떤 종교적인 후련함이 남는다 말이에요. 하나님께서 아니 들어주실지라도 내가 하나님 앞에 부탁을 해두고 말씀을 했다. 자기가 하나님을 찾아뵙고 가서 말씀을 드렸다는 그 역사에다 가치를 붙이려고 합니다. 그런 역사(history), 그런 경험, 내가 하나님 앞에 나가서 많이 여러 번 기도를 했다는 횟수, 그런 것에다 가치를 붙이는 사람이 얼마나 많은가 생각해 보기 바랍니다.

산에 가든지 동굴에 들어가든지 가서 삼년 동안 소의(素衣) 소식(蔬食) 가운데 기도를 많이 했다면 하나님께서 들어 주신 기도가 몇 개가 안 될지라도 삼 년 동안 했다는 그 기록과 역사에 대해서는 자부심을 가졌고, 적어도 그것은 자기가 남에게 자랑을 않더라도 소중한 일로 간직하려고 할 것입니다. 내 생활 가운데는 삼 년이라는 세월을 그렇게 보냈다 하고 자기 생활의 삼 년을 의미 있는 것으로 만들려고 합니다. 대개 그러합니다. 하나님이 들어주시지 아니한 모든 시간과 말들은 다 의미가 없을 뿐 아니라 들어주시는 기도를 하지 못했다는 것 때문에, 그릇된 것이 바른 것을 대체해서 거기서 발생한 것 때문에 원통히 생각하느냐 하면 원통히 생각하지 않습니다.

우리는 우리 기도가 하나님 앞에서 들으심이 되지 아니했을 때,

응낙이 되지 아니했을 때 그렇게 기도한 것이 원통한 일이 돼야 합니다. 왜지요? 그 시간에 내가 들으실 수 있는 기도를 하든지 의미 있는 일을 했어야 할 텐데 하나님께서 한번 안 들으시면 거기는 아무 의미도 남지 않는 까닭에 나는 무의미하게 그 시간을 보낸 것이 사실입니다. 무의미하게 시간을 보냈다는 것은 자기로 서는 중요한 낭비입니다. 그러니 마땅히 그런 생각을 해야 할 것입니다. 그런데 그렇게 생각지 않고 또 기도라는 것을 그렇게 해석하지 않는 데에서 이러한 중요한 문제가 생기는 것입니다.

오늘날은 다른 사람에게 보이려고 기도를 하는 사람은 아마 없겠지만 가령 다른 사람이 본다고 하더라도 뭐 특별히 보는 것을 꺼려서 애쓸 것은 없을 것입니다. 그러나 중요한 문제는 자기의 기도가 오직 은밀한 가운데 보시는 하나님만이 갚으신다는 사실에 있습니다. 다른 말로 하면 은밀한 가운데에서 하나님은 보시되 다른 아무것도 나를 볼 수 없는 상태 가운데 있다면 그것은 하나님 외에 다른 아무것과도 나는 지금 접촉이 없고, 이 기도는 다른 아무것에도 어떤 영향을 줄 수 없고 어떤 관계도 가질 수 없다는 얘기입니다. 그렇게 가장 외롭게 하나님만을 전부로 삼고 하는 기도가 하나님께로 말미암아 응낙이 되지 아니할 때는 그것은 뭐냐? 그 시간 그 정력 그 생활은 결국 공치는 것이요 낭비라 말입니다. 그것을 의미 있게 달리 썼더라면 좋을 뻔했습니다. 달리 못 쓰고 낭비하고 말았다 할 때는 그것을 원통히 생각하는 것이 정당합니다. 왜 그렇습니까? 우리가 우리 시간을 백 퍼센트 완전히 사는 것을 바라기가 어려운 일일지라도 적어도 마음 가운데에는 그걸 당위로 알아야 할 것입니다. 그렇게 하는 것이 정당하다고 생각해야 합니다.

하나님의 임재를 느끼면서 기도해야

우리는 날마다 부채를 지고 사는 것을 정당하다고 생각하지 않습니다. 하나님 앞에 마땅히 바르게 살아서 의롭게, 옳게 살아야 할 시간을 우리가 옳게 살지 못하고 부채(debt)를 지면 하나님 앞에 낭비한 생활로 생각하는 것입니다. 그래서 옳게 산 것을 의로운 생활이라 그러고 부채를 진 생활을 요컨대 죄악의 생활로 생각한다 말입니다. 그런 까닭에 항상 우리가 주의해야 할 문제는 하나님께서 가부간에 내 기도에 대해서는 응낙을 해주시도록 하나님의 임재(presence)를 생생하게 늘 느끼면서 하나님 앞에 나가서 기도를 해야 할 것입니다.

그런데 그러지 아니하고 기도를 하는데, 그것이 여러 가지 다른 종교적인 의미와 목적을 가질 수 있는 차원에 기도를 놔두고 할 때 그 기도는 하나님 앞에 그대로 상달이 되는 것이 아니라는 것을 여기서 다시 더 주의해야 합니다. 하나님만을 전부로 삼고, 하나님께서 아니 들어주시면 어찌할 수 없고 아무 의미가 없어진다는 마음 상태가 되어야 할 것입니다. 이렇게 완전한 고독의 마음 상태 가운데에서 하나님과만 교통을 원하는 자리에 들어가야 합니다. 진정으로 기도를 하러 들어가지를 아니하고 그 기도가 자기의 종교적인 생활의 일환으로 한다면 소용이 없을 뿐 아니라 부채를 지는 일이라 말입니다. 하나님이 아니 들으셨을지라도 나는 내 종교 생활에서 많은 기도를 했다고 생각한다면 문제라는 것입니다. 예를 들면, 누가 매일 아침 한두 시간 기도를 하고 지내는데 한동안 매일 거르지 않고 기도를 했고, 그중 어쩌다가 하루를 걸렀다는 것을 원통히 생각한다면 어떻습니까? 이런 건 뭐냐 하면 그 기도의 행동 자체에 의미를 부여하는 까닭에 그런 것입니다. 기도는 그 행동 자체에 의미를 부여할 수가 없어요. 하나님께서 들으셔야만 비로소 의미가 있고 또 의미가 살아나는 것입니다. 들으시지 아니하면 그 행동 자체가 무의미할 뿐 아니라 낭비가 되는 것이라 말입니다.

그런데도 불구하고 행동 자체에 집중해서 거기에 의미를 붙이고 하나님께서 들으셨다든지 응낙하지 않으셨다든지 하는 문제는 둘째로 돌리는 태도라면 심히 그릇된 일입니다. 그러나 경건히 살고자 한다는 사람들이 기도를 하는 습관을 길러야 하겠다고 교회에서 자꾸 말을 하면 열심히 기도를 하느라고 행위 자체에 마음을 쏟습니다. 날마다 아침에 한 시간이나 두 시간 하나님 앞에 나가서 기도를 하지 아니하면 마음이 클클해서 못 견디겠다는 상태가 된다면 대체 무엇에다 의미를 두고 기도를 하는 것인가를 따져 보아야 할 것입니다. 결국은 기도한다는 그 반복 행위에 의미를 두고, 거르지 않고 한다는 자기 행동에다가 자꾸 가치를 부여하는 태도인데 이러한 것은 정당한 것이 아니라는 것입니다.

왜 그런가요? 이것이 아상(我相)인 것입니다. 자기의 종교를 쌓아 올리는 것이라 말입니다. 그런 건 기도와는 반대지요. 기도란 자기는 아무것도 없는 까닭에 예수님 공로로 가서 불쌍히 여기심을 내리시기를 바라고 구하는 것입니다. 그런데 그러지 아니하고 오히려 자기의 종교를 쌓아올리기 위해서 하나님하고 교통을 하겠다면 어떻습니까? 하나님께 기도하는 거룩한 교통의 방법까지라도 자기 편에서 이용하는 이런 일은 언제든지 아상이라는 데서 나오는 것입니다. 이런 무서운 아상이 작용할 때는 사람은 기도를 정당하게 하지 못합니다.

여러분, 이러한 것들을 주의하시기 바랍니다. 혹은 이 설교가 좀 어려울는지 알 수 없으나 그러나 결국 이 도리는 명백한 것입니다. 즉 자기라는 것이 나와서 자기가 기도를 한다고, 그런 생각을 하는 것이 얼마나 잘못인가를 가르치고 있습니다. 그러니까 자기가 기도를 여러 번 했으면 그렇게 여러 번을 했다고 거기다 값을 붙이는 것이에요. 게다가 이것을 가지고 다른 사람에게까지 또 그것대로 의미를 가지는 행동이 되도록 해야 하겠다고 확대해 나아갑니다. 이런 것이 다 자기에게 의미를 붙이고 그렇지 아니하면 개인뿐 아니라 더 크게 바리새인들이 전체로 히브리주의를 유지하고 경건주의를 유지하려는 큰 의도 가운데서 활동하듯이 나아가는 것입니다. 그것은 오히려 그만큼 사회적인 의미를 가지는 것인데, 그렇게 자기 개인적인 종교의 성성(聖成), 곧 거룩함에 이르는 의미이든지, 사회적인 경건주의의 유지라는 의미이든지, 어느 것이든지 기도를 거기다 이용해서는 아니 된다는 것을 여기서 우리가 주의해서 배워야 합니다.

먼저 예수님의 공로로 기도한다는 마음자리가 필요함

그렇다면 우리는 어떻게 기도해야 할 것인가? 우리는 하나님 앞에 기도하러 나올 때마다 우리 마음이 오직 은밀한 가운데 계시는 아버지 앞에 나오는 그 위치를 가져야 할 것입니다. 다른 말로 하면 우리가 예배당에 와서 자기 혼자 기도를 하든지 혹은 자기 집에서 기도를 하든지, 누가 옆에 있든지 없든지 간에 문제는 자기 마음이 은밀한 가운데 계시는 아버지 앞에 나와서 다른 모든 관계가 나의 기도와 이어지는 일이 없어야 합니다. 다른 말로 하면 내 기도의 영향이나 효과를 다른 것과 붙여 생각지 말고 오직 아버지께서 이 기도를 들어주시지 아니하시면 나는 소용이 없을 뿐만 아니라 공연히 시간을 낭비하고 잘못을 반복하고 있는 것이 된다는 가장 신중한 심정을 가져야 합니다.

아버님 앞에 나와서 간절한 심정으로 기도를 할 때 먼저 혹여라도 내 마음 가운데 기도를 종교 수행(修行)의 하나로, 그렇지 않으면 어떤 종교적인 덕의 하나로 여겨서 그것을 쌓아 올리려고 하는 그 자체의 행동에 의미를 붙이려는 그릇된 심정이 있는지를 반성하면서 고하는 것이 대단히 도움이 됩니다. 물론 늘 그와 같은 생활을 하고 그런 습관을 가지면 더할 나위 없을 것입니다. 기도를 생각할 때 그것 자체가 아버님 앞에 상달이 돼서 응낙하심을 받지 아니하고는 아무 의미가 없는 것으로 확실히 아는 심정 가운데에서 늘 살면서 기도하는 것이 가장 좋습니다. 그와 같은 심정은 늘 평소 매번의 기도에서 조금치라도 별 다른 종교적 의미가 있는 것같이, 혹은 부지불식간에 별다른 교육적인 또는 도덕적인 의미가 있는 것같이 생각하는 잠재의식조차 나에게서 없어지기를 간절히 바라게 할 것입니다. 그래서 하나님 앞에 내 마음을 온전히 기대어 서서 하나님께 향하는 그 심정 이외에 다른 아무 것에도 내 이 기도가 관여하지 않도록 해야 합니다. 그렇게 다른 아무것도 고려를 하지 않도록 하나님께서 나를 온전히 주장하시고 지배하시기를 먼저 간절히 바라는 것이 좋습니다.

이렇게 해서 하나님 앞에 기도하려고 하는 내용을 주께서 응낙하시면 다 효과가 있지만 응낙하지 아니하시면 아니하시는 그것 때문에 나는 분명히 무슨 잘못 가운데, 혹은 망상이나 착오 가운데 빠져 있다는 것을 알게 되는 것입니다. 그러면 그것이 원통한 일이고 슬픈 일입니다. 그런 일이 없도록, 그런 것들이 다 나에게서 없어지도록 간절히 바라고 원하는 것이 옳습니다. 먼저 그와 같은 심정을 가져야 하고, 다음에는 예수님의 공로로 기도를 한다는 생각이 항상 나를 지배하고 있어야 합니다. 내가 감히 하나님 앞에 나와서 정당한 기도를 드릴 만한 아무런 근거도 없고 근지(根地)도 없지만, 그렇게 아무런 능력도 없고 또 아무런 그런 자리도 없는 자이지만 예수님의 공로가 커서 나를 덮어 주시고 하나님께서 나를 받아 주시고 나를 오도록 초대하시고 나를 만나 주신다는 이 사실을 감사히 여겨야 합니다.

기도라는 것이 하나님께서 그걸 들어 주시려고 나를 만나 주시지 않으면, 다른 말로 말하면 나를 인견(引見)해 주시지 않으면 아무 소용이 없는 것입니다. 기도를 내가 아무리 도도하게 수천 언어를 가지고 잘하고 가장 그럴듯하게 해서 다른 사람이 크게 칭찬을 할지언정 하나님이 받지 않으시면 쓸데없는 일입니다. 기도는 일방적인 것이 아니고 하나님과 나와의 교통인 까닭에 내가 하나님 앞에 나아갈 때 하나님이 나를 그 앞으로 불러들이셔야만 내가 그 앞에 갈 수 있는 것입니다. 나를 불러들이지도 않았는데 나 혼자 뭐라고 기도문을 여러 가지로 얘기한들 그것이 기도가 될 턱이 없는 것이지요. 공중에 말만 붙이는 것밖에 안 됩니다. 혹은 혼자 무슨 말을 반복하고 있는 것밖에 안 되는 것입니다. 그러니까 문제는 하나님께서 내 기도를 들어주신다는 그 심정이 분명히 내 맘 가운데 올 수 있는 거룩한 위치에 먼저 들어가야 하는 것입니다. 그러려면 우리가 기도를 할 때 하나님 앞에 여러 가지로 감사도 하고 간절히 구하는 것도 있지만 마음이 하나님께로만 모아 있어야 하고 하나님을 떠나서 다른 걸 고려한다든지 하면 벌써 부정당한 것입니다.

　하나님을 떠나서 다른 걸 고려한다는 예로 무엇이 하나 있느냐? 많은 사람 앞에서 기도할 때 특별히 다른 사람들이 내 기도를 어떻게 생각할 것인가? 다른 사람들 앞에서 내가 이 말을 쓰면 다른 사람들이 어떻게 감동을 받을 것인가? 어떻게 표현을 써야 나를 잘한다고 칭찬해 줄 것인가? 요런 야릇한 심정을 가지는 것이 가장 유치한 일인데도 그런 유치한 심정의 상태에서 벗지 못한 경우가 많습니다. 교회 안에서 공기도를 시키면 하게 되는데 그렇게 여럿이 같이하는 자리에서 공기도를 할 때 그런 걸 바라볼 수 있는 것입니다. 이런 것들은 참으로 우리가 다 주의해야 하는 일입니다.

교회가 교회적인 행사에서 집사라 또 무엇이라 해서 아무라도 불러서 임시 임시 준비 없이 일을 시킨다는 것도 참 생각해야 할 중요한 문제지요. 또 공중 기도회라는 것을 교회가 늘 주최하고 하지만 그런 것도 언제든지 하나님 말씀의 원칙에 따라서 사람들이 시험을 받지 않도록 주의해야 할 것입니다. 그런 공중의 기도가 개인이 하는 것보다 의미가 있게 돼야만 그것이 항상 의미가 있는 것입니다. 어떤 경우든지, 가령 공중을 대표한 기도라고 할지라도 기도하는 사람으로서는 마태복음 6장 5-6절에서 주님이 가르치신 말씀, 특별히 6절에 가르치신 말씀대로 은밀한 가운데에 계시는 하나님께 나아가서 은밀한 중에 보시는 그 하나님이 갚으시도록 기도를 한다는 이 마음의 상태가 늘 준비돼 있어야 할 것입니다.

이렇게 오직 주님께만 의지하고 오직 주께서 나를 불쌍히 여기시고 들어 주셔야 하겠다는 마음, 그리스도의 거룩하신 공로를 입히사 나를 인견해주시고 접견해주시고 혹은 나를 받아들이시고 나에게 거룩한 은혜를 내려주셔야만 하겠다는 간절한 마음으로 나와야 할 것입니다. 여러 사람들이 모아서 돌아가면서 기도하는 문제 대해서도 이것이 다 같이 각각 자기의 문제와 같이 중요한 공동의 문제를 가지고 얘기하고, 하나님 앞에 같이 나가서 고하는 그런 심정으로 구하는 것이 옳은 일입니다. 이런 공중 기도의 의미나 태도와 같은 문제에 대해서는 나중의 기회에 다시 얘기하겠습니다.

기도

거룩하신 아버지시여, 저희들을 불쌍히 여기시고 붙들어 주셔서 주께 나와서 기도할 때마다 진정으로 아버님 앞에 이르게 하여 주시고 아버님께서 저희를 그리스도의 공로로 보시사 덮어주시고 받아주시지 아니하시면 스스로 어떻게 할 수 없는 걸 알게 하시고, 혹여라도 아버님 앞에 이렇게 쓰이는 가장 소중한 기도라는 사실을 자기 자신의 종교적인 덕을 세우는 도구로, 그런 방편으로 이용하는 일이 없어야 하겠고 자기네 그룹의 세력을 확장하는 방편으로나 그렇지 않으면 자기네 민족의 정신을 유지하는 방편으로나 무엇이나 하나님께서 직접 나와 관계하시고자 하는 일을 떠나서 차라리 여타의 사회적인 의미를 찾는 생각을 가지지 않게 저희를 불쌍히 보시고 확실히 바로 서게 하시며 은혜를 베풀어 주시옵소서.

우리 주 예수님의 이름으로 기도하옵나이다. 아멘.

1978년 2월 19일

귀를
돌이키고
율법을
듣지
않음

디모데후서 3:12-17

12 무릇 그리스도 예수 안에서 경건하게 살고자 하는 자는 핍박을 받으리라 13 악한 사람들과 속이는 자들은 더욱 악하여져서 속이기도 하고 속기도 하나니 14 그러나 너는 배우고 확신한 일에 거하라 네가 뉘게서 배운 것을 알며 15 또 네가 어려서부터 성경을 알았나니 성경은 능히 너로 하여금 그리스도 예수 안에 있는 믿음으로 말미암아 구원에 이르는 지혜가 있게 하느니라 16 모든 성경은 하나님의 감동으로 된 것으로 교훈과 책망과 바르게 함과 의로 교육하기에 유익하니 17 이는 하나님의 사람으로 온전케 하며 모든 선한 일을 행하기에 온전케 하려 함이니라.

12강

귀를 돌이키고
율법을 듣지 않음

하나님의 말씀 신구약 성경

우리는 그 동안 기도에 대하여서 공부해 왔는데 오늘도 계속해서 기도라는 제목 하에서 우리의 생활에 관해서, 믿음에 관해서 다시 생각해 보고자 합니다. 여러분, 이 기도에 대해서 공부를 하지만 기도라는 제목 하나를 우리가 놓고 생각하더라도 우리 믿음의 여러 가지 방면에 대하여서 다시 한번 잘 검토하고 고찰하는 것이 대단히 좋은 것을 아마 느끼셨을 줄 압니다. 하나님께서 우리에게 요구하시는 거룩한 위치에서, 하나님과 우리 사이에서 우리가 기도하는 일을 다 쓰셔서 교통하신다는 큰 특권과 광영 있는 일을 우리의 생활 가운데 늘 맛보고 살면 그런 만큼 더 큰 은혜가 있고 믿는 사람으로서 생활의 본의와 능력이 더욱 잘 드러날 것입니다.

지난번에는 산상보훈에 나타난 기도에 대한 교훈의 하나를 들어서 생각했습니다. 우리가 원래 생각하던 것은 기도에 대해서든지 신앙의 여러 가지 면에 대해서 기초적인 것들을 잘 정돈하고 배우는 것이 좋은 줄로 아는 까닭에 성경 여기저기 있는 가장 기본적이고 중요한 것들을 들어서 지금 주일마다 여러분께 강해를 해나가고 있습니다. 그러니까 산상보훈에 있는 기도에 대한 교훈이라는 제목 하에서 전부를 해나가는 것보다는 기도에 대해서 먼저 신자로서 장성하는 생활 가운데에 기본적으로 알아야 할 중요한 것들을 지금 얘기해 나가는 터입니다. 오늘은 마태복음에 있는 말씀에서 떠나서 구약 잠언에 있는 말씀 한 가지를 가지고 생각하겠습니다. 잠언 28장 9절 말씀입니다.

잠언 28장 9절 말씀에 뭐라 있는고 하니 "사람이 귀를 돌이키고 율법을 듣지 아니하면 그 기도도 가증하니라." 요컨대 들어 주시지만 아니하실 뿐 아니라 그렇게 기도하는 것조차 하나님은 대단히 가증히 여기신다, 미워하신다 하는 말씀입니다. 기도는 하나님께서 들어 주셔야만 의미가 있는 것으로서 들어 주시지 않는 기도는 순전히 외화(外華) 혹은 허영, 혹은 잘못된 오해 가운데서 나오는 것들입니다. 그러나 하나님께서 들어 주신다 할 때라도 반드시 꼭 일양(一樣)으로, 한 가지의 상태로만 들어 주시는 거 아니다 하는 것을 이미 아실 텐데, 여기 이 잠언 28장 9절 말씀은 아니 들어주시는 경우의 하나를 얘기한 것입니다. 하나님께서 어떤 기도는 전연 들어 주시지 아니하는데 그 까닭을 가르쳤습니다. 성경이 중요히 말씀을 하실 때 몇 군데서 중요한 말씀들을 들어 왜 아니 들어 주시는가에 대해서 바로 생각하도록 가르친 것이 있습니다. 이 잠언 28장 9절 말씀도 그런 중요한 사실, 하나님이 들어 주지 아니하시는 큰 까닭을 알게 하시는 말씀의 하나입니다.

들어 주지 아니하시는 모든 경우 하나하나를 들어서 성경이 이렇게 하면 안 들어 주신다, 저렇게 하면 안 들어 주신다 하고 얘기를 하기보다도 사람이 어떠한 위치에 어떻게 있을 때 안 들어 주신다, 즉 하나님께서 들어 주시지 아니할 상태, 그 차원을 바르게 보고 생각하게 하시려고 몇 가지 들어 주지 아니하는 사례를 들어서 우리에게 가르치신 것입니다. 그 중 하나가 잠언 28장 9절의 말씀으로서 여기서는 특별히 어떤 경우를 드러내셨느냐? 하나님의 백성 가운데 하나님께 기도를 하노라고 하지만 그 마음이 귀를 돌이키고 율법을 듣지 않는 차원, 그런 상태에 있으면 들어 주시지 않는다는 것입니다.

그러면 귀를 돌이키고 율법을 듣지 않는다는 것이 무엇인가? 어려운 말씀이 아닙니다. 첫째 율법을 듣는다고 그러는데, 율법이라 하면 여기서 지금 가르치는 이 말씀대로 보자면 특별히 하나님이 '이거 해라, 이건 해서는 안 된다' 하고 명령하시거나 금하신 그런 것만을 전적으로 의미하는 것보다도, 요컨대 오늘날 말로 하면 성경이라 혹은 하나님의 말씀이라 하는 말로 바꿔 놓더라도 큰 차이가 없는 말씀입니다. 옛날 히브리 사람들은 성경을 부를 때에 특별히 성경이라는 말을 쓰지 않고 성경의 전체 제목이 있었어요. 성경책의 이름을 '율법과 선지자와 기록들'이라 하는 말로 표시했습니다. 토라 느비임 케투빔, 이런 말로 표시했지만 그것이 기니까 맨 위에 있는 말, '토라' 율법이라 하는 말 한마디로 그 책을 호칭하기도 했습니다. 오늘날 우리가 다른 말로 바꿔 말할 때 '하나님의 말씀'이라, 그걸로 그 책을 대표했던 것입니다. 그런 까닭에 이 잠언을 말할 때 잠언을 듣는 사람들에게 율법이라 할 때에는 그것이 곧 하나님의 말씀이요 하나님의 가르치심이다 하는 의미입니다. 그런 점에서는 오늘날도 마찬가지입니다.

구약에 율법이 있고 선지자가 있고 또 다른 성기록이 있다, 히브리 사람들은 구약을 셋으로 구분을 해서 그렇게 말을 합니다. 오늘날 그 구약 속에 있는 내용을 가지고 나누자면 율법이라는 모세 오경, 창세기로부터 신명기까지 다섯 권이 있지요. 그 다음에는 역사를 기록한 책으로 볼 수 있는 열두 권의 책이 있습니다. 그 다음에는 시(詩) 특별히 욥기, 시편, 잠언, 전도서, 아가서 이렇게 다섯 권이 특별히 시라 하는 말로 표시되고, 그 다음에는 선지자들의 글인데 그것을 대선지서 소선지서라 해서 다시 나누기도 합니다. 대선지서라 할 때 이사야, 예레미야, 예레미야 애가, 그 다음에는 에스겔, 다니엘 이렇게 해서 총 다섯 권이 있고, 그 다음에는 호세아부터 시작해 가지고 말라기까지 열두 권을 소선지라 하는 말로 후에 표시하였습니다. 대선지, 소선지를 왜 그렇게 불렀는가를 따질 게 없는 것이고 사람들이 그렇게 생각해서 편의상 부른 것뿐입니다.

그런데 오늘날은 이것을 전부 한 언약이다 해서 구약이다, 그리고 거기에 대조해서 예수 그리스도 이후 새로운 계시는 신약이다 이렇게 말을 합니다. 그러나 어떻든지 율법이라는 말로 오늘날 말하는 구약의 39권을 히브리 사람들은 늘 생각하고 그 말로 대표해서 써 왔던 것이에요. 잠언을 기록한 시대는 훨씬 옛날이니까 오늘날과 같이 39권이 다 있지 않은 시대지만 여기서 지금 그런 것이 크게 문제 될 거 없습니다. 어쨌든지 그 당시 하나님이 명령하신 것, 지키라고 하신 것이므로 소중히 여겼습니다. 잘 봐서 안 할 것과 할 것을 바로 판단하라고 주신 거룩한 말씀이 어느 시대든지 있는 것인데, 이 잠언과 성경을 기록할 때에 있던 말씀들은 그만큼 하나님의 말씀으로 소중했던 것이지요. 그것은 사람이 어떻게 살아야 할 것인가와 무엇을 위해서 살아야 할 것인가 하는 문제를 오늘날 성경이 가르치는 것과 꼭 마찬가지로 가르친 것입니다. 성경책이 많든지 수가 적든지, 분량이 많든지 분량이 적든지 간에 가르치시는 것이라 말입니다.

사람의 본의를 가르치는 율법

그렇게 해서 사람이 사는 일에서 하나님과 나와의 관계에서 나는 어떻게 해야 할 것인가와, 둘째로 나와 다른 사람 사이의 관계에서 또 어떻게 해야 할 것인가를 늘 하나님께서 가르치신 대로 바르게 생각해야 하는 것입니다. 그런 걸 가르치는 것이 하나님의 말씀이고 율법인 것입니다. 그런 것을 배워서 사람이 사람답게 하나님께서 그 사람을 세상에 살려 두시고 먹여 주시고 또한 무엇을 생각하게 하시고 건강히 지낼 수 있도록 해 주신 그 본의를 늘 생각해야 하는 것입니다. 그것이 무엇인가를 어디서 아느냐면 하나님의 말씀에서 아는 것이요 율법에서 아는 것입니다. 그러면 율법이라는 말로 표현한 이 하나님의 말씀에 의해서 우리는 하나님께 대해서는 늘 어떻게 하고 살아야 하는 것과 사람끼리는 어떻게 하고 살아야 하는 건가 하는 것을 바로 깨닫는 것입니다.

우리가 하나님께 대해서 어떻게 해야 하는가 하는 문제는 하나님과 거룩한 교통을 하고 살도록 하나님이 마련하시고 준비하셨는데, 하나님께 나아가지 아니하고 배반하고 제 마음대로 하고 나아가는 사람에 대해서 하나님은 어떻게 하실 것인가도 또 가르친 것입니다. 하나님께서 나에게 무엇을 요구하시는가? 즉 하나님과 나 사이에 어떠한 긴밀한 관계를 가지고 살도록 하셨나? 그러한 긴밀한 관계는 어떻게 해서 얻는 것이냐? 어떻게 해서 나는 하나님께 나아가서 구하고 말씀을 드리고 하나님은 나에게 응낙하시고 은혜 베푸시는 그런 거룩하고 친밀한 관계, 화목의 관계를 어떻게 가지고 사는 것인가? 이런 것들을 율법에서 배우는 것입니다.

그뿐더러 하나님께서 나를 이 세상에 두신 데는 무슨 뜻이 있으며 하나님과 늘 교통하면서 살게 하시는 동시에 무엇을 또 하라고 하셨나? 무엇을 어떻게 이루어 나가라고 하셨는가? 왜 우리는 날마다 밥을 먹고 잠을 자면서 이러고 살고 있는가? 이런 문제들에 대해서도 율법이 바로 가르치는 것입니다. 그리고 이 세상에서 내가 홀로 사는 게 아니고 다른 사람들 속에서 사는 까닭에, 그럼 다른 사람들에 대해서는 어떻게 해야 하는가? 이 세상에는 여러 종류의 사람들이 많고 나와의 관계에서 친소(親疏)의 관계가 여러 가지이지요. 훨씬 더 친한 사람이 있고 훨씬 더 소원(疏遠)한 사람이 있고 그렇습니다. 부모나 처자나 형제나 자매는 아주 가까운 사람이지요. 친구들도 가까운 사람이고, 무엇보다 교회 안에서 서로 한 교회의 교우가 되어 같이 하나님을 공경하며 그리스도의 몸을 함께 형성하는 사람이라는 건 특별히 다른 의미로 가까운 사람들입니다.

거리에서 많은 사람들이 오갈 때 여러 종류의 사람들이 지나갑니다. 전연 모르는 사람들도 참 많이 우리가 매일 스쳐 지나갑니다. 하지만 그런 사람도 좌우간 하나의 사회에서 같이 사는 사람들이지요. 예를 들면 그 사람이 장사를 한다면 내가 어떤 때에 무엇이 필요해서 그 사람이 물건 파는 데 가서 물건을 살 수도 있는 것이에요. 그러면 나는 물건을 두고 사고팔며 거래도 하는 것입니다. 이렇게 비록 그 사람의 이름이 무엇인지도 모르고 아무런 자별(自別)한 정리(情理) 같은 것이 없다 할지라고 최소한도로 교역한다는, 물건을 사고판다는 관계가 거기서 금방 쉽사리 생길 수 있는 것입니다.

이렇게 사람에게는 친한 사람도 있고 잘 모르는 소원한 사람도 있고, 또 우리를 비방하고 안 좋게 여기는 사람들도 있고, 또 가장 불의한 세계에서 항상 호시탐탐 노리면서 어떻게 하면 총과 칼을 가지고 두드려 부수고 정복하고 모두 내 종을 삼을까 하는 괴상히 악한 사람들도 이 세상에 살고 있는 것입니다. 이렇게 나와 관계가 가장 친한 사람이 있는가 하면 개인적으로 내가 아무하고도 원수를 맺은 일이 없을지라도 자연스럽게 적성적(敵性的)인 사람도 있고 적이 되는 사람들도 있는 것이지요. 더욱이 우리는 하나님 나라의 일에 대해서 착심하고 깊이 생각하고 연구하고 깨달으려고 하지만, 거기에 대하여 하나님을 배반할 뿐 아니라 하나님을 비방하고 불의를 감행하고 흑암 가운데 아주 말할 수 없는 흉악한 정신으로 감히 하나님께 대해서 모독을 한다면 그것은 참으로 큰 원수가 되는 것입니다. 세상에서 이런 사람들이 다 함께 사는

데, 더군다나 오늘날과 같이 전 세계가 좁아진 시대에는 함께 서로서로 부지불식간에 영향을 주어 가면서 같이 사는 것입니다.

그러면 이런 사람들에게 대해서 나는 어떻게 해야 하는가? 모두 꼭 같이 꼭 같은 정도로 대하느냐 하면 절대로 꼭 같은 정도로 대할 수 없게 되어 있어요. 만일 그렇게 해야 한다고 하면 그건 사람의 법도 아니고 사람의 지혜도 아닌 것이오. 원수를 대하는 것과 가장 가까운 친한 사람을 대하는 것을 꼭 같이 하라 한다면 그건 정신 나간 사람이나 하는 짓인 것입니다. 그렇게 하는 것을 일시동인(一視同仁: 누구나 똑같이 평등하게 사랑함)이라, 박애(博愛)라 해서 성경이 그렇게 꼭 같은 정도의 사랑을 가지고 대하라고 가르친 것같이 오해하는 일도 있지만 그렇게 가르친 일이 도무지 없습니다. 성경에서 우리에게 가령 원수를 사랑하라고 말씀하였지만 그게 원수를 사랑하니까 원수에 대한 내 심정이나 가장 가까운 자기의 인아족척(姻婭族戚)에 대한 심정이나 꼭 같아야 한다는 그런 해석이 있느냐? 그런 것 없는 것입니다. 여기서는 하나님의 말씀이 우리가 이 세상의 사람을 대하고 살아가는 그 마음의 상태가 각각 어떠한 것이요 어떠해야 할 것인가를 자세히 가르친 것입니다.

나를 세상에 보내신 하나님의 뜻

이런 것에 대하여 귀를 기울이고 말씀이 가르친 대로 날마다 새로운 사실을 터득할 수 있으면 좋고, 세월이 흘러감에 따라서 지금까지 모르는 것을 잘 깨닫고 마치 어린아이가 장성하듯이 자꾸 소견이 더 틔고 생각이 높아지면서 그렇게 깨닫고 나아가는 것이 당연히 중요한 것입니다. 하나님께 우리가 무엇을 주시라고 구할 때 왜 주시기를 바라느냐? 거기에는 목적이 있는 것이고 이유가 있는 것입니다. 그 목적과 이유가 자기 쾌락이나 자기 맘대로 하려고 주시기를 바란다면 어떤가요? 그 사람이 자기의 트이지 못한 생각과 어떤 때는 불의한 생각, 탐욕적인 마음으로 구한다고 하면 하나님은 그런 것을 만족시켜 주시려고 기다리고 계시는 게 아니라 말입니다. 하나님이 우리를 위해서 사시는 게 아니에요. 우리가 하나님을 위하여 피조되었고 존재도 하는 것입니다.

하나님은 당신의 거룩한 계획이 있고 생각하시는 바가 있어서 그것을 이루시려고 하십니다. 마치 토기장이가 진흙 한 덩어리를 가지고 큰 그릇을 만들든지 작은 그릇을 만들면 그 큰 그릇은 어디다 쓸 것인가를 생각하고 만들고, 작은 그릇은 어떤 데 쓸지를 생각하고 만드는 것입니다. 세상의 미미한 토기장이라도 그릇 만들 때 각각 쓸 것을 생각하고 용(用)을 생각하고 만드는데 전지하시고 완전하신 하나님이 우리를 창조하실 때 아무 생각 없이 덮어놓고 인생을 내셨겠습니까? 그냥 덮어놓고 세상에 나오너라 해서 인생을 만드신 것이 아니라는 것입니다. 성경 말씀에도 역력히 하나님께서 각각 쓰실 데가 있어서 사람을 이렇게도 만드시고 저렇게도 만들어 놓으셨다고 한 것을 우리가 주의해야 합니다.

그렇다면 하나님께서 나를 어디다 쓰시려고 만드시고 세상에 보내 주셨는가를 또한 알아야 할 것이고 거기에 의해서 그 일을 잘 이루어야 합니다. 그 일을 가지고 좋은 결실을 내기 위해서 필요한 것들이 있는데, 그런 것들이 내게 다 갖추어지지 않았다든지 부족하다든지 할 때는 하나님 앞에 나가서 구하는 것입니다. 그런데 그런 게 아니고 내가 세상에 나온 다음 하나님도 모르고, 하나님의 뜻이 자재(自在)한데도 불구하고 그런 것도 생각지 않고 자기의 욕심과 쾌락과 자기의 행복 추구만 눈앞에 번해서 그걸 위해서 하나님한테 '이것 주십시오 저것 주십시오,' '아이고 여기 큰 불행이 있으니 얼른 이걸 막아 주십시오' 한다면 어떻습니까? 그런 식으로 구하기만 하고 하나님께서 나를 향해서 무엇을 하시려고 하며 무얼 하라고 하시는지, 무엇을 위해서 노력하라고 하시는가를 쪼금[一毫, 일호]도 잘 생각지 않고 있는 사람이라면 그것이 귀를 돌이키고 율법을 듣지 않는 자입니다. 하나님께서 나에게 가르치시는 말씀을 안 듣는 자라 말입니다. 이렇게 자기 마음 가운데 율법의 말씀에 귀를 기울이지 아니하고 자기 생각으로 제멋대로[自行自止] 하고 자기 쾌락과 행복만을 추구하고 살면서 어느 때는 오히려 그것을 억지로 정당화하는 이론까지 붙이고 막 우겨 댑니다. 하나님도 꼭 들어 주셔야만 할 것같이 생각해서 하나님께 기도하고 졸라 댑니다. 그렇게 졸라 댄다고 해서 들어 주시느냐? 아니 들어 주시는 것이라 말입니다. 아니 들어 주실 뿐 아니라 그런 것을 가증하게 여긴다고 했습니다. 미운 일이라, 가증스러운 일이다! 네가 기도한 것을 받지 못할 뿐 아니라 내 입에서 토해 내버릴 것이라는 맹렬한 분노를 가지고 대하시는 일이라 말입니다.

왜냐하면 기도라는 것은 나는 인간이요 피조물이고 하나님은 천지의 대주재시요 창조주이신 사실과 나의 구주가 되시고 또한 나의 아버지가 되시는 분이라는 걸 바로 인식한 터 위에서만 정당하게 기도할 수 있는 것이기 때문입니다. 그런데 피조물이고 하나님의 주재(主宰) 아래 있는 내가 그 사실을 무시하고 내가 스스로를 주재해서, 스스로 주장해서 자기 인생의 길을 걸으려 하면서 거기에 무엇이 부족하고 어떤 불행이 닥치니까 '이건 막아 주시고 저건 내주십시오' 하고 기도한다고 그 기도가 하나님 앞에 상달(上達)이 되겠는가? 귀를 돌이키고 율법을 듣지 않는 자, 그러한 자의 기도는 가증한 것이라고 가르친 것입니다. 그런고로 기도하는 사람의 중요한 마음 상태는 하나님의 거룩하신 뜻을 먼저 깨닫는 것입니다. 나를 향해서 하시려 하시는 일, 날보고 이 세상에서 어떠한 사람이 되며 무엇을 위해서 살라고 하시는가를 바로 깨닫고자 하고, 그것을 깨달은 터 위에서 바로 나가려고 하는 사람이라야 합니다. 그렇지 않으면 그의 기도도 가증하다는 것을 우리가 주의해야 할 것입니다.

이것을 달리 한번 생각할 필요가 있습니다. 쉽게 얼른 생각할 때 항상 주의해서 성경 말씀을 잘 듣지 아니할 것 같으면 그의 기도도 가증하다, 하나님께서 미워하시고 거기에 대해서 엄격하게 분노를 나타내시는 것이라는 의미라고 짐작할 수도 있습니다. 성경 말씀을 우리가 귀를 기울여서 듣는다는 것은 좋은 일이나 그 말씀이 우리에게 무엇을 가르치시며 또한 무엇을 요구하시며 어떻게 하라고 하시는가에 대해서는 깨닫지 못하면 어떻습니까? 성경 읽는 것을 마치 종교 의식의 하나로 여기고 아침에 일어나서 성경을 몇 절이든지, 한 장이든지 봐야만 하겠다고 그냥 주르르 읽고 그러고 그냥 기도를 하고 지내는 것을 두고 율법을 듣는다고 할 수 있겠는가? 그렇게 종교의 차례로, 종교의 한 프로그램으로 성경 읽는 것을 의미하는 것이 아닙니다.

흔히 성경을 배운다고 무엇은 몇 장 몇 절에 있고 그래서 대지(大旨)를 나누고 소지(小旨)를 나누어 나열하며 다 공부를 하지만 그러나 결국 성경이 우리에게 참으로 요구하는 것이나 우리에게 알기를 원하는 가장 중요한 것을 깨닫는 것이 핵심입니다. 기본적인 것뿐만 아니라 참된 지식의 내용을 성경에서 터득해야 합니다. 즉 성경이 우리에게 주는 참 지식의 내용을 터득하지 못하고 단순히 기술적으로 그 책 속에 무엇이 있다는 것을 냉정하게 아는 정도라면 그것은 귀를 기울여서 경청한 의미가 없는 것입니다.

여러분, 하나님의 말씀이 같이 들어가더라도 그 사람 마음이 길가와 같으면 그 속으로 안 들어가는 것입니다. 마음에 돌짝밭 같은 얇은 암반이 깔려 있는 심상이라면 또한 말씀이 거기서 아무 열매를 안 내는 것이고, 가시떨기 같은 것이 그 밭 속에 있을 때도 말씀이 열매를 안 낸다는 것을 예수님의 씨 뿌리는 비유에서 얼른 생각할 수 있을 것입니다. 하나님의 거룩하신 말씀이 우리 안에서 내 자신의 바른 사상을 형성하고 내 자신에게 확신을 일으켜야 합니다. 또 갈 길을 보이며 인생에 대해서, 세계에 대해서, 역사에 대해서 바르게 볼 수 있도록 가르치는 여러 가지 것들을 내가 겸손히 공정하게 잘 받아서 거기에 의해서 깨달음이 생겨야 하는 것입니다.

그런 깨달음 없이 기계적으로 말씀을 배웠다고 한다면 열매를 얻지 못합니다. 마치 길가에 떨어진 씨와 같이 그것을 신학의 체계로는 받아들여서 자기가 그건 그렇다 하지만 깨닫고 나아가는 일이 없으면 소용없습니다. 자기는 개혁주의 신학이든지 정통 신학을 신봉한다고 나가지만 그로 말미암은 자신의 깨달음이 없고 다만 지적인 내용으로, 신학적인 내용으로만 받아 나갈 때에는 의미가 없다는 말입니다. 여러분 수많은 신학자가 불신자라는 것을 아시지요? 불신자라도 지적인 작용에 의해서 한 지식의 내용으로 공급하는 것을 받을 수는 있는 것이에요. 그러나 하나님의 성령의 조명과 가르침이 있어서 큰 깨달음과 확신을 가지고 거기 의지하고 나아가지 않으면 말씀을 들은 효과는 나오지 않습니다. 자기가 바른 깨달음에 의해서 자기의 전체를 거기다 다 바치면서 나아가는 생활이 없을 때에는 별로 귀를 기울여서 말씀을 들은 효과가 없는 것입니다.

율법을 듣지 않는 일과 성경 지식

그런 까닭에 귀를 돌이키고 율법을 듣지 않는다 할 때는 성경을 안 읽었다는 말만은 아닙니다. 성경을 읽기는 했어도 진정으로 그것이 우리 안에서 성령님으로 말미암아 조명하시사 가르치는 그 말씀을 깨달으려고 않고 거기에 착심을 하지 않으면 열매를 내지 못합니다. 나는 성경을 어느 정도 알고 있으니까, 이미 배웠으니까, 오늘 아침에 보았으니까, 또 성경을 때때로 보는 사람이니까, 하는 정도를 가지고 마치 무슨 조건이나 채운 것같이 생각하는 것은 부정당합니다. 이런 것을 우리는 늘 조심해서 하나님께서 그 말씀 안에서 우리에게 뭐라고 하시는가? 그걸 진정으로 받아들일 수 있어야만 하겠습니다. 그리고 거기에 의해서 나에게 무엇을 하라 하시고 어떻게 하라 하시는지, 무엇이 내게 있어야 하겠다는 걸 바로 합리적으로 이지적으로 잘 깨달아서 주께 그것을 고해야 합니다. 주님께서 그걸 살펴 주셔서 나에게 은혜 주시기를 바라는 교통 가운데 있어야 할 것을 여기서는 가르친 것입니다.

다시 한 가지, 귀를 돌이키고 율법을 듣지 아니한다 하는 말이 의미하는 일 가운데 사람들이 빠지기 쉬운 경우를 생각하십시다. 이미 말씀했지만 율법의 말씀에 귀를 기울인다 할 때는 그게 성경이라는 서책에 귀를 기울인다는 말이 아닙니다. 하나님께서 그런 형식을 취해서 우리에게 알기를 원하시고 가르치시며 또한 우리에게 비춰 주시는 그것을 받아서 거기에 착심한다는 의미가 귀를 기울여 하나님의 말씀을 듣는다는 말뜻이 될 것입니다. 율법 곧 하나님의 말씀이라는 의미로 볼 때 사람이 하나님께서 하시는 말씀을 귀를 기울여 듣지 아니하고 여타의 다른 어떤 태도를 취하든지 하면 그것은 소용이 없습니다. 적어도 하나님께서 인류에게 주신 계시로서 그 말씀의 의미를 모를 때, 그렇게 다루지 아니할 때에는 그 결과가 귀를 돌이키고 율법을 듣지 않는 것과 다를 것이 없이 되는 것입니다.

그러면 성경 혹은 하나님의 말씀에 대해서 사람들은 다 철두철미하게 온전히 하나님의 말씀으로 믿느냐 하면 다 그런 것은 아닙니다. 오히려 성경 즉 바이블(Bible)이라는 책이 가지고 있는 여러 가지 위대성에 대해서는 십분 승인하고 승복하는 사람들이라 해도 그것이 하나님께서 인류에게 주신 거룩한 계시요 거기에서 하나님이 말씀하신 것을 우리가 얻는다 하는 점에서는 이론(異論)이 많습니다. 성경에 나타나는 내용이라든지 성경에 기록된 스타일이라든지 요컨대 한 문헌으로서 성경이 가지고 있는 여러 가지 특징과 위대성에 대해서 충분히 학적으로 찬양하고 승인하고 남에게까지 전하는 사람일지라도 그것을 하나님의 권위 있는 틀림없는 말씀으로 승복치 않는 사람이 많습니다.

성경이 사람에게는 위대한 신학의 근원, 원천이라 생각해서 그런 신학의 원천으로서는 의미를 가질지라도 오늘 나에게 하나님 말씀으로 필요한 것을 주시는 생명의 양식으로는 받아들이지 않는 일이 있습니다. 어떤 정신적인 양식으로는 받아들일지언정 생명의 양식으로는 받지 않는 경우가 있는 것입니다. 예컨대 사람은 지적인 요구를 가진 까닭에 지식을 공급한즉 그렇게 정신적인 양식을 얻고 또 먹은 것이라고 생각하겠지만, 그러나 그것이 그리스도께서 우리에게 주신 새로운 생명을 정상적으로 잘 자라게 하는 데 필요한 양식으로 우리에게 공급된다고 하는 이 점을 정확하게 믿지 않는 사람이 많이 있다는 것을 주의해야 합니다. 성경이 가지고 있는 위대한 지적인 내용이나 성경이 가지고 있는 위대한 도덕적인 교훈에 대해서는 다 승인하면서 성경을 읽고 심지어 성경이 하나님의 말씀이라고도 말합니다. 그러면서도 하나님께서 그 말씀을 가지고 우리에게 가르쳐 주시는 것에 대해서 자기의 선입관으로 말미암아 귀를 기울이지 않고, 그것은 다만 우리에게 어떤 선과 악을 보이고 권선징악을 가르치는 것으로나 생각합니다. 몇 가지 도덕적인 실천 생활의 교훈만을 거기서 얻으려 하고, 그 것이 우리에게 주는 하나님 나라의 심오한 계시의 내용을 터득하려고 하지 않는 신자도 많이 있다는 말씀입니다.

그것은 가르치는 것이 빈곤해서도 그렇지만 성경에 대한 그릇된 선입관 때문에 그 생각이 처음부터 비뚤어져 가지고 거기서 그저 몇 가지의 도덕적인 교훈, 선악의 교훈만을 따려고 하기 때문입니다. 근본적으로 사람의 존재에 대해서, 가는 길에 대해서, 하나님의 요구에 대해서 그 깊이를 캐지도 아니하고 깨닫지도 못하는 일이 많다는 것을 우리가 늘 스스로 생각해 보고 반성하는 것이 좋습니다. 성경은 위대한 예술 작품이다, 성경은 위대한 도덕적인 교훈을 담은 책이다, 성경은 위대한 사상을 인류에게 주는 책이다, 또 성경은 훌륭한 신학의 원천으로서 가장 권위 있고 내용을 풍부하게 가지고 있다, 이런 식으로 여러 가지로 성경에 대한 찬사를 높이 이야기할지라도 무엇보다 성경이 하나님의 말씀으로서 우리에게 주시고자 하는 거룩한 계시를 주는 것이라고 하는 점에서 분명히 그렇다고 승인을 해야 합니다. 그렇게 승인할 뿐 아니라 그러한 하나님의 말씀을 바로 받는 것이 아니라면 그것은 귀를 돌이키고 율법의 말씀을 듣지 않는다는 사실의 실제 결과를 그대로 가지는 것입니다.

그런고로 자기가 적극적으로 귀를 돌이키고 율법을 듣지 않는다고 할 때, 싫어서 그에 대해서 알아보려고 하지 아니하고 듣지 않았든지, 자기 자신이 가지고 있는 개괄적인 성경관이나 그저 하나님의 말씀이거니 하면서 수박 겉핥기식으로 그 속에서 과연 말씀이 나에게 무엇을 가르치는 것인지에 대해서 도무지 알아보지 않으려고 하는 무성의와 무열정의 태도이든지, 결과에 있어서 귀를 돌이키고 율법을 듣지 않는 자와 다를 것이 없다는 것을 우리가 여기서 보게 됩니다. 우리는 항상 그런 피상적이고 외화적인 태도를 경계해야 합니다.

성경이 하나님의 말씀으로서 사람에게 올 때에는 사람의 속에 무엇을 일으키는 실효가 있는 것인데, 그 실력이 우리에게 있지 아니할 때에는 참으로 성경을 하나님의 말씀으로 대접한다는 실질상 내용은 없는 것입니다. 성경 신앙을 말하고, 성경이 하나님 말씀이라고 항상 말하면서도 그 말씀이 나에게 작용하고 우리 교회 안에 작동해서 나타나는 열매를 내지 않는다면 그게 무슨 소용이 있는 주장이 되겠습니까? 그런 것을 우리는 항상 주의하십시다. 신자로서 흔히 빠지기 쉬운 오류라는 것이 무엇인가요? 성경이 하나님의 말씀이 아니라든지 혹은 하나님 말씀과 사람의 말이 뒤섞여 있는 책이라든지 하는 문제는 그만두고, 소위 복음주의라 그리고 정통주의라 하면서 성경은 하나님의 말씀이라고 외치지만 대체 그 하나님의 말씀이라 하는 그 태도로부터 성경에서 참으로 터득하는 바는 무엇인가를 반성해 보아야 합니다.

하나님의 말씀이라고 하면서 터득하는 내용이 심히 저급하고 빈곤하여 이 세상에서 오히려 학적으로나 도덕적으로 그 내용의 심오성이 무엇인가를 찾아내는 사람들이 찾는 것에 한참 미치지도 못할 뿐 아니라 하나님의 말씀으로서 권위 있는 계시의 내용이 무엇인가에 대해서 아무것도 아는 것이 없는 정도라 할 것 같으면 거기에 하나님의 말씀이라고 하는 효과가 대체 무엇이 있는가 말입니다. 귀를 기울이고 하나님 말씀을 듣는다고 할 때는 하나님의 말씀으로 들어야 하는 것이지 이름만 하나님 말씀이라고 해 놓고 그 내용에서 아무것도 볼 만한 것이 없는 상태라면 참으로 불쌍한 처지가 아닐 수 없습니다. 빈약한 몇 가지의 종교적 교훈 안에 붙들려 있다거나 괴상한 저회적인 종교적인 행동에 머물러 있다고 한다면 진실로 성경이 가지고 있는 위대성을 나타내는 게 아니라 오히려 욕을 끼치는 일이 되기 쉬울 것입니다. 이런 점을 우리가 참으로 주의해서 성경이 가지고 있는 참된 신 계시의 권위와 거룩하고 높은 지식의 내용에 대해서 바로 깨우쳐야 하겠습니다. 우리의 잘못된 선입관에 그냥 붙들려 앉아서 동굴 속에 갇혀 있는 사람과 같이 되지 않고, 또 오해 없이 우리가 하나님의 말씀을 바로 깨달아 알기를 간절히 바랍니다.

기도

　거룩하신 아버님, 저희를 불쌍히 여기사 아버지 말씀의 참되고 거룩한 도리의 내용을 더욱더욱 바로 깨달아 알게 하시고, 이리하여 아버님의 말씀에 대한 저희의 태도가 늘 겸손하고 바르게 은혜로 인도하옵소서.

　우리 주 예수님 이름으로 기도하옵나이다. 아멘.

1978년 2월 26일

중언부언하는
기도

마태복음 6:5-15

5 또 너희가 기도할 때에 외식하는 자와 같이 되지 말라 저희는 사람에게 보이려고 회당과 큰 거리 어귀에 서서 기도하기를 좋아하느니라 내가 진실로 너희에게 이르노니 저희는 자기 상을 이미 받았느니라 6 너는 기도할 때에 네 골방에 들어가 문을 닫고 은밀한 중에 계신 네 아버지께 기도하라 은밀한 중에 보시는 네 아버지께서 갚으시리라 7 또 기도할 때에 이방인과 같이 중언부언하지 말라 저희는 말을 많이 하여야 들으실 줄 생각하느니라 8 그러므로 저희를 본받지 말라 구하기 전에 너희에게 있어야 할 것을 하나님 너의 아버지께서 아시느니라 9 그러므로 너희는 이렇게 기도하라 하늘에 계신 우리 아버지여 이름이 거룩히 여김을 받으시오며 10 나라이 임하옵시며 뜻이 하늘에서 이룬 것같이 땅에서도 이루어지이다 11 오늘날 우리에게 일용할 양식을 주옵시고 12 우리가 우리에게 죄 지은 자를 사하여 준 것같이 우리 죄를 사하여 주옵시고 13 우리를 시험에 들게 하지 마옵시고 다만 악에서 구하옵소서 (나라와 권세와 영광이 아버지께 영원히 있사옵나이다 아멘) 14 너희가 사람의 과실을 용서하면 너희 천부께서도 너희 과실을 용서하시려니와 15 너희가 사람의 과실을 용서하지 아니하면 너희 아버지께서도 너희 과실을 용서하지 아니하시리라.

13강

중언부언 하는 기도

잘못된 기도 - 중언부언

우리는 얼마 전에 마태복음 6장 5-6절 즉 예수님의 산상보훈 가운데 나타난 기도에 대한 교훈의 한 가지를 배운 일이 있습니다. 지난 주일에는 잠언 28장 9절 말씀을 주로 해서 하나님의 말씀에 귀를 바로 기울이고, 말씀이 우리에게 가르치는 바를 바로 깨달아서 그로 인하여 하나님의 거룩하신 뜻에 합당하도록 구하고 아뢰고 나아가는 것이 옳은 것임을 생각했습니다. 저 지난번에 생각한 마태복음 6장 5-6절에 이어 오늘은 7절과 8절을 보겠는데, 산상보훈 가운데 나오는 잘못된 기도의 한 사례입니다. 여기서 하신 말씀은 "너희는 또한 기도할 때에 이방인들과 같이 중언부언하지 말라. 저들은 말을 많이 하여야 들으실 줄 아느니라. 그런고로 저들을 본받지 말라. 대개 너희가 구하기 전에 너희에게 있어야 할 것을 하나님 너희 아버지께서 이미 다 아시느니라" 하시는 말씀입니다.

중언부언(重言復言)이라고 할 때는 보통 사람들이 기도를 할 때 '한 말 또 하고 한 말 또 하고 한 말 또 하고' 하는 그런 것을 생각합니다. 흔히 이교에서 자기네 신에게 무얼 구할 때 주문을 외는

데 그렇게 주문을 계속 반복해서 외는 식으로 하는 것들만 중언부언이 아니라고 하였습니다. 단순히 보통 상식 있는 사람, 정신 있는 사람으로서는 범하지 아니할 듯한 특이하고 저급한 일을 끄집어내서 예수님이 산상보훈 가운데 비판하신 것이 아니라고 전에 말씀드렸죠. 예수님께서 하나님의 나라가 거룩히 전개되어 나아가는 사실을 보여 주시는 중에 사이비적이고 전통적인 잘못된 것을 끄집어내서 그것으로 저들에게 깨우치도록 하신 것입니다. 산상보훈 가운데 하필 그런 특례적인 저급하고 괴상한 몇 가지 종교적인 현실을 끄집어내 가지고 이방인들처럼 이교적인 사상이나 생각에서 중언부언한다는 것인데, 결국 말을 많이 한다는 얘기입니다. 그래서 "말을 많이 해야 들으실 줄 아느니라" 하는 말을 거기다 해석으로 붙이신 것입니다.

실질상 기도를 하면서 자기 기도가 길다든지 열정적이라든지 할 때 그렇게 하면 아마 좀 더 잘 들으실 듯하다고 생각하는 괴상한 심리도 없는 것이 아닙니다. 그렇게 기도를 할 때는 어쨌든지 한 말을 바로 그대로 반복은 않지만 가령 간격을 두고 반복하기도 하는 게고, 그렇지 아니하면 그 날 하고 하나님께서 아니 들으시면 이튿날 또 하고 다음 날 또 하고 그렇게도 할 수 있는 것입니다. 또 주기(週期)로 돌아와서 다시 기도하고 그다음 거기 대해서 아무 결과가 없으면 그런 결과가 있기를 바라는지조차 알 수 없는 일입니다. 왜냐하면 기도할 때 으레 붙어 있는 말들이니까 주문 외듯이 붙어 있는 말로 하는 사람도 있기 때문입니다. 어떤 일을 구했을 때 대답을 하지 아니하시면 하나님한테 다시 또 구해 놓고, 또 대답을 아니하시면 열흘이 됐든지 한 달이 됐든지 혹은 반 년이 됐든지 일 년이 됐든지 계속해서 그 말을 그대로 다시 반복해서 하나님한테 구하는 이런 것들에 대해서 여기서 우리는 깊이 생각해야 할 문제가 있습니다.

하나님 우리 아버지께서는 우리가 구하기 전에 우리에게 있어야 할 것을 다 아신다고 가르쳤습니다. 여기서 아신다는 말뜻도 그냥 하나님의 지식 가운데는 무소부지하시니까 다 알고 계신다는 그런 의미만이 아닙니다. 원래 성경 특별히 구약의 사상으로 '안다'는 말뜻은 아주 깊은 관계 속에서 하는 말입니다. 요컨대 직접 거기 대해서 준비를 하시고 혹은 친히 당신께서 무엇을 돌아보신다는 의미가 많이 있는 것입니다. 이와 같은 '안다'는 히브리적 용법에 의해서 보아야 합니다. 네가 구하기 전에 네게 무엇이 있어야 할 것인지 완전하시고 자비로우신 너희 아버지 하나님이 알고 계시는데, 그렇게 알고 계시고 모든 걸 풍성히 가지신 하나님이 너에게 있어야 할 것들을 주시지 않겠느냐 하는 의미가 거기 분명히 나타났다는 말입니다. 그러기에 그냥 '네게 그것이 있어야 할 줄 나도 안다. 그렇지만 나는 상관없다'는 것이 아닙니다. '깊은 관심을 가지고 있는 내가 너에게 그것이 꼭 있어야 할 것을 아니까 걱정하지 말라' 하는 말입니다. 그렇다면 우리가 기도하지 아니하더라도 하나님은 다 주실 것이 아니냐 할 수도 있겠지요.

사랑하시는 아버지의 권고

여러분, 여기서 주의할 것은 사실상 우리는 우리가 기도한 것만을 받아 가지고 사는 것이 아니라는 사실입니다. 기도하지 못하고 미처 깨닫지 못한 많은 것을 하나님께서는 우리에게 다 주시고 우리를 위하여 마련하시고 때를 따라서 우리에게 주심으로 우리가 사는 것입니다. 우리가 기도해서 얻는다는 것이 우리 생활에서 참으로 필요한 것들의 몇 분지 몇이나 되는지요? 하나님께서는 사랑하시는 아버지로서 권고(眷顧)하십니다. 즉 그의 자식, 식구로서 돌아보신다, 권속(眷屬)으로 돌아보신다는 것입니다. 베드로전서 5장 7절에도 "네 염려를 다 주께 맡겨버리라. 이는 저가 너를 권고하심이니라." 가정 안에서 가장으로서 아버지가 그 식구들의 필요를 하나하나 전부 다 아시고 돌아보시고 내려주신다 그것입니다.

그런다 할 것 같으면 결국은 우리가 기도하지 아니해도 될 것이 아니냐 하겠지만, 문제는 우리에게 필요를 느끼게 하셨을 때 그것이 무슨 의미냐 하면 하나님께 구하라는 의미입니다. 우리가 아직 필요를 못 느꼈든지 거기까지 생각이 못 미쳤다든지 할 것 같으면 그것은 할 수 없는 일입니다. 우리 인간의 우매(愚昧)도 있고 생각에 다 제한이 있는 까닭에 어떻게 할 수 없는 일이에요. 그러나 우리 안에 '아 이것은 필요하니까 하나님한테 나아가서 꼭 기도해야겠다'는 마음을 일으키시면 그것은 우리보고 기도하라고 하시는 명령과 같은 것입니다. 야고보서 4장 2절 하반절에 "너희가 얻지 못하는 것은 구하지 아니함이요" 하는 말이 있습니다. 그 다음 3절 보면 "구하여도 얻지 못하는 것은 정욕으로 쓰려고 잘못 구함이라. 혹은 쾌락으로 쓰려고 잘못 구함이라." 그런고로 야고보서 4장 2절에 있는 말씀대로 "너희가 얻지 못하는 것은 구하지 않는 까닭에 얻지 못하는 것이다." 이것은 분명히 우리보고 구해서 얻으라는 말입니다. 그리고 구해서 얻을 수 있는 것도 네가 구하지 않으면 얻지 못하는 것이다 하는 것을 가르친 것입니다. 이런 것으로 보면 하나님께서 우리에게 기도하기를 원하시는 것들이 분명히 있어요. 우리가 결핍을 느꼈을 때 하나님께 나아가서 그걸 구하도록 우리에게 특권을 주셨고 길을 열어주신 것입니다. 그런고로 하나님 앞에 기도해서 하나님께서 그걸 들으시고 가부간에 응낙을 해주셔서 그로 인하여 우리가 필요한 것들을 받고 살아가는 것입니다.

그렇게 우리가 하나님 앞에 기도를 하지만 무엇을 구했을 때 바로 즉석에서 꼭 주시는 것은 아닙니다. 어떤 것은 꼭 당장에 필요한 것이지요. 하나님의 거룩하신 뜻도 당장에 그에게 있어야 할 것으로 여기실 때에는 '오냐 나도 너와 같이 당장에 네게 그것이 있어야 할 것으로 여기니 걱정하지 마라. 지금 주마' 하고 금방 그것이 발생하도록 해주시는 일이 있습니다. 갈멜 산상에 있는 엘리야에게 하나님께서 기도에 응낙하시사 불을 하늘에서 보내서 제단의 제물과 도랑의 물까지 다 핥도록 싹 소화(燒火)시킨 일도 있습니다. 그러나 어떤 일은 하나님께서 우리가 기도한 바에 대해서 응낙을 안 하시는 것은 아니나 오래 끌고 가시는 경우가 있어요. 이렇게 오래 끌고 가시는 것은 결국 하나님이 우리의 필요를 모르셔서 그러는 것도 아니고, 아니 주시려고 그러는 것도 아니지만 우리 편에 항상 문제가 있어서 그것을 고쳐 주시고 다시 보강시키시거나 혹은 우리로 하여금 자라게 하시는 데에 의미가 있는 것입니다. 즉 우리가 대체로 봐서 그것이 꼭 필요한 것으로 생각하고 하나님의 약속 가운데 있는 것인 줄 알고 기도했을지라도 하나님께서 그것을 당장 우리에게 주신다면 그로 인하여 내가 그 은혜를 헛되이 받을 우려도 많고, 또 충분히 감당할 만한 힘이 없는 경우도 많은 것입니다. 다른 말로 하면 내게 필요는 하지만 그걸 받아 감당할 수 있는 자리가 내게 없을 때가 있다는 것입니다.

요컨대 내가 구한 것을 받아서 하나님의 영광을 위해서 충분히 잘 써서 좋은 열매를 맺을 수 있는 차원에 올라가야 할 필요가 있을 경우가 있습니다. 하나님께서는 그걸 받아서 감당할 수 있는 높은 차원으로 나를 이끌고 올라가실 양으로 나에게 당장 주시기보다 오히려 나 자신에게 지금 필요한 것이 무엇이겠는가를 반성케도 하시고 생각케도 하신다는 것입니다. 그로 인하여 결국은 자기가 기도한 내용에 대한 자기의 상념 즉 사상을 점점 수정하고 보강해 가지고 하나님 앞에 좀 더 합리적으로 필요한 내용에 대해서 바르게 기도하게 되는 것입니다. 이렇게 함으로 마침내 어떤 일정한 자리에 이른즉 하나님께서 주셨을 때는 처음에 기도했을 때 당장에 받은 것보다 훨씬 은혜로운 결과, 좋은 결과를 얻도록 하시는 것입니다.

이런 의미에서 하나님께서 그대로 주시는가 안 주시는가 보면서 이튿날 또 말하고 그 이튿날도 다시 그 말 하는 식으로 그저 끊임없이 그 소리를 무제한하게 계속 반복하는 식이라면 그건 의미가 없는 일입니다. 이런 것을 가리켜 중언부언하는 것이라고 지적하는 것입니다. 꼭 무슨 주문을 외듯이 같은 말을 자꾸 되돌리고 되돌린다는 말보다는 그의 상(想)에 발전이 없고, 하나님 앞에 구하는 자기 인식(understanding)에 아무 발전이 없는 것은 좋지 않다는 것입니다. 하나님께서 발전하기를 요구하시고 시간을 주시면서 기다리고 계십니다. 그렇게 기다리는 하나님의 거룩하신 태도에 대해서 아무런 반응도 없고 깨달음도 없이 기도해 놓고 책임 있는 심정도 안 가지고 명청하게 같은 기도를 반복하면 그것은 잘못된 것입니다. 제 마음대로 그냥 기도하다가 다시 아침에 또 밤에 때가 되면 반사적으로 기도를 하면서 하루 종일 그것에 대해서 큰 상념이 없다가 그 다음에 또 하는 것은 의미가 없습니다. 사실상 많은 기도가 형식적인 제사로 차례를 지내는 식에 불과한 일이 되기가 쉬운 것입니다. 이런 식으로 말을 계속하는 것이 중언부언하는 것입니다.

이렇게 중언부언하는 것은 이방인들, 이교도들이 하는 짓이라는 말입니다. 이교도들이 자기가 알고 있는 어떤 신에게 무엇을 구하고 그 신에 대해서 더 사색하고 이해하고 깨닫고 추리할 풍부한 재료가 없을 때 결국은 거기에 답보(踏步)를 하기에 그대로 또 계속해서 했던 말을 또 하고 또 그 말 하고 그럴 것입니다. 이와 같은 심정이 무엇이겠는가! 대체로 사람들이 무엇으로 기도를 효과 있게 하려고 하느냐? 말을 많이 한다는 것으로 효과 있게 하려고 합니다. 왜 그러냐? 기도를 할 때 그 기도가 너무 소홀하고 간단하고 소략(疏略)해서 신이 그걸 들어 주실는지 염려된다, 그렇게 도무지 정성을 나타나 보이지 않는다면 안 될 것이라고 생각합니다. 거기에 정성을 더 많이 드리기 위해서 말을 많이 보태고 수식어를 많이 넣으려고 애를 씁니다. 같은 말만 반복하는 것이 중언부언이 아니라 그냥 여러 많은 말을 넣고 또 넣으면서 나아가는 것입니다. 이것은 어디서 나왔느냐? 요컨대 그의 신 앞에, 하나님 앞에 정성을 드려야 하겠다는 것입니다.

비록 그들이 참된 하나님께 대해서 어렴풋이 지식을 가지고 있어서 어떤 위기, 절박한 처지에 이르러서 불가부득 하나님께 무엇을 기도할지라도 마땅히 내가 정성이 있어야 할 텐데, 그런 정성을 가지려고 여러 가지로 간곡하게 반복해서 이야기를 거듭하는 것입니다. 그들 생각의 근저에는 동양 사람들이 흔히 말하는[孟子曰] 지성이부동자(至誠而不動者) 미지유야(未之有也)가 있습니다. 지성스럽게 하는데도 움직이지 않는 이는 일찍이 없었다, 누구든지 상대가 지극한 정성을 다한다면 움직인다는 것입니다. 이처럼 신도 지성이면 감천(感天)이라 하듯이 하늘도 그런 지성에 감응을 해나가는 것이다! 일반적인 동양인의 사상으로 그 말을 많이 인용하지만 하나님께서도 인간의 지성을 보시고 그 지성 때문에 갚아 주시느냐 하면 그거 아니라는 것입니다.

인간의 종교 열정이 아닌 새사람의 기도

이런 데서 우리가 주의해야 합니다. 누가복음 18장 1-8절을 보면 어떤 과부가 하나님을 두려워하지 아니하는 무례한 재판장에게 가서 자기의 원수에 대한 원한을 풀어 달라고 청하는 비유가 나옵니다. 그렇게 여러 번 청을 했지만 재판관이 계속 듣지 아니하다가 나중에는 귀찮아서라도 '에이 갚아 주어야겠다' 했다고 하는 예를 드시면서, 간절히 끊임없이 낙심하지 말고 기도해야 할 것을 가르치신 예수님의 비유가 있습니다. 이 비유를 잘못 해석해 가지고 있다든지, 예수님이 그 비유를 가르치신 정신을 잘못 터득해서 지성스럽게 하면 하나님은 들으신다고 생각하기도 합니다. 하나님은 우리의 지성을 대가로 해서 기도에 응낙하시는 게 아니라 오직 예수님의 공로만을 대가로 하고 나를 받아들이시고 또 기도를 들으시는 것입니다. 내가 예수님의 공로를 진정으로 의지하고 않고는 소용이 없습니다. 나 자신은 아무것도 공로가 없으니까 길게 기도해도 공로 될 것이 없고, 내가 정성을 다 붓고 해도 공로가 될 것이 없습니다. 몇 밤을 안 자고 기도해도 하나님의 마음이 감동되는 일은 없습니다. '네가 그렇게 며칠이나 밤에 잠을 안 자 가면서 노심초사하고 기도하니 내가 들으마' 그렇게 아니하신다 말입니다.

그런 인간적인 정열이라든지 종교열로 하나님을 감화시키려고 생각했다면 큰 망발인 것입니다. 오직 우리가 하나님께서 내신 법칙대로 나아가는 데서만 기도를 들어주시는 것입니다. 예수 그리스도의 공로만을 입고 나오너라! 그걸 떠나서 네 공로로 친히 구하는 것은 내가 듣지 않는다 그것입니다. 자기 자신을 내세우고 하는 것, 자신의 인간적인 무엇을 가치 있는 것으로 생각하고 하나님 앞에 드릴 때는 받지 않으십니다. 이것은 '예수님의 이름으로 비옵나이다' 하는 말을 안 썼던 구약 시대도 마찬가지입니다. 요컨대 자기는 아무것도 아니고 자기는 내어놓을 것이 없음을 깨달아야 합니다. 그렇게 죄 많은 내가 속죄함을 받지 않으면 안 되 겠다고 제사를 드렸던 것입니다. 그런 제사의 법을 내신 하나님의 거룩한 법칙을 참으로 감사히 생각하고 의지하고 나아가는 사람 들만 오직 하나님께 들으심을 입는 것입니다.

그런 구약 시대의 해석은 잠깐 남겨두고, 우선 당장에 우리에게 필요한 것은 자신이 자기 지성(至誠)으로 나가려고 하지 말고, 오 직 나는 하나님 앞에 아무것도 내어 놓을 것이 없으며 나의 지금 이 상태로는 하나님 앞에 잡혀서 쓸 만한 것이 못 되는 것을 바로 아는 일입니다. 예수님의 거룩하신 공로에 의지해서 나를 불쌍히 보시고 받아 주실 것을 기대해야 합니다. 동시에 나에게 새 생명 을 주셔서 나를 새로 창조하셨고 또한 내 영혼의 기능을 극단적 으로 새롭게 해주신 사실을 의지해야 하는 것입니다. 바로 그 사 랑을 의지해야 합니다. 하나님께서 받으실 만하게 나를 만들어 주 시지 않았더라면 내가 그 앞에 나아가서 무엇을 어떻게 해달라고 할 수가 없을 뻔했습니다. 그러나 우리에게 주신 예수 그리스도 적인 새 생명, 이 생명에 의한 새사람(a new man) 혹은 카이노스 안트로포스(καινός ἄνθρωπος)라는 것은 하나님의 자식으로서 하나님을 향한 본능을 가진 까닭에 자연히 그의 아버지께 의지하 고 매달리면서 무엇을 구하고 나아갑니다. 마치 어린아이가 부모 에게 매달리면서 무엇을 해달라고 하는 거와 마찬가지입니다.

이와 같은 하나님과 우리의 관계, 예수 그리스도의 공로로 말 미암은 거룩한 새 관계 안에서 우리가 구할 수 있는 것입니다. 사 람의 정욕적인 상태, 타락하고 더럽고 냄새나고 추하고 또 죄로 말미암아 완전히 못 쓰게 된 그의 어떤 부분이 그래도 쓸 만해서 그것을 가지고 하나님 앞에 나아가서 뭘 구하지 못하는 것입니다. 그것을 가지고는 하나님의 일도 못하는 것입니다. 우리에게 있는 인간적인 선을 가지고 하나님 앞에 쓸 만한 것이라고 내어 놓지 못하는 것이라 말입니다. 오직 성령님께서 나의 모든 것을 붙들어 주시고 예수님의 공로로 나를 덮어 주셔야 합니다. 하나님의 크신 자비의 계획으로 나를 성결케 해서 쓸 만한 것으로 그의 나라에 두시고 이제는 나의 전 인격과 인간 전부를 쓸 만한 그릇으로 삼아서 쓰실 때에 비로소 효과가 있는 것입니다. 그렇게 하나님 앞에 나아가서 기도할 때는 자기를 의지하지 아니하고 예수님을 의지하고 성령님의 거룩한 능력을 의뢰하고 나아가야 하는 것입니다.

이방인과 같이 자기의 종교 열정을 의지해서 말을 많이 하고 미사여구(美辭麗句)를 집어넣어 무슨 수사학을 실험하는 것같이 기도하는 것이 아닙니다. 그렇게 하지 아니하고, 우리 자신이 가지고 있는 하나님 말씀의 지식을 바르게 생각해서 그 도리에 의해서 기도를 해야 합니다. 사람이 자기를 의지하지 않는다는 것도 말씀이 우리에게 가르침으로써 깨닫는 것이에요. 하나님의 거룩한 법칙에 따라서 그 뜻대로 나아가서 구해야 할 것입니다. 그러려면 지난번 배운 대로 하나님의 말씀이 우리 안에서 거룩한 빛으로 비취고 깨달음을 일으켜야 할 것입니다. 시편 119편 105절 "주의 말씀은 내 발에 등이요 내 길에 빛이니이다." 그렇게 내가 어디로 가야 할 것인가를 주님의 말씀이 가르치고 내 인생의 길을 보여주는 것입니다. 주의 말씀은 내 발에 등불로서 발밑을 바로 비춰 한 걸음씩 가게 하고, 또 어떤 방향의 어떤 길을 가야 할는지를 환히 비춰 주는 빛이라 말입니다.

그런고로 그 말씀에 의지해서 우리는 첫째, 인생의 길을 바로 보고 나아가야 합니다. 히브리서 4장 12절을 보면 하나님의 말씀은 좌우에 날이 서 있는 양날의 어떤 검보다도 아주 날카롭다고 했습니다. 그렇게 예리(銳利)해서 관절과 골수를 찔러 쪼개고 우리 영혼과 마음의 생각, 무엇이든 드러내지 않는 것이 없이 다 드러낸다고 하였습니다. 그러므로 우리가 자기 스스로를 강렬하게 비판하게 하는 구실도 하는 것입니다. 말씀에 의해서 자기 자신이 얼마나 못난 상태에 있고 불의한 상태에 있는가를 알게 됩니다. 사람만으로는 하나님이 보이시는 자기 인생의 길도 볼 줄 모릅니다. 그런즉 그냥 성경 말씀만 덮어놓고 기계적으로 외우면 그의 기도가 효과 있는 것이 아니라는 것입니다. 하나님께 자신이 무엇을 구했을 때 나를 기다리게 하시는 동안 자기를 비춰 보고 자기가 어디 있는가를 바로 깨달아야 합니다. 또 자기의 인생길 가운데서 지금 어떤 길을 취하고 있는가도 봐야 합니다. 그리고 자기가 지금 무엇이 필요한 것인가를 바로 알아야 하는 것입니다.

바른 기도를 하려면

자기가 지금 구하는 내용이 결국 하나님의 영광을 위해서 어떻게 효과 있게 사용될 것인가를 깨달아 알라는 것입니다. 그것을 제대로 알아야 비로소 하나님 앞에 정당하게 구할 수가 있습니다. 그러기 위해서 이방인과 같이 구하지 말아야 합니다. 또 구하기 전에 네게 있어야 할 것을 다 아시는 하나님 앞에 나아가서 구하는 것인즉 네 자신의 판단이 발라야겠고 네 자신의 기도의 인식이 정당해야겠다는 것입니다. 하나님 앞에 우리가 구할 내용을 바르게 알려고 할 때 제일 기본이 무엇인가 하면 어떤 하나님이신가를 바로 알아야 하는 것입니다. 그의 신관 여하에 의해서 그 사람의 생각이 빈곤하기도 하고 풍부하기도 하고 바르기도 하고 빗나가기도 쉬운 것이지요. 하나님께 대한 바른 지식이 없거나 빈곤하면 그만큼 기도하고 구하는 내용도 하나님의 뜻에서 멀고 희미하기가 쉬운 것입니다. 자기가 자기를 스스로 판단할 때도 신관이 풍부해야 해요. 그런즉 하나님께 대해서 더 잘 깨닫고 알아야만 하는 것입니다.

참으로 하나님을 공경하고 두려워하고 믿고 사는 사람에게는 세상의 모든 지식이 하나님을 좀 더 잘 아는 데 도움이 되는 것으로서 의미가 큰 것입니다. 하나님의 말씀에 의해서 하나님이 어떤 분이시며 어떤 계획을 가지시고 나를 어떻게 대하셨는가에 대해서 바로 아는 것이 중요합니다. 우리가 하나님의 말씀을 배울 때 말씀이 하나님께 대해서 가르치시는 것과 또 우리 인간들과 관계되어 있는 연결을 바로 깨달아야 합니다. 성경은 그것을 바로 가르쳐 주고 깊이 깨달아 알도록 합니다. 또한 우리들 자신의 죄와 구속의 사실을 분명히 배워야 합니다. 새로 창조함을 받아서 그리스도의 것으로 이 땅 위에 세움을 입고 거룩한 교회를 형성한 사람들은 어떻게 살며, 어떤 목표를 가지고 가야 하는 것인가에 대해서 바로 알고 나아가는 것이 심히 중요합니다.

인간을 아는 데서 먼저 중요한 것은 인간의 죄를 알아야 하고, 거기에 대한 하나님의 심판을 알아야 합니다. 하나님이 죄에 대해서 얼마나 진노하시며 싫어하시는가에 대해서 늘 바로 깨달아 알아야 하는 것입니다. 그뿐 아니라 하나님께서는 우리를 하나님의 자녀로서 이 세상에 두시고, 자식의 명분을 주시고 명분에 상당한 상속권을 주셨습니다. 그리스도와 함께 만물을 상속할 자로서 세우신 큰 자비와 사랑의 계획 가운데에서 우리를 이 세상에 보내시고 각각 사명을 주시사 일을 하게 하신 것인데, 이런 것들을 하나님의 말씀에 의하여 알고서 자기가 무엇을 구하는지 생각해야 합니다. 그래서 기도한 것이 거기에 비춰서 어떠한 의미를 가지고 얼마만한 도움을 주며 어떤 결과를 가져오려고 하는지에 대해서 합리적으로 이지적으로 해석해야 합니다. 혹여 아무 생각 없이 무엇을 기도했더라도 그것이 금방 내려오지 아니하므로 우리로 하여금 더욱 생각하게 하는 것입니다.

우리가 이렇게 바로 생각하고 깨닫고 나아갈 때 만일 하나님께서 무엇을 주시는 날에는 이것은 이렇게 해야겠고 저 사실은 이런 의미를 가지고 있다고 판단할 수가 있습니다. 그렇게 주시는 은혜에 대한 나의 인식과 해석이 바르게 서고 깊을 때, 그리고 그것이 충분히 좋은 열매를 맺을 때에 하나님은 주시는 보람이 있으실 터이고 또한 우리도 그것을 받는 보람이 있는 것입니다. 이렇게 하나님께서는 우리의 유익과 하나님의 영광을 위해 좀 더 효과 있게 열매를 맺도록 하기 위해서 우리에 대해서 다 알고 계시지만 기도하라고 하시는 것입니다. 우리를 다 아시면서도 우리보고 기도하라고 하시는 것은 우선 우리 편에 문제가 있는 까닭이지요. 우리가 기도함으로 말미암아 우리 자신이 하나님께 대하여 좀 더 신뢰할 수 있게 됩니다. 그리고 하나님께로부터 무엇을 받았을 때 더 큰 기쁨을 가지고 하나님과 거룩한 교통을 하는 그 은혜에 대하여 더 깊은 감사를 가질 수 있고, 그로 인해 더 큰 확신을 가지고 움직일 수가 있는 것입니다.

이렇게 구하기 전에 이미 우리에게 있어야 할 것을 다 아시는 하나님 우리 아버지께서는 그러나 우리에게 구하라 하시고, 구하게 하되 말을 많이 하며 중언부언하지 않도록 하셨습니다. 오직 말씀이 우리에게 들어가서 율법에 귀를 기울여 들은 자답게 항상 말씀의 계시가 가르쳐 줄 걸 가르쳐 주고, 반성하게 할 걸 반성케 하는 것입니다. 그리하여 우리가 반성한 자들로서 거룩한 인식상의 결과를 가지고 하나님 앞에 구하는 것도 훨씬 이지적이고 합리적으로 구해 나가게 해 주신다 말입니다.

처음에 우리가 기도하려고 할 때 곰곰이 생각하고 하나님의 뜻이 이러하니까 이것은 이렇게 기도해야겠다고 신중하게 생각하고 기도하는 일이 그렇게 많은 것은 아닙니다. 우리는 당장 무엇이 부족하고 꼭 있어야 하겠으면 우선 마음이 급하니까 덮어놓고 하나님 앞에 구하는 것입니다. 하지만 그렇게 하나님 앞에 구한 다음에라도 하나님께서는 우리의 마음을 고르게 정돈도 해주시고 바로잡아도 주십니다. 우리가 하나님의 은혜를 받더라도 헛되이 받지 않게 해주시는 큰 사랑이지요. 우리가 무엇을 구하긴 하지만 실질상 나의 결핍은 그렇게 구하는 내용뿐 아니라 그것을 받아서 감당을 할 수 없는 결핍도 심각한 결핍입니다. 이런 결핍들을 다 보충하시고 채워 주시기 위해서 주님은 우리에게 구하게 하시고, 항상 생각하게 하십니다. 말씀이 우리 안에서 정당하게 사역하게 하시는 것입니다. 조금 전에 말한 것처럼 거룩한 말씀에서 어떠한 하나님이신가, 나는 누구인가를 바로 깨달아야 합니다. 하나님은 무얼 기뻐하시며 무얼 하고자 하시고 어떤 계획을 가지셨는가? 그런 큰 계획 가운데서 나를 어디 두셨으며 어떻게 큰 사랑으로 인도하시는가를 또한 알고 깨달아야 합니다. 그렇게 해서 내 생활의 확실한 사명, 인생으로서 하나님께서 부탁하셔서 하라고 하시는 일을 바르게 하고 나가는 것에 구하는 기도의 큰 의미가 있는 것입니다.

전에 야고보서 1장 5-8절을 배운 일이 있습니다. 지혜를 구하는 문제, "우리 중에 후히 주시고 꾸짖지 아니하시는 하나님께 구하라. 그러면 주실 것이다"라는 말씀을 공부할 때도 다른 바가 있습니다. 우리가 하나님 앞에 지혜를 구하는 문제에서 다른 것은 다 내 마음대로 하고 어떤 일에서 앞길이 꽉 막히고 생각이 안 나니까 '하나님, 저의 지혜가 다한 것 같사오니 이 부족을 보충해 주시되 지혜를 주십시오. 여기까지 계획해서 나온 일이 순조롭게 앞이 잘 펴져서 계속 전진하게 하여 주시옵소서' 이런 식으로 한다고 되는 것이 아니라는 것을 배웠습니다. 우리가 제 마음대로 계획을 세우고 자기의 이상과 목적을 향해 나아가다가 어떤 문제에 부딪쳐서 난처하게 되면 그걸 타개하려고 '여기서는 하나님의 뜻대로 하겠습니다'라고 한다는 것입니다. 이러한 오만하고 되지 못한 태도를 취하는 것은 아주 큰 잘못이라고 했습니다. 새 감을 떼어 가지고 헌 옷을 깁지 않는다 했습니다(막 2:21). 자기의 의사(意思)에다 하나님의 의사를 부분적으로 조금 붙이는 법이 없는 것이라고 했습니다.

하나님 앞에 전체를 드린 심정에서

하나님께서 우리와 교통하시면서 이끌어 나가시는 실효는 우리들 자신을 하나님의 것으로 확신하고 기본적으로 하나님 앞에 전부를 드린 데서 시작합니다. 하나님과의 교제에서 나오는 실제의 열매는 하나님이 원하시는 대로만 하겠다는 확신으로 거룩한 뜻을 간절히 추구하고 나아가게 합니다. 따라서 우리는 우리의 생활 반절, 하나님의 뜻도 반절 뒤섞어 무얼 하려고 해서는 안 된다는 것을 주의해야 합니다. 내 스스로가 기독교라는 종교를 한번 잘 해보고 살겠다는 따위의 그릇된 생각을 해서는 안 된다는 것입니다.

첫째로 중요한 것은 내게 있는 것, 어떤 것도 내 것이라고 할 것이 없다는 사실입니다. 거기에 대해서 탐욕을 안 일으켜야 하고 자기 소유라는 주장을 하는 심정이 없어져 버려야 합니다. 그것이 아직도 남아서 이론과 형식으로만 하나님의 소유인 동안에는 소용없습니다. 여전히 제 것인 양하고 자기가 스스로 그걸 관리하고 주장하려고 합니다. 심지어 자기 일뿐 아니라 교회 일까지라도 자기 것인 양한다 말입니다. 하나님 앞에 이미 헌금을 드려 놓고서도 아직도 자기 돈인 양해요. 그것을 얼마나 어떻게 썼느냐고 일일이 묻고 거기에 대해서 일일이 간여(干與)하는 태도를 취하는 신자가 오늘날 세상에 허다합니다. 그러고서 거룩한 참 교회의 열매를 맺기를 바란다면 어림없는 일입니다. 왜냐하면 그 심정이 근본적으로 틀려 있거든요. 자기로서는 여러 가지로 이론을 베풀고 이유를 말할지라도 공연한 일입니다. 하나님 앞에 온전히 다 드렸다는 확실한 심정 가운데 있지 못하고, 또 하나님께서 가장 원하시는 대로 일을 처분하시기를 바라는 거룩한 심정 가운데 있지 못하기 때문입니다. 만일 그와 같은 거룩한 심정 가운데 있었다면 자기를 불러서 쓰실 경우 부르시는 일에 대해서 겸손한 마음으로 응할 것입니다. 하지만 자기가 자진해서 그 일에 대한 관리자로 자임하고 나서는 것은 결국 재물에 대한 미련이 안 빠진 까닭인데, 이런 것을 우리는 주의해야 할 것입니다.

참된 거룩한 교회로 확호하게 서려고 할 것 같으면 개인 개인이 하나님 앞에 구별된 위치에 서 있어야 하고, 이 구별된 위치라는 것은 전체를 하나님 앞에 완전히 드려버린 그런 심정 위에 서 있어야 하는 것이지 그걸 떠나서 아직도 자기 것 반절 하나님의 것 반절 이렇게 뒤섞어 놓고서는 되지 않는 걸 알아야 합니다. 여러분, 이런 일에 대해서 항상 주의해야 할 것은 전체로 하나님 앞에 전부를 드린 데서부터 비로소 하나님 앞에 합리적으로 이지적으로 정당하게 무엇을 구할 수 있는 것이기 때문입니다.

자기가 아직 살아서 자기를 주장하고 자기 이상을 세우고 밀고 나가면서 그것을 이루려고 하나님한테 무얼 구할 수는 있으나 거기서 하나님이 잘 응낙해 주시기를 기대하지 않는 것이 지혜로운 일입니다. 어쩌다가 무슨 일이 이루어지면 하나님이 들어주셨다고 하겠지만 하나님이 그렇게 들어주시지 않는다는 것을 알아야 합니다. 자기라는 인간 정욕의 부패성이 그대로 살아 있는 동안에는 하나님의 거룩한 것이 거기 서지 못하는 것입니다. 갈라디아서 5장 16절에 "너희는 성령을 좇아 행하라. 그리하면 육체의 욕심을 이루지 아니하리라. 대저 육신의 소욕은 성령을 거스르고 성령은 육신의 소욕을 또한 거스르는 것이다. 이 둘이 원수가 되어서 너희 원하는 것을 행치 못하게 하느니라." 여기 육신의 소욕에서 육신, 싸르크스(σάρξ)란 말은 인간적인 것인데, 인간이 가지고 있는 선을 다 포함한 것입니다. 인간이 가진 이상도 포함한 것이고, 인간의 모든 의도를 거기는 싸르크스란 말로 표현했어요. 성경에서 싸르크스란 말은 그런 의미로 여기저기 많이 쓰여 있습니다. 그냥 보통 우리의 몸인 육신을 말할 때는 쏘마(σῶμα)를 쓰는데, 거기 보면 헬라말로 쏘마가 아니라 싸르크스, 하나의 육신적인 요구, 인간적인 요구 그것은 성령을 거스르는 것이라고 가르쳤습니다.

사람이 가지고 있는 선의 요구로서 나타나는 종교적 열정이라는 것도 궁극적으로는 하나님의 성령의 계획과 원하시는 것을 거스르고 대적하는 것이라고 했습니다. 조금 빗나가는 것이라는 정도로 얘기하지 않습니다. 둘이 함께 병행해서 갈 수 있는 것이라고 얘기 안 한 것입니다. 둘 중에 하나예요. 성령께서 온전히 나를 지배하시사 나는 아무것도 없다. 내가 예수 그리스도와 함께 십자가에 죽었으니 이제는 내가 산 것이 아니요 내 안에 그리스도께서 살았느니라. "내가 그리스도와 함께 십자가에 못 박혔으니 이제는 내가 산 것이 아니요 내 안에 그리스도께서 사시는 것이라"(갈 2:20). 이렇게 그리스도와 함께 십자가에 못 박혀서 다시는 내가 산 것이 아니라는 위치에 들어서서 비로소 하나님 앞에 무엇을 구하고, 하나님께 거룩한 교통을 가지고, 또 하나님 앞에서 거룩하신 뜻에 합당한 대로 무엇을 생각해 나갈 수가 있는 것입니다.

성경이 우리에게 먼저 요구하는 것은 속죄입니다. 속죄를 가르치고, 새로운 생명을 가르치고, 새사람을 가르치는 동시에 성화의 참된 위치를 가르치는 것입니다. 거룩하라! 성결하라! 이 성화란 뭐냐? 하나님을 위해서 구별해 놓았으니 너는 네 것이 아니요 값으로 산 것인즉 그러므로 네 몸으로 하나님을 영광스럽게 해야 한다는 것입니다. 그런 까닭에 첫째, 하나님께 전부를 드린 위치에서 우리가 무엇을 생각해야 할 것입니다. 결코 아직도 자기가 살아서 자기 자신이 종교를 하고 관계를 하려는 위치에 있어서는 안 될 것입니다. 교회의 직분자가 되거나 위원이 된 사람들은 특별히 이 점에 주의해서 하나님의 뜻을 간절히 찾아서 깨달으려고 해야 합니다. 자기의 의견을 거기다 보태려고 하지 않아야 할 것입니다.

기도

거룩하신 아버지시여, 저희들을 주장하셔서 주의 말씀이 저희 안에서 성령님으로 살아 있고 운동력이 있어서 저희의 잘못을 깨닫게 하시고 교훈과 책망과 의로 교육하는 사실이 풍성하게 하심으로 아버님과 거룩한 교통을 하고 신령한 생활을 늘 계속하게 하여 주시고, 이로 인하여 주께서 저희에게 주시는 은혜를 풍성히 받고 살게 하옵소서. 저희 교회 하나하나에게 그리스도와 함께 십자가에 못 박혔다는 사실을 바로 깨닫고 증험할 수 있도록 은혜 베푸시옵소서.

우리 주 예수님 이름으로 기도하옵나이다. 아멘.

1978년 3월 5일

기도자의
따뜻한
마음

신명기 15:1-11

1 매 칠년 끝에 면제하라 2 면제의 규례는 이러하니라 무릇 그 이웃에게 꾸어준 채주는 그것을 면제하고 그 이웃에게나 그 형제에게 독촉하지 말지니 이 해는 여호와의 면제년이라 칭함이니라 3 이방인에게는 네가 독촉하려니와 네 형제에게 꾸어준 것은 네 손에서 면제하라 4 네가 만일 네 하나님 여호와의 말씀만 듣고 내가 오늘날 네게 명하는 그 명령을 다 지켜 행하면 네 하나님 여호와께서 네게 유업으로 주신 땅에서 네가 정녕 복을 받으리니 너희 중에 가난한 자가 없으리라 6 네 하나님 여호와께서 네게 허락하신 대로 네게 복을 주시리니 네가 여러 나라에 꾸어줄지라도 너는 꾸지 아니하겠고 네가 여러 나라를 치리할지라도 너는 치리함을 받지 아니하리라

7 네 하나님 여호와께서 네게 주신 땅 어느 성읍에서든지 가난한 형제가 너와 함께 거하거든 그 가난한 형제에게 네 마음을 강퍅히 하지 말며 네 손을 움켜쥐지 말고 8 반드시 네 손을 그에게 펴서 그 요구하는 대로 쓸 것을 넉넉히 꾸어주라 9 삼가 너는 마음에 악념을 품지 말라 곧 이르기를 제칠 년 면제년이 가까웠다 하고 네 궁핍한 형제에게 악한 눈을 들고 아무것도 주지 아니하면 그가 너를 여호와께 호소하리라 네가 죄를 얻을 것이라 10 너는 반드시 그에게 구제할 것이요 구제할 때에는 아끼는 마음을 품지 말 것이니라 이로 인하여 네 하나님 여호와께서 네 범사와 네 손으로 하는 바에 네게 복을 주시리라 11 땅에는 언제든지 가난한 자가 그치지 아니하겠으므로 내가 네게 명하여 이르노니 너는 반드시 네 경내 네 형제의 곤란한 자와 궁핍한 자에게 네 손을 펼지니라.

14강

기도자의
따뜻한 마음

기도를 듣지 아니하시는 이유

우리는 기도에 대하여 공부를 해나오는 중인데 이제 오늘 또 한 가지, 주께서 듣지 아니하시는 기도의 사례, 그 이유에 대하여서 생각하고자 합니다. 오늘 본 신명기에 있는 말씀에는 특별히 어떻게 하면 주께서 기도를 아니 들으신다고 하는 말씀이 있는 건 아니지만 그와 관련해서 먼저 우리가 늘 기억해 둬야 할 중요한 말씀은 잠언 21장 13절에 있는 말씀입니다. "귀를 막아 가난한 자의 부르짖는 소리를 듣지 아니하면 자기의 부르짖을 때에도 들을 자가 없으리라." 귀를 막아서 가난한 자의 부르짖는 소리를 듣지 아니한다면 자기가 부르짖을 때에도 들을 자가 없다. 하나님 앞에 부르짖어도 하나님은 아니 들으신다, 하는 얘기입니다.

사람이 참으로 하나님 앞에 기도하고 그 기도가 막히지 아니하고 하나님께 상달되려면 가난한 사람의 부르짖음에 대해서 그 심정이 냉정하면 안 된다는 것입니다. 어떤 의미로든지 고통이 있고 결핍이 있는 사람이 호소하고 부르짖는 소리에 대해서 나는 상관이 없다[吾不關焉] 하고서 자기는 자기 따먹을 것만 따먹으면 좋고 자기 종교를 해서 자기의 복락과 이익을 얻으면 된다고 하는 아주

이기적인 생각, 따뜻한 인간애라는 것이 없는 생각과 심정으로는 정당한 기도를 드릴 수 없다 그것입니다. 더군다나 사회인으로서 이웃에 대해서 따스한 온정을 가지지 아니하든지 혹은 온정뿐 아니라 필요에 따라서 손을 펴서 자기의 것을 남에게 주어 돕는 일에 대해서 대단히 무정하고 냉혹한 심정을 가진 사람은 절대로 하나님 앞에 정당한 기도를 드릴 수 있는 사람의 위치, 그런 차원에 서 있는 것이 아니라는 것을 여기서 배울 수 있습니다.

앞서 우리는 하나님 말씀에 대해서 냉정한 사람이 하나님 앞에 기도할 자격이 없다는 것을 배웠습니다. 이제는 사람의 그 심정 상태가 항상 따뜻하지 못하고 사회에서 자기의 이웃에 대해서, 특별히 교회에서 자기의 이웃에 대하여서 이 세상 사람 생각하듯이 경우만 따지고 속에 거룩한 심정, 따뜻한 심정을 가지지 않은 자들을 책망하시는 것입니다. 또 남의 이해(利害)나 생활이나 향상이라는 문제에 대해서 아무 고려가 없는 무관심이나 무정한 심정을 가진 자들을 주께서 엄혹하게 나무라시는 것입니다. 이스라엘 사람들을 주께서 택하신 백성으로 세우신 다음에 거룩한 하나님 나라의 자태를 그들의 생활 속에서 나타내시려고 할 때 백성들이 가지고 살 생활의 기준으로서 율법을 주셨습니다. 그 율법의 가르침 가운데에도 백성들이 자기 이웃에 대해서 어떻게 하고 살아가야 할 것인가를 구체적인 사례로 표시하면서 조목을 들어 가르친 데가 여러 곳에 나옵니다. 단지 사람뿐 아니라 이웃의 소유물이나 이웃의 짐승까지도 항상 따뜻한 심정으로 대할 수 있도록 거룩한 도리를 가르쳤습니다.

예를 들면 "염소 새끼를 그 어미의 젖에 삶지 말라"(출 34:26). 이렇게 동물에 관해서까지 가르쳤고, 또 "소의 입에는 망을 씌우지 말라"(신 25:4)고 하였습니다. 타작을 하려고 소를 데려다가 타작마당에 놓고 곡식을 밟아서 떨어내는 경우를 가리키는 것인데, 사도 바울 선생은 이 말씀을 인용하시면서 하나님이 소가 굶을까 봐서 걱정하셔서 한 것이 아니요, 여기서 기본적인 가르침은 우리를 위해서 하신 것이라고 하였습니다. "성경에 일렀으되 곡식을 밟아 떠는 소의 입에 망을 씌우지 말라 하였고 또 일꾼이 그 삯을 받는 것이 마땅하다 하였느니라"(딤전 5:18). 그 가르침의 심오한 내용 가운데 사람에게 적용돼야 할 경우를 얘기한 것입니다. 이와 같이 율법에는 현실적으로 짐승에 대해서도 항상 따뜻한 심정을 가지고 대할 수 있도록 사람을 가르친 것입니다. 더욱이 과부라든지 고아와 같이 생활 능력이 없고 생활의 큰 지주(支柱)가 되는 아버지나 남편이 죽은 불쌍하고 외로운 사람들, 또 외국에서 와서 의지가지없는 타국인, 나그네, 객(客)들을 위해서는 특별히 이렇게 해라 하는 교훈을 하신 것입니다. 하나님께서는 외로운 사람, 힘이 없는 사람, 의지(依支) 없는 사람들을 특별히 불쌍히 여기시고 그들을 위하여 마련하시되 그들에게 마음을 기울여 돌아볼 수 있는 하나님의 자식다운 심정을 가진 사람들에게 무엇을 어떻게 하라는 것을 가르쳤습니다.

신명기 24장 19-22절까지 보면 거기 중요한 사례가 하나 나타납니다. "네가 밭에서 곡식을 벨 때에 그 한 뭇을 밭에 잊어버렸거든 다시 가서 취하지 말고 객과 고아와 과부를 위하여 버려두

라. 그리하면 네 하나님 여호와께서 네 손으로 하는 범사(凡事)에 즉 모든 일에 복을 내리시리라. 네가 네 감람나무를 떤 후에-감람나무의 열매를 자기가 먹으려고 떤 후에- 그 가지를 다시 살펴지 말고", 왜냐면 아직 다 안 떨어진 놈들이 많이 있을 텐데 이놈을 다시 살펴서 또 떠는 짓을 하지 말고, "그 남은 것은 객과 고아와 과부를 위하여 버려두며, 네가 네 포도원의 포도를 딴 후에 그 남은 것은 다시 따지 말고 나그네와 고아와 과부를 위하여 버려두라. 너는 애굽 땅에서 종 되었던 것을 기억하라. 그러므로 내가 네게 이 일을 행하라고 명하노라." 이렇게 빈곤한 사람을 위해서 항상 생각하신 것입니다.

그리고 오늘 본 말씀 신명기 15장에 "너희 형제끼리 가령 돈을 꾸어 줬더라도 칠 년이 될 것 같으면 면제년이니까 다 탕감하고 면제해 주라"(2절) 그랬습니다. 가령 어떤 형제가 가난하고 어려움이 있어서 무엇을 꾸러 왔을 때 '아! 지금 이렇게 꾸어 가지만 얼마 안 있으면 바로 면제년이 되니까 안 갚을 걸 예상하고 꿔 가려고 한다'고 그렇게 악한 심정으로 냉대하지 말고 그의 사정이 딱하고 어렵거든 꾸어 주라고 했어요. 특별히 11절에 보면 "땅에는 언제든지 가난한 자가 그치지 아니하겠는 고로 내가 네게 명하여 이르노니 너는 반드시 네 경내(境內) 즉 네가 살고 있는 지역의 네 형제 중 곤란한 자나 궁핍한 자에게 네 손을 펼지니라." 하나님의 백성으로서 같이 손을 잡고 하나님 나라를 이뤄 나가기 위하여 지체로서 활동하는 곤란한 자와 궁핍한 자에게 도움을 베풀라고 얘기했습니다.

가난한 사람들을 돌보라는 거룩한 명령

이런 것을 볼 때 하나님께서 사람들에게 가난한 사람들을 어떻게 항상 잘 돌아보면서 살아가라고 하셨는지 우리가 알 수 있습니다. 아까 본 것처럼 신명기 24장 19-22절에 가령 포도원의 열매나 감람나무나 혹은 곡식을 추수하고 단을 묶을 때 철저하게 다 하지 말고 대강하고 나머지는 그냥 버려두면 나그네나 객이나 고아나 과부가 그것을 따다가 먹을 것이라고 하였습니다. 레위기 19장 9-10절에도 그런 말씀이 있고, 레위기 23장 22절에도 또 있습니다. 가난한 사람을 어떻게 돌아보게 하셨느냐? 출애굽기 22장 25-26절을 보면 "네가 만일 너와 함께 한 나의 백성 중 가난한 자에게 돈을 꾸어 주면 너는 그에게 채주(債主)같이 하지 말며 이자[邊利, 변리]를 받지 말 것이며 네가 만일 이웃의 옷을 전당 잡거든 해가 지기 전에 그에게 돌려보내라. 그 몸을 가릴 것이 이뿐이라. 이는 그 살의 옷인즉 그가 무엇을 입고 자겠느냐? 그가 내게 부르짖으면 내가 들으리니 나는 자비한 자이니라."

여기서 이 말씀하신 것을 생각할 때 너희도 자비하라는 의미입니다. 나는 자비한 자니까 옷이 없어 가지고 헐벗은 가운데서 호소하는 부르짖음을 내가 듣는다! 그가 원체 가난해서 단벌옷으로 살다가 그것을 전당 잡힌 것입니다. 당시에 옷을 꼭 몸에 맞추어 입도록 되어 있는 것이 아니고 주로 큰 홑이불 같은 것을 몸에다 감는 수도 많았어요. 옷의 제도가 어떻게 됐든지 간에 그 옷이 전당 잡힐 만한 것이므로 그것을 갖다가 전당을 잡히면 그것을 맡아두고[典執, 전집] 대신 돈을 꾸어준 채주(債主)같이 하지 말고 해가 지기 전에 그 옷을 돌려 보내줘라. 저녁이 돼서 그 사람이 잘 때에 아무것도 못 입고 그냥 가난 가운데에서 슬픔과 고통을 맘속 깊이 느껴가면서 자도록 그렇게 두어두지 말라! 이렇게 하는 것이 하나님의 백성이 하는 일이라는 것이지요. 이러한 거룩한 명령을 내리셔서 가난한 사람을 늘 돌아보도록 하셨습니다.

특별히 경제적으로 수입이 없는 사람들, 과부나 고아나 나그네와 같은 특수한 이유 가운데에서 고통을 당하고 있는 사람, 동양식으로 말하면 환과고독(鰥寡孤獨)이라 해서 남자 홀아비, 여자 과부, 아직 부모의 슬하에서 도움을 받아야 할 아이로서 부모가 없는 고아, 나중에 늙어서 부모를 돌아볼 자식이 없는 홀몸을 독신이라 했어요. 환과고독을 특별히 돌아보는 것이 동양에서도 아주 중요한 생각이었습니다. 가령 인도적인 관점에서라도 특별한 대상인데 여기서도 과부나 고아라는 말을 대표적으로 늘 들어서 얘기하고 거기에 보태어 외국인이나 나그네를 또 생각하라고 그랬습니다. 도움이 없고 의지(依支)가 없는 사람들을 늘 돌아보아야 할 것을 얘기한 것입니다.

사람의 빈곤이라는 것은 단순히 그 사람 자신의 어떤 그릇된 행동이나 또 무사려(無思慮)나 준비성 없는 것 때문에만 발생하는 것이 아니라는 사실은 다 아실 것입니다. 물론 자기 자신의 잘못으로 나중에 말년에 이르러서 가난하게 될 수도 있어요. 잠언 19장 15절을 보면 "게으름이 사람으로 깊이 잠들게 하나니 태만한 사람은 주릴 것이니라" 하는 말씀이 있습니다. 사람이 게으름 가운데 빠져서 청년 시기에 부지런히 자기의 앞날을 위해서 잘 도

모하지 아니하고 무모하게 내일은 어떻게 될지 모르니까 오늘 먹고 마시고 다 쓰고 지내겠다는 것은 어떻게 생각하면 좋은 철학인 듯하지만 거기에 주의해야 할 몇 가지 점이 있는 것입니다. 우리 주님은 "내일 염려는 내일 하라. 그 날의 수고는 그 날로 족하다"(마 6:34)고 말씀했습니다. 이 말은 너는 내일을 위해서 수고하지 말라든지 오늘은 아무것도 내일 일을 생각하지 말라는 의미가 아닙니다. 오늘의 수고 가운데에는 내일의 원인으로서 오늘을 충실히 살아야 하겠다는 중요한 내용이 들어 있습니다. 그런고로 내일의 원인을 지어주는 오늘의 할 일들 그것이 오늘의 과제입니다. 결코 내일의 과제가 아니에요. 내일의 결과를 거두려면 오늘의 그 원인이 충실히 준비되고 마련돼야 할 것입니다. 그러면 오늘의 수고를 충실히 해나가는 것이 좋은 것이고 오늘의 수고를 충실히 한 다음에 내일의 문제는 전능하신 하나님의 거룩하신 사랑과 또한 모든 것을 주장하시는 은혜의 손에 부탁하고 살아가야 하는 것입니다. 자기가 최선을 다 해놓고서 더 어찌할 수 없는 문제에 대해서 자꾸 걱정만 한다고 해서 걱정으로 그 일이 펴지지 아니한다 하는 것을 가르치고 계신 것입니다.

그렇다고 해서 어떤 사람이 '내일 일이야 어떻게 될지 누가 아느냐? 오늘을 그냥 지내자. 먹고 마시고 즐기자' 하고 내일을 위해 오늘의 건전한 원인을 하나도 심어놓지 아니하고 공허하게 만든 사람은 궁핍을 거두게 됩니다. 그런 공허라는 원인 때문에 내일에 당연히 거둬야 할 열매를 거두지 못해서 그로 인하여 정신적으로나 물질적인 어떤 방면이었든지 각각 그 방면에서 결핍을 다 거두는 것입니다. 오늘 자기가 지적으로 저축을 하지 아니하면 내일 지적으로 빈곤한 것이지요. 그러면 사람은 생각도 공허해지고 정신도 공허해지고 뭘 알고 깨닫는 것도 아주 공허해질 수가 있습니다. 이렇게 우준(愚蠢)한 사람이 되는 것입니다. 물질에서도 마찬가지예요. 오늘날 자기가 건실하게 벌고 활동해서 생활의 기능을 장만해 놓는 것은 내일을 위해서도 중요한 것입니다. 사람은 내일을 알 수가 없어요. 내일은 알 수 없지만 내일을 향해서 살고 있는 것입니다.

사람은 그날그날이 자기 생애의 최후의 날은 아닙니다. 비록 그날이 그 사람의 생애 최후의 날일지라도 항상 내일을 위해서 혹은 영원한 세계를 위해서, 영원한 시기를 위해서 준비하는 생활 태도가 중요한 것입니다. 영원한 시기에 어떻게 하나님을 섬기고 영광스럽게 해야 할 것인가에 대해서는 항상 그리스도께서 내신 비유와 같이 충성스럽게 준비해야 합니다(마 25:14-30; 눅 19:11-27). 단 한 달란트가 됐든지 두 달란트가 됐든지 다섯 달란트가 됐든지 준 그것을 가지고 힘써 장사를 해서 이(利)를 남기는 것이라 말입니다. 이와 같이 사람은 건실하게 살아야 하지만 건실성이 없이 사는 사람이 마지막에 결과를 거둘 때에 빈곤, 허무와 주림을 거두는 수가 있습니다. 그리고 취약과 곤궁과 가련함을 거두어 놓는 것입니다. 이런 경우에는 보통 자기 자신의 잘못이라는 원인이 대단히 많습니다.

물론 어떤 경우든지 사람은 처한 환경에 맞춰서 생활을 해나가는 것이지만 그 환경 여하에 따라서는 아무리 부지런히 노력하더라도 내일을 위해서 충분한 준비를 못하고 사는 수도 많습니다. 이것이 인간들이 만들어 내놓은 이 사회의 경제적인 여러 가지 제도상의 실정(失政)입니다. 이런 것은 다 잘 아시는 얘기입니다. 내가 나가서 힘써 애를 쓸지라도 내일을 위해서 준비하거나 자라나는 후생들에게 필요한 것들을 충분히 장만할 수가 없는 사회 환경이나 경제 기구 속에서 사람이 많이 살고 있는 것입니다. 대개 빈곤한 나라일수록 그런 것이 심합니다. 우리도 다 과거에 빈곤한 사회에서 산 경험을 가지고 있습니다.

하나님이 당신의 종들을 지지하시는 방식

그러나 우리보다도 더 수많은 인구가 빈곤에서 허덕이고 또 발전할 수 없는 쇠약한 사회 환경에서 지금 살고 있습니다. 그 사람들의 근로가 부족해서 빈곤을 못 면하는 것이 아닌 것을 우리가 쉽게 볼 수 있습니다. 그런 경우 그 빈곤을 단순히 자기의 잘못이라고 우리가 돌려서 생각하는 것은 가혹한 생각일 뿐 아니라 그릇된 것입니다.

그뿐 아니지요. 빈곤한 사람의 또 하나의 사례를 볼 때 거룩한 목적을 위해서 자신의 전부를 포기하고 또 이 세상을 버리고 나서서 특수하게 하나님의 부르심을 입고 활동하는 사람이 반드시 부요한 것이 아닙니다. 예를 들면 사도 바울 선생 같은 이가 무능해서, 자기가 잘못해서 그렇게 생활에 빈곤이 있던 것은 아닙니다. 바울 선생이 물질적으로 부요한 인물이라고 생각할 수가 없습니다. 다른 사람들이 부리나케 돈을 벌어서 자기의 부를 축적하고 조금이라도 자기 앞으로 부를 쌓아 올리려고 부지런하게 애쓰는 그 시간에 그는 하나님 나라의 거룩한 말씀을 전하러 자기 손으로 장막을 지어서 팔아 가지고 들어오는 약간의 수입을 가지고 자기 비용뿐 아니라 자기 일행의 비용으로 써 가면서 교회를 세워 나갔습니다. 제일 처음에 신약의 교회가 무엇인지 모르는 사회에다 교회를 세우고 나갔던 것입니다. 교회를 전연 모르는 사람들에게 하나님의 말씀을 전해서 교회로 서게 할 때 다른 데서 그 생활을 기대할 수가 없는 것입니다. 이런 때는 비상한 한 마련이 필요한데 그 비상한 마련이라는 게 바울 선생이 자기가 스스로 비용을 부담해 가면서 일을 한 것입니다.

전부 그렇게만 된 것은 아니지요. 자기가 다 자변(自辨)한 것은 아니고 가령 빌립보 교회 같은 교회는 전도 받고 교회가 서면서 바로 정신적으로 깨닫는 사람들이 있어서 스스로 자기의 짐을 질 수가 있었습니다. 특별히 유대 교회에서 죽 지내온 사람들은 이미 거룩한 제도를 통해 어떻게 하나님의 말씀을 전하는 이들을 대해야 할 것을 알고 있는 까닭에 그렇게 설 수가 있었습니다. 빌립보에서는 누구보다도 두아디라 성 사람, 여자 자주(紫朱) 장사, 비단을 팔고 있는 루디아라는 여신도가 주를 믿고 나오면서부터는 자기가 가지고 있는 재물을 기울여서 바울 선생을 대접하였습니다. 바울 선생이 될 수 있는 대로 부담을 안 지우려고 하더라도 "나를 주 믿는 사람으로 여기거든 부디 저희의 대접을 받아주십시오"(행 16:15) 하고 강권해서 하나님의 나라와 교회의 거룩한 제도에 합당한 대로 교회에서 바울 선생을 대접하고 비용을 제공해

드린 것입니다. 그것으로 끝난 게 아니라 빌립보 성도들에게 보낸 편지를 볼지라도 바울 선생의 마음이 얼마나 큰 기쁨을 가지고 빌립보 사람들을 향하고 또 그들로 인해 하나님께 감사했는지가 드러납니다. 그들의 간곡한 사랑과 적극적인 협조, 하나님의 나라에 헌신하고 물질적으로 바치고 살아가는 사실을 기록한 것을 넉넉히 볼 수 있습니다.

바울이 피의자의 한 사람으로 결국 로마까지 가서 가이사에게 상소한 것을 아실 것입니다. 말하자면 상고(上告)를 한 죄수로 로마에 있을 때 보통 형사범과 같이 잡아가둔 것은 아니고 자기가 세를 내서 집을 얻어 가지고 지냈습니다. 그가 어디 다른 데로 도탈(逃脫)하지 않는다는 확증을 정부의 관리 측면에서도 늘 가지고 있어야 하겠으므로 법규상 그를 지키는 군인은 있었어요. 지키는 간수가 거기서 하나 지킬 뿐이고 나머지는 다 허용해서 친구가 와서 대접을 하고 얘기할지라도 아무도 금하는 것이 없는 위치에 있었습니다. 그러는 동안에 그 비용을 위해 자기가 나가서 일을 하고 장사를 하기는 어려운 처지이고 또 사실상 하나님의 말씀을 가르치는 바울 선생으로서 그렇게 늘 장사만 하고 살 수가 없는 일인 까닭에 거기서 그렇게 생활할 때에 비용의 상당한 부분을 빌립보 교회의 교인들이 감당했습니다. 헌금을 거둬서 멀리 로마에까지 사람을 파견하여 제공한 것입니다.

하나님의 거룩한 종들이 이 땅에서 세상을 버리고 오직 하나님의 영광과 말씀만을 위해서 살려고 할 때 하나님의 백성이 마땅히 그를 공궤하고 대접하고 지지하고 나가야 한다는 중요한 원칙이 옛날 구약 시대부터 확연히 서 있습니다. 이것은 신약의 교회에 와서도 조금도 덜하지 아니하고 명백하게 있는 것입니다. 결코 교역자가 교인들에게 의존해서 사는 것이 아닙니다. 하나님의 법에 의해서 그 법을 집행하는 것이고 당연히 받을 것을 받고 살아가는 것이에요. 그럴지라도 사람들이 그 뜻을 잘 깨닫지 못하고 정신이 연약해서 마치 자기 돈을 주는 것 같은 그릇된 심정을 가지고 나가는 사람들이 이 세상에 많은 것을 허다한 교회에서 봤을 것입니다. 그것은 절대로 교회가 바른 정신을 가진 상태는 아닙니다.

주님의 말씀을 위해서 모든 걸 바치고 나간 주의 종들이 땅 위에서 그렇게 경건히 살고자 할 때 여러 가지 곤란과 핍박을 받습니다. 누구든 "무릇 주님의 나라에서, 그리스도 안에서 경건히 살고자 하는 자는 핍박을 받으리라"(딤후 3:12) 하시는 말씀을 했지만 그럴지라도 하나님께서 그를 버리시는 일이 없이 늘 돌아보시고 주장하십니다. 그러나 하나님이 그를 돌아보시고 주장하시는 것은 공중에서 만나를 내리듯이 내리는 게 아니고, 그런 것을 깨닫고 바른 정신이 있어서 하나님 나라의 거룩한 일을 자기가 어떻게 감당하는지를 각성하는 신도들, 장성한 교우들이 그들의 중심에서 하나님의 법을 순종하는 생활로써 주의 종들을 지지하게 하시는 것입니다.

하나님이 기쁘게 받으시는 제사

물론 이런 때에 특별히 가난한 사람을 불쌍히 여긴다는 의미로 그것을 하라는 것은 아닙니다. 요컨대 결핍돼 있는 상태, 빈곤에 처해 있는 상태를 통찰력을 가지고 깊이 사려해 가면서 그것이 없어서 얼마나 아쉬울까 하는 생각을 해가면서 공궤(供饋)하는 것이 하나님의 백성의 정당한 심정이란 것입니다. 특별히 하나님의 말씀을 맡았다는 이유가 아니고 자기 개인의 이유로든 사회상의 이유로든 빈핍 가운데 빠져서 곤란스럽게 되어 있는 사람의 사정까지 신중히 고려하고 거기에 대해서 자기가 힘닿는 대로 의를 행하고 선을 행하라는 것이 하나님의 뜻이거든 하물며 하나님의 종으로서 하나님 나라의 거룩한 말씀을 가지고 신령한 것을 뿌리는 사람에 대해서는 어떻게 해야 하는 것이 마땅하겠는가? 오히려 신도들로서는 자기네가 부채자인 것 같은 생각을 하고 나가는 것이 정당한 정신이라 말입니다. 그런 까닭에 바울 선생도 고린도전서 9장 11-12절에 말씀하셨습니다. "우리가 너희에게 신령한 것을 뿌렸은즉 너희 육신의 것을 거두기로 과하다 하겠느냐? 다른 이들도 너희에게 이런 권리를 가졌거든 하물며 우리일까 보냐?" 이것은 권리이고 신도들이 마땅히 행할 의무이지 구제로 바라고 기다리는 것은 아닙니다.

그런데 이러한 당연한 권리 의무의 관계를 다 알지도 못하면서 가난한 사람에게 대해서 자기가 아무 거리낌 없이 무엇을 준다는 것은 힘든 일입니다. 왜냐하면 자기가 마땅히 지켜야 할 의무를 제대로 못하는 사람이 당위상 훨씬 더 높은 인도적인 인간애의 위치에서 자기의 것을 희사(喜捨)하고 다시 묻지 않는 정신 가운데로 들어가기가 쉽지 아니한 것이기 때문입니다. 그러나 하나님께서 기도를 들으실 만한 사람의 마음의 위치가 무엇인가 할 때 분명히 가난한 자의 부르짖는 소리에 대해서 그의 마음에 반응이 곧 일어날 수 있는 사람이라야 한다는 것입니다. 그런 까닭에 하나님의 말씀 가운데 그렇게 가난한 사람을 불쌍히 여기는 자가 재물을 흩어서 가난한 사람에게 주었으니 그 의가 영원까지 있다고 하는 말씀도 했습니다(시 112:9). 특별히 잠언 19장 17절에 "가난한 자를 불쌍히 여기는 자는 여호와께, 하나님께 꾸어 드리는 것이니 그 선행을 갚아 주시리라"고 했어요. 가난한 사람을 보며 자기 마음 가운데 측은한 심정이 움직여서 거기에 아무런 다른 조건도 안 붙이고 도움을 주면 그것은 은혜를 베푸는 것입니다. 그러나 조건을 붙이면 자기가 진정으로 시혜를 하는 것이 아니에요. 그것은 무엇을 기대하고 하는 것이므로 차라리 뭔가를 바라고 하는 것입니다. 그러나 자기에게서 일단 나간다면 다시 거기에 대해서 묻지 아니하는 깨끗한 심정을 가지고 가난한 이에게 불쌍히 여기며 내주는 것은 여호와께 꾸어 드리는 것과 같은 것이므로 그 선행을 갚아 주실 것입니다.

그런 의미에서 아까 본 대로 출애굽기 22장 25-26절 말씀과 같이 형제에게 무엇을 꾸어 주었을 때 당연히 갚을 것이라는 서로의 약속 가운데 있는 것이지만 변리를 받지 마라. 옷을 전당 잡혔다고 하더라도 자기 전에 저녁에 그 옷을 돌려주라. 그래서 형제에게는 그걸 입고 자도록 만들어라. 가령 네가 타국인한테는 변리를 받을지라도 형제에게는 이식(利殖)을 취하지 말라는 말이 신명기 23장 19-20절에도 있습니다. 그런 까닭에 잠언 22장 9절 보면 "선한 눈을 가진 자는 복을 받으리니 이는 양식을 가난한 자에게 줌이니라"고 했습니다. 양식을 가난한 자에게 나눠 주는 선한 눈을 가진 자는 복이 있다! 마음 가운데 이웃에 대한 사랑이 있고 인간 일반에 대하여 온정이 늘 흐르고 있는 사람의 눈은 선하다. 눈은 마음의 거울이라고 하는데 자기 양식으로 가난한 자에게 주는 사람의 눈이 선하다, 하였습니다. 그런 선한 눈을 가진 자는 복을 받을 것이라 했습니다.

우리가 이제 주의할 것은 우리들 자신이 이러한 거룩한 마음, 따뜻한 심정을 가지고 살면서 형제도 대하고 사람도 대해야 하는 것입니다. 순서로 봐서 너희가 기회 있는 대로 선한 일을 행하되 특별히 믿음의 가정들에게 할지니라, 하고 갈라디아서 6장 10절에 말씀했습니다. 신자들 가운데서 서로 먼저 그것을 행하는 것이 좋다는 것이지요. "신자들을 향해서, 믿음의 가정을 향해서 기회 있는 대로 선을 행해라." 그리고 히브리서 13장 16절을 보면 "또 선을 행하는 것과 나누어 주기를 잊지 말아라. 이와 같은 제사는 하나님이 기뻐 받으시는 것이니라."

구약 시대와 같은 제사법이 아니고 신약에 와서 우리가 드릴 수 있는 제사의 하나는 이렇게 하나님 앞에서 선을 행하는 것입니다. 특별히 상대가 가난하다고만 하는 것이 아니라 형제에게 나누어서 같이 즐기고 하나님의 영광을 위하여 같이 노력하는데 편이하게 한다는 이것이 중요한 일입니다. 하물며 가난한 사람을 불쌍히 여기고 그에게 무얼 주고 다시 생각지 않는 심정은 특별히 하나님께서 기쁘게 받으시는 제사 드리는 태도요, 제사 그것 자체라는 것을 가르친 것입니다. 이와 같은 제사를 드리는 것을 하나님께서 또한 기뻐하시는 것입니다. 이렇게 하는 사람의 기도를 주께서 들으시는 것입니다. 또한 기도가 막히지 아니하게 하려면 그런 심정 가운데 늘 있어야 합니다.

결국은 어떤 사람이 하나님 앞에 항상 상달되는, 하나님께서 들으실 만한 기도를 하는 위치라는 것은 늘 그런 심정이 있는 상태입니다. 그런 심정은 내가 억지로 조작할 수가 없습니다. 심정이 그렇지 아니한 사람이 그런 마음을 가져 보려고 억지로 남에게 시혜도 해보고 자비도 베풀어 본다고 하지만 그렇게 억지로 만들어지지 않는 것입니다. 그런 까닭에 중요한 것은 하나님께서 내 마음을 그리스도의 것과 같이 점점 명확하게 지어 주시는 큰 계획, 하나님의 사랑의 경영 가운데 어떻게든지 내가 들어 있어야 합니다. 이것이 바로 신령한 생활이지요. '내 옛사람적인 품성은 그리스도와 함께 십자가에 죽었다'(갈 5:24) 하는 사실을 '먼저' 믿고 의지해야 합니다. 나의 이런 냉혹하고 도척(盜跖)이 같고 혹은 돌덩어리 같은 마음, 도무지 이웃 사랑이 없고 내 것만 알고 내 경우만 따지고 다른 사람에 대해서 아무런 심정을 느끼지 않는 것이 사라져야 합니다. 자기라는 것이 붙어 있는 것만을 가지고 늘 생각하는 이기적이고 자기중심적인 심정이 옛사람적인 것인데 이런 것들은 하나씩 하나씩 뜯어서 집어내 버리면 되는 것이 아닙니다. 그리스도께서 그것을 다 제거하시는 것이므로 그리스도께 그것을 호소하는 것입니다. 그리스도의 십자가의 공로로 나에게 있는 옛사람적인 습성, 옛 세상에 속한 사람적인 모든 것을 제거하시고 나에게 주신 새 생명과 새사람이 그리스도의 품성으로 나타나야 합니다. 그리스도의 것과 같은 도덕적인 심정으로 점점 점점 명확하게 자라나기를 간절히 바라서 주께 의지해야 하는 것입니다.

그런고로 성령님을 온전히 의지하고, 내가 스스로 지어낼 수 없는 이 마음을 성령께서 내 안에서 지어주시옵소서 하고 구해야 합니다. 그리하여 성령께서 내 마음 가운데 어떤 감화를 일으키셔서 '이렇게 하라'고 하실 때 '아니다. 내가 왜 그래야 하느냐' 하고 자기주장을 하지 않아야 할 것입니다. 자기 마음 가운데 하나님의 말씀에 의해서 성령께서 나에게 감화하시고 무얼 하도록 할 때 그걸 주저하지 않고 곧 하는 데서 새사람의 품성이 장성해 나아가는 것입니다. 성령께서 내 마음에 감화하시는 것은 그냥 일시에 감정적으로 오는 것이 아닙니다. 말씀이 가르치는 도리를 따라 나에게 가르치시면서 요구하십니다. 그런 까닭에 우리가 말씀을 많이 알아야 하고 말씀을 잘 배워 둬야 합니다. 성령께서 말씀을 쓰셔서 일하시기에 그렇습니다. '하나님의 말씀이 너에게 그렇게 가르치지 아니했느냐? 그런고로 너는 이렇게 해라' 하실 때 '아니 난 못 하겠습니다' 하지 않고, '아, 말씀이 그렇게 지시했으니 이제는 순종하겠습니다' 해야 하는 것입니다. 이렇게 성령의 감화를 받고 인도를 받는 것입니다. 성령의 감화와 지시와 인도를 받아 가지고 비로소 그리스도적인 새로운 사람이 거룩히 장성해 나아가는 것입니다. 우리들은 이렇게 다 항상 하나님과 거룩한 교통을 할 수 있는 위치, 기도하는 자리에서 늘 살아야 할 것입니다.

기도

거룩하신 아버지께서 저희를 붙드사 성령님으로 저희 마음을 주장하시므로 주님을 사랑하고 형제를 사랑하는 따뜻한 심정을 가지고, 또 사람에게 대한 사랑을 가지고 살게 하옵소서.

예수님 이름으로 기도하옵나이다. 아멘.

1978년 3월 12일

믿음으로
구한다는
말뜻

마가복음 11:19-25

¹⁹ 매양 저물매 저희가 성 밖으로 나가더라 ²⁰ 저희가 아침에 지나갈 때에 무화과나무가 뿌리로부터 마른 것을 보고 ²¹ 베드로가 생각이 나서 여짜오되 랍비여 보소서 저주하신 무화과나무가 말랐나이다 ²² 예수께서 대답하여 저희에게 이르시되 하나님을 믿으라 ²³ 내가 진실로 너희에게 이르노니 누구든지 이 산더러 들리어 바다에 던지우라 하며 그 말하는 것이 이룰 줄 믿고 마음에 의심치 아니하면 그대로 되리라 ²⁴ 그러므로 내가 너희에게 말하노니 무엇이든지 기도하고 구하는 것은 받은 줄로 믿으라 그리하면 너희에게 그대로 되리라 ²⁵ 서서 기도할 때에 아무에게나 혐의가 있거든 용서하라 그리하여야 너희 허물을 사하여 주시리라 하셨더라.

15강

민음으로 구한다는 말뜻

구하는 것은 모두 받은 줄로 믿으라?

우리는 지금 하나님 앞에서 하나님의 자녀답게 정상으로 살아가는 사람들이 늘 기도하고 하나님께서 그걸 응낙하시고 거룩한 교통을 해주시는 생활을 해야 할 것을 생각하고 그와 같은 도리에 대해서 배워 가는데 주께서 들어 주실 수 없는 기도, 또 응낙치 아니하시는 기도에 대해서 생각해 가는 중입니다. 그 중에 우리가 또한 생각해야 할 문제가 여기에 있는데 마가복음 11장 19-25절에 있는 말씀에 의해서 우리가 또 하나의 도리를 생각하려고 합니다. 참고로 같은 내용이 마태복음 21장 18-22절에 있습니다.

이것은 예수께서 마지막 주간 즉 십자가에 달리시던 그 주간, 십자가에는 금요일 날 달리셨는데 그 주간 월요일 날 아침 일찍이 발생한 일입니다. 무화과나무를 저주하신 얘기입니다. 아침 일찍감치 예수님께서 예루살렘에서 한 5리쯤, 말하자면 한 2-3킬로쯤 되는 베다니라고 하는 읍이 있는데 그 읍에서 예루살렘으로 매양 아침에 걸어 나오십니다. 걸어 나오시다가 시장하셔서 무엇을 잡수실 것이 있을까 하고 무화과나무 하나 서 있는 것을 바라봤습니다. 잎이 무성해서 가히 딸 것이 있을 것으로 보인 것이지요. 무화과나무는 첫 열매[初實]라는 것이 맺혀진 다음에 이파리가 무성하게 되는 것입니다. 그러기 까닭에 잎이 무성하게 됐으면 거기에 반드시 초실이 매달려 있어야 하고 그렇지 않으면 그것은 도무지 열매를 맺을 수 없는 큰 이상이 있는 나무라는 것입니다. 그래서 거기 가서 혹시 잡수실 것이 있는가 하고 쭉 바라보시니까 아무것도 거기에 잡수실 것이 없는 걸 보시고 "네가 이제 이후로는 다시는 열매를 맺지 못할 것이다"고 말씀하셨습니다. 석양이 돼서 제자들과 함께 다시 예루살렘에서 나오셔서 베다니로 돌아가시는 도중에 그의 제자들이 그 무화과나무를 바라봤더니 뿌리서부터 말라 버렸습니다. 그걸 보고서 문답한 얘기로 지금 여기 마가복음 11장 19-25절에서 여러분이 보신 바와 같습니다.

그러고서 "너희가 믿음이 있고 의심치 아니할 것 같으면 이 산더러 명해서 바다에 들어가거라 하고 말할지라도 그대로 될 것이요 네가 못할 것이 없다. 그런고로 무엇이든지 너희가 믿고 구하는 것은 이미 받은 줄로 믿어라. 그러면 그대로 될 것이다" 그랬어요. 즉 믿음의 기도라는 것인데, 마태복음 21장 22절 말씀에는 "그러므로 너희가 무엇이든지 믿고 기도하는 것은 다 그대로 받을 것이다. 혹은 되리라" 이 말씀을 하셨습니다. 마가복음은 11장 24절에 있는 말인데 "그런고로 기도하여 구하는 것을 이미 받은 줄을 믿으면 너희는 그대로 다 된다" 하시는 말씀입니다.

거기서 일방 얼른 생각나는 말씀은 전에 우리가 배웠지만 야고보서 1장 5-8절에 특별히 지혜에 대해서 구하라고 하신 것입니다.

"너희 중에 누가 지혜가 부족한 자가 있거든 모든 사람에게 후히 주시고 꾸짖지 아니하시는 하나님께 구하라 그러면 주시리라." 그러나 6절에 "오직 믿음으로 구하고 조금도 의심하지 말라. 의심하는 자는 바다 물결이 바람에 밀려 요동하는 것과 같으니 이런 사람은 아무것도 주께 얻을 것을 생각지 말지니라. 두 마음을 품어서 정함이 없는 자로다" 하고 가르쳤습니다.

그러면 여기서 우리가 분명히 보는 것은 믿음으로 구하고 의심하지 말 것이라는 점입니다. 기도하고서 기도한 내용에 대해서 주시려는지 안 주시려는지 의심하는 사람은 마치 바다 물결이 바람에 밀려서 이리 갔다 저리 갔다 하는 것과 같다. 어느 때는 좀 믿으려는 심정이 생기다가 또 금방 굉장히 의심스러워서, '과연 그렇게 될 것인가?' 그렇게 요동하고 다니는데, 두 마음을 품어 가지고 믿었다 안 믿었다 하는 것은 원래 믿는 것은 아니지요. '그럴 듯하다. 아마 그렇게 될는지도 모르겠다' 하고 개연적인 심정이 생겼다가 '원 그게 될 수가 있나' 하고서 거기에 대해서 반대하는 심정이 생겼다, 이렇게 요동하고 다니는 것이 두 마음을 품은 자입니다. 이렇게 두 마음을 품어서 요동하는 자는 아무것도 주께 얻기를 생각하지 말라 그랬습니다.

야고보서 4장 8절에서도 "두 마음을 품은 자들아 마음을 성결케 해라" 하였습니다. 그렇게 의심했다, 또 믿는 체했다 해선 안 된다. 어느 때는 센티멘털 해가지고 '오 주님' 하고 따라다니다가 어느 때는 도척이같이 마음이 변해 가지고서 이 세상에서 저만 알고 금방 눈앞에 자기의 영달과 부요가 뵈는 것같이 정신 없이 좇아 나가는 이런 것이 두 마음을 품은 사람들인데, 그런 자들은 마음을 정결하게 해야 한다고 가르쳤습니다. 두 마음을 품어서 마음에 정한 데가 없으면 의심할 수밖에 없다는 말이지요. 그렇게 의심하는 사람은 어떠냐? 아무것도 주께 얻기를 생각지 말라 그랬습니다. 그런 심정을 가지고 기도하는 사람은 아무것도 얻을 수가 없다!

그러나 얻을 수 있는 사람은 어떤 사람이냐 하면 아까 본 마태복음 21장 22절이나 마가복음 11장 24절 말씀과 같이, 기도하여 구하는 것을 반드시 주실 것이라고 믿어라, 믿고 구하는 자는 다 받으리라. 혹은 기도하여 구한 것을 이미 받은 줄로 믿어라! 기도했다는 사실 그것 하나가 있으면 '아 이제는 이미 받아 놓은 것이다' 하고 믿을 수가 있다는 말입니다. 그렇게 믿으면 받는다고 말씀하셨어요. 그러니까 쉽게 '기도하여 구하면 꼭 받는다고 믿어야지 의심하고 믿지 아니하면 아무것도 못 받는다'는 말과 같이 보기가 쉽습니다. 모든 기도에서 응낙이 되려고 할 때에는 꼭 기도하여서 구한 것을 받은 줄로 믿어야만 하겠다는 말씀으로 보인다 말입니다. 그러나 실질상 우리의 생활과 또 이 말씀이 뜻한 것을 주의해서 함께 관찰을 해보면 하나님 앞에 올리는 기도가 다 이렇게 꼭 믿고 구하는 것을 받은 줄로 아는 상태에 있는 것은 아닙니다.

믿음의 확신은 사람이 조성하지 못함

물론 우리가 하나님이 주실 수 있으려는가 하고는 생각하지 않지요. 그래도 우리들 마음 가운데에는 하나님이 이 기도에 대해서 응낙을 해 주실는지 안 해 주실는지 잘 모르겠다 하는 것은 분명히 있습니다. 그러면 그와 같은 심정을 가지면 두 마음을 품은 것이냐? 첫째, 그런 심정을 가졌다고 해서 두 마음을 품은 것은 아닙니다. 하나님이 이렇게 기도하는 내용을 꼭 들어주실는지 아니 들어주실는지 그것을 내가 모르겠다 하는 것은 반드시 두 마음을 품은 것이라고 말할 수가 없어요. 왜 그러냐? 우리는 인생으로서 여러 가지 제한이 있습니다. 우리의 식견, 우리의 깨달음, 알고 있는 것들이 다 제한이 있어요. 제한이 있는 나로서 내가 무엇을 하나님 앞에 구했을 때 그것이 내게 오면 하나님의 영광을 위해서 이렇게 유리하고 유효하게 쓰이겠다고 지금 생각을 했더라도 내일도 나의 상태가 반드시 그렇게 유효한 상태가 될는지 알 수 없습니다. 또 하나님께서 보시기에도 그것이 그렇게 가장 적절하고 효과 있어서 꼭 내게 있어야만 할 것이라고 보시는지에 대해서 우리가 하나님의 거룩하신 뜻과 판단을 다 알았다고 주장할 수가 없고 장담할 수가 없는 처지입니다.

이런 심정으로 볼 때 아, 나는 아는 것이 이것밖에 없으니까 이런 멍청한 심정으로 하나님 앞에 구하기는 하는데 하나님의 거룩하신 생각도 내 생각같이 이것이 꼭 내게 있어야 할 것이라고 보실는지 그렇지 아니하면 '아 너 잘못 생각했다. 네가 모르고 지금 그런다' 하실는지 잘 모릅니다. '네 자신을 바라보고 네 환경을 바라보고 기껏 애를 써서 생각한 것이 그것이겠지만 이 일이 지금 당장보다는 다음 시간에 필요한 것들이다' 하실 수도 있습니다.

그렇죠? 우리가 아직 받지 못한 것을 받기를 원하는 것은 항상 시간적으로는 과거가 아니라 미래에 속하는 것입니다. 뭐 10년 후에 필요하다든지 그런 건 아니고 조금 후라도 그건 미래에 필요한 것이에요. 그 미래라는 것은 하나님의 인도와 주장으로 전개돼 나아갈 것이고 또 그보다 더 나아간다면 미래에 무엇이 기다리고 있는지 우리가 다 잘 알 수 없는 것입니다. 그런 까닭에 대체 무엇이 가장 유효하고 적절할 것인지에 대해서는 내가 모르는 것이 많이 있는 것입니다. 그러니까 하나님께서는 '너는 그것을 잘 몰랐다. 네게는 저것이 더 필요하다'고 다른 것으로 말씀하실 수도 있는 것입니다.

그것은 그렇다고 하더라도 문제는 하나님께서 내게 대답은 해 주셔야 할 것입니다. '너는 그것이 지금 필요한 것이 아니라 저것이다'든지 '조금만 기다리라'든지 '네가 그것을 받아서 감당할 수 있는 자격과 그릇을 좀 더 만들어야겠다'든지, 이런 어떠한 방식으로 나에게 하나님께서는 은혜를 주셔서 대답을 해 주신다면 그 기도는 참으로 효과 있는 것입니다. 그러나 그것도 저것도 전연 대답지 아니하실 때에는 분명히 내 편에 무엇이 크게 잘못이 있는 것입니다. 그런데 지금 우리에게 중요한 것은 '이것을 반드시 주신다고 내가 믿지 아니하면 하나님은 전연 대답을 하지 아니하시는 건가?' 하는 문제입니다. 그럴 수가 없어요. 왜냐하면 대체 기도하여 구한 것을 이미 받은 줄로 믿는다는 이 믿음도 내가 만들어 내는 것은 아닙니다. 내가 어떻게 조작해서 그렇게 합니까? 그런 것이라면 무엇이든지 내가 가지고 싶은 것을 두고 '아 나는 믿습니다' 하고 믿는다고 말 한마디 해서 믿음이 썩 생긴다는 것이냐? 그런 식 믿음을 떡 가지고서 무엇을 받는다는 말이 될 텐데 그런 게 하나님 나라의 법칙이냐? 당연히 아닙니다.

사람의 의사로 믿는다는 선언 한마디를 하고 그로 말미암아서 그런 심정을 제 맘대로 조성했다 부었다 할 수가 없습니다. 믿음을 그렇게 조성해 놓으면 하나님께서 그 조성을 따라서 무얼 주신다고 한다면 굳이 그런 조성 필요 없을 것입니다. 그냥 자기가 원하는 대로 구한 것을 하나님이 주시기로 제도를 세웠으면 더 간편할 것이에요. 그러므로 우리가 기도하여 구한 것을 꼭 받은 줄 알고 믿는다는 바로 그 믿음이라야 하는 것입니다. 내 마음대로 조성되는 것이 아니라 말입니다. 내 맘대로 조성되는 일 같으면 그런 복잡한 과정을 겪을 것이 없이 '그럼 주십시오. 나는 주실 것으로 알겠습니다' 이 말 한마디로 끝나도 그만 아닌가요? 그러니까 주의해야 할 것은 우리들이 참으로 기도하여 구한 것을 주신다고 확실히 믿는 믿음도 그것이 하나님의 약속 가운데 있다든지 하나님이 명령을 하셨다든지 보증을 하셨다든지, 그것이 명문(明文)으로 명확하게 나에게 있어야 하는 것입니다. 그런 아무것도 없이 그냥 덮어놓고 내가 마음 가운데 원하니까, 그것을 갖고 싶으니까 '아, 주신다. 주시겠다. 믿습니다' 이런 소리를 한다고 해서 어떻게 되는 것이 아닙니다.

또한 기도하여 구한 것을 이미 받은 줄로 믿는 이런 확신이라는 것은 멍하게 아무것도 않고 있어도 오는 것이 아님을 주의해야 합니다. 하나님이 그에게 주시려면 마음 가운데 이상하게 믿음을 환연히 일으켜서 어떻든지 그걸 꼭 믿게 된다는 식의 기적과 같이 신기하게 오는 것으로 알지 않아야 합니다. 말하자면 심지 아니한 데서 무엇이 나는 식으로 되는 것이 아닌 것을 또 주의해야 합니다. 우리가 매양 살면서 누리는 진정한 믿음, 구원의 믿음, 또 여러 가지 기도에 대해서 응낙해 주시는 이런 믿음이라는 것이 자기의 종교 감정에 열정적으로 호소해서 되는 것이 결코 아닙니다. 자기가 자기를 감정으로 달래고 스스로 승인시키고 설득하는 일로 되는 것은 결코 아니지만, 그러나 동시에 가만히 앉아 있어도 하나님께서 우리 안에 성령님으로 믿음을 일으키면 생기는 것이라고 해서 가만히 있으므로 되는 것도 아닙니다.

하나님의 약속을 의심할 여지는 없음

하나님께서 우리에게 여러 가지 은혜를 주십니다. 확신이라든지 또 능력 있는 기도를 한다든지, 참으로 찬송을 드릴 수 있다든지 하는 마음의 상태를 가지도록 하기 위해서 기본적으로 주신 은혜의 수단(means of grace)이 있는데 그것이 소위 메디아 그라티아에(*media gratiae*) 즉 은혜의 방도입니다. 이런 일반적인 은혜의 방법 가운데 가장 중요하고 유일하고(unique) 또 절대적인 능력을 가진 것이 곧 하나님의 말씀입니다. 그 말씀에 의해서 하나님의 성령님이 나에게 비춰 주시므로 깨닫고 알게 할 때에 거기서 우리는 그게 진리라는 확신이 생기는 것입니다. 또 그 진리 가운데 하나님이 우리에게 무엇을 허락하시고 약속을 하셨으면 '아, 하나님의 그 약속은 분명한 진리이다' 하는 확신이 생깁니다. 그렇게 분명한 진리라고 내가 확신하고 있는 처지에서는 기도하여 구할 때에도 그 하나님의 말씀에 확약한 내용을 가지고 하나님 앞에 가서 말씀을 드립니다. 그리고 거기에 의거해서, 그것을 한 중요한 전제 조건으로 해서 필연적으로 거둬야 할 결론으로 여러 발전된 믿음의 상태를 가질 수 있는 것입니다.

　그런 까닭에 우리가 기도하여 구한 것을 믿는 믿음도 하나님이 우리에게 그 말씀 안에서 믿지 아니할 수 없는 어떤 확실한 사실과 확실한 명언(明言)의 약속이라든지, 혹은 어떤 거룩한 가르침에 의해서 그러지 아니할 수 없는 사실을 나에게 보여 주심으로 발생합니다. 그렇게 우리에게 비춘 것을 우리가 깨달았을 때 '아 이것은 분명히 그렇게 된다' 하고 믿지 아니할 수가 없는 것입니다. 그런데 그런 경우에라도 그걸 믿지 않고 과연 그럴까 한다면 하나님의 말씀 그것 자체의 권위와 신실성을 의심하는 까닭에 다시 더 다른 것을 믿을 길이 없습니다. 하나님이 말씀하신 가장 구체적이고 현실적인 말씀, 성경 말씀의 약속, 언약을 만일 사람이 못 믿는다면 그걸 떠나서 무엇을 가지고 하나님을 믿겠는가 할 때 참으로 믿기 어려운 것입니다. 우리가 하나님을 믿는다 할 때도 크고 오묘한 하나님의 여러 가지 은혜의 내용과 하나님 당신의 속성의 내용은 우선 우리에게 알기 쉬운, 비근한 말씀의 약속이라든지 명언으로 우리에게 보여주신 사실들을 믿는 데서부터 차츰차츰 발전해서 더 깊은 것을 깨닫게 되는 것입니다. 쉽게 알 수 있는 것조차도 못 믿으면서 어려운 것을 믿겠다고 하는 것은 일이 아닙니다.

아까 야고보서 1장 5절 말씀에도 "너희 중에 누가 지혜가 부족하거든 모든 사람에 후히 주시고 꾸짖지 아니하시는 하나님께 구하라 그러면 주시리라" 했는데, 그러면 주시리라 하는 것은 약속입니다. 법칙인 것이오. 그와 같은 명확한 선언에 대해서 '과연 그렇게 하면 주시려나? 혹시 안 주실 수도 있지 않는가' 하고 사람이 제 마음대로 거기다 의심을 붙여 넣고 그걸 반신반의(半信半疑)한다면 어떻습니까? 믿기는 믿는 체하면서도 그래도 예외적으로 믿을 수 없는 데도 있다고 하는 태도를 취한다면 제가 하나님 말씀보다도 앞서서 더 권위 있는 자로 스스로 인정하는 것입니다. 그렇게 하나님이 약속하신 사실도 확실히 믿지 아니하는 사람이 달리 어떻게 무얼 믿을 수 있겠습니까? 그러니까 그게 두 마음을 품은 자입니다. 어느 때는 '아, 하나님의 말씀 이게 진실한 말씀이지' 하고 믿어요. 그러나 암만 기도해도 아무 대답이 없는 경우, '이런 거 보면 안 주시는 거 아닌가?' 하고 의심을 합니다. 이렇게 한때는 믿었다가 한때는 의심했다가 하면서 두 군데를 왔다 갔다 하는 일, 신(信)과 불신(不信)의 사이를 방황한다면 그것이 두 마음을 품은 것입니다.

우리가 기도하여 구한 것을 이미 받은 것으로 믿는다는 믿음도 하나님의 말씀에 의해서 우리에게 가르쳐 주신 도리를 깨달음으로써 믿지 아니할 수 없는 확연한 근거가 있을 때 발생합니다. 이런 사실들은 우리가 배우지 아니하고 연구하지 아니하고 묵상하지 아니한다면, 자기의 생활에서 증험하여 그런 전제적인 조건들을 하나씩 하나씩 확실히 파악하지 않고 그냥 저절로는 안 생기는 것입니다. 그런데 모든 사물에 대해서 내가 기도하여 구하는 것은 다 확실히 주신다고 믿을 만큼 투철하게 내가 모든 것을 알고 있느냐? 안 그렇습니다. 그렇지 않은 까닭에 나는 이것이 하나님께서 확실히 나에게 허락하시고 주시려고 하는 것인지 아닌지 모르는 상태에서 기도하는 일이 많습니다.

그런 상태에서는 기도해서는 안 되느냐 하면, 우리에게 필요한 것으로 여겼으니까 하나님의 거룩하신 은혜로 나에게 어떠한 형식으로든지 응답해 주시기를 바라서 내가 기도할 수 있는 것입니다. 우리는 많은 경우에 내가 기도했으니까 사실상 그건 반드시 이룬다고 그렇게 믿을 수 있는 게 아닙니다. 자신이 기도한 내용은 확실히 이미 받은 것이다, 그렇게 덮어놓고 믿을 수 있는 것이 아니에요. 하지만 그렇다고 해서 하나님의 말씀이나 약속을 믿을 수 없다든지, 이룰 수 있을는지 어쩔는지 모르겠다고 의심해 가면서 기도하는 것도 아닙니다. 혹여 의심하는 사람이 있다면 그것은 고쳐야 해요. 말씀의 약속이나 분명히 명시한 사실에 대해서 자꾸 의심을 하는 것을 안 고치면 큰 문제입니다. 그렇게 의심하는 악마적인 흑암에서 벗겨 주심을 받지 않으면 자기 구원도 믿을 수 없는 것입니다.

우리는 복음적인 구원의 사실을 확신하고 있는 사람으로서 하나님의 약속과 허락하신 내용을 의심할 여지는 없는 것입니다. 그것을 의심하지 않지만 그러나 일방으로 내가 기도한 내용을 하나님께서 나에게 주신다든지 안 주신다든지를 모르는 것이 많습니다. 하나님의 크신 계획 가운데에서 이것을 꼭 그렇게 하셔야만 하는 근거가 있는지를 내가 모르는 것이 많은 것입니다. 하나님이 나에게 행하시는 오묘한 여러 가지 은혜의 사실, 섭리로써 나에게 모든 일을 주장하시고 또 내려주시는 여러 가지를 내가 다 측량할 수가 없습니다. 그런 까닭에 나는 하나님의 거룩하신 계획과 하나님의 섭리가 이 일에 대해서 그대로 해 주실 것인지 그렇지 않고 별달리 주선해 주실 것인지 내가 알 수 없는 것입니다. 그러나 나는 하나님의 자비와 사랑과 나에게 행하신 끝없는 선의를 믿습니다. 하나님이 나를 선대하실 뿐 아니라 불쌍히 여기시고 오래 참으시고 나에게 대해서 항상 좋게 해 주시는 이런 것들을 나는 도무지 의심치 않고 믿는 것입니다. 하나님이 나를 자식으로서 돌아보신다는 것도 의심치 않고 믿는 것입니다.

"네 염려를 다 주께 맡겨 버리라. 이는 저가 너를 권고하심이니라" 하시는 베드로전서 5장 7절에 있는 약속의 말씀, "네 짐을 여호와께 다 맡겨 버리라. 저가 너를 붙드시고 의인의 요동함을 영영히 허락지 아니하시리라" 하는 시편 55편 22절에 있는 말씀, 이런 것들은 근본적으로 내가 다 믿는 것이에요. 이런 것을 믿는 믿음 가운데서 내가 어떤 사실을 구체적으로 구했을 때 구한 그것을 하나님이 선대하시사 반드시 가장 좋은 것으로 주신다는 것을 확신하는 것입니다. 다만 그것이 그대로 될는지 아닌지는 내가 모르는 것이라 말입니다. 그러니까 그것이 그대로 안 된다고 해서 하나도 낙심할 것은 없는 것입니다.

믿음으로 구한다는 말의 큰 뜻

이런 믿음이라는 것은 내가 기도하고 있는 문제의 응답 내용에 대한 확신이 없을 경우일지라도 하나님의 선의와 지혜와 능력은 추호의 흔들림이 없이 확실히 믿는 것입니다. 하나님께서 끝없는 사랑을 나에게 부어 주신다는 사실에 대해서는 조금도 요동 없이 내가 믿고 있는 그 사실 위에서 내가 기도하는 것입니다. 그럴지라도 기도의 내용만큼은 어떤지 내가 모르는 것입니다. 그럴지라도 또 하나 우리가 확신하는 것은 만일 하나님께서 그것을 옳지 않다고 하시든지, 아직은 네가 받을 것이 아니라고 하신다면 그 이외의 가장 적절한 것으로 내게 주실 것을 내가 확실히 알고 믿는 것입니다. 이렇게 우리는 하나님의 일에 대해서 아주 분명한 것들이 있는 것이고 그런 것들을 나는 확실히 믿고 있는 것입니다.

성경에는 '우리가 확실히 안다'는 것이나 또 '분명히 그렇게 하시지 않겠느냐?' 하고 강조해서 우리로 하여금 분명히 알고 믿고서 살도록 한 데가 참 많이 있습니다. 그 중 하나 예를 들면 로마서 8장 28절에 "우리가 알거니와"라고 해서 여기도 분명히 안다고 했습니다. "우리가 알거니와 하나님을 사랑하는 자 곧 그 뜻대로 부르심을 입은 자들에게는 모든 것이 합력하여 선을 이루느니라." 그건 아는 것이다! 또 하나 우리가 볼 것은 디모데후서 1장 12절입니다. "나의 의뢰한 자를 내가 알고 또한 나의 의탁한 것을 그 날까지 저가 능히 지키실 줄을 확신함이라." 내가 무엇을 주님 앞에 의뢰했는데 그것을 그 날까지 능히 지키실 것을 확신한다.

여기도 안다, 확신한다 하는 말로 표현했어요. 이와 같이 우리가 분명히 알고 있는 사실들을 완성하는 영광의 그 날까지 주께서는 확실히 지켜 주실 것을 확신하는 것이고, 또 하나님을 사랑하는 자 그 뜻대로 부르심을 입은 자에게는 모든 것이 합력해서 선을 이룬다는 것을 우리가 아는 것입니다. 이것은 결국 우리가 생활 경험 가운데에서 속속들이 확인할 수 있고 또 깊이 확증할 수 있을 정도로 아는 것을 가리키는 것입니다.

우리들은 하나님께서 선의를 가지시고 우리를 붙드시고 인도하시며 또 만사를 주의 영광을 위해서 우리들 위에 가장 좋도록 만들어 주신다는 것을 압니다. 하나님의 영광을 나타내기에 유효하도록 해 주신다는 것을 아는 앎을 가지고서, 비록 우리가 구하는 내용이 그대로 하나님의 뜻이 될는지, 혹은 하나님께서 그 일에 대해서 별달리 처리를 해 주실는지 모를지라도 구하는 것입니다. 그렇게 하나님 앞에 문제를 놓고 구하면서 하나님의 선의와 하나님의 마련을 기대하는 것입니다. 하나님께서 가장 좋은 뜻으로 인도해 주시고 주장해 주실 것을 내가 믿는 데서 구하는 이것이 중요한 믿음입니다.

우리가 구한 바에 대해서 하나님의 뜻이 거기 자재한지 그 여부를 잘 모를지라도 이렇게 구하는 중에 차츰차츰 나는 그 일에 대해서 반성하고 생각도 하고 또한 하나님의 말씀을 그때 더 상고하게 됩니다. 그렇게 말씀의 깊은 뜻을 마음 가운데 더 생각해 나가는 데서 차례차례 내 자신의 생각도 발전하는 것이고, 그렇게 해서 하나님이 기다려 주시고 나에게 새로운 생각을 주시는 대로 나는 점점 새로운 깨달음 가운데로 들어갑니다. 즉 말씀에 의해서 새로운 것을 깨닫게 해주시는 대로 나는 점점 새로움을 깨달아서 마침내 하나님께서 기뻐하시는 사실 안으로 들어가는 것입니다. 이제 그런 때 내가 구했던 것이 하나님의 거룩하신 뜻에 맞는다는 분명한 사실이 확인되고, 그리고 하나님의 거룩한 경영의 내용에 내가 들어갈 자리가 있다는 것을 분명히 알게 됐을 때 확신할 수 있게 되는 것입니다. 이렇게 우리가 하나님 앞에 기도하는 것입니다.

우리가 믿음으로 기도한다 할 때 기도하는 내용 자체를 대번에 하나님의 뜻이라고 확신할 수 있을 만한 지식이 없고 그만한 것을 아직 깨닫지 못했을지라도 거기에 대해서 하나님 앞에 기도하는 것이 옳은 줄 알면 기도를 해야 합니다. 그럴 때 하나님께서 그 일을 받아 주셔서 거기에 대한 우리의 생각을 발전시켜 주십니다. 우리의 생각을 더욱 하나님의 뜻대로 바르게 이끄시고자 하실 때 우리가 민감하게 말씀에 의지해서 그것을 알려고 노력하는 것이 중요합니다. 내가 구한 내용을 좀 더 바로 알고 그 의미를 알고자 노력하는 것이 중요한 일이라는 것입니다. 아무 생각 없이 그저 내게 있어야만 하겠다고 순전히 내 자신의 필요를 따라 기도해 놓고 잊어버리고 있다가 나중에 또 하고 또 하는 것이라면 그것은 중언부언하는 기도가 된다고 지난번 얘기했습니다. 하나님께서 내 자신의 위치와 현재의 상태와 필요를 어떻게 생각해 주시는가에 대해서는 아무것도 추리하지 않고 생각도 않고 또 말씀에 의해서 추찰(推察)해 나가는 일이 없이 내가 스스로 판단한 것만 가지고 구한다 할 것 같으면 큰 문제가 아닐 수 없습니다. 즉 기도의 내용을 깊이 생각해 나가는 일이 없이 반복한다면 중언부언이 되는 것이라 말입니다.

믿음으로 구한다는 말의 큰 뜻은 항상 구하는 내용이 확신의 사실에 이르기까지 우선 하나님의 거룩하신 뜻과 지시를 찾아 나가는 것을 말합니다. 내가 어떤 사실을 구했으면 그 사실을 구하는 것으로 끝내지 아니하고 '여기에 대해서 주님의 거룩하신 뜻은 어떤 것인지를 이 자식이 알도록 이제 지시하시고 가르쳐 주시옵소서' 하고 부지런히 게으르지 않고 항상 주의해 나아가야 하는 것입니다. 이것이 믿음으로 기도한다는 중요한 말뜻이에요. 이런 때에 주께서 믿음에 의해서 기도하는 우리의 심정을 하감하시고 지금 기도하는 내용을 확신할 수 있는 구체적인 상념에 도달하도록 이끌어 주시기를 바라고 나아가는 것이 기도에서 가장 좋은 태도입니다. 무슨 얘기를 하고 시간이 지나면 또 하면서 거기에 대해서 그 뜻이나 의미를 알려고 하지 않는다면 중언부언하듯이 중얼중얼 말하는 것과 다를 게 없습니다. 무엇을 기도하고 그다음에 하나님의 나라에서 그것이 가지고 있는 가치나 의미를 알려고 하지 않거나 또 하나님이 나에게서 경영해 나가시는 일 가운데 그것이 과연 필요한지 어떤지에 대해서 잘 알지 못한다면 열납하실 만한 기도가 되기 어려울 것입니다. 그러고서 하나님과 긴밀한 교통을 하기 바라고 또 주님이 가납하실 만한 기도를 하겠다면 그것은 옳지 않은 생각입니다.

하나님의 계획과 경영 안에서 하는 기도

우리가 믿음으로 구하는 것이 가장 좋은 일이나 참으로 자기가 구한 내용에 대한 확신이 생기려면 먼저 하나님의 거룩하신 선의를 믿어야 합니다. 그리고 나에게 그 거룩하신 뜻을 보여 주실 것을 믿고 그 뜻을 따라 나아가야 합니다. 여기에서 다시 한 가지 더 주의해서 생각할 것이 있습니다. 우리가 자신과 관계된 어떤 구체적인 사실을 하나님 앞에 구할 때 항상 하나님의 크신 경영과 경륜 가운데 지금 얼마만한 큰 의미를 가지고 이 일이 필요한 것인가를 생각해야 한다는 것입니다. 하나님이 거룩한 교회 안에서 나를 쓰시고 또한 땅 위에 거룩한 나라를 진행시키시면서 빛을 나타내시고 나아가는 전체의 일에 비추어 이 일이 얼마만한 큰 의미를 가지고 또 필요한 것인가를 생각해야 합니다. 단순히 나 자신이 필요하니까, 자기가 원하니까 구한다는 것은 참으로 옳지 않은 생각입니다.

먼저는 하나님께서 경영하시는 전체의 큰 사실을 아는 터 위에서 우리가 기도해야 합리적으로 이지적으로 바르게 기도할 수가 있습니다. 바른 신앙에 의해 거룩한 빛의 비췸을 받을 수 있어야 좋은 시작을 할 수가 있습니다. 하나님 말씀의 뜻에 비추어 자기가 기도하는 내용이 좋은가 아닌가부터 얼른 보려고 하지 않아야 할 것입니다. 그보다 먼저 찾아야 할 것은 하나님께서 거룩한 통치자로 다스리시는데, 그 통치 안에서 내가 지금 이 일을 무엇 때문에 구하는가 하는 그 이유입니다. 대체 무엇 때문에 나를 내시고 구원하시며 땅에 두시고 거룩한 교회를 세우시고 그 나라를 땅 위에서 진행하시며 우리로 하여금 불의와 흑암의 세력에 대해서 늘 싸우면서 나아가게 하시는가에 대해서 구체적으로 늘 알고 있어야 합니다. 거기에서 이유가 충분히 잘 서야 합니다. 그럴지라도 우리의 생각은 모자라고 우리의 식견은 좁고 또 우리의 깨달음이라는 것은 약한 까닭에 잘못되기가 쉬운 것입니다. 잘못된 것이라기보다는 차라리 하나님의 거룩한 뜻 가운데에 제대로 들어가지 못하는 일이 많다는 것입니다. 그래도 우리는 하나님이 나를 인도하실 것과 가르쳐 주실 것을 믿으면서 그 일에 대해서 더욱 바르게 진행해 나아갈 수가 있습니다. 이런 거룩한 도리 안에서 항상 믿음의 바른 기도를 드리는 것이 좋은 줄로 압니다.

마지막으로 한 가지 더 생각할 것은 우리가 무엇이든지 하나님 앞에 구체적인 사실을 가지고 나아가서 기도하는 것이 대단히 좋은 일이나 기도하는 동기가 단순히 '내 자신이 결핍돼 있으니 그것을 채워 주십시오' 하면서 자신이 스스로 경영하는 생활에 무엇이 필요하다고 느끼고 그것을 위해 기도하는 것을 좋게 생각할 수가 없다는 것입니다. 그렇게 하는 것이 아니라는 거지요. 그러면 어떻게 해야 하느냐? 내 자신의 현재 생활은 항상 바로 유지되어야 하고 그것이 정당하다고 인정하는 토대 위에서 생각하는 것을 다시 돌아보아야 합니다. 그보다는 내 자신이 하나님의 거룩한 나라의 진행에 무엇을 해야 할 것이며 또 어떻게 되어야 할 것인가를 더 깊이 생각해야 합니다. 내가 지금 하나님 앞에 기도하려고 하는 것이 단순히 온전하지 못한 내 생활에 필요하니까 하는 것보다도 하나님을 가장 기쁘시게 하는 생활을 하기 위해서 이것이 절실히 나에게 필요한가를 생각해 가는 것이 가장 온당하고 좋은 일입니다. 그 일을 위해서 나에게 무엇이 필요한가?

다른 말로 말하자면 내가 무엇을 구체적으로 하나님 앞에 기도할 때 하나님께 기도하는 내용이 나 자신의 불만족스런 현재 차원을 채우기 위해 구하지 말고, 저급한 차원에서 좀 더 높은 데로 올라가기 위해서 나에게 이것이 필요하다는 것을 먼저 생각하는 게 필요합니다. 다음에는 하나님이 기쁘게 받으실 생활의 열매를 맺기 위해서 무엇이 지금 나에게 없는가를 생각해서 그걸 기도하라는 것입니다. 즉 기도하는 내용이 하나님의 거룩한 나라 안에 있는 '나'라는 한 분자, 거룩한 교회 안에 있는 '나'라는 한 지체가 구별된 빛을 내고 세상의 소금 노릇을 하고, 그리고 하나님의 자녀답게 살면서 맡기신 일을 해 나가는데 그것이 얼마만큼 필요한가를 구체적으로 생각하고 구하는 것이 옳다는 것입니다. 그것이 아무래도 필요한데 지금 내게 없으니 하나님께 구하겠다고 나아가서 구하는 것이 옳습니다.

물론 우리의 생애 가운데 기본적으로 필요한 것들이 있습니다. 예를 들면 건강을 잃어 버렸을 때 '건강을 주시옵소서' 하고 기도합니다. 또 우리가 생활이 아주 가난[艱困, 간곤]할 때도 '주님 저에게 이 물질이 있어야 할 것을 아시오니 주시옵소서'라고 구합니다. 이런 사람의 기본적인 요구라는 것은 지난번에 배운 바와 같이 하나님께서 가난한 사람을 특별히 배려하시고 자비와 긍휼을 베풀어 주십니다. 그것을 우리가 아는 까닭에 그런 거룩한 자비와 긍휼이 내게 임할 것을 생각하고 구하는 것입니다. 나를 먹이시고 기르시고 또 힘을 주셔서 일을 하게 하신다는 기본적인 큰 자비와 사랑을 믿고 그런 것들을 구하는 기도를 합니다. 우리의 생활에 필요한 오늘의 양식을 주시옵소서! 주기도문에서 우리가 날마다 필요한 양식을 구하는 것입니다. 그것이 건강이 됐든지 물질의 양식이 됐든지 정신적인 양식이 됐든지 무슨 에너지가 됐든지 좌우간 우리가 그걸 공급을 받아서 살아야 할 것을 우리에게 주시기를 다 바라는 것이지요.

그래서 주시면 주신 것을 가지고 내가 자행자지(自行自止)하고 그걸 기화로 스스로 자기의 행복 추구를 하지 않도록 해야 합니다. 그러니까 하나님의 영광을 위해서, 또 내 자신에게 보람 있고 열매 있는 생활을 어떻게 해야 할 것인가를 생각하면서 거기에 적응하도록 구해 나아가야 합니다. 우리가 기도를 하는 동기 자체가 늘 하나님의 영광을 위한 내 생활이란 전제에서 시작되어야 합니다. 하나님의 크신 경영과 계획 안에서 내가 본분을 잘 하기 위해 그것이 생활에 얼마나 필요한가에 따라서 더욱 간절히 하나님 앞에 구해 나가는 것입니다. 우리는 하나님께서 그것을 확실히 주실는지 혹은 안 주실는지 정확히 알 수는 없습니다. 그래도 내가 아는 한 이것이 하나님께 열납될 만한 얘기, 하나님께서 허락하실 만한 얘기, 적어도 현재의 나로서는 이것이 있어야 하나님 앞에 열매를 맺고 거룩히 살겠다는 근거는 거기 늘 있어야 할 것입니다. 그런 바탕에서 우리가 기도해야 합니다.

기도

    거룩하신 아버지시여, 저희에게 은혜를 베풀어 주셔서 진정으로 주님을 늘 사랑하면서 살고 주님께서 저희에게 주신 모든 선의를 감사히 생각하면서 늘 믿고 의지하면서 주께서 저희에게 주시기를 기뻐하시는 것들을 구하며 저희 자신이 무엇을 잘 모르고 기도할지라도 그 일에 대해서 차츰차츰 더 바로 깨달아서 확신에 이르게 하여 주시고 항상 기본적으로 주님의 사랑과 거룩하신 경영에 맞도록 늘 기도하고 살아가게 하시옵소서.

    우리 주 예수님 이름으로 기도하옵나이다. 아멘.

1978년 3월 19일

인간적인
선미를
추구하는
기도

야고보서 4:1-17

¹ 너희 중에 싸움이 어디로, 다툼이 어디로 좇아 나느뇨 너희 지체 중에서 싸우는 정

욕으로 좇아 난 것이 아니냐 2 너희가 욕심을 내어도 얻지 못하고 살인하며 시기하여도 능히 취하지 못하나니 너희가 다투고 싸우는도다 너희가 얻지 못함은 구하지 아니함이요 3 구하여도 받지 못함은 정욕으로 쓰려고 잘못 구함이니라 4 간음하는 여자들이여 세상과 벗된 것이 하나님의 원수임을 알지 못하느뇨 그런즉 누구든지 세상과 벗이 되고자 하는 자는 스스로 하나님과 원수 되게 하는 것이니라 5 너희가 하나님이 우리 속에 거하게 하신 성령이 시기하기까지 사모한다 하신 말씀을 헛된 줄로 생각하느뇨 6 그러나 더욱 큰 은혜를 주시나니 그러므로 일렀으되 하나님이 교만한 자를 물리치시고 겸손한 자에게 은혜를 주신다 하였느니라 7 그런즉 너희는 하나님께 순복할지어다 마귀를 대적하라 그리하면 너희를 피하리라 8 하나님을 가까이 하라 그리하면 너희를 가까이 하시리라 죄인들아 손을 깨끗이 하라 두 마음을 품은 자들아 마음을 성결케 하라 9 슬퍼하며 애통하며 울지어다 너희 웃음을 애통으로, 너희 즐거움을 근심으로 바꿀지어다 10 주 앞에서 낮추라 그리하면 주께서 너희를 높이시리라 11 형제들아 피차에 비방하지 말라 형제를 비방하는 자나 형제를 판단하는 자는 곧 율법을 비방하고 율법을 판단하는 것이라 네가 만일 율법을 판단하면 율법의 준행자가 아니요 재판자로다 12 입법자와 재판자는 오직 하나이시니 능히 구원하기도 하시며 멸하기도 하시느니라 너는 누구관대 이웃을 판단하느냐 13 들으라 너희 중에 말하기를 오늘이나 내일이나 우리가 아무 도시에 가서 거기서 일년을 유하며 장사하여 이를 보리라 하는 자들아 14 내일 일을 너희가 알지 못하는도다 너희 생명이 무엇이뇨 너희는 잠간 보이다가 없어지는 안개니라 15 너희가 도리어 말하기를 주의 뜻이면 우리가 살기도 하고 이것저것을 하리라 할 것이거늘 16 이제 너희가 허탄한 자랑을 자랑하니 이러한 자랑은 다 악한 것이라 17 이러므로 사람이 선을 행할 줄 알고도 행치 아니하면 죄니라.

16강
인간적인 선미를 추구하는 기도

초보적인 유치한 기도의 태도

우리가 기도에 대하여 생각해 가는데 오늘도 그 중 한 가지를 생각하겠습니다. 그동안 얘기한 것 가운데 때때로 인용이 되고 나타났던 구절이지만 다시 야고보서 4장 3절 말씀을 살펴보겠습니다. 야고보서 4장 2-3절에 "너희가 얻지 못함은 구하지 아니함이요 구하여도 얻지 못하는 것은 정욕으로 쓰려고 잘못 구함이라." 특별히 3절에 "구하여도 얻지 못하는 것은 정욕으로 쓰려고 잘못 구함이라." 정욕으로 쓰려고 잘못 구한다고 했습니다. 이 정욕이란 말을 좀 더 적절하게 바꿔서 얘기하면 '자기의 욕망을 만족시키는 쾌락을 추구해서 그것을 달성하게 해달라'고 하는 기도의 문제일 터인데, 그렇게 구하며 기도를 하더라도 받지 못하는 것은 쾌락으로 쓰려고 잘못 구함이라 하는 말씀입니다.

이 말씀에 나타난 것을 언뜻 생각하면 사람이 스스로 즐겁고 행복스러운 일이나 자기가 가졌으면 좋겠다 싶은 것을 하나님 앞에 나와서 무엇이든지 구하라는 뜻으로 읽을 수가 있습니다. 사람은 흔히 자기에게 무엇이 부족하면 채워지기를 바라고 또 무엇을 가지기를 원하면 그 욕망을 채워 주기를 바라는 심정을 품는데,

그와 같이 하나님을 믿고 예수 그리스도를 믿는 사람은 그리스도와 하나님 앞에 마음에 소원하는 바나 자기가 가지고 싶은 것, 자기의 쾌락을 만족시키고 싶은 것들을 구하라는 것으로 얼른 생각합니다. 그런데 신자의 기도라고 하지만 이 세상 사람 보기에도 그저 제 욕심을 채우고 저 좋으라고 구하는 기도로 알 만한 것들이 참 많습니다. 보통 사람의 종교적인 안목이나 도덕적인 안목으로 볼지라도 구하는 것이 천박하고 자기중심적이고 자기의 욕심을 만족시키고 싶어서 안달 안달하면서 기도한다 말입니다. 그것을 달성할 만한 높은 수단은 없고 능력이 부족하니까 제일 손쉽게 종교를 가지고 예수를 믿고 나와서 자기가 스스로 이루지 못하는 욕심, 소위 이상(理想)이라는 이름 가운데 가진 욕심을 이루기 위하여서 하나님 앞에 나와서 열심히 기도하는 사례가 흔히 있는 것을 잘 아실 것입니다.

또 한 가지는 단순히 자기가 무능력하니까 하나님의 능력을 이용해서 제 소원을 만족시키겠다는 정도에 주저앉는 것이 아니고 어느 때는 좀 더 나아갑니다. 자기가 열심히 노력을 해서 다소간에 그 대가로 자기의 욕망을 달성해 나아가는 노선에 전진하고 있을 때, 예수를 믿는 사람인 까닭에 자기의 생활에서 날마다 추구하고 달성해 나아가는 일이 무사하게 잘 이루어지기를 바라는 심정으로 자꾸 기도할 수 있습니다. 하나님이 자신과 자기 일을 수호해 주시고 기묘한 손으로 이리저리 돌려놔 주셔서 사람이 미처 생각지 못한 것도 잘 되도록 돌아봐 주시고 이끌어 주시기를 바라는 심정으로 기도할 수 있는 것입니다.

이런 것들은 다 같이 가장 초보적이고 유치한 쾌락을 위한 기도의 태도입니다. 이렇게 유치한 것들을 볼 때 이 세상에서 참된 종교의 의미를 추구해 나아가는 이교도들의 눈으로 볼지라도 참으로 천박하고 비열한 일이라고 타매한다는 것을 충분히 짐작할 수 있습니다. '원 저렇게 제 욕심을 채우기 위하여 자기 신을 이용하려고 애쓴다니 대체 어떠한 종류의 신관을 가졌기에 그러느냐?' 하고 묻는 이교도도 있는 것입니다. 사람이 자기의 욕망 달성을 위해서는 무엇이라도 다 이용하려는 이용주의, 이런 공리주의라는 그릇된 정신에서 여전히 기독교를 신봉하노라 하고 다니는 것은 기독교의 본질이 무엇인가를 아직도 깨닫지 못하고 있는 것입니다. 참으로 그리스도를 믿고 사는 생활의 도리가 무엇인가를 모르고 사는 사람들이나 흔히 하는 짓들입니다.

옛사람의 욕심과 성령의 소욕

여기서 우리가 하나님의 말씀이 가르치신 "구하여도 얻지 못하는 것은 정욕으로 쓰려고 잘못 구함이라" 하는 말에 숨어 있는 뜻들을 좀 더 생각해 보십시다. 여기 정욕(ἡδονή)이라는 말이 쾌락이라는 단어인데, 사람이 어떤 쾌락을 구한다 할 때 그 쾌락이 반드시 육체적이고 물질적인 쾌락만이 아닙니다. 그의 심리에 있는 간절한 욕망을 채워서 받는 그런 만족감만이 다가 아닙니다. 자기가 좀 더 정신적으로 고결한 위치로 나아가고 좀 더 안정한 위치, 의미 있는 위치로 나아가기를 간절히 바라서 열심히 자기를 부인하는 태도를 취하기도 하는 것입니다. 자기 자신의 여러 가지 욕망을 금하고 대신 무엇이 됐든지 사람이 오를 수 있는 고귀한 위치에 내가 올라야 하겠다고 열심히 나아가는 사람들도 있습니다. 혹은 다른 종교의 성자들과 수도자들이 열심히 도를 닦고 기도하며 나아가는 생활을 보면 인간이 자기의 이상이라는 욕망을 달성하기에 급급해서 거기에 몰두해 가는 것을 비천한 일이라고 여기는 경우도 있는 것입니다. 어떻든 크고 높은 어떤 세계를 향해서 갈 때 마음이 여기에 걸리지 않고 저기에 구애되지 않고, 또 다른 무엇에 붙들려 매이지 않고 활달하고 자유롭게 고결한 세계로 가기를 원하면서 열심히 노력하는 것도 보게 됩니다.

그러나 하나님의 말씀은 우리에게 무엇을 가르칩니까? 인간이 쾌락을 위해서 열심히 기도를 한다 할 때 비천하게 종교의 힘까지라도 이용해서 자기만족을 꾀하겠다고 기도하는 것만을 그릇된 것으로 가르치지 않습니다. 사람이 어떠한 동기나 목표 아래 비록 자기가 가장 고귀하고 의미 있고 가치 있는 것이라고 생각하는 것을 사모하고 추구해서 나아가는 행동도 포함해서 잘못된 것이라고 가르치는 것입니다. 그러면 '사람이 고귀하고 고결한 세계를 앙모하고 사모해서 그것을 추구하느라고 애를 쓰는 것도 자기의 정욕으로 쓰려고 하는 것인가' 그렇게 물을 것입니다.

여기서 우리가 주의해야 할 것은 바로 우리 안에 있는 옛사람이라는 존재입니다. 중생하지 못하고 그리스도의 생명에 의해서 형성된 새사람의 정신과는 반대의 위치에 있는 존재가 옛사람입니다. 그와 같은 인간적인 생각이 선하고 아름답고 고귀한 것일지라도 그것을 가치 있다고 생각하고 이루어 나가려고 노력하면서 하나님 앞에 나아가 구하는 것은 하나님의 뜻에서 벗어나는 일입니다. 결국 하나님의 뜻에서 벗어나는 일을 가지고 자기가 달성해야 할 가장 고상한 경지를 추구해 나가는 것이라 말입니다. 인간이 생각한 세계, 인간이 요구하는 정신적인 고도의 세계라는 것은 어떤 의미로든지 인간 자신에게 최종적으로 어떤 기쁨, 평안, 종교적인 법열(法悅)의 경계를 가져다주는 것입니다. 사람들은 그런 고결한 세계에서 안정하고 살기를 원해서 그것 자체를 추구하고 나아갑니다.

그리스도를 참으로 믿는 사람은 그러한 인간적인 선이나 미, 가장 높은 고결한 세계를 사모하고 추구하고 나아가는 것이 아닙니다. 무엇보다도 중요한 것은 우리가 예수 그리스도의 생명과 연결돼서 생명을 받았고 그 생명으로 말미암아서 새사람이 우리에게 형성된 사실입니다. 새사람은 본능적으로 하나님을 아버지로 부르고 하나님께 늘 의지하고 살고자 하며 하나님의 뜻을 제 뜻으로 삼고 기뻐하는 자연스러운 경향과 요구를 가집니다. 이런 거룩한 새사람의 심정에 대립하여 한 인간이 중생하지 아니했을지라도 가질 수 있는 고결한 욕망이 있고 고결한 세계를 향한 사모가 있는 것입니다. 그러나 그것이 아무리 고상하고 아무리 위대한 것 같이 보이고 또 사람들은 그걸 굉장히 훌륭한 것으로 여길지라도 중생치 아니한 옛사람의 소욕이 되는 것입니다.

성경에서는 항상 우리에게 가르치기를 그것을 옛사람이라든지 혹은 육신이라는 말로 표시했습니다. 이것은 단순히 우리 육체를 의미하는 게 아니에요. 사람이 무엇을 소원하고 나아가되 중생한 새사람이 그리스도의 모양을 좇아서 자기 속에서 자연스럽게 하나님 아버지를 추구하면서 나아가지를 않는 것이 바로 옛사람의 상태입니다. 인간적인 선과 인간적인 미와 인간적인 마음의 간절함으로 고결한 세계를 사모하는 것들을 가리켜 육신이라는 말로 표시한 것입니다. 갈라디아서 5장 16-17절을 보면 "너희는 성령을 좇아 행하라. 그러면 육신의 소욕을 이루지 아니하리라. 대저 육신의 소욕은 성령을 거스르고 성령의 소욕은 육신을 거스르나니 이 둘이 서로 대적하여 너희의 원하는 것을 이루지 못하게 하려 함이라"고 가르쳤습니다.

성령님이 원하시는 바를 내가 깨닫고 거기에 응하여 자연스럽게 나도 그걸 원한다고 하나님 앞에 기도하는 것은 그리스도인의 마땅한 일입니다. 성령의 비췸과 감화로 성령의 소원을 깨닫게 되고, 그래서 자신의 심정이 추구하는 것을 구하게 됩니다. 만일 그것을 우리가 깨닫지 못할 때는 자기가 기독교를 해석한 다음에 거기에 따라 무엇을 추구하고 행해 나아갑니다. 기독교는 여러 가지의 선한 것과 가장 고귀한 것과 도덕적인 것들을 권장하는 종교인 까닭에 그런 것들을 추구하고 나아가도록 합니다. 요컨대 우리 마음 가운데에 생각하는 가장 고귀하고 선미한 세계를 사모해서 그것을 터득하고, 그래서 어떻게든지 그게 내 것이 되도록 노력해 나아가자고 합니다. 이렇게 함으로써 좋은 세계가 이 땅 위에 올 것이라고 생각합니다. 성령의 감화와 주장함으로 말미암은 새사람의 역사가 없이 단순히 인간으로서 모든 선과 미와 위대한 세계의 내용을 간절히 사모해 나아가는 스타일을 여전히 가지고 있으면서 과거의 해석을 따라 무얼 구하면 그것은 훌륭한 신자의 생활이 아닙니다. 인간이 그런 식의 해석을 가지고 기도를 한다면 아무리 사람 보기에 탁월하고 매우 아름답게 보일지라도 그게 옳지 않은 것임을 주의해야 합니다.

새로운 정신과 요구로 기도해야 함

이러한 수준이나 이런 형태를 가지고 그가 기도하면 하나님께서 그 기도에 대해서 적극적으로 '오냐 내가 너에게 이걸 주마' 하시겠는가? 거룩한 빛을 비추면서 응답을 내려주시는 일이 있느냐 하면 안 주시는 것입니다. 야고보서 4장 3절 말씀은 정욕으로 쓰려고 잘못 구해서 그런 것은 아니 주시는 것이라 했습니다. 그 다음 절을 볼지라도 "간음하는 여자들이여-이건 비유로서 마치 하나님도 섬기고 세상도 섬기고 하는 사람들에게 하는 얘기이죠- 이 세상과 벗된 것이 하나님과 원수 되는 것임을 알지 못하느냐?"(4절)고 했습니다.

세상과 벗이 된다는 것은 단순히 세상에 있는 허영과 부와 재리(財利), 세상의 권력과 같이 눈앞에 뻔히 보이는 육신의 감각과 정욕의 만족을 주는 것만을 가르치는 게 아닙니다. 세상에 있는 것은 육신의 정욕과 안목의 정욕뿐 아니라 이생의 자랑이라고 했습니다. 이 세상에서 무엇이 가장 가치 있고 의미 있으며 자랑스러운 것이 되겠는가를 추구하고 나아가는 것도 이 세상에 속한 것입니다. 그런고로 "이 세상과 세상에 있는 것들을 사랑하지 말라. 세상을 사랑하는 자에게는 아버지의 사랑이 그 속에 있지 아니하니라." 요한일서 2장 15절 말씀입니다. 다음 절 "대저 세상에 있는 것은 육신의 정욕과 안목의 정욕과 이생의 자랑이니 다 아버지께로 좇아 온 것이 아니요 이 세상으로 좇아 온 것이라."(16절)

지난번에도 이런 걸 배운 일이 있는데 요컨대 이 세상에는 이생의 자랑이라는 것이 있다는 것입니다. 이생의 자랑이라는 것은 돈, 명예, 권력, 화려한 것, 뽐내는 것만이 아닙니다. 높은 식견, 도를 높이 닦고 나간다는 것, 자기가 세상을 버리고 초연하게 서서 별다른 세계에서 늘 호흡하고 살겠다는 것, 무릇 세상에서 훌륭하다고 하는 것들도 있습니다. 단순히 세상 사람 누구나 다 같이 원하는 것만이 아니라 어떤 특수한 사람들이 모든 걸 버리고 간곡하게 얻으려고 찾아 나아가는 것도 이 세상에서는 훌륭한 것이라 평가해서 소설의 제목도 되고 사람들의 칭찬의 대상도 되는 것입니다.

그렇게 세상에서 훌륭하다는 고결한 경지, 높은 경지를 사모하고 나가면서 귀한 것을 얻으려고 하면 그건 무엇인가? 궁극적으로 그것도 결국 자기 마음 가운데 가장 고귀하다고 여긴 것을 얻으려고 하는 것입니다. 자기의 만족과 기쁨을 추구해 나아가는 일이 되는 것이므로 그런 것도 "쾌락으로 쓰려고 잘못 구함이라"는 것입니다. 결국 자기 자신이 그것으로 말미암아 '아, 값이 있는 일을 했구나. 이제 의미 있는 생활을 보낸다' 하는 심정 가운데 들어가기 위해서 구해 나가는 것이라 말입니다. 요컨대 궁극적으로는 항상 자기가 무엇이든 의미가 있고 가치가 있고 보람이 있어야겠다는 생각으로 귀착하는 것입니다.

자기라는 것이 거기서 없어진 것이 아니고 어떠한 고생과 어려운 길을 걸어서라도 궁극적으로 그로 말미암아 자기 자신이 정신적으로 부요하게 되고 의미가 있고 값이 있는 세계에 들어가기를 다 원하는 것입니다. 이것이 이 세상 사람들이 추구해 나아가는 것인데 그런 것을 위하여 구한다면 하나님께서 그 기도에 대해서 직접으로 '오냐, 참 잘 구했다. 내가 너에게 주마' 하고 주시는 일이 없다는 것입니다. 그걸 승인하지 아니하신다는 것을 여기서 주의해야 할 것입니다. 우리가 이 세상에서 참으로 하나님의 자녀답게 살려면 무엇이든지 금욕을 해야 하겠다든지 세상 사람이 구하는 가장 좋은 것, 말하자면 정신적으로 가장 값이 있는 어떤 세계를 구해 나아가야 한다고 생각합니다. 또 남들 보기에도 의미가 있는 선미한 세계를 사모해서 그것이 나타나도록 노력을 한다든지, 자기를 다 희생하고 나아가는 것으로 생각하기가 쉬운 것입니다.

그러나 성경이 항상 우리에게 가르쳐 주시는 것은 명확합니다. 요컨대 세상에 있는 어떠한 선미한 것이나 훌륭한 것이나 영광스러운 것이나 값이 있다는 것들도 이 세상에 있는 것인 이상에는, 그리고 세상으로부터 오는 것인 이상에는 그것이 하나님 앞에 받아들여지는 것도 아니고 의미 있는 것도 아니라는 것입니다. 이것을 우리가 늘 주의해야 합니다. 기독교의 본질을 생각할 때 이 세상에서 무엇이든 선과 악으로 나누어 악을 버리고 선을 취하고, 또 미와 추로 나누어 추한 걸 버리고 아름다운 것을 추구하는 것이라고 생각하면 안 됩니다. 그렇게 상대적인 악덕과 선덕 가운데 선덕을 취해 나아가는 길로 권하고 그것을 행함으로써 신앙도 높아지고 도(道)도 높아지는 것같이 생각하는 일은 순전히 인간 종교적인 해석입니다. 결코 하나님 앞에 받아들여지는 생각이 아닙니다.

항상 우리가 주의해야 할 것은 선이든지 악이든지 간에 요컨대 그 사람이 한 번 그리스도 안에서 완전히 죽었다가 그리스도의 부활 생명을 받으므로 전연 별다른 새로운 것으로 다시 산다는 이 사실이 먼저 앞서야 하는 것입니다. 이것이 중생이고 재창조입니다. "누구든지 그리스도 예수 안에 있으면 새로 지은 것이라. 이전 것은 지나갔으니 보라 새 것이 되었도다." 이와 같이 완전히 새것이 돼야 하는 것이지 이 세상의 어떤 인간이 남아서 그 인간이 악을 버리고 선한 것을 취하고 개과천선하는 것으로 기독교가 되어 나아가는 것이 아닙니다. 다시 한 번 방금 말한 고린도후서 5장 17절 말씀을 마음 가운데 다시 반복해 보십시다. "그런즉 누구든지 그리스도 안에 있으면 새로운 피조물이라 이전 것은 지나갔으니 보라 새 것이 되었도다." 그리스도 안에 있으면 새로 창조함을 받은 새로운 피조물입니다. 옛날 아담이 한 사람으로 창조를 받은 것처럼 이젠 그리스도 안에서 아담보다 훨씬 고귀하게 새로운 피조물로 창조를 받은 것입니다. 예수 그리스도에게 속한 사람으로 새로 창조된 피조물은 더 고귀한 위치와 내용을 가진 까닭에 하나님의 자녀라고 하나님께서 불러 주시는 존재입니다.

그런 까닭에 그는 생각하는 것이나 하고자 하는 것이 과거의 인간 시대에 가지는 선과 미를 추구하는 정도에 주저앉는 것이 아닙니다. 그런 것은 사람이 부패하고 타락한 이후에 사람의 속에 있는 부패성과 타락성이 늘 다 가미돼서 어디든지 부패가 곁들이고 혹은 추함과 더러움이 거기 곁들여 있는 것입니다. 그런 것은 다 지나가고 "보라 새 것이 되었도다." 이제는 완전히 새로운 정신과 요구를 가지고 하나님 앞에 살게 되는 것이지요. 이건 개과천선(改過遷善)이 아닙니다. 흔히 이 세상 사람이 자기가 잘못한 일이 있을 거 같으면 자기 속의 다른 자아를 생각합니다. 그렇게 톨스토이가 그의 작품 『부활』에서 기록한 것같이 주인공 네플류도프의 속에 두 개의 사람이 있었다 하는 식을 의미하는 것이 아닙니다. 즉 이기적이고 자기중심적이고 자기 행복을 취하는 사람과 반면에 남을 위해서 노력하고 남에게 복리(福利)가 되게 하려고 애를 쓰는 사람, 그러한 두 개의 사람이 아니라는 말입니다. 그 두 가지의 사람이 다 같이 옛사람 속에 있는 것입니다. 남을 위해서 선행을 하고 또 가장 고귀한 세계를 사모하고 그걸 나타내려고 하는 이것도 사람의 세계에 속한 것이라 말입니다.

그런 것들을 다 포기하고 이제는 그리스도께서 지어주신 새사람이 아무런 다른 것에 매임이 없이, 즉 자기의 욕망에 매인 일이 없이 마음 가운데 성령께서 역사하시는 대로 거룩한 심정으로 나아가는 것입니다. 본능적으로 하나님을 사랑하고 그리스도를 사랑하는 데에서 모든 것을 다 그리스도의 영광을 위하여 합니다. 그리스도의 거룩한 나라가 땅 위에서 능력 있게 전진하는 것을 간절히 사모하면서 그 일을 위하여 마음 가운데 전부를 쏟고 전체적으로 그리스도에게 바쳐서 나아가는 이러한 사람이 새사람인 것입니다. 그렇지 않고 자기가 좀 가치 있고 고귀하고 높은 사람이 되겠다는 심정에서 개과천선해 나아가고, 그리고 흑암과 불의와 악을 포기하고 선과 미와 광명과 진리를 추구해 나아가는 인간의 한 면을 가리켜 새사람이라고 하는 것이 아님을 주의해야 합니다.

기도는 주의 뜻에 대한 간절한 사모를 가지고

우리가 주의해야 할 이런 사항들을 생각할 때 기도하는 것도 오직 성령님의 역사하심과 감화하심과 비취시는 인도 안에서 하나님의 거룩한 뜻을 간절히 사모하고 그것이 땅 위에 나타나기를 바라면서 구해야 합니다. 아버지의 거룩한 "뜻이 하늘에서 이룬 것같이 땅에서도 이루어 주옵소서" 하면서 기도해야 하고, "주를 기쁘시게 할 것이 무엇인가 시험하여 보라"(엡 5:10) 하는 말씀대로 주의 뜻이 땅 위에서 이것일까 저것일까 하고 우리에게 알아보도록 하신 큰 계획과 사랑을 좇아서 찾아야 합니다. 가만히 앉아서 저절로 알아지는 게 아니라 말입니다. '아, 이것이 주의 뜻이냐? 그러면 그것을 내가 행해야 하겠다'고 마음이 그쪽으로 향해야 주의 뜻에 대한 간절한 사모를 가지고 나아가는 것입니다. 그런 거 없이 그냥 자기의 위대한 정신적인 소원을 달성하고자 하면서 그것이 곧 주님의 뜻이라고 거기다가 엉뚱하게 하나님의 뜻을 붙여 가면서 나아가는 것이 아니라는 말입니다.

이런 점으로 봐서 우리가 기도할 때에 그것이 정신적인 것이었든지 물질적인 것이었든지 육체적인 것이었든지 혹은 가장 고귀하다고 생각하는 것이었든지 간에 요컨대 자기 자신이 그것을 얻었으면 가장 좋겠다고 하는 그런 것을 찾는 것이 아닙니다. 그런 것은 결국 자기의 쾌락을 추구하는 것입니다. 하나님께서 무엇을 원하시며 무엇을 기뻐하시는 것인지가 중요합니다. 한마디로 말하면 하나님을 어떻게 기쁘시게 할 건가의 문제가 핵심입니다. 하나님을 기쁘시게 한다면 나는 어떻게 되든지 그것으로 만족하고 그러고 끝나는 것으로 여기는 참마음이 있어야 합니다. 하나님이 기뻐하신다면 그 이상으로 더 바랄 것이 뭐 있느냐 하는 것이 중요한 심정인데, 그런 심정으로 기도의 자리로 나아가야 합니다. 그러지 아니하고 자기가 육조배판(六曹排判)하듯이 무슨 위대한 구상을 해서, 아마 그것이 하나님께 기쁨이 되겠다고 스스로 결정하고 추구하면서 무엇을 구한다는 것은 부정당합니다. 그게 아니라 하나님이 기뻐하시는 바를 나에게 계시하시사 나로 하여금 깨닫고 알고 확신하게 해주시기를 바라고 거기에 따라서 성령님을 의지하고 전진하는 태도 가운데서 기도를 해야 하는 것입니다.

왕왕이 그리스도인들이 하나님의 뜻을 찾노라고 하고 하나님의 뜻대로 한다고 하면서 사실상 인간 세계에서 가장 선미한 세계를 구해 나가는 데 멎고 맙니다. 혹은 인간 세계에서 좀 더 도덕적인 세계를 구하는 정도에 주저앉는 일이 많이 있어요. 이것이 우리가 또 하나 언제든지 경계해야 할 문제입니다. 이름은 하나님의 뜻이라 말하면서 하나님 뜻을 소홀하게 생각합니다. 누구든지 보통 알 수 있는 수준의 선한 것을 취하고 악을 버리고 나아가는 세계를 형성하고 살겠다는 정도에 만족할 정도로 쉽게 생각한다는 것입니다. 그렇지 않고 거기에 대해 불만을 느낄지라도 그런 것이 무슨 위대한 가치가 있는 것같이 생각하는 일이 있습니다.

우리는 이런 일에 대해서 주의해야 합니다. 하나님께서 우리에게 원하시는 것이 뭔가를 정확하게 알도록 하나님의 말씀과 성령의 비춰심과 인도하심을 받아서 늘 살아야 하겠습니다. 그와 동시에 자기가 적당하게 판단해서 이만하면 선하고 도덕적이다 하는 것들에 주저앉아서 그걸 밀고 나가면서 '이것이 하나님의 뜻이다' 하지 않아야 합니다. 마치 그것이 하나님이 원하시는 총체인 것같이 생각하는 심정으로 인간적인 선미의 추구를 종교화하고 신성화하여 꾸며서 행동하는 것을 경계해야 합니다. 오히려 그것을 하나님이 결정적으로 계시하신 내용인 것처럼 생각하고 행하는 것은 큰 잘못이 되는 것입니다.

지금 제일 중요한 문제는 무엇이 하나님께서 원하시는 것이며 무엇이 내가 원하는 선하고 아름다운 것들인가를 구별할 줄 알아야 한다는 사실입니다. 그러나 이런 것은 하나하나를 따로 구별하기는 어려운 일이고 근본적으로 그의 동기가 어디에 있느냐로 판가름할 수밖에 없습니다. 내가 구하는 선미라는 것은 결국 나에게서 나오는 것이고 나의 옛사람에게서 나오는 것입니다. 그러나 하나님의 거룩하신 뜻을 추구하면서 그것이 나타나기를 간절히 바라는 것은 기본적으로 하나님께 대한 사랑에서 나오는 것이에요. 하나님께 대한 의뢰뿐 아니라 사랑 가운데서 그것이 흘러나오는 것입니다. 어떻게든지 정성스럽게 하나님을 사랑하고 하나님께서 기뻐하시는 것을 간절히 원하고 나아가는 심정에서 나오는 것입니다. 이와 같은 하나님께 대한 간절한 사랑의 심정은 새사람이 가지고 있는 당연한 성격으로서 오직 성령의 주장하심을 받고 인도하심을 받는 데서 그것이 구체적으로 나에게서 발휘되는 것이고 나도 느껴지는 것입니다. 그렇지 않고 내가 억지로 조작해서 금욕적으로 무얼 금하고 우격다짐으로 무엇을 해보겠다고 하는 데서는 마음이 자연스럽게 사랑으로 움직이지 않는 것입니다.

이제 우리가 주의해야 할 여러 가지 것들이 있는데 어찌하든지 하나님께 대한 간절한 사랑의 심정에서 하나님이 원하시는 바를 내가 이루어 드리고, 하나님께서 나에게 하기를 원하시는 것을 내가 해야만 하겠다는 마음에서 출발해야 할 것입니다. 그러면 그 다음에 거기에서 출발하는 사람으로서 하나님 앞에 참되이 해야 할 것은 무엇입니까? 전에도 말했지만 "너희 중에 지혜가 부족한 자가 있거든 모든 사람에게 후히 주시고 꾸짖지 아니하시는 하나님께 구하라 그러면 주실 것이다." 야고보서 1장 5절 말씀입니다.

이것은 전에 이미 우리가 공부했지만 다시 생각을 해야 합니다. 우리가 스스로 하나님께서 기뻐하시고 원하시는 바가 무엇인가를 잘 알지 못하는 것입니다. 내가 조금 이룬 정도의 어떤 개과천선의 일이라든지 작으나마 내가 무엇을 선하게 하고자 한다는 그런 것을 곧 하나님 뜻이라고 얼른 정하지 말아야 합니다. 가령 하나님께서 무슨 뜻을 보이실 때 그것이 혹시 그런 것일 수도 있고 가장 평범한 당연한 일일 수도 있는 것입니다. 하나님 뜻이 꼭 어렵고 굉장한 것에만 있는 것은 아니지요. 그러나 내가 거기에 확신이 없고 성경에 의해서 분명히 그렇다고 보증할 길이 없는 인간의 도덕적 선이나 미의 추구를 하나님의 뜻이라고 곧 거기다가 붙여 놓지 말라는 것입니다. 오히려 나는 지혜가 없다, 나는 깨달음이 없다, 나는 잘 알지 못한다는 것을 알고 하나님 앞에 구하는 것이 더 중요합니다.

그렇게 해서 하나님께서 나에게 거룩하신 뜻을 보여 주시고 깨닫게 하시는 것입니다. 하나님이 보여 주시는 거룩하신 뜻은 '이건 하나님의 뜻이다' 하고 확신할 수 있는 증거와 함께 그런 심정도 주십니다. 그런 심정이란 제멋대로 혼자 그러는 게 아니라 그것이 확실히 그렇다고 하지 아니할 수 없는 어떤 증거와 함께 늘 나타나는 것이라 말입니다. 그래서 하나님의 거룩한 의사에 대한 분명한 확신이 생기면 그 확신의 터 위에 서서 그것을 간절히 구하고 사모하고 나아가는 것이 정당한 일입니다.

그렇게 구하고 나아갈 때 주께서는 기쁨으로 들어주셔서 거기에 대한 응답을 주시는 것입니다. 그것은 계속적으로 나에게 확신을 더해 주고 증거를 더 보태 주는 것입니다. 이렇게 나아갈 일이지, 결코 자기가 인간으로서 '이것이 하나님의 뜻이고 이것이 좋은 일이고 위대한 일이니 꼭 해야 하겠다'고 하지 않아야 합니다. 그렇게 스스로 자기가 판단하고 자기가 생각하는 것을 따라 나아가는 일이 부당한 줄 알고 참으로 주의해야 합니다. 구하여도 받지 못하는 것은 자기의 생각에 의해서 기도하기 때문이라고 하였습니다. 결국 어떤 아름다운 이상을 달성하려는 것, 그래서 얻는 쾌락을 위해서 기도하는 까닭에 받지 못한다는 것입니다. 요컨대 쾌락을 위한 기도는 궁극적으로 자기의 이상, 목적을 달성하겠다는 자리인데 그런 것 가지고는 안 되는 것입니다. 우리가 특별히 이 점을 주의하고 항상 자기 자신이 지금 무엇을 원하고 있는가를 반성하고, 또 자기가 과연 하나님을 사랑하는가를 살펴야 합니다. 그저 어떤 종교를 하나 가지고 열을 내고 있지는 않은지 늘 반성하는 것이 옳습니다.

이와 같은 큰 갈림길에서 우리가 방황해서는 아니 되겠습니다. 참으로 그리스도께서 우리에게 가르치신 거룩한 도리가 무엇인가에 대해서 늘 바로 깨닫고, 그리하여 참되이 주의 자녀로서 생활을 해야 하겠습니다. 비슷하나 아닌 것 즉 사이비라는 것이 많습니다. 우리가 막연한 지레짐작으로 그리로 따라 들어가기가 쉬운 것입니다. 우리는 하나님께서 우리에게 알기를 원하시는 바른 도리를 분명하게 알고, 거기 의지해서 참된 신앙과 능력을 늘 받고 살아가야 할 것입니다. 여러분, 하나님께서 참으로 받으실 만한 자녀로서의 생활을 늘 하기를 간절히 기대하면서 주시는 은혜를 받읍시다.

기도

거룩하신 아버지시여, 저희에게 은혜를 베풀어주셔서 주님의 품 안에서 거룩한 도리를 바로 알게 하시고 세상에 사이비가 많은 데서 참된 것을 바로 깨닫게 하시며 저희가 참으로 하나님의 자녀라는 증거를 주님이 저희에게 바른 걸 가르쳐 주시고 바로 서게 하시는 데서 더 확실하게 파악하게 하시옵소서. 이리하여 사람의 선미를 가지고 주를 섬기려고 하지 않고 주께서 주신 영원한 생명과 새로운 사람이 본능적으로 요구하는 하늘 아버지께 대한, 그리스도에 대한 간절한 사랑을 가지게 하시고 또한 그 사랑을 토대로 하여 성령님을 온전히 의지해서 무엇이든지 성령의 지시와 인도함을 받아서 거룩한 말씀이 가르치시는 대로 자연스럽게 열매를 맺어 나가도록 이끌어 주시옵소서. 주여, 갈림길에서 저희가 방황하지 않게 하시고 사이비적인 것에 미혹되어 그릇된 인간 종교의 경지에서 기독교적 미명(美名)으로 그것을 스스로 열심히 지지하고 나아가는 일이 없게 하시고 주님이 저희를 세우사 거룩한 영광을 깨달아 알게 하시는 대로 더욱 깨닫고 바로 나아가게 하옵소서.

우리 주 예수님 이름으로 기도하옵나이다. 아멘.

1978년 4월 2일

하나님의
보장과
약속이 있는
사람

요한일서 2:1-17

¹ 나의 자녀들아 내가 이것을 너희에게 씀은 너희로 죄를 범치 않게 하려 함이라 만

일 누가 죄를 범하면 아버지 앞에서 우리에게 대언자가 있으니 곧 의로우신 예수 그

리스도시라 ² 저는 우리 죄를 위한 화목제물이니 우리만 위할 뿐 아니요 온 세상의

죄를 위하심이라 3 우리가 그의 계명을 지키면 이로써 우리가 저를 아는 줄로 알 것이요 4 저를 아노라 하고 그의 계명을 지키지 아니하는 자는 거짓말 하는 자요 진리가 그 속에 있지 아니하되 5 누구든지 그의 말씀을 지키는 자는 하나님의 사랑이 참으로 그 속에서 온전케 되었나니 이로써 우리가 저 안에 있는 줄을 아노라 6 저 안에 거한다 하는 자는 그의 행하시는 대로 자기도 행할지니라 7 사랑하는 자들아 내가 새 계명을 너희에게 쓰는 것이 아니라 너희가 처음부터 가진 옛 계명이니 이 옛 계명은 너희의 들은 바 말씀이거니와 8 다시 내가 너희에게 새 계명을 쓰노니 저에게와 너희에게도 참된 것이라 이는 어두움이 지나가고 참빛이 벌써 비침이니라 9 빛 가운데 있다 하며 그 형제를 미워하는 자는 지금까지 어두운 가운데 있는 자요 10 그의 형제를 사랑하는 자는 빛 가운데 거하여 자기 속에 거리낌이 없으나 11 그의 형제를 미워하는 자는 어두운 가운데 있고 또 어두운 가운데 행하며 갈 곳을 알지 못하나니 이는 어두움이 그의 눈을 멀게 하였음이니라 12 자녀들아 내가 너희에게 쓰는 것은 너희 죄가 그의 이름으로 말미암아 사함을 얻음이요 13 아비들아 내가 너희에게 쓰는 것은 너희가 태초부터 계신 이를 앎이요 청년들아 내가 너희에게 쓰는 것은 너희가 악한 자를 이기었음이니라 14 아이들아 내가 너희에게 쓴 것은 너희가 아버지를 알았음이요 아비들아 내가 너희에게 쓴 것은 너희가 태초부터 계신 이를 알았음이요 청년들아 내가 너희에게 쓴 것은 너희가 강하고 하나님의 말씀이 너희 속에 거하시고 너희가 흉악한 자를 이기었음이라 15 이 세상이나 세상에 있는 것들을 사랑치 말라 누구든지 세상을 사랑하면 아버지의 사랑이 그 속에 있지 아니하니 16 이는 세상에 있는 모든 것이 육신의 정욕과 안목의 정욕과 이생의 자랑이니 다 아버지께로 좇아 온 것이 아니요 세상으로 좇아 온 것이라 17 이 세상도, 그 정욕도 지나가되 오직 하나님의 뜻을 행하는 이는 영원히 거하느니라.

17강

하나님의 보장과
약속이 있는 사람

제 욕심 채우려는 저급한 기도

지난번에 야고보서 4장 3절 말씀을 주로 해서 구하여도 얻지 못하는 것은 정욕으로 쓰려고 잘못 구함이라는 말씀을 생각했습니다. 사람이 그리스도를 믿노라 하고 그리스도 안에 살면서도 구하는 것을 얻지 못하는 것은 하나님 앞에 진정으로 기도하지 아니한 까닭에 그런 것이라고 했습니다. 그리고 기도를 진실하게 열심히 했는데도 얻지 못하는 것은 기도의 동기와 목적이 자기의 쾌락을 채우려는 것이기 때문이라고 했습니다. 구하는 것이 정신적이었든지 물질적이었든지 혹은 고도적인 것이었든지 좌우간 인간이 생각할 수 있는 최고의 깊고 미묘한 세계의 것일지라도 그러한 이상 달성에 의한 자기 만족과 쾌락을 위해서 기도하는 까닭에 얻지 못하는 것임을 배웠습니다.

쾌락이라는 말을 특별히 세상 사람 누가 보든지 제 욕심 채우려는 저급한 경우나 타매할 만한 상태로 간단히 생각할 것이 아닙니다. 오히려 사람들이 흔히 빠지기 쉬운 것은 높고 이상적인 훌륭한 선미(善美)의 세계를 추구하는 경우입니다. 그것을 위대한 기독교의 내용인 줄로 생각해서 기도하고 구하고 나아가는 문제를 여기서 특별히 지적하지 않을 수 없습니다. 그리스도에게서 난 사람은 그리스도로 말미암은 새로운 생명이 있고 그 새 생명은 성령님께서 우리 안에서 영혼의 기능을 극단적으로 변화시켜 주신 결과입니다. 그렇게 새 생명이 나타나기에 적응하게 만드심으로 이제 새로운 한 사람이 형성이 되는 것인데, 그런 이는 하나님의 자녀답게 내신 분이신 아버지를 사랑하고 그분의 뜻을 알고자 합니다. 또한 그분의 뜻을 향해서 본능적으로 가고자 하는 것입니다. 그렇지만 그런 일은 하나님의 말씀 곧 생명의 양식을 정당하게 공급받고 섭취함으로써 건전하게 장성해서 차츰차츰 성인의 모양을 갖추어야 가능합니다.

그런데 그러지 못하고 어느새 옛날 가지고 있던 인간이 드러납니다. 그것이 반드시 물질과 현세의 욕망에만 있지 아니하고 선하고 아름답고 훌륭하다는 것들을 사모하고 추구하는 가치관으로도 이어집니다. 이상적인 고결한 어떤 세계를 사모해서 거기에 적응한 새로운 가치의 세계를 형성해 보고자 간절히 노력하는 것을 위대한 기독교적인 내용으로 스스로 생각해서 기도하고 구하고 나아간다 말입니다. 그러면 하나님께서 그런 기도를 들어 주시느냐 할 때 들어 주시지 않는 것입니다. 하나님께서는 사람이 자기의 인간적인 선미를 취해서 나아가는 기도에 대하여서 듣지 아니하십니다.

이 세상의 일반적인 한 사람이 그 밖에 다른 더 선하고 아름다운 세계를 생각할 수가 없는 까닭에 그가 그것을 추구하고 나아가는 일에는 거기에 상당한 어떤 논리적인 귀결을 얻게 됩니다.

그러나 소위 하나님의 말씀을 알고 별다른 세계가 있는 걸 알고 새로운 창조물이 돼야 한다는 사실을 아는 사람들이 본질적인 것은 뒤로 하고 이 세상 사람들이 추구하던 종교적인 내용과 위대한 세계의 어떤 경지를 사모하고 나아간다면, 그것 그대로를 하나님이 용인하실 수 없는 것입니다. 왜냐하면 진리와 비진리를 섞어 놓고 생각하는 것에 대해서 하나님은 그대로 승인해 주실 수 없는 것이기 때문입니다.

이 세상의 선덕과 하나님 나라

여기서 우리가 이제 계속해서 더 생각해 나아갈 것인데 이 쾌락이라는 문제에 대하여 좀 더 현실적인 평범한 얘기를 해보십시다. 사람은 쾌락을 구할 때 지금 당장에 자기가 유쾌하고 즐겁고자 구하는 사람도 있는 반면 당장은 아니지만 장차 어느 때 자기가 좀 더 의미 있고 가치 있고 유쾌하고 즐겁기 위해서 지금 목전의 고생을 참는 사람도 있습니다. 그렇게 미래에 있을 쾌락을 구하는 사람도 많이 있는 것입니다. 장차 좋은 세상에서 훌륭하게 잘살 수 있는 기회가 지금 당장에 어떠한 방법을 써서 열릴 것이 보이면, 다른 말로 말해서 지금 나에게 주어진 이 기회에 부지런히 노력해서 장차 무엇이든지 돼야 하겠다고 할 때는 여러 가지 고생을 참아 가면서 현재의 기회를 선용하고 애를 써 나아가는 일이 참 많이 있는 것입니다.

장차 훌륭한 학자가 되고 싶은 사람은 훨씬 이전인 젊었을 때부터 열심히 공부를 합니다. 그렇게 공부를 하노라면 그때그때 여러 가지로 방해도 많고 유혹도 많지만 그런 걸 다 물리치고 각근(恪勤)히 진실히 공부를 하는데, 결국 장차 어떤 성공하는 날을 바라고 나아갑니다. 또 지금 열심히 돈을 벌 수 있는 기회가 있으면 돈을 부지런히 많이 벌어 가지고 장차는 상당한 자본을 모아서 큰 자산가가 되겠다고 하는 일도 있습니다. 이렇게 사람이 세상에 살면서 기회가 있을 때 그 기회를 선용해서 나중에 거기에 상당한 논리적인 결과를 거두어 나아간다는 것이 지혜 있는 일이지 무모한 일은 아닙니다.

그런데 이런 모든 과정에서 우리가 예수를 참으로 믿고 그리스도 안에서 새로 지음을 받은 사람으로서 각성해야 할 문제가 있습니다. 그런 모든 것을 항상 자기가 잘살고 자기가 훌륭하게 되고 자기가 나중에 좀 의미 있고 가치 있게 되겠다면서 궁극적으로 자기를 중심으로 그런 일을 하려고 한다면 그것은 지난번 설교에 말한 거와 같이 인간적인 선미의 추구가 됩니다. 인간적인 고도의 경지로서 선하고 아름다운 것들을 추구하는 방법에 불과한 것입니다. 지금은 고생을 주리 참듯 견디며 장차 후분(後分)을 위해서, 훗날에 가치 있고 능력 있는 사람이 되겠다고 지금 애를 쓰며 야단을 내는 것입니다. 그렇게 고생스러운 것이 현재 있다고 해서, 즉 지금 고생을 참고 나가는 덕이 있다고 하여 그것이 그만큼 훨씬 가치가 있고 하나님께서 받으실 만한 것이냐 하면 그런 건 없습니다. 하나님께서 이 세상 사람의 선이나 미이든 간에 그것을 하나님 나라의 것으로 받아서 장식을 하시는 일은 없다는 것입니다. 이런 점을 근본적으로 여러분의 마음에 두시기 바랍니다.

이 세상 사람도 다 어떠한 정도의 선을 가지고 있지요. 조금 전에 말한 것과 같이 장차 좀 더 가치 있기 위해서 현재 고생을 참고 인내하면서 노력한다는 것도 하나의 선덕입니다. 어떤 종류의 선덕이 됐든지 요컨대 궁극적으로는 사람이 자기 자신의 쾌락을 추구하는 일에 귀결되고 마는 것입니다. 즉 자기 자신의 가치를 추구하고 있는 일에 귀결되고 맙니다. 지금 당장은 고생을 하더라도 나중에 무엇을 더 얻으려고 했든지, 지금부터 무엇인지 그저 좋은 것을 꿀을 빨아 먹듯이 자꾸 빨아 먹고 돌아다니든지 결국 마찬가지입니다. 방법 여하를 불구하고 동기나 목적이 항상 자기의 어떤 인간적인 가치를 추구해 나아갈 때, 즉 자기 자신이 그로 말미암아 보람 있고 의미가 있는 존재가 되기를 바라는 생활을 추구해 나아갈 때는 결국 이 세상의 안 믿는 많은 사람들이 하는 것과 조금도 다를 것이 없는 노선에 서 있다는 것을 우리가 늘 명심하십시다.

이 세상에 여러 가지의 선덕이라는 것이 많습니다. 그러고 그런 여러 가지 선덕은 그리스도를 믿고 나온 다음에라도 버리는 것이 아니다, 하여 기독교적인 의미를 붙여서 가치화하려는 일들이 많습니다. 마치 하나님께서 그것을 받으시사 하나님 나라도 그것으로 꾸미고 조성해 나아가는 것같이 생각한다 말입니다. 그러나 그것은 큰 오해입니다. 그러면 어떤 것인가? 지난번에도 얘기한 것같이 예수 그리스도를 믿은 사람이 그리스도의 새로운 생명, 영원한 생명을 받아서 새로 창조된 피조물이 되었다면 이 피조물은 그리스도의 나라, 곧 은혜의 왕국에 처해서 새로운 세계에서 호흡하면서 살게 되어 있습니다.

그는 새로운 세계에서 성령님을 의지해서 하나님의 말씀이 가르쳐 주시는 거룩한 법칙에 따라서 선을 행하고 의를 행하는 것입니다. 또한 그의 성격이 그리스도적인 것과 같이 아름다워져서 받으실 만한 것이 됨으로써 성격상 필요한 열매 즉 행동으로 나타납니다. 특별히 대인관계에서 그것이 나타납니다. 또 그의 일생에서 무슨 사업을 하고 나아가는 일이 하나님의 거룩한 나라 안에서 그 목적과 영광을 위한 확실한 목표를 가지고 하게 되는 것입니다. 그러나 그런 일들은 성격이 그렇게 명확히 다를지라도 외견상 나타나는 여러 가지가 이 세상의 보통 사람들, 혹은 어떤 종교적인 사람들이 도덕적인 선미를 추구해 나가는 상태와 비교할 때 크게 다르다는 것을 우리가 볼 수 없다는 점에서 흔히 세상 것에 속기 쉽다는 점을 주의해야 합니다.

이 세상 사람이 각고면려(刻苦勉勵)해서 선미를 추구하고 금욕을 해가면서 인도적인, 어떤 박애적인 큰 위대한 사실을 건설한다면 오히려 그런 것은 하나님의 자녀로서 난 사람의 초보적인 유치한 생활보다는 훨씬 훌륭해 보이고 또 영향력도 강합니다. 사람들의 주목도 크고 사람들이 받는 영향도 큰 까닭에 그로 인한 칭찬과 존경도 큰 것입니다. 그러면 그러니까 그것이 하나님 나라적인 것이냐 할 때 그건 그렇지 아니하다는 말입니다. 아까도 말했지만 사람이 지금 인내하고 근로하고 부지런하게 일을 하면서 고통과 고생을 참고 나아가는 그것이 그대로 곧 하나님 나라의 거룩한 덕이라고 하지 않는 것입니다. 왜냐면 그건 안 믿는 사람들도

다 그것이 좋은 줄 알고 많은 불신자 역시 근실하게 그렇게 또 살아가는 것이기 때문입니다.

장래의 일은 하나님이 친히 경영하시는 산업

그러면 하나님의 나라에서 하는 생활은 어떠해야 할 건가? 조금 전에 말한 거와 같이 지금 고생하더라도 나중에 후분이 좋길 바라고 나아가는 것도 이 세상 사람의 스타일이라면 궁극적으로 그건 쾌락을 추구하는 일입니다. 자기의 행복 추구라고 했습니다. 그러면 하나님 나라의 백성은 어떻게 살아가야 하느냐 할 때 하나님 나라의 백성도 인내라는 것이 있고, 또 근실하게 노력하는 것이 다 있는 것입니다. 그런데 그들이 인내를 하든지 근실한 노력을 하든지 문제는 그들이 훗날에 어떤 좋은 날을 보려고 하는 게 아니라는 것입니다. 다만 그렇게 하는 것이 그리스도의 거룩한 영광스런 계획을 이루어 나가는 것으로 확신하는 까닭에 주께 봉사하는 자기의 생활로 그렇게 하는 것입니다. 장차 무엇을 자기 것으로 삼고 높은 지위를 얻고 어떤 실력을 가지고 무슨 칭찬을 받는 것과는 아무 상관이 없는 것입니다.

예컨대 어떤 큰 회사의 사원으로 다닐 경우 오늘 나가서 부지런히 일을 하라고 하면 나가서 부지런히 근로를 합니다. 그렇게 하면 장차 나에게는 좋은 날이 반드시 오니까 꼭 하는 것은 아닙니다. 그것이 자신에게 주어진 중요한 의무니까 오늘을 충실히 살려면 그것을 힘써 하는 것입니다. 비록 훗날의 좋은 것을 바라고 한다고 해도 모든 사원에게 다 훗날에 굉장히 좋은 날이 오는 것은 아닙니다. 일하다가 회사를 그만두기도 하고 빨리 승진하지도 못하고 그냥 늘 그만해 가지고 있다가 마는 수도 있습니다. 그러니까 태업(sabotage)도 해야 하고 적당하게 아무렇게나 해버려려 하느냐? 만일 사원이 그런다면 그 회사로서는 그런 사람을 사원으로 안 쓸 것입니다.

지금 이것이 좋은, 잘 맞는 예라고 할 수는 없습니다. 그러나 어떻든 하나님 나라의 큰 계획과 하나님 나라의 큰 산업 속에서 각각 우리에게 무엇을 맡겼으면 충실하게 일을 해야 할 것입니다. 어떤 주인이 종들에게 각각 금을 맡길 때 재간대로 다섯 달란트, 두 달란트, 한 달란트 다 주었는데, 한 달란트짜리가 주인은 굳은 사람이라고 해서 받은 한 달란트를 갖다가 싸서 땅속에다 묻어 둔 일과 같은 태만을 용인하지 않는 것입니다(마 25:14-30; 눅 19:11-27). 다섯 달란트의 일을 한 것도 나중에 후분이 좋을 테니까 특별한 기대 가운데 그런 동기나 이유로 일을 한 것은 아닙니다. 오늘 나에게 주신 이 시간에 내가 해야 할 것을 한 것입니다. 그것이 장래의 일을 위한 준비라고 하더라도 그 장래의 일이란 하나님의 손에 있는 것입니다. 하나님께서 친히 경영하시는 산업이니 나는 무엇이 됐든지 지금 맡기신 일을 충실히 하는 것입니다. 하나님이 계획하시사 분부하신 일을 근실히 한다 말입니다. 이런 점에서 나는 오늘도 부지런히 소임을 해야 하는 것이고 또 내게 주어진 기회를 선용해야 합니다.

언제든지 중요한 것은 지금 내가 주님을 섬기는 것이라는 사실입니다. 오늘을 내가 의미 있고 가치 있게 살아야 한다, 그것입니다. 우리는 시간을 늘 연장함으로써 우리의 생명이 발휘돼 나가는 것인데 오늘의 시간은 귀하지 않고 내일의 시간만이 귀하고, 그런 거 없는 것입니다. 차라리 내게 분명한 현실은 오늘 주어진 이 기회와 시간입니다. 내일 일은 하나님께 맡기는 것이에요. 잠언 27장 1절에 "너는 내일 일을 자랑하지 말라. 하루 동안에 무슨 일이 날는지 네가 알 수 없음이니라"고 가르쳤어요. 오늘이라고 하는 이 시간에 내게 주어진 일을 충실히 행하면 내일의 중요한 원인을 만들어 놓기도 하는 게고 내일을 위한 준비도 하는 것입니다.

이 전체를 통괄하시고 계획하시고 경영하시는 이는 하나님이십니다. 주님께서 하시는 것이오. 그러면 그런 의미에서 나는 내일을 위해서 준비하지만 자기 자신이 내일 날의 쾌락을 위해서 그걸 준비하고 있는 건 아닙니다. 가령 예수를 믿고서 천당 간다는 사상이 많이 돌아다닐 때, 예수를 잘 믿어야지 잘못 믿으면 천당 못 가니까 열심히 잘 믿도록 해야 한다고 합니다. 그래서 사람이 죽을 임시에 어디로 가겠는가를 물어요. 천당으로 가겠는가? 지옥으로 가겠는가? 오래 예수를 믿었다는 사람들이 이런 짓을 하는 것을 보게 된다 말입니다. 하나님께서 우리에게 주신 것은 잘 믿으면 천당을 보낸다는 얘기가 아니에요. 새로운 생명을 주셨으니까 새로운 생명을 받은 하나님의 자녀는 육신과 영혼이 분리될 때 영혼은 하나님께서 낙원에 받아 두신다 하는 것은 벌써 정한 사실입니다. 그러니까 낙원 가려고 힘껏 순종하는 것이 아닙니다. 땅 위에서 하나님이 나를 두신 크신 뜻을 이루려고 하니까 하나님을 사랑하는 심정에서 그 일을 이루어 가려고 하는 것입니다.

이렇게 그가 부지런히 일한다는 것도 요컨대 하나님께서 세우신 법칙과 도리 안에서 하는 것이지 하나님을 무시하거나 하나님께 대해서 등한히 하고 태만히 하면서 자기 자신의 행복 추구를 위해서 여념이 없이 나간다는 것은 결코 현실에 충실한 일이 아니라 자기 욕심이 자기를 밀고 나가는 것입니다. 욕심이 자기를 밀고 나아갈 것 같으면 고생을 자꾸 하는 것이에요. 왜죠? 그 욕심을 이루려니까 안 할 고생을 하는 것입니다. 욕심을 이루기 위해서는 바득바득 공연히 주리고 공연히 애를 태우는 것입니다. 그로 말미암아서 내일 무슨 좋은 것을 얻는다는 얘기를 많이 듣고, 또 그것을 이 세상의 도덕은 권장하는 까닭에 그 권고를 따라 해보려고 그럽니다.

하지만 그리스도를 믿고 사는 사람은 기본적으로 그리스도의 법칙 하에서만 사는 것이고 그의 가르치심 안에서만 살아야 합니다. 이 세상의 도덕이 권하는 대로 그냥 따라 나아가는 것이 아닙니다. 그러면 기본적인 그리스도의 법칙과 가르침은 뭔가? '너는 현재 주께서 네게 요구하시는 것을 충성스럽게 행하라'는 것입니다. 주께서 기쁘게 받으시려고 하는 일이니까 주님을 위해서 그렇게 하는 것이지 자기가 내일의 쾌락을 위해서 하는 것이 아닙니다. 이 세상에는 지금 당장 자기의 물질적인 혹은 정신적인 쾌락을 자꾸 추구해 나가는 사람도 있지만 내일 좋은 행복을 얻기 위해서, 나중에 좀 편안하고 잘살기 위해서 지금 애쓰고 고생하는 일도 많습니다. 그것이 훨씬 도덕적으로 높은 것입니까? 요컨대 그리스도를 모르고 이 세상에서 사는 사람에게는 내일을 위해서 준비하는 준비성을 다 권하는 것이지만 그리스도 안에서 새로운 선과 미가 뭔지, 의가 뭔가를 배우는 사람들로서는 그러한 도덕률 가운데 살지 않아야 할 것입니다. 마음 가운데 자기의 쾌락을 위해 나아가며 그 일이 잘 되게 해주시길 기도하는 것을 그만둬야 합니다. 하나님까지 거기에 동원해서 쓰려는 망상과 망발을 하지 아니해야 할 것입니다.

그러면 하나님을 떠나서 '이것만 하나님께 구하는 것이 참 염치 없는 일이니 우리끼리만 하자' 하고 사람끼리만 모아서 의논해 가지고 무슨 일을 하면 되겠는가? 그리스도를 믿는 사람에게는 절대로 그런 생활이 있을 수 없는 것입니다. 만사에 하나님 앞에 의논을 하고 말씀드리고 그 은혜와 주장하심을 받고 나가는 것 이외의 다른 어떤 것도 하나님 앞에 의미 있는 일이 될 수가 없습니다. "너희가 구하여도 얻지 못하는 것은 너희의 쾌락으로 즉 정욕으로 쓰려고 잘못 구함이라." 자기 자신이 내일의 어떤 유쾌한 날을 위하여 지금 고생하고 애를 쓰면서 이제 어려운 문제 앞에 서게 될 때 하나님 앞에 구해서 그것을 헤치고 나가려는 것은 결국 공리적인 종교인 것입니다. 모든 것을 자기의 최종적인 행복이란 목표를 위해서 이용하는 공리주의 종교를 해서는 아니 될 것입니다.

하나님 앞에서 오늘을 충실히 살아야 함

우리가 그리스도 안에서 새로 지음을 받고 구원함을 받았으면 이제는 새것이 돼서 자기는 없고 내 안에 그리스도께서 계심을 알아야 합니다. "내가 그리스도와 함께 십자가에 못 박혀 죽었으니 이제는 내가 산 것이 아니고 내 안에 그리스도만 살아 계시니라." 갈라디아서 2장 20절 말씀인데, 내 안에 그리스도만 산다는 것은 뭔가요? 그리스도적인 새로운 품성과 그리스도의 모양을 좇아 되어가는 새로운 사람이 나타나는 것을 말합니다. 그리스도의 신(神)의 지배를 받고 인도를 받아서 즉 성령님의 감화와 지도와 인도를 받아서 거룩하게 사는 생활을 의미합니다. 그렇게 함으로써 오늘이 충실히 살아지는 게고 오늘의 의미가 발생하는 것입니다. 그러지 않고 내가 내일을 기약할 수 없는데도 불구하고 내일을 제 맘대로 기약하고 내일에 대한 지나친 신뢰와 자만을 가지고 나아가는 것은 무서운 일입니다. "네 생명이 무엇이뇨 잠깐 보이다 없어지는 안개니라"(약 4:14).

잠언 27장 1절에 말씀하셨지만 항상 주의할 것은 자기가 내일 일을 자랑하지 말아야 합니다. '내일 날 나는 행복스러울 것이다!' 그러지 마라는 것입니다. '아, 많은 사람들 보니까 다 그렇더라.' 많은 사람들은 일반적인 법칙 하에서 어떤 개연적인 대체로의 법칙 하에서 그렇게 사는 것입니다. 그러나 내일을 모르고 사는 점은 믿는 사람이나 안 믿는 사람이나 꼭 같습니다. 내일을 사람들이 다 알아서 사는 건 아니지요. 그냥 덮어놓고 가는 것입니다. 그러나 믿는 사람은 우리에게 생명의 연장이나 의미를 우리 주께 부탁하고 주께서 나에게 분부하신 그 일을 함으로 비로소 보람을 얻는 것입니다. 주께서 나에게 이 일을 부탁하셨으면 보장을 하시고 인도하실 것을 확신하는 까닭에 안전한 감을 가지고서 살아가는 것이에요. 결코 아무것도 모르는 막막한 내일에 대한 막연한 기대 속에서 살아가는 것이 아닙니다. 그런데 내일 일이 어떤는지 알지 못하면서 자랑을 한다든지 '이렇게 하면 내일은 좋은 날이 반드시 온다'는 것은 무서운 교만이 되는 것입니다. 그런 까닭에 야고보서 4장에서도 그런 자랑은 다 악한 것이라고 했습니다. "우리가 하나님께서 허락하시면 살기도 하고 이것도 저것도 하리라 할 것이어늘 너희가 못된 악한 자랑으로 자랑을 하니 이런 자랑은 다 악한 것이다." 이런 것을 우리가 주의해야 할 것입니다.

야고보서 4장 13절부터 다시 한 번 주의해서 들어보십시다. "들으라. 너희 중에 말하기를 오늘이나 내일이나 우리가 아무 도시에 가서 거기서 일 년을 유하며 장사하여 이를 보리라 하는 자들아. 내일 일을 너희가 알지 못하는도다. 너희의 생명이 무엇이뇨. 너희는 잠깐 보이다가 없어지는 안개니라. 너희가 도리어 말하기를 주의 뜻이면 우리가 살기도 하고 이것저것을 하리라 할 것이어늘 이제 너희가 허탄한 자랑을 자랑하니 이러한 자랑은 다 악한 것이라"(약 4:13-16). 여러분, 항상 우리가 주의해야 할 것은 장래에 대해서 함부로 스스로 자랑해서는 아니 된다는 것입니다. 생명의 존재도 주님의 뜻으로 주님이 지지해 주셔야 있는 것입니다. 그리고 이것도 저것도 할 것이라고 말할 수 있습니다. 그런 것을 생각지 않고 '자 어떤 도시에 가서 일 년을 머물면서 이윤을 남기자. 그렇게 한 사람은 이만큼 유리하겠다.' 이 세상 사람들은 다 그렇게 합니다. 그렇지만 하나님의 백성은 하나님의 거룩한 법칙이 자재한 것을 아는 까닭에 두려워서 그런 생각을 못하는 것입니다.

차라리 그러한 생각을 하는 것을 16절에 악한 자랑이라고 하였습니다.

그러므로 우리들이 쾌락을 추구하는 목적이나 동기 하에서 고생을 하든지 그렇지 않으면 지금 직접 쾌락을 추구하고 나아가든지 그것이 하나님 앞에서는 부정당한 것입니다. 예를 들면 장차 훌륭한 학자가 되기 위해서 지금 공부한다 하지만 그러나 그때 살아 있어야 학자고 뭐고 되는 거지요. 많은 공부를 하고서 죽어 버리면 써먹지 못하니 소용이 없는 것입니다. 그런 일도 많이 있습니다. 문제는 하나님 앞에 오늘을 충실히 산다는 의미에서 오늘 내게 무엇을 하라고 하실 때 그것을 쌓아 놓는 일은 오늘에 충실한 나의 일입니다. 오늘 내가 충실히 하는 그 일은 그것대로 하나님 앞에서 어떤 의미를 가지고 하나님께서 받으실 만한 것이 됩니다. 오늘 내 열매를 하나님이 안 받아주신다면 그게 내일이라고 받아질 것이 아닙니다. 오늘 내 일의 과정은 그것대로 하나님께서 충분히 승인하시고 받아주시는 일이 돼야만 합니다. 그러려면 그 목적이나 의식이 항상 하나님께서 경영하시는 산업 안에서 하나님 당신의 일을 맡겨 주신 대로 내가 한다는 정신으로 해야 합니다.

그럴 때 하나님을 첫째로 생각하고 하나님께 대한 사랑으로 해야 합니다. 또한 하나님의 법칙을 존중하는 것이 중요한 일이지 하나님의 법칙이나 하나님이 요구하시는 기본적인 것들을 무시해 버리고 자기의 욕심이나 욕망 가운데서 하지 않아야 할 것입니다. 자기의 계획 가운데서 시간과 생명을 쏟아 넣는 것은 하나님을 사랑해서 자기의 매일 생활을 충실히 하는 것이 아니라는 것을 주의해야 합니다. 이런 생활을 하면서라도 그것이 잘 전개되길 바라서 어려운 일이 있을 때 하나님 앞에 자꾸 기도하면 어떻습니까? 어떤 일을 가지고 하나님 앞에 기도하니까 보통 사람은 그 단면만 볼 때 측은히 생각해서 도울 수 있을 것입니다. 하지만 그 속을 다 들여다보시고 전후의 사정을 아시는 하나님이 보실 때 덮어놓고 그 사람의 눈앞에 있는 측은한 것을 불쌍히 여겨 주시리라고 기대할 수 없습니다. 자기 자신이 반성을 하고 그 목표에 대해서 스스로 비판을 해봐야 할 것입니다. 이렇게 쾌락을 늘 추구해 나가는 생활 즉 인간적인 행복을 추구해 나가는 생활에 대해서 그것이 장래를 보고 하든지 현재를 놓고 하든지 간에 하나님 앞에서 반성하고 잘못된 것을 회개해야 합니다. 그러지 아니하고 덮어놓고 그냥 현재 내가 고생하니까 하나님이 다 돌아보신다고 그렇게 하나님을 만홀히 생각해서는 안 되는 것입니다.

여러분, 우리들이 이 세상에 살면서 여러 가지 형태의 생활을 다 할 수 있는 것이지만 항상 오늘이라고 하는 시간에 열심히 주께서 맡기신 일을 해야 합니다. 학생이면 학생답게 열심히 공부하는 것이고, 지금 준비하라고 하면 무엇을 준비하는 사람답게 일해야 합니다. 그러나 그것을 쓰시는 것은 하나님이십니다. 쓰이도록 기회를 주시고 내 생명을 지지하시고 내 날을 길게 해주시는 것도 하나님의 손에 있는 것이지 자기에게 보장돼 있는 것이 아닙니다.

우리가 항상 주의해야 할 것은 오늘의 생활이라는 것은 이것대로 의미를 가져야 하고 하루하루의 한 걸음 한 걸음이 의미를 가져야만 하나님께서 그걸 받으시고, 거기에 대해서 값을 주시는 것입니다. 또한 그렇게 해서 장차 상으로 갚아 주시는 것이지 오늘이라는 것을 전연 무시하고 자기의 인간적인 계획 가운데서 무엇을 해나가는 것은 대단히 위태로운 일이고 나쁜 일입니다. 하나님께 대한 나의 사랑과 충실한 봉사와 그 법칙에 대한 순종이라는 것을 그저 사람의 계획으로 해나가는 일은 좋지 않고 위험한 일입니다.

우리는 장래에 대해서나 생명에 대해서는 절대의 대권을 쥐신 하나님 당신의 거룩한 손 안에서 움직이는 까닭에 그의 전능하신 손 가운데서 보장함을 받고 살아야 합니다. 하나님의 보장과 약속은 오직 그의 뜻을 행하고 그의 공도(公道)를 행하고 나아가는 사람에게 있는 것입니다(창 18:19). 하나님의 법도를 행하고 나아가는 사람에 있는 것이지 자기의 의사를 가지고 하나님 앞에서 자기가 무슨 의미를 가지겠다고 무얼 하는 것은 하나님 앞에 의미가 없는 일입니다. 이런 점을 특별히 우리가 주의하십시다.

기도

거룩하신 아버지, 저희를 불쌍히 여기시사 매일매일 생활이 아버님을 기쁘시게 하고 아버님께서 원하시는 길을 늘 걷게 하시옵소서. 그러려면 아버님께 대한 사랑과 거룩한 법칙 하에서 하나님의 자식다운 생활의 태도와 생활 감정과 또 대인 관계 같은 것들이 기본적으로 항상 있어야 할 것입니다. 이런 걸 떠나서 하나님의 법도를 태만히 행하고 하나님께 대한 우리의 정성이 현저하게 등한하고 심히 미약하면서 하나님을 위하노라고 하고 자기의 계획과 욕심을 이루려고 한다면 그것이 심히 어리석은 일인 것을 저희가 아나이다.

주님, 이 세상에서 쾌락을 추구하는 여러 가지 방법이 있기에 가령 현재에 열심히 애를 쓰고 고생을 하면서 장차 무엇을 얻겠다고 하지만 하나님이 한 번 뺏으면 아무것도 어떻게 할 수 없는 걸 저희는 명심해야 하겠사옵니다. 저희를 불쌍히 여기시고 저희 교회가 항상 이런 기본적인 일에 확실한 생각을 가지고 주님의 전능하신 손에 모든 것을 맡기게 하여 주시옵소서. 우리의 인생관이나 하나님의 거룩한 나라에 대한 생각이 바로 서게 하여 주시고 그에 따라 하나님이 원하시는 참된 생활을 하게 하시옵소서. 늘 봉사하고 사랑하고 또한 기본적으로 그리스도인다운 거룩한 인격과 정신을 가지고 사는 이 생활에서 떠나지 아니하기를 원합니다. 자기 스스로 꾀해 가지고 무슨 일을 해보려는 생각을 버리게 하시고, 전능하신 주님의 거룩한 손에 모든 걸 부탁하면서 주께서 나에게 지금 무엇을 요구하시며 어떻게 하라고 하시는가를 생각하게 하시옵소서. 그런 일을 할 때에도 주님 앞에 떳떳이 충실하게 해가도록 은혜를 베풀어 주옵소서. 저희 모든 잘못된 것을 우리 주 예수님의 공로로 다 용서하시고 거룩히 세워 주시고 아버님의 것답게 신실하게 하여 주시옵소서. 저희가 항상 그리스도를 사랑하는 그 사랑의 발로로 봉사하게 하시고 하나님을 사랑하는 사랑 때문에 하나님을 기쁘시게 하려는 좋은 목적을 가

지고 힘써 일을 하게 하여 주시옵소서. 결코 자기 자신의 타산과
잘못된 생각 위에서 하지 아니하게 하여 주시옵소서.
　우리 구주 예수님 이름으로 기도하옵나이다. 아멘.

1978년 4월 10일

은혜의 보좌 앞으로 나아갈 수 있는 자

에베소서 2:1-13

¹ 너희의 허물과 죄로 죽었던 너희를 살리셨도다 ² 그때에 너희가 그 가운데서 행하여 이 세상 풍속을 좇고 공중의 권세 잡은 자를 따랐으니 곧 지금 불순종의 아들들 가운데서 역사하는 영이라 ³ 전에는 우리도 다 그 가운데서 우리 육체의 욕심을 따라 지내며 육체와 마음의 원하는 것을 하여 다른 이들과 같이 본질상 진노의 자녀이었더니 ⁴ 긍휼에 풍성하신 하나님이 우리를 사랑하신 그 큰 사랑을 인하여 ⁵ 허물로 죽은 우리를 그리스도와 함께 살리셨고 (너희가 은혜로 구원을 얻은 것이라) ⁶ 또 함께 일으키사 그리스도 예수 안에서 함께 하늘에 앉히시니 ⁷ 이는 그리스도 예수 안에서 우리에게 자비하심으로써 그 은혜의 지극히 풍성함을 오는 여러 세대에 나타내려 하심이라 ⁸ 너희가 그 은혜를 인하여 믿음으로 말미암아 구원을 얻었나니 이것이 너희에게서 난 것이 아니요 하나님의 선물이라 ⁹ 행위에서 난 것이 아니니 이는 누구든지 자랑치 못하게 함이니라 ¹⁰ 우리는 그의 만드신 바라 그리스도 예수 안에서 선한 일을 위하여 지으심을 받은 자니 이 일은 하나님이 전에 예비하사 우리로 그 가운데서 행하게 하려 하심이니라 ¹¹ 그러므로 생각하라 너희는 그때에 육체로 이방인이요 손으로 육체에 행한 할례당이라 칭하는 자들에게 무할례당이라 칭함을 받는 자들이라 ¹² 그때에 너희는 그리스도 밖에 있었고 이스라엘 나라 밖의 사람이라 약속의 언약들에 대하여 외인이요 세상에서 소망이 없고 하나님도 없는 자이더니 ¹³ 이제는 전에 멀리 있던 너희가 그리스도 예수 안에서 그리스도의 피로 가까워졌느니라.

18강

은혜의 보좌 앞으로
나아갈 수 있는 자

불신자의 기도

그동안 우리는 기도에 대하여서 여러 모로 생각해 왔는데 이제 좀 더 종합해서 마음 가운데 잘 기억해야 할 사항들을 생각해 나가겠습니다. 무엇보다도 중요한 문제로 우리가 기도를 할 때 마음에 두어야 할 것은 하나님의 자녀가 아닌 사람은 하나님 앞에 정당하게 들으시는 기도를 할 수가 없다는 점입니다. 세상 사람이 살다가 지극히 어려운 일을 당하고 재앙이 바싹 닥쳐서 어찌할 줄을 모를 때 지금까지 별로 찾지도 않고 부르지도 않던 하나님이든지 여타 민속 종교나 다른 종교적인 용어에 의해서 어떤 신을 부르고 자기를 건져달라고 하는 일이 많습니다. 그러나 결국 그 사람들은 하나님이 확실히 계시다고 믿는 것도 아니고 자기와 관계하고 있다는 것을 믿는 것도 아닙니다. 자기가 구하면 들으신다는 것을 증험해서 알고 확증을 가지고 있는 것도 아닙니다. 결국 인간이 다 제한이 있어서 무엇을 하다가 정 사람의 힘으로는 어떻게 할 수 없는 일이라면 개인이든지 집단이든지 사람 이상의 초자연의 힘에 의지해서 도움을 받아볼까 하고 그렇게 기도하는 일이 많은 것을 잘 아실 터입니다.

예를 들면 아직도 빗물에 의지해서 농사를 짓는 사회는 천수답이 많아서 하늘에서 비가 안 내리면 농사를 제대로 짓지 못합니다. 가령 저수지를 아무리 많이 만들었어도 저수지조차 고갈해 버리면 어찌할 수가 없는 것을 아실 텐데 그런 때에 비가 계속해서 안 와서 가뭄이 들면 금년 농사는 다 버렸다고 탄식하지 않을 수 없습니다. 그러면 금년에는 양식을 어디서 구할까 근심하고 사방에서 백성들이 일어나서 기우제를 지냅니다. 산꼭대기에다가 기를 꽂고 어느 날 기우제 지내자 해서 동네 사람들을 모아 가지고 돼지 대가리를 갖다 제사상을 벌여놓고 그 앞에서 절하며 비를 주시옵소서 하고 빕니다. 그렇게 비는 사람들은 용왕님께도 빌고, 천지신명(天地神明)에게도 빕니다. 용왕이네 천지신명이네 하는 것이 다 한국의 민속신앙에 있어온 초자연의 신들이고 비와 관계된 신들인 까닭에 그렇게 해왔던 것입니다. 조선 왕조 시대에 볼 것 같으면 임금이 친히 나가서 이렇게 기우제를 지내는 일도 있었습니다.

사람들이 보통은 초자연의 어떤 절대자 혹은 신이든지 어떤 신명(神明) 앞에 나아가서 자기의 사정을 고하고 일일이 도움을 받기를 원치 않습니다. 그러나 별로 종교에 열성이 없는 사람일지라도 심히 다급하고 사람의 힘으로 다시 어찌할 길이 없는 때에는 그만 신명과 옥황상제와 부처와 같은, 자기네의 민속 신앙에 따라서 알고 있는 신의 이름을 부르고 그 신이 도와주기를 바라는 것을 우리가 다 보게 됩니다. 그렇지 않고 가령 어떤 사람이 하나님이라는 이름을 불러서 구한다고 하더라도 그 하나님이라는 이름이 원래 고대 우리나라 민족이 가지고 있던 신의 이름입니다. 그것을 나중에 상제(上帝)라고 한문으로 고쳐놨든지 옥황상제라든지 천지의 신명이라는 문자로 바꿔놨다고 하더라도 결국 개념이 서로 비슷한 것입니다. 하나님이라 하는 말이 민속생활 가운데 사회에서 널리 쓰던 말입니다. 기독교가 들어와서 '테오스(Θεός)' 그렇지 않으면 '엘로힘(אלהים)'을 번역하려고 할 때 지금까지 있어온 이름 하나님으로 쓴 것뿐입니다. 원래 테오스든지 엘로힘이라는 말도 각각 그게 고대의 다른 민족 속에 있던 말입니다. 헬라 사람들이 테오스라고 할 때는 그 민족 가운데 오래 전부터 있어오던 말을 이용해서 참하나님을 표시한 것입니다.

그러니까 하나님을 불러서 기도를 한다고 해서 반드시 그의 신 개념이 정당한 것이 되지 않는 것이고 그 기도를 들어주실 것이라는 생각은 아무런 근거도 없습니다. 비록 예수 믿는 사람에게 들은 그대로의 참하나님을 맘으로 믿는다고 하며 나와서 그 하나님께 빈다고 할지라도 하나님께서 정상적으로 들어주실 기도를 할 수가 없는 것입니다. 모든 믿지 않는 사람 본래의 위치가 하나님께 용납을 받아서 하나님과 더불어 무슨 교통을 하고 교제를 할 수 있는 위치에 있는 것이 아닙니다.

기도는 신자의 특권

기도라 할 때는 그냥 무지하고 몽매하고 힘없는 인생이 천지신명 앞에 무얼 호소하고 빌고 바라는 것이 아니고, 성경이 가르친 도리대로는 하나님의 자녀가 자기를 사랑해 주시는 아버지 앞에 사정을 고하고 원하는 것을 얘기해서 은혜를 받는 것입니다. 기도는 하나님께서 그의 자녀에게 베풀어 주시는 독특한 여러 가지 은혜들의 세계에 속한 것입니다. 아버지 되시는 하나님께서 사랑하는 권속(眷屬)인 자녀에게 여러 가지 필요를 채워 주시는 것이 기도 전체의 효과는 아닙니다. 자녀는 아버지 앞에 나가서 구하고 아버지는 사랑하는 자녀에게 주시는 상태에서 아주 정다운 교제(fellowship)를 하게 되는 것입니다. 그런고로 휄로우쉽을 충분히 가지는 상태에 이르는 기도야말로 가장 좋은 기도입니다. 자기가 구한 것을 그대로 이뤄 주시든지 안 이뤄 주시든지 하는 것이 가장 중요한 문제가 아닌 것을 그동안 배워 왔습니다.

실질상 기도를 응답해 주시는 하나님의 여러 가지 양태를 고찰해 볼지라도 기도를 꼭 구한 그대로 반드시 주시는 것만이 아니고 오히려 거기다가 다른 것을 더 주시기도 합니다. 그가 미처 깨우치지 못했지만 필요한 것을 주시기도 하는 것입니다. 모든 것을 다 잘 아시는 아버지께서 우리의 빈곤하고 연약하고 철없는 여러 가지 기도의 내용에 대하여 사랑으로써 승낙하실 뿐 아니라 불쌍히 여기시고 실지로 나에게 필요한 것과 내게 있어야 할 은혜들을 주시는 것입니다.

어느 때 내가 깨우치지 못했으면 깨달도록 "애, 내 은혜가 네게 족하니 내 능력은 약한 데서 이루어진다"(고후 12:9) 이렇게 말씀하시기도 합니다. 어느 때는 내가 이것을 구했는데 저것으로 대답을 하시는 것도 있습니다. 또 구한 일이 바로 일어나는 것이 아니라 오래 끌고 가시다가 일어나게 하시든지 아니면 별다른 것으로 주시기도 합니다. 그렇지 않으면 직접 구한 그것을 '오냐 네 기도를 내가 재가(裁可)한다. 그러니 이제 이것을 받아야 하겠다' 해서 주시는 일도 있습니다. 이렇게 여러 가지로 하시는 것을 보면 하나님은 당신이 기뻐하시는 대로 우리에게 주시는 것이지 우리 마음의 소원이나 우리가 요구하는 것을 그대로 꼭 부응해 주시는 것은 아닙니다.

기도에 대한 하나님의 응답의 가장 큰 성격은 하나님 당신이 원하시는 것을 우리에게 주신다는 것입니다. 즉 하나님의 뜻대로 무엇을 행하신다는 그것이지 나의 뜻대로 대답해 주고 따라오신다는 것이 아니에요. 하나님이 항상 주권자로서 주장하십니다. 하나님이 가장이 되사 모든 것을 원하시는 대로 행하시는 것입니다. 우리는 하나님의 거룩하신 뜻을 잘 알지 못하는 까닭에 우리가 부분적으로 알고 무엇을 얘기하더라도 그것을 깨우쳐 주시고 전체적으로 필요한 대로 주십니다. 하나님께서 나에게 먼저 있어야할 것으로 여기시는 것을 주심으로써 내가 하나님의 뜻을 더 알게 하실 뿐 아니라 하나님의 영광을 위해서 나의 인생의 길에 더 많은 열매를 맺게 하시는 것입니다.

하나님의 뜻대로, 하나님이 원하시는 대로 나에게 무엇을 주시고 둘러싸 주시고 은혜 베푸시는 사실들은 하나님께서 나의 아버지가 되시고 또 아버지로서 나를 사랑하는 가정 안의 자식으로서 충분히 잘 대접하시는 까닭에 주시는 것입니다. 이것은 하나님의 자녀가 가지는 독특한 권리, 특권입니다. 이것은 불신자, 하나님의 자녀 아닌 사람에게는 내리지 않는 것이에요. 물론 하나님의 자녀가 아닌 이 세상 사람들에게도 공히 주시는 것들이 있습니다. 하나님의 말씀대로 믿는 사람 안 믿는 사람, 악한 자와 선인에게 다 같이 해를 비추어 주십니다(마 5:45). 햇빛이 없으면 어찌할 수 없는 인생이 그것으로 인하여 도움을 받고 살게 하시고 또한 우로지택(雨露之澤)을 주실 때에도 비를 선인에게와 악인에게 다 같이 내려주십니다. 선한 사람의 밭에나 악한 사람의 밭에나 같이 비와 이슬이 내리게 하시는 것을 일반의 은혜라고 합니다. 이런 일반 은혜의 사실은 그 사람이 기도를 했든지 아니했든지 기도의 응낙으로 주시는 것보다는 하나님께서 인생을 불쌍히 보시고 당신이 경영하시는 바를 이뤄 나가시는 과정에서 내려주시는 것입니다.

우리에게 심한 곤란이나 어려움이 있을 때 하나님의 자녀가 특별히 그런 일반 은총에서 내리는 여러 가지 사실들을 기도할 수 없는 것이 아닙니다. 비가 내리는 일이라든지 날이 따스해야 할 일이라든지 또 사람의 손으로 어떻게 할 수 없는 여러 가지 것들에 대해서 하나님 앞에 기도할 수 없는 것은 아닙니다. 그런 경우 하나님의 자녀가 특별히 하나님께 은혜를 구해서 자연 현상의 어떤 사실이라도 일시적으로 주님께서 통제하셔서 사랑하는 자녀가 하나님을 증명하고 하나님을 이 세상에 나타내고 살아가는 일에 훨씬 힘이 되게 하시는 일이 있습니다. 그러나 그런 일이 있을지라도 그것은 그렇게 늘 항다반사(恒茶飯事)로 발생하게 하시지 않습니다. 요컨대 하나님께서 사랑하는 자녀에게 내리시는 독특한 돌아보심과 사랑이라는 것은 아버지로서 다시없는 깊은 사랑입니다. 이런 아버지로서 다시없는 깊은 사랑을 믿지 않는 사람에게 내리시는 게 아니라 말입니다. 하나님이 이 세상 사람을 다 같이 사랑하시지만 하나님이 사랑하는 자녀와의 특별한 언약 관계에서 베푸시는 사랑의 종류는 아주 깊고 독특한 것입니다. 그런 범위 안에 기도 또한 속해 있는 것입니다.

이 세상의 믿지 않는 사람은 단순히 믿지 않는 게 다가 아니라 그들의 상태가 하나님 보시기에 여러 가지로 악한 데 처해 있다는 것을 주의해서 봐야 하겠습니다. 오늘 우리가 에베소서 2장 1-13절까지 봤는데 돌아가셔서 2장 1절부터 끝절 22절까지 잘 보시고 다시 공부를 해보세요. 여기에 지금 부르심을 받아서 하나님의 자녀로서 살고 있는 한 사람이 부르심을 받기 바로 전까지 과거의 생활에 대해서 뭐라고 가르치셨는가? 우리들 모두가 부르심을 받지 아니했을 때는 어떠한 사람이었겠는가? 나면서부터 부르심을 받고 은혜 가운데 산 사람이 없는 것이 아닙니다. 그것은 별도로 하고, 사도 바울이 여기에서 세상 사람 가운데 부르심을 받기 이전 사람들의 모습에 대해서 설명하고 있습니다. 부르심을 받기 이전에 살고 있던 사람과 부르심을 받아서 구원함을 받았을 때의 사정을 비교해서 가르친 것입니다. 그러니까 과거의 생활에 속하는 사람들과 현재의 많은 불신자의 상태를 그렇게 가르치고 있는 것입니다.

"너희의 허물과 죄로 죽었던 너희를 살리셨도다. 그때 너희가 그 가운데서 행하여 이 세상 풍속을 좇고 공중의 권세 잡은 자를 따랐으니 곧 지금 불순종의 아들들 가운데에서 역사하는 영이라.

전에는 우리가 다 그 가운데에서 우리의 육체의 욕심을 따라 지내며 육체와 마음의 원하는 것을 하여 다른 이들과 같이 본질상 진노의 자녀이었더니"(1-3절). 여기 이 말씀을 보세요. 허물과 죄로 죽었다! 하나님 보시기에는 절대로 거기에 생명이 있는 것으로 보실 수가 없습니다. 왜죠? 살아 있거나 죽었다는 말의 참뜻, 즉 생명이 있고 없다는 말의 참뜻은 하나님의 생명과 연결되어 있느냐로 갈리는 것입니다. 살아 있지 아니하면 그것은 죽음이라는 가치밖에 없는 것입니다. 죽음의 상태입니다.

죽음이란 하나의 가치 상태일 텐데, 세상에서 사람이 죽는다는 것은 육신과 영혼이 분리됐을 때 시체의 상태를 죽음이라고 합니다. 하지만 그것은 미미한 정도에요. 더 큰 것은 하나님으로부터 떠나 있다는 사실, 생명의 근원이시고 생명이 되시는 하나님과 완전히 두절돼 가지고 있는 흑암과 영원한 멸망의 상태인 것입니다. 그런 멸망 가운데 처해 있다는 것이 참으로 무서운 죽음의 상태입니다. '너희의 허물, 너희의 죄, 그것으로 죽었던 너희를 지금은 다시 살려 놓으셨다!' 이것이 영생을 얻었다는 것이요 예수를 믿고 구원을 받았다는 뜻입니다. 새로운 생명으로 다시 살았다는 말이고 또 새로 창조됐다는 말입니다.

그런데 그러기 이전에는 무엇이냐 하면, "허물과 죄로 죽었던 것이다." 속에 있는 죄 또 계승해서 받아 내려오는 부패의 상태, 그리고 항상 그로 말미암아서 악을 행하고 악을 품고 악을 토하고 살던 여러 가지 허물, 그런 것으로 "죽었던 너희가 다시 살아났다!" 전에 그런 것에 너희가 있었을 때에 "너희는 그 허물이나 죄 가운데에서 행하여 이 세상의 풍속을 좇았다"고 했습니다. 그러면 그것이 독특하게 법률상으로나 도덕적으로 어떤 괴악한 일을 늘 하고 사는 사람을 의미하는 것이냐 하면 그건 아닙니다. 문제는 이 세상의 풍속이라는 것이 그런 사람들로 조성되어 있는데 너희들도 그냥 이 세상 풍속을 따라 산 게 아니냐 그것입니다. 세상 사람이 생각하는 대로, 세상 사람들이 서로 주고받는 대로 살고 있지 않았느냐? 그것이 허물과 죄로 죽은 사람들의 생활 상태를 얘기하는 것입니다. 법률적으로나 도덕적으로 특수하게 사회의 빈축을 사고 사회에서 지탄을 받는 괴악함을 행했다는 얘기가 아닙니다.

성경이 가르치는 의인과 악인의 대조

그런고로 자기 자신이 세상 앞에 특별히 악인이라고 할 정도는 아니라거나 자기는 선인은 못 될는지 몰라도 악인은 아니라면서 그렇게 중간 지대를 자꾸 만들지 말아야 합니다. 히브리 사람들의 표현법과 사상을 눈여겨보아야 합니다. 그들이 생각하는 방식은 어떤 한 경계선이 있어서 사람이 그 경계선의 오른쪽으로 올 때 그것이 의(義)라고 하면 그 의의 경계선에서 비꾸러지면 그것은 아무것도 아닌 세계가 아니라 바로 악이라 그것입니다. 잠언에도 보면 의인과 악인의 얘기가 많이 나오는데, 특별히 10장과 11장에 많이 기록되어 있습니다. 의인이 이러면 악인은 저렇다고 딱딱 선악을, 의와 악을 나누어서 이야기합니다. 의인은 이렇고 악인은 저렇지만 제삼의 중간 그룹이 있다는 것을 얘기하지 않았습니다.

우리는 시간적으로 무엇이든지 과거, 현재, 미래로 나누어 따지지만 실상 현재라는 것을 엄밀하게 나누면 미래에 속한 부분이 있고 또 과거에 속한 부분이 있습니다. 가장 가까운 과거와 가장 금방 올 미래를 예상하고 그것을 포함해 가지고 소위 현재라 하는 말을 쓰는 것입니다. 그러나 현재라고 할 때 아직 오기 전 시간이라는 것은 현재는 아니지요. 또 이미 가버린 것은 현재가 아니고 과거에요. 우리가 보통 현재라고 하는 것은 가장 가까운 과거의 대부분을 얘기하고 있는 것인데, 그러한 사상은 대체로 헬라 사람들의 사상으로서 과거 현재 미래를 구분해서 씁니다. 히브리 사람들은 그렇게 생각하지 않고 과거 아니면 미래이다, 그렇게 둘로 나눴습니다. 히브리 사람들이 동작을 표현할 때는 '이미 한 것인가, 앞으로 해야 할 것인가?' 둘 중 하나입니다. 지금 하고 있다는 것도 한 부분은 벌써 과거의 것이고 아직 못한 부분은 미래의 것이고 그렇습니다. 그래서 문법에도 히브리어의 동사에는 현재라는 시제가 없어요. 그와 같이 의와 악도 명확하게 나눠서 상대적인 용어로 썼습니다. 악도 아니고 의도 아닌 중간은 생각하지 않은 것입니다.

성경에는 그렇게 의인과 악인에 대한 대조가 많습니다. 보통 믿지 않는 사람들의 상태를 악이라 했는데, 도달해야 할 지점에 도달하지 못한 결핍을 가리킨 말입니다. 악이라 할 때는 도덕적인 품성의 면에서 또 하나님께 해야 할 어떤 면에 대해서 도달하지 못했으면 그것을 악이라, 죄라고 한다 그것입니다. 웨스트민스터 소요리문답 제14문답에서 "죄는 무엇이뇨?" 하면 "죄는 하나님의 법을 순종함에 부족한 것이나 혹은 그 법을 어기는 것입니다"라고 답합니다. 하나님이 명확하게 사람으로 하여금 행하고 도달하라고 표시한 표준이 있는데 거기에 도달하지 못하거나 일부러 그것을 어기고 나가는 것이 죄라고 가르치는 것입니다. 이 세상 풍속 혹은 이 세대의 풍속이라는 것이 하나님 나라의 풍속이 아니고 세상 사람의 풍속입니다.

세상 사람의 습관, 행동, 좋아하는 것, 하고 있는 것, 생각하는 것, 살고 있는 것, 호흡하고 나타내는 모든 것들을 네가 그냥 좋아가서는 안 된다고 했습니다. 결국 그 말을 쓴 것을 보면 참으로 구원받고 죄와 허물에서 건짐을 받아서 새로운 생명으로 사는 사람이라면 자기의 호흡이나 생활이나 생각이나 심정이 별다른 세계에 존재해야 한다는 것입니다. 이 세상에 존재하지 아니해야 한다 말입니다. 곧 그가 존재하고 있는 세계라는 것이 하나님의 나라라야 합니다. 그렇게 근본적으로 전체의 변화와 반전이라고 할는지 완전히 환치된 상태가 없으면 예수 믿는다고 할 것이 없습니다. 예수를 믿는다는 것은 자기가 이 세상에 있으면서 세상에 어떤 종교의 하나를 자기가 취하고 사는 것이 아니라는 것을 우리가 주의해야 합니다.

그렇게 "이 세상 풍속을 좇고 공중의 권세 잡은 자를 따랐으니 곧 지금 불순종의 아들들 가운데서 역사하는 영이라." 그러면 우리가 누구를 따랐느냐? 단순히 자기가 자기 의사만 따르고 나가는 것이 아니고 자기도 모르는 사이에 큰 권세의 세력 속에서 움직였습니다. 그 세력은 공중에서 권세를 잡고 있는 힘인데, 즉 "마귀이고 마귀의 휘하에서 정사와 권세와 어둠의 세상 주관자들과 공중에 있는 악한 신들이라" 했습니다(엡 6:11-12). 에베소서 6장에서 쭉 가르쳤습니다. 어떤 굉장한 조직적인 세력이 역사 위에서 공중에서 인류에게 늘 작용하고 있다고 했습니다. 하나님의 은혜로 구원을 받은 사람, 하나님의 자녀로서 확실히 하나님의 거룩한 성령의 능력으로 비춰심을 받고 인도함을 받는 생활을 지향하고 나아가는 사람들 외에는 다 그 세력 아래 있는 것입니다. 비록 하나님 앞에 구원을 받았다고 하면서도 이 세상을 좋아하는 사람들은 공중의 권세 잡은 자의 기구와 조직 속에서 사는 것입니다. 마귀의 힘의 작용 아래에서 그의 교묘한 계획과 움직임 속에 휩쓸려 들어가서 활동하는 것임을 우리가 주의해야 합니다.

이러한 상태에 있는 사람이 불신자인데 잠언에서는 그것을 대표적으로 악이라는 말로서 표현했습니다. 에베소서 2장을 계속 보면 "전에는 우리도 다 그 가운데에서 우리 육체의 욕심을 따라 지내며," 그런 공중의 권세 잡은 자의 큰 조직적인 세력의 작용 속에서 이 세상에 살면서 우리 육체의 욕심을 따라 지냈습니다. 그래서 갈라디아서 5장 16절에 "너희는 성령을 좇아서 행하라 그러면 육체의 욕심을 이루지 아니하리라. 성령의 소욕은 육체를 거스르고 육체의 소욕은 성령을 거스른다" 하였습니다. 그 육체의 소욕이라는 것이 단순히 도덕적으로 겉보기에 남의 빈축을 사거나 악평을 받을 정도의 것만이 아닙니다. 사람의 육신 가운데에서 요구하는 어떤 좋은 것, 훌륭하다는 것, 이상이라고 하는 것들도 다 하나님의 성령님으로 말미암아 나온 것이 아닌 것은 다 육신에게서 나온 것입니다.

소망이 없는 사람들

성령님으로 말미암아서 우리의 속에 형성된 새로운 사람이 요구해 나가는 것이 아니라면 그것은 옛사람이 요구하는 것입니다. 그것이 곧 육신의 소욕, 육체의 소욕입니다. 허물과 죄로 죽었던 그때에 우리는 다 이 세상의 힘 있는 공중의 권세 잡은 자가 부리는 조직적인 기구와 사역 작용의 와중에 살면서 부지불식간에 우리 육체의 욕심을 따라 지냈습니다. 자기의 이상, 자기의 주장, 하고 싶다는 것, 값이 있을 것이라고 생각하는 것, 자랑스럽게 여기는 것들을 따라갔습니다. 그렇게 "우리 육체의 욕심을 따라 지내며 육체와 마음이 원한 것을" 하였습니다. 자기의 속에서 이것을 하고 싶다 저것을 해야겠다고 마음에 일어나는 대로 육체와 심정이 원하는 것을 행했다는 말입니다.

결국 그게 뭐냐 할 때 "다른 이들과 같이 본질상 진노의 자식이었다." 그의 근본 속에서 나오는 행동들, 심정들, 상태들이 하나님 보시기에 진노의 자식이라 그것입니다. 모든 믿지 않는 사람에게 그것이 있고, 또 하나님은 믿지 않는 모든 자에 대해서 당신의 진노를 늘 가지시는 것입니다. "그 아들을 믿는 자에게는 영생이 있고 아들에게 순종하지 아니하는 자에게는 영생이 없고 도리어 하나님의 진노가 그 위에 머물러 있느니라"(요 3:36). 요한복음 3장 36절 이 구절에서 우리가 배우길 예수 그리스도를 믿지 않는 사람에게 도리어 하나님의 진노가 그 위에 있다고 하였습니다.

그뿐 아니라 요한복음 3장 18절에 "믿지 않는 자는 하나님의 독생자의 이름을 믿지 아니하므로 벌써 정죄함을 받은 것이라." 즉 하나님의 아들의 이름을 믿지 아니하는 까닭에 벌써 하나님께서 형벌의 선고를 내리신 것입니다. 중간 지대에 그냥 두었다가 믿는 사람은 장차 구원하고, 안 믿는 사람은 형의 선고를 한 다음에 때가 되면 집행하신다는 것이 아닙니다. 이미 구원을 받아서 하나님 앞에 가고, 다른 쪽은 이미 선고가 돼 있다고 갈라놓았습니다. 이렇게 하나님의 진노를 받는 상태 가운데 사람들이 있으면 하나님과 정당한 교제를 하며 살 수 없는 것입니다. 하나님과 두절됩니다. "여호와께서 손이 짧아서 구원치 못하시는 것도 아니고 귀가 둔해서 듣지 못하시는 것도 아니라. 오직 너희 죄가 너희와 너희 하나님 사이를 나눴느니라." 이사야서 59장 1-2절 말씀입니다. 요컨대 하나님의 백성이라고 하는 사람들도 하나님 앞에 범죄하고 회개를 하지 않고 있을 때, 무서운 사실은 하나님께서 듣지도 아니하시고 하나님이 손을 벌려서 그들은 건져내지도 아니하신다는 것입니다. 그냥 환난과 고통과 막막한 절망과 아주 암암한 속에 방치해 버리십니다. 이렇게 하나님과의 교통이 완전히 두절돼 버린 상태에 있는 것이 믿지 않는 사람의 상태입니다.

에베소서 2장의 그 아래 11절부터 또 보시지요. "그러므로 생각하라. 너희는 그때에 육체로 이방인이요." 하나님이 경영하시는 큰 구원의 계획이 있는데 하나님이 사람에게 계시하셔서 약속의 형식으로 우리에게 보이신 것이 있습니다. 그런 약속을 안 받은 것이 곧 이방인이라는 말씀입니다. "육체로는 이방인이고 손으로 육체에 행한 할례당이라고 칭하는 자들에게는 무할례당이라 칭함을 받는 자들이라." 할례라는 것은 두말할 것 없이 하나님의 약속의 표입니다. 몸뚱이에 약속의 표를 했다는 사실이 하나님과 약속을 한 백성이라는 표시라고 주장하는 사람들이 믿지 않는 너희들보고 '저건 무할례당이다. 하나님과 약속한 아무런 표지도 가지고 있지 않은 사람이다. 하나님께서 약속했다는 아무런 계약이 없는 사람이다'라고 했습니다. 12절 "그때에 너희는 그리스도 밖에 있었고 이스라엘 나라 밖의 사람이라. 약속의 언약들에 대해서 외인이요 세상에서 소망이 없고 하나님도 없는 자이더니." 이렇게 하나님 앞에 약속이 없고 또 구원의 언약 가운데 들어 있는 사람들이 아닌 까닭에 하나님하고는 상관이 없는 사람인 것입니다.

그렇게 그때에 이스라엘 나라 밖의 사람이요 그리스도 밖에 있는 사람이었습니다. 주 예수 그리스도가 참으로 그를 위하여 대언(代言)하시고 기도해 주셔야 할 대상으로 존재하지 않은 사람이고 또 그의 피의 공로가 작용하고 역사하는 대상으로 존재하지 않는 사람이었습니다. 그리스도 밖에 있었기에 그리스도의 생명이 그에게 계속적으로 투사돼서 늘 작용하는 영생의 연결이 되어 있지 않은 사람이라 말입니다. 이스라엘 나라라는 명칭으로 예수 그리스도의 은혜의 왕국을 표시했습니다. 그리스도께서 은혜로써 친히 다스리시고 또 그리스도의 다스림을 받아서 하나님 나라의 큰 영광의 내용, 문화의 내용, 거룩한 것과 아름다운 것, 그리고 무한한 진리를 나타내는 보람 있는 생활을 포함하는 것이 바로 은혜

왕국의 내용인데, 그런 것들과는 아무런 관계도 가지고 있지 않은 사람들이라 말입니다. 도저히 그런 것들과 접할 수 있는 아무런 가능성이나 자질이 없는 이스라엘 나라 밖의 사람이요 약속의 언약들에 대하여 외인이었습니다. 하나님이 약속한 여러 가지 것들은 땅 위에서와 영원한 세계에까지 이루어 나가는 큰 영광의 내용들이 풍부합니다. 이 땅 위에서 이뤄 나갈 것들과 영원한 세계에서 완전히 완성해서 찬란히 나아갈 여러 가지 약속에 대해서 아무 상관이 없는 사람이었습니다. 그뿐 아니라 이 세상에서 살면서 사실상 아무 소망이 없는 사람이었습니다. 무슨 소망으로 사느냐? 자기 당대에 그러다가 죽어 버리면 다 허무하고 자기와 상관이 없이 되고 맙니다.

가령 이 세상에 무엇을 두기도 하지만 원래 이 세상이 영원한 것이 아닌 까닭에 덧없이 사라지고 맙니다. 사람이 세상에 대해서 큰 기대를 해서 어떤 사회를 위해서 무엇을 한다고 하지만, 자기 당대가 지나간 다음에 그 사회는 그가 원하던 좋은 세계로 나타나느냐 하면 도무지 그런 걸 나타내지 못합니다. 그냥 다 붕괴하고 괴악해지고 사실 홍수가 와서 쓸어버린 것같이 아무것도 소용없이 되는 무상한 일이 참 많은 것을 우리가 압니다. 그러니까 이제 "이 세상에서 소망이 없고 하나님도 없는 자이더니"라고 했습니다. 하나님이 없다는 것은 가장 무서운 얘기입니다. 자기가 어려움이 있을 때 또 무엇이 필요할 때 하나님께서 그를 이끌어주시고 다시 세우시고 의미를 주시고 희망을 주시고 그리고 열매를 맺게 하셔야 합니다. 그런 하나님이 계셔야 할 텐데, 아무것도 없어서 혼자 그렇게 버둥거리며 자기가 제 자신의 하나님 노릇을 하고 살다가 만다 말입니다. 그렇게 무력하고 무능한 자가 스스로 주권자 노릇을 한다는 것이 얼마나 취약하고 얼마나 무서운 일인가요? 이런 상태가 바로 믿지 않는 사람들의 처지입니다. 이런 믿지 않는 사람들, 하나님이 직접 관계하지 않는 사람들에게 대해서 그들이 기도를 하고 구하면 하나님께서 그것을 존중해 주시느냐 할 때 그런 일이 없다는 것입니다. 하나님께 대해서 아무 소망이 없는 사람들, 아무 관계가 없는 사람들, 아무런 은혜의 약속이 없는 사람들이 하나님의 특별한 은혜를 받을 수 없는 것임을 여기서 우리가 주의해서 봐야 할 것입니다.

은혜의 보좌 앞으로 담대히 나아감

다시 한번 상기하십시다. 기도는 단순히 못나고 힘없고 제한 있는 인생이 전능하신 천지의 대주재 앞에 자기의 사정을 그냥 호소만하고 마는 것이 아닙니다. 사실상 하나님께서 사람이 기도할 수 있는 위치로 그를 건져내시사 하나님의 자녀가 되게 하심으로써 가능한 일입니다. 자녀라는 아버지와의 관계 가운데서 하나님의 사랑에 호소하고 하나님께서 나를 자녀로 받으신 근거 위에서 구하면, 하나님께서는 그것을 들어주시고 필요한 것들을 내리시는 것입니다. 그럼으로써 우리를 얼마나 사랑하시는지 알게 되고 또한 아버님이 얼마나 자비로우시며 엄위로우시며 모든 은혜가 풍부하신 분이신지도 알게 하십니다. 우리는 그런 아버지 집의 각원(各員)으로서 그분을 의지하고 사는 상태에서 또한 깊은 교제를 하는 것입니다. 이것은 그냥 커뮤니케이션이라는 서로 단순히 교통하는 것에 불과한 게 아니라 하나의 휄로우쉽을 늘 가지게 되는 일입니다.

기도에서 중요한 것은 요컨대 내가 깨달은 바에 의해서 필요하다고 여기고 생각한 것들을 구할 때 거기에 대해서 하나님이 기뻐하시는 대로 재가하시고 승인하시며 내려주시는 것입니다. 그렇지 않으면 나의 기도를 어떠한 종류로 여기시고 받아들여 주셨는가를 보이시면서 이것도 주시고 저것도 주시고 혹은 마음 가운데 깨우침도 주시는 여러 형식으로 우리에게 대답해 주셔서, 과연 우리가 아버지의 자녀로서 하나님 앞에 찬송하며 더욱 담대함과 힘을 얻어 가지고 살아나가게 하시는 것입니다. 히브리서 4장 16절 말씀대로 "우리는 때를 따라서 돕는 은혜를 얻기 위해서 은혜의 보좌 앞에 담대히 나간다"고 얘기할 수가 있습니다.

그러나 불신자에게는 그런 것이 없다는 것입니다. 기도의 아무런 특권이 없는 까닭에 사실상 기도를 할 수가 없습니다. 그 사람들이 가령 기도를 한다고 하더라도 하나님과 아무 관계도 없는 제 마음대로의 생활에 대해서 하나님께서 하나도 기뻐하지 아니하시는 것입니다. 잠언에서는 악이라는 말을 써서 그런 이들을 악인이라 하였습니다. '그 악한 자' 곧 마귀의 휘하, 그 권세 속에 몰려다니는 사람들이요 또 공중의 권세 잡은 자의 큰 조직적인 작용 아래 사는 사람들이라는 것입니다. 잠언 10장 24절을 보면 "악인에게는 그의 두려워하는 것이 임하거니와 의인은 그 원하는 것이 이루어지느니라." 또 잠언 10장 28절 "의인의 소원은 즐거움을 이뤄도 악인의 소망은 끊어지느니라." 잠언 11장 23절 "의인의 소망은 오직 선하나 악인의 소망은 진노를 이루느니라." 또 잠언 15장 8절을 볼 거 같으면 "악인의 제사는 여호와께서 미워하셔도 정직한 자의 기도는 그가 기뻐하시느니라." 잠언 15장 29절 "여호와는 악인을 미워하시고 의인의 기도를 들으시느니라."

이렇게 여러 가지로 의인과 악인을 나눠서 얘기합니다. 세상의 믿지 않는 사람들은 자기는 악인이 아니라고 합니다. 하지만 그건 세상 사람들이 보는 도덕적인 표준에서 하는 얘기이죠. 여기에서 의와 악을 얘기할 때는 하나님께서 보시는 도덕적인 표준에서 얘기한 것입니다. 그런고로 행동의 의를 얘기하기보다 그 사람이 살고 있는 세계가 어딘가? 또 그 사람들을 다스리고 있는 거룩한 법칙의 종류에 의해서 구분하는 것입니다. 어찌됐든 믿지 않는 사람은 기도를 할 수 없습니다. 그러므로 무엇보다도 자기가 그리스도를 믿는다는 위치에서 비로소 기도를 할 수 있는 것입니다. 여기서 중생을 말할 때 '나는 영생을 틀림없이 가지고 있고 중생한 사람이다' 하는 것을 확실히 알아야만 한다는 것은 아닙니다. 비록 그건 확실히 모르고 있을지라도 믿는 사람이라야 합니다. 그러면 그걸 모르고 있는 사람이 믿는 사람이란 걸 무엇으로서 알 수 있느냐 하면, 자기 자신이 알 수 있는 것이 있습니다. 그건 예수 그리스도를 자기의 구주로 확실히 믿고 그만을 의지해서 구원 받을 수 있지 그렇지 않고는 구원 받을 수 없음을 자기가 확실히 승인할 뿐 아니라 자기는 죄인으로서 이대로 가면 영원한 멸망에 이를 수밖에 없는 자라는 사실을 아는 것입니다. 그렇게 하나님의 진노가 자기 위에 있던 자이지만 하나님이 불쌍히 여기시사 예수 그리스도를 믿고 의지하게 해주셨다는 것을 깨닫습니다. 그런고로 그리스도의 속죄하심을 나는 늘 믿고 의지한다는 심정이 나옵니다. 그렇게 신앙을 고백하는 심정이 그 사람의 속에 늘 있는지 없는지로 판가름하는 것입니다. 다른 것으로 하지 않습니다. 예수를 믿는다는 것이 과연 마음에 있는가 없는가로 판가름해 주는 것입니다.

예배당에 다닌다든지 안 다닌다든지 그런 걸 가지고 참으로 믿는지 안 믿는지를 판가름하기는 어렵습니다. 성경 말씀 마태복음 13장 24절 이하를 보면 가라지도 꼭 알곡 비슷하게 함께 자라고 있다는 것을 알 수 있습니다. 자기가 참으로 그리스도만을 의지하고 사는가 하는 것이 믿음의 척도가 됩니다. 그리스도 아니면 자기가 어떻게 할 수 없는 사람이라는 심정을 늘 절실하게 가지고 살아가는지가 핵심입니다. 자기 사는 것이 훌륭하지 못하고 떳떳하지 못할지라도 하나님의 불쌍히 여기심 받기를 원하면서 자기가 죄인인 것을 늘 느끼고 '하나님께서 그리스도의 십자가의 공로로 인하여 구원치 아니하셨으면 내가 어떻게 할 수 없었을 뻔했다'는 사실을 아는 것입니다. 속에서 그런 것을 느껴야지 그것조차 없이 믿는다는 것은 아무것도 없는 것입니다. 이런 사실을 확실히 믿는 사람이 비로소 자기가 하나님 앞에 특권 있는 기도의 은혜 가운데 들어가는 것임을 알아야 하겠습니다.

기도

거룩하신 주님, 저희가 그리스도가 아니었더라면 완전한 멸망밖에 없었던 사람이란 걸 늘 절실히 느끼고 그리스도를 믿고 의지하고 사는가, 그러지 아니한가에 의해서 저희가 하나님의 자녀인가 아닌가를 스스로도 깨달을 수 있사옵나이다. 하나님의 자녀라는 자격에 의하여 담대하게 은혜의 보좌 앞에 나가서 때를 따라서 돕는 은혜를 구할 수가 있사옵나이다. 주님, 저희들로 하여금 참으로 기도할 수 있는 사람으로 늘 살고 그렇게 기도하는 특권을 가장 소중히 써서 은혜를 받고 하나님의 자녀답게 볼품 있게 거룩히 살아가게 하옵소서.

우리 주 예수님 이름으로 기도하옵나이다. 아멘.

1978년 5월 14일

예수님의
이름으로
기도함

요한복음 14:1-24

1 너희는 마음에 근심하지 말라 하나님을 믿으니 또 나를 믿으라 2 내 아버지 집에 거할 곳이 많도다 그렇지 않으면 너희에게 일렀으리라 내가 너희를 위하여 처소를 예비하러 가노니 3 가서 너희를 위하여 처소를 예비하면 내가 다시 와서 너희를 내게로 영접하여 나 있는 곳에 너희도 있게 하리라 4 내가 가는 곳에 그 길을 너희가 알리라 5 도마가 가로되 주여 어디로 가시는지 우리가 알지 못하거늘 그 길을 어찌 알겠삽나이까 6 예수께서 가라사대 내가 곧 길이요 진리요 생명이니 나로 말미암지 않고는 아버지께로 올 자가 없느니라 7 너희가 나를 알았더면 내 아버지도 알았으리로다 이제부터는 너희가 그를 알았고 또 보았느니라 8 빌립이 가로되 주여 아버지를 우리에게 보여 주옵소서 그리하면 족하겠나이다 9 예수께서 가라사대 빌립아 내가 이렇게 오래 너희와 함께 있으되 네가 나를 알지 못하느냐 나를 본 자는 아버지를 보았거늘 어

찌하여 아버지를 보이라 하느냐 ¹⁰ 나는 아버지 안에 있고 아버지는 내 안에 계신 것을 네가 믿지 아니하느냐 내가 너희에게 이르는 말이 스스로 하는 것이 아니라 아버지께서 내 안에 계셔 그의 일을 하시는 것이라 ¹¹ 내가 아버지 안에 있고 아버지께서 내 안에 계심을 믿으라 그렇지 못하겠거든 행하는 그 일을 인하여 나를 믿으라 ¹² 내가 진실로 진실로 너희에게 이르노니 나를 믿는 자는 나의 하는 일을 저도 할 것이요 또한 이보다 큰 것도 하리니 이는 내가 아버지께로 감이니라 ¹³ 너희가 내 이름으로 무엇을 구하든지 내가 시행하리니 이는 아버지로 하여금 아들을 인하여 영광을 얻으시게 하려 함이라 ¹⁴ 내 이름으로 무엇이든지 내게 구하면 내가 시행하리라 ¹⁵ 너희가 나를 사랑하면 나의 계명을 지키라 ¹⁶ 내가 아버지께 구하겠으니 그가 또 다른 보혜사를 너희에게 주사 영원토록 너희와 함께 있게 하시리니 ¹⁷ 저는 진리의 영이라 세상은 능히 저를 받지 못하나니 이는 저를 보지도 못하고 알지도 못함이라 그러나 너희는 저를 아나니 저는 너희의 함께 거하심이요 또 너희 속에 계시겠음이라 ¹⁸ 내가 너희를 고아와 같이 버려두지 아니하고 너희에게로 오리라 ¹⁹ 조금 있으면 세상은 다시 나를 보지 못할 터이로되 너희는 나를 보리니 이는 내가 살았고 너희도 살겠음이라 ²⁰ 그 날에는 내가 아버지 안에, 너희가 내 안에, 내가 너희 안에 있는 것을 너희가 알리라 ²¹ 나의 계명을 가지고 지키는 자라야 나를 사랑하는 자니 나를 사랑하는 자는 내 아버지께 사랑을 받을 것이요 나도 그를 사랑하여 그에게 나를 나타내리라 ²² 가룟인 아닌 유다가 가로되 주여 어찌하여 자기를 우리에게는 나타내시고 세상에게는 아니하려 하시나이까 ²³ 예수께서 대답하여 가라사대 사람이 나를 사랑하면 내 말을 지키리니 내 아버지께서 저를 사랑하실 것이요 우리가 저에게 와서 거처를 저와 함께 하리라 ²⁴ 나를 사랑하지 아니하는 자는 내 말을 지키지 아니하나니 너희의 듣는 말은 내 말이 아니요 나를 보내신 아버지의 말씀이니라.

19강

예수님의 이름으로 기도함

기도할 때 가져야 할 중요한 심정들

오늘도 계속해서 기도하는 사람이 어떠한 위치와 어떠한 마음 자리에서 구해야 할 것인지를 종합적으로 얘기해 나가겠습니다. 지난번에는 믿지 않는 사람이 하나님이 들으실 기도를 할 수 없다, 하나님과 교통하는 의미를 가지는 기도를 할 수가 없다고 했습니다. 그런데 믿는 사람일지라도 기도를 할 때에는 몇 가지 중요한 심정을 항상 가져야 한다는 걸 하나님의 말씀은 우리에게 가르쳐 주고 있습니다. 우리가 기도를 할 때는 자기의 무엇이 부족해서 그것을 채우고자 하나님 앞에 나아가 소원을 올리고 해 주시기를 바라고 구합니다. 그러나 근본적으로 자기가 무엇이 부족하다 하고 느낄 때 그런 몇 가지의 부족함에 앞서 생각할 문제가 있습니다. 자기는 아주 기본적으로 어떻게 헐수할수없는 인생으로서 하나님의 절대의 대권 아래 늘 처해 있다는 사실입니다. 하나님께서 나에게서 무엇을 취하시면 내가 어찌할 길이 없는 것입니다. 내 자신의 생명의 존재가 무엇이냐? 잠깐 보이다가 없어지는 안개에 불과하다(약 4:14) 하는 것을 늘 느끼고 살아야 하는 것입니다.

첫째 우리 인생의 약하고 헤픈 상태, 믿고 따를 수 없는 취약성에 대해서 성경이 가르친 말씀을 주의하십시다. "들으라 너희 중에 말하기를 오늘이나 내일이나 우리가 아무 도시에 가서 거기서 일 년을 유하며 장사해서 이를 보리라고 하는 자들아!" 이런 생각을 하는 사람에 대해서 주의시킨 것입니다. 세상 모두가 다 이런 식으로 생각하기가 쉽다는 것을 주의하세요. "내일 일을 너희가 알지 못하는도다. 너희 생명이 무엇이뇨? 너희는 잠깐 보이다가 없어지는 안개니라. 너희가 도리어 말하기를 주의 뜻이면 우리가 살기도 하고 이것저것을 하리라 할 것이거늘 이제 너희가 허망한 자랑을 자랑하니 혹은 허탄한 자랑을 자랑하니 이러한 자랑은 다 악한 것이라"(약 4:14-16). "우리가 주의 뜻이면 살기도 하고" - 사는 것부터가 주님의 뜻이면 사는 것이고 주께서 원치 아니하시면 못 사는 것이라 말입니다. 그런데, 그 앞의 13절과 같은 말, "우리가 어떤 도시에 가서 일 년을 머물며 장사하여 이익을 보리라" 하고 생각하는 것을 성경은 맹렬하게 다 악한 자랑이라고 가르쳤습니다. 악이 다른 데 있는 것이 아니라 이런 데 있는 것입니다.

또 누가복음 12장에는 어떤 부자 농부의 이야기가 나옵니다. 자기 밭의 소출이 풍성하고 곡식이 많이 불어난 까닭에 지금[從來, 종래]의 곳간에는 다 넣을 수가 없어서 혼자 생각하지요. '자, 이것 어떻게 하면 좋을까? 내가 이렇게 해야겠다. 곳간을 헐고 다시 새 것으로 큰놈을 지어서 거기다가 곡식을 다 쟁여 놓자.' 그리고 스스로 자기 영혼보고 말하기를 '영혼아 여러 해 먹고 쓸 것을 다 장만해 놨으니 이제는 먹고 마시고 즐기자.' 누가복음 12장 20

절에 "오직 하나님께서는 그자에게 말씀하시기를 어리석은 자여, 내가 오늘밤에 네 영혼을 도로 찾을 것이니 네 준비가 다 뉘 것 되겠느냐?" 하나님이 언제 그 영혼을 찾을는지 모르고 눈먼 장닭과 같이 덮어놓고 앞으로만 돌진하다가 그만 죽음으로 뚝 떨어져 버리는 일이 많다는 것을 이 세상에서 얼마든지 볼 수 있습니다. 세상에서 자기 생존의 보장 같은 것에 대해서 떳떳하게 여기 있다고 말할 수 있는 사람이 없습니다. 그것을 말한다고 하더라도 헛된 얘기입니다. 왜냐하면 하나님이 생명을 주장하시는 것이지 하나님 이외에 다른 무엇이 사람의 생명을 이리저리 주장하지 못하는 것입니다.

사람이 악을 행해서 자기의 생명을 땅에서 끊을 수도 있고 또 흑암의 세력에 파묻혀 가지고 생명이 일찍 단축되기도 하지만 생명을 끊었다가 다시 잇는 능력이란 사람에게는 없습니다. 또 흑암의 세력에게도 죽었다가 다시 살게 하는 힘은 없는 것입니다. 생명을 온전히 주장하는 거룩한 능력은 하나님께만 있어서 하나님이 위험을 막아 주시기도 하고 하나님이 목숨을 더 연장해 주시기도 하십니다. 하나님이 생명을 보존도 하시고 또한 엄위로써 생명을 불러 가시기도 하는 것입니다. 이렇게 하나님께서 당신이 원하시는 대로 하시는 것인데도 불구하고 자기가 마치 특별히 생명에 대한 보장을 얻은 사람과 같은 생각을 하는 심정이 괴악한 자랑이라 그것입니다.

전도서 7장 13절을 보면 "하나님이 행하시는 일을 보라. 하나님이 굽게 하신 것을 누가 능히 곧게 하겠느냐?" 욥기 9장 12절 "하나님이 빼앗으시면 누가 막을 수 있으며 무엇을 하시나이까 하고 누가 물을 수가 있으랴?" 하나님께 항의도 할 수 없어요. 욥기 12장 14절에 "그가 헐으시면 다시 세울 수가 없고" 그가 헐어 버리시면 다시 세울 수가 없습니다. 그 밖에도 이사야서 45장 7절에도 "나는 빛도 짓고 어둠도 창조하며 나는 평안도 짓고 환난도 창조하나니 나는 여호와라. 이 모든 일을 행하는 자니라. 주의 명령이 아니면 누가 능히 말하여 이루게 하랴. 화복(禍福)이 지극히 높으신 자의 입으로 나오지 아니하느냐?" 또 잠언 21장 30절 "지혜로도 명철로도 모략으로도 여호와를 당하지 못하리라."

아버지께 영광이 될 내용으로 구하라

이렇게 많은 말을 우리는 과거에 교회를 창립한 후 얼마 안 되어 배웠을 것입니다. 이러한 것은 항상 우리가 마음 가운데 늘 지니고 있어야 하겠습니다. 들을 때만 '그렇구나' 하고 말게 아니라 기도할 때마다 하나님 앞에 그러한 취약한 인생임을 생각해야 합니다. 그렇게 아무것도 아닌 인생이기에 하나님의 자비와 거룩하신 계획에 의해서 긍휼로 나에게 은혜를 베풀어 주시기를 바라는 심정을 가지고 나와야 할 것입니다. 단지 자기에게 무엇이 없다는 부족감만 느끼고 있고 다른 점에 대해서는 아무렇지도 않게 느끼는 심정이라면 옳지 않다는 말입니다.

그럴지라도 우리는 구원을 받은 자로서 사랑하시는 아버지께 대한 의뢰와 기대를 충분히 가지고 하나님 앞에 나가는 것이 옳습니다. 거기서 우선 특별히 주의해야 할 것은 하나님께 대한 기대와 함께 나를 구원하신 큰 사실에 대한 감사입니다. 내 스스로는 아무 자격이 없지만 하나님이 나를 자식으로 삼으사 세우신 큰 은혜의 위치에서 구한다는 것입니다. 하나님께서 큰 은혜로 나를 구속하시고 자녀로 삼아서 각원(各員)으로 두셨다는 터 위에서 주께 기도해야 합니다.

이것이 무엇으로 표시되느냐 할 때 "예수님의 이름으로 비옵나이다" 하는 말로 표시되는 것입니다. 예수님의 이름이란 예수님 당신이 대표가 되어 있는 한 명호(名號) 즉 이름이라는 말인데, 마치 예수님 당신이 내 앞에 대신 서 계신다는 뜻입니다. 내가 기도하는 것을 예수께서 기도하신 것으로 여겨 주시라는 것입니다. 이제 하나님께서 '예수님이 기도하신 것으로 여겨 주십시오' 하고 기도를 한다 말입니다. 우리는 이 세상에서 스스로 하나님 앞에 나올 아무런 공로가 없음을 다 잘 압니다. 하나님 앞에 인정을 받을 아무런 자격도 없다는 것과 하나님 앞에 나와서 기도할 수 있는 위치에 있지도 않음을 아는 것입니다. 하나님의 진노 아래 있을 수밖에 없었던 것, 죄와 허물로 죽었었음을 압니다. 또 자기 육체의 사욕(私慾)을 좇아 살고, 이스라엘 나라 밖의 사람이고, 하나님의 언약 밖의 사람이고, 공중의 권세 잡은 자를 따르고 또 지금 불순종하는 자들의 속에서 일하는 신의 모든 역사(役事)와 기구와 조직과 교묘한 꾐 속에서 세상 풍속을 좇아 살아갔던 것을 우리는 잘 알고 있습니다.

그러나 그 속에서 나를 건져내시고 하나님의 자녀가 되게 하신 것은 예수 그리스도의 무한하신 속죄의 공효 때문입니다. 그리스도의 공효가 나에게 성령님으로 임하여서 내가 그것을 믿고 의지하고 거기에 다 맡기고 살게 하셨습니다. 그래서 그 예수님의 이름 때문에, 예수님의 공로 때문에 비로소 하나님의 자녀로 내가 부르심을 받아서 하나님의 집안사람이 되었습니다. 하나님의 집안에서 살고 있다는 이 큰 사실이 기도를 할 수 있는 자격의 기초가 되었습니다. 항상 우리가 기도할 때 주 예수 그리스도의 그 이름을 빌어서 하는 큰 특권을 주신 것입니다.

예수 그리스도의 이름을 빌어서 기도할 수 있는 특권이라는 것이 성경 몇 군데 나타나는데 그것을 여기서 주의해서 봅시다. 오늘 낭독한 요한복음 14장 특별히 13절 14절을 봅니다. "너희가 내 이름으로 무엇을 구하든지 내가 시행하리니 이는 아버지로 하여금 아들로 인하여 영광을 얻게 하려 하심이라. 내 이름으로 무엇이든지 내게 구하면 내가 시행하리라." 예수께서 우리의 기도를 들으시고 그것을 시행해 주신다는 이 사실이 곧 아버지께 영광을 돌리는 일이 된다는 얘기입니다. 예수께서 내 기도를 들으사 시행하시는 일이 하나님 앞에 영광이 되는 그런 정도의 큰일입니다. 내가 그렇게 구하는 것을 들으사 시행하시는 일이 하나님 앞에 영광스러운 일이 되지 아니할 수 없는 것이라! 그것은 보통일이 아닙니다. 그저 측은히 보시고 불쌍히 여겨서 떡 하나 던져 주라는 식으로 내주시는 것이 아니라 오히려 그로 말미암아 하나님께서 기쁨과 영광을 얻으시는 것입니다. 즉 하나님의 거룩한 능력과 아름다운 것이 땅 위에 더 드러나게 하는 일이 된다 말입니다.

하나님께 영광이 되게 하려면 내가 구하는 것이 곧 하나님의 영광을 위한 것이 돼야 할 것입니다. 그렇게 해야 예수님의 이름으로 구할 때 비로소 의미를 가지는 것입니다. 예수님이 구하지 아니 함직한 것을 나의 정욕을 가지고 열심히 구하면서 예수님의 명가(名價)를 가지고 나와서 기도한다고 하지 않아야 합니다. 그렇게 하면서도 지금 이 기도는 사실 내가 했지만 예수님이 보내서 하는 것이니 '예수님의 이름을 가지고 이것을 청구하나이다' 하는 식으로 예수님의 이름을 함부로 속되게 쓰는 것이 옳지 않은 것입니다.

그러나 예수님 이름 외에 다른 어떤 이름도 우리에게 구원받을 만한 이름으로 준 것은 없습니다. 다른 이름을 가지고 가서 하나님 앞에 구할 수는 절대로 없는 것입니다. 사도행전 4장 12절 "다른 이로서는 구원을 얻을 수 없나니 천하 인간에 구원을 얻을 만한 다른 이름을 우리에게 주신 일이 없음이라." 예수님 이름 이외의 다른 이름으로 우리가 구원을 받을 길이 없습니다. 하나님과 다시 화해를 하고 하나님과 교통을 할 수 있는 위치에 두시는 일에는 오직 예수님의 이름만이 쓰인 것입니다. 예수님의 이름이 대표하는 예수님 당신의 존재와 당신이 나에게 내려주신 모든 은혜의 내용에 의해서만 내가 떳떳이 구원받은 사람으로서 하나님 앞에 나와서 뵙고 또 무엇을 하나님께 구할 수 있는 것입니다. 그런데 예수님의 이름을 가지고 나가서 구할 때 아버지께 영광이 아니라 욕이 될 만한 것을 구한다면 예수님이 그걸 시행해 주셔서 아버지께 영광이 될 턱이 없는 것입니다.

예수께서 우리를 택하신 이유

　예수님의 이름을 가지고 우리에게 구하라고 하신 사실이 요한 복음 15장 16절에도 나옵니다. "너희가 나를 택한 것이 아니요 내가 너희를 택하여 세웠나니 이는 너희로 가서 과실을 맺게 하고 또 너희 과실이 항상 있게 하여 내 이름으로 아버지께 무엇을 구하든지 다 받게 하려 함이니라." 예수께서 우리를 택하여 세우신 이유는 과실을 맺게 하시려는 것입니다. 그렇게 맺은 과실은 잠시 있다가 없어지는 것이 아니라 '항상 있어서' 그것이 하나의 중요한 증거가 됩니다. 아버지께서 과연 우리에게 은혜를 베풀어 주셔서 우리가 하나님 앞에 드릴 만한 과실이 있는 사람으로 세우신 확실한 증거가 되는 것입니다. 또한 그렇게 많은 과실이 있는 것을 전부로 삼는 게 아니라 계속적으로 창조적인 생활 가운데 열매를 더 맺어야 할 것을 우리에게 보여 줍니다. 그렇게 하면서 우리는 우리 주 예수 그리스도의 이름을 가지고 하나님 앞에 나가서 기도하는 것입니다. 그리고 하나님께서 그 일을 들어주십니다. '그렇다. 네가 그렇게 열매를 맺고 또 열매를 계속 맺기 위해서 더욱 전진하니 이제 내가 네 기도에 대해서 응낙을 한다.' 이렇게 택하심을 받아 세워진 사람답게 행진하는 데서 "내 이름을 가지고 아버지께 무엇을 구하든지 다 받게 하려 함이니라." 예수 그리스도의 이름을 가지고 아버지께 무엇을 구하든지 그것을 다 받게 하려고 하신 것이라는 말입니다. 이러한 것이 또한 예수 그리스도의 이름으로 구하는 것의 큰 의미입니다. 반복하자면 열매를 맺는다는 것이 중요한 일입니다.

다시 요한복음 16장 23-24절에 볼 것 같으면 "그날에는 너희가 아무것도 내게 묻지 아니하리라. 내가 진실로 진실로 너희에게 이르노니 너희가 무엇이든지 아버지께 구하는 것을 내 이름으로 주시리라. 지금까지는 너희가 내 이름으로 아무것도 구하지 아니하였으나 구하라 그리하면 받으리니 너희의 기쁨이 충만하리라." 여기 볼 것 같으면 지금 예수님께서 제자들에게 세상을 떠나시기 전에 마지막 훈시와 같이 말씀하시는 시간입니다. "너희가 근심하나 내가 다시 너희를 보리니 너희의 마음이 기쁠 것이요 너희의 기쁨을 빼앗을 자가 없느니라." 다시 예수님을 만나서 그에게 기쁨을 충만하게 하시는 그 날에 "너희가 아무것도 내게 묻지 아니하리라."

그리고 이제 하시는 말씀이 "내가 진실로 진실로 너희에게 이르노니 너희가 무엇이든지 아버지께 구하는 것은 내 이름으로 다 주실 것이다. 지금까지는 너희가 내 이름으로 아무것도 구하지 아니했지만 구해라 그리하면 받을 것이니 너희의 기쁨이 충만하리라." 예수 그리스도의 이름을 가지고 예수 그리스도가 마치 나를 대신해서 기도하는 것같이 아버지께 구하면 그 이름 때문에 우리가 구한 것을 받는다는 것입니다. 즉 예수님이 구했으니까 예수님에게 그걸 주셔야 하겠다는 아버지의 극진하신 사랑과 의사 곧 성부와 성자의 완전한 일치성으로 인해 그리스도에게 주시면 그것으로 말미암아 우리가 그것을 받는 것입니다. "받으면 너희 기쁨이 충만할 것이라" 하였습니다.

지금까지는 근심하고 있었지만 영광의 몸을 입으신 예수 그리스도 그분과 함께 대할 때 우리는 다시 어떻게 해야 할 것을 알고 필요한 것들을 위해서 예수 그리스도의 이름으로 구합니다. 구한 즉 아버지께서 그것을 주셔서 우리의 기쁨을 충만하게 하신다! 요컨대 확실한 그리스도의 영광의 자태를 다시 접하고 그리스도의 통일된 능력 아래 있을 때에는 우리의 마음 가운데 아무것도 흐릴 것이 없게 됩니다. 그래서 아버님을 기쁘시게 하기 위해 우리에게 무엇이 필요하고 또 무엇을 해야 하겠다고 생각합니다. 그렇게 그 나라의 거룩하고 충만한 영광을 더하게 하기 위해서 우리에게 주신 분수대로 각각 나가서 충실히 봉사하면서 필요한 것들을 구하는데, 그것은 마치 예수께서 이 사람에게는 이것이 필요하고 저 사람에게는 저것이 필요합니다, 하고 구한 것같이 되는 것입니다.

예수의 이름으로 구한다는 것이 참으로 기도에서 이렇게 중요한 일입니다. 예수의 이름 이외에 다른 이름을 가지고 구할 수 없습니다. 하물며 아무것도 아닌 내 자신의 이름 가지고는 구하지 못하는 것입니다. 우리가 예수의 이름으로 기도한다 할 때는 기도의 성격이라든지 기도의 의미가 어떠해야 할 것인지 자연히 규제가 되고 또한 거기에 나타나는 것입니다. 아무렇게나 예수의 이름만 쓰면 되는 것이 아니라는 말입니다.

또한 예수의 이름을 가지고 우리가 하나님 앞에 나와서 기도할 때에는 마땅히 예수님이 무엇을 아버님 앞에 구함직한 것으로 구하는 것입니다. 그러나 예수님은 내 사정을 속속들이 다 잘 아시고 나에게 관계된 것을 구하는 것입니다. 그런 까닭에 나 자신도

'예수님이 내 사정을 아시고 이 사정에 의해서 하나님께 무엇을 구하신다면 과연 이것을 이렇게 구하셨을까?' 스스로 물어볼 때 '그렇다 이것을 구해 주셨을 것이다' 하는 어떤 믿음이 있어야 합니다. 내 자신의 이 필요가 예수님의 성격과 일하심에 어떻게 관계가 되는지 생각해 봐야 합니다. 예수님이 새로운 영원한 생명을 내게 주신 사실과 나에게 늘 영광을 입혀 주시는 사실에 직접적으로 관계돼 있는 것인가를 충분히 말로 풀어 밝힐 수 있고, 그런 근거 내용들이 거기 함께 있어야 할 것입니다.

예수님이 구함직하지 못한 것을 구할 수 있겠는지를 생각해야 합니다. 죄악적인 것이라든지 자기 육신의 소욕대로 원하는 사욕(私慾)적인 것을 그저 예수의 이름으로 쓱쓱 빌어 가지고 하나님 앞에 구하면 되겠는가? 예수님께서 하나님 앞에 나의 사정 전부를 아시고 구할 때 그런 것을 구해 주셨겠는가? 이런 것들을 생각해 봐야 할 것입니다. 우리가 예수님의 이름으로 기도할 때 예수님의 성격과 또 예수님이 나의 판단을 인정하시고, 하나님 앞에 구해서 좋을 것이라고 여기시는 터 위에서 기도해야 한다는 것을 늘 염두에 두는 것이 옳습니다.

속죄의 공로를 절대적으로 의지해야 함

예수님의 이름으로 기도한다고 할 때 옛날 구약 시대의 성도들은 직접 언어로 그것을 표시하지 아니했습니다. 시편에도 많은 기도가 있으나 그 기도를 볼 때 예수의 이름으로 구한 데가 없어요. 그러나 기도한 내용을 보면 예수님께서 나의 처지에 서서 하나님 앞에 기도하시는 거와 같이 구한 내용들을 가지고 있습니다. 즉 기도의 성격과 내용 자체가 마치 오늘날 우리가 예수님의 이름으로 빈다고 하더라도 그보다 더 훌륭하게 빌 수 없는 정도로 성령님의 지시와 조명에 의해서 충만한 영감을 가지고 빌며 나갔다는 것을 우리가 알 수 있습니다. 그뿐 아니라 전체 기도의 밑바닥에 흐르는 것은 여호와의 사랑과 언약을 믿고 의지하는 사실입니다. '여호와께서 하신 큰일의 터 위에서 비로소 기도할 수 있는 자격을 가지고 구합니다' 하는 기본적인 위치를 절대로 고수하면서 기도했던 것입니다. 하나님께서 나를 속죄하셨다, 내가 하나님께 화목제를 드리고 하나님께서 그 제사를 받으사 나에게 제물의 일부를 내려주시는 위치에서 기도를 드렸다는 것입니다.

화목제란 원래 하나님 앞에 우리가 제사를 드리면 하나님께서 그것을 받으시고 나는 그 아래 하나님의 상에 앉아서 거기서 떠나지 않고 주시는 것을 또한 먹으라는 형식을 취하였습니다. 그런 제사의 형식 가운데서 표시하고 있는 내용은 하나님과 우리가 그렇게 화목한 교통, 아름다운 교제 가운데 있다는 것입니다. 나는 아버지 앞에 자기 죄를 고백하고 기도하고 찬송하고 예배를 드리며, 하나님께서는 내 것을 다 받으시고 '오냐, 너는 내 자식이니 이제 내가 너에게 주는 것을 배불리 먹어라' 하는 사실로 나타냅니다. 그런 까닭에 번제나 소제나 화목제를 드리는 이들로서는 당연히 속죄의 공로라는 것을 절대로 정확하게 의지해야만 합니다. 그것을 의지하지 않고서 하나님 앞에 나아가서 기도할 때 너희가 많은 기도를 할지라도 내가 듣지 않는다고 하셨습니다.

마음 가운데 죄를 품고 있으면서도 기도하는 경우 "내가 손이 짧아서 구원을 못하느냐? 귀가 막혀서 못 듣느냐? 네 죄가 나하고 너 사이를 다 이렇게 나눠 놨다"(사 59:1-2)고 지적하십니다. 또 사람들이 많이 나와서 헛되이 제사를 드릴 때 "내 마당만 밟을 뿐이니 내가 견디지 못하겠다"(사 1:12-13)고, 말씀하셨습니다. 요새 같으면 자꾸 예배당만 왔다 갔다 하면서 하나님이 말씀하시는 것에 대해서 귀담아 듣지 않는다 그것입니다. 하나님의 말씀을 듣고 그것을 시행해서 살아보려고 하지 않고 제멋대로 각각 제 길을 가면서 '우리는 구원을 받았습니다' 하고 왔다 갔다 하니까, 그렇게 많이 기도할지라도 하나님이 듣지 아니하신다는 말입니다. 이사야 선지자를 통해서 이스라엘 백성을 맹렬하게 타매한 것을 우리가 볼 수 있습니다.

우리는 지금 예수 그리스도의 이름으로 꼭 기도해야 하지만 가령 예수 그리스도의 이름을 과거에 쓰지 아니했던 시대라도 예수 그리스도의 이름에 의해서 기도하는 모든 신뢰와 신의(信依)의 내용이 구약의 성도들의 기도 속에는 다 포함되어 있었다는 것입니다. 과거 사람들이 어떻게 했는가 하는 문제가 중요하지 않고, 오늘날 우리는 어떻게 해야 할 것인지가 중요합니다. 예수 그리스도의 이름을 가지고 늘 기도해야 하는데 그것은 예수 그리스도의 이름이 자연스럽게 우리에게 지시하고 암시하고 또한 범위를 정해 주는 테두리 안에서 기도를 하게 합니다. 이런 성격을 가진 기도를 하는 것이 옳지 그것을 떠나서 인간의 무엇을 채우려고, 자기의 욕망을 채우려고 이 말 저 말을 해서 기도하는 것은 옳지 않은 것입니다.

하나님이 받으시는 열매를 맺으려면

우리는 예수 그리스도께서 지금 하나님 우편에 앉아 계시사 우리를 위하여 기도하시는 것을 압니다. 대제사장으로서 그와 같은 일을 하십니다. 로마서 8장 34절에도 있고 히브리서 7장 25절에도 그 말씀이 있습니다. 그뿐만 아니라 우리가 하나님 앞에 죄를 범했을 경우에도 우리가 나가서 죄를 고백한즉 우리 죄의 값을 대신해서 지시고 하나님 앞에 말씀하신 대언자가 있습니다. 파라클레토스(παράκλητος), 대언자란 말은 보혜사라는 말로도 번역되어 있는데, 또한 요한일서 2장 1절에도 "아버지 앞에서 우리에게 대언자가 있다"고 나옵니다. 나를 대신해서 내 죄에 대해서 변호하실 뿐 아니라 죄 값을 친히 치러 주신 그분이 '이 죄에 대한 죄 값을 대신 받으시옵소서' 하신다 말입니다. 이렇게 해서 내가 하나님 앞에서 떨어지지 않도록 하십니다. 하나님의 거룩한 사랑과 은혜의 위치에서 내가 떨어지지 아니하도록 늘 보존하시는 일을 계속적으로 나를 위해서 하시는 것입니다. 그 이유는 내가 완전한 자가 못 되고 인생에 속하여 때때로 죄를 범하고 비꾸러지고 때때로 하나님을 슬프시게 하는 까닭에 그럴 필요가 생기는 것입니다.

그러나 그러한 분의 이름을 가지고 하나님 앞에 나아가서 기도할 때는 내 죄를 용서해 주시고 나를 붙들어 주시사 다시 세워 주시기를 바라는 정신을 가져야 한다는 것이 전부가 아닙니다. 그렇게 나를 세워 주셨을 때 주께서 나를 거저 구원하신 게 아니지요. 그리스도의 보혈의 공로로 사서 당신의 피 값으로써 나를 건져내심으로 땅 위에서 그리스도를 증거하고 하나님 나라의 영광을 나타내도록 하신 것입니다. 하나님의 백성으로, 하나님의 각원으로 세우신 큰 뜻을 내가 이뤄야 하겠다는 기본적인 나의 사명이 거기에 서 있는 것입니다. 그런 인간으로서 가지는 자기의 의무와 사명을 이행하기 위해서 내가 있는 까닭에 거기에 의해서 길을 향해 가면서 기도해 가는 것입니다.

그러므로 기도해서 무엇을 얻는 목적이 어디에 있느냐? 하나님 당신의 거룩하신 계획과 경영하시는 일을 나의 몸 위에서 잘 이뤄 가도록 하려는 데 있는 것입니다. 그러려면 내가 건강히 살고 건전하게 살고 하나님을 사랑하고 살고 바르게 늘 살아야 한다는 것이 기본인 까닭에 이 기본적인 문제를 위해서 항상 우리가 기도하는 것입니다. 우리가 이 세상에서 무능하게 무력하게 의미 없이 살다가 죽어 버려서는 아니 되겠고, 자신이 하나님 앞에 당신이 요구하시는 열매를 드리는 생활을 해야 합니다. 하나님이 기쁘게 받으시는 열매를 맺으며 살아야 할 것인데, 그런 생활을 하려면 성령님으로 가르쳐 주시는 대로 사는 것이 길입니다. 그런 열매를 의의 열매라고도 하고 성령의 열매라고도 합니다. 성령의 열매는 사랑 희락 화평, 인내와 자비와 양선, 그리고 충성과 온유와 존절한 것이라 하였습니다(갈 5:22).

그런 열매를 어떻게 맺느냐? "너희는 성령을 좇아 행하라. 그러면 육신의 욕심을 이루지 아니할 것이다"(갈 5:16). 예수를 믿는다고 하면서도 하루에 열 번도 더 옛사람이 일어나서 나를 지지누르고 끌고 나가는 데서, 나는 성령을 좇아 행함으로만 육신의 열매를 맺지 않고 하나님이 기뻐하시는 바른 열매를 맺는다는 것을 우리가 다 압니다. 그렇다면 성령을 의지해서 살기를 위해서 늘 기도해야 합니다. 죄와 불의와 유혹이 나를 지배하려고 할 때 그걸 물리쳐 주시며 나를 건져내 주시길 늘 기도하는 것입니다. 주께서 기뻐하시는 것이 무엇인지를 알고, 그대로 살기 위해서 적극적으로 기도하는 것이 가장 중요한 일이라 말씀입니다. 이런 중요한 문제들에 대해서 예수님 이름을 가지고 담대하게 때를 따라서 돕는 은혜를 얻기 위해서 성소에 나아갈 것이라고 했습니다. 아까 맨 처음에 말한 히브리서 4장 16절 말씀입니다. 이렇게 하나님 앞에 나아가서 기도해야 할 것이고, 우리가 예수의 이름을 써서 기도할 때 그것이 무엇을 뜻하는 것인지 바로 알고 사용해야 합니다. 너무나 익어서 그 이름이 의미하는 바를 알지 못하고 맹목적으로 그냥 기도문에 붙어있는 말인 줄 알고 써서는 안 된다 말씀입니다.

예수님의 이름이 대표하는 것 가운데 우리가 늘 기억하고 있어야 할 것은 요한복음 6장 38절부터 있는 말씀입니다. "내가 하늘로서 내려온 것은 내 뜻을 행하려 함이 아니요 나를 보내신 이의 뜻을 행하려 함이니라." 또 한 군데는 요한복음 10장 28절입니다. 예수님께서 당신에게 속한 양들에 대해서 말씀하시되 "내가 저희에게" 여기서 저희는 양들 즉 우리들, 예수를 믿고 따르는 자들입니다. "내가 저희에게 영생을 주노니 영원히 멸망치 아니할 터이요 또 저희를 내 손에서 빼앗을 자가 없느니라" 29절 "저희를 주신 내 아버지는 만유보다 크시매 아무도 아버지 손에서 빼앗을 수 없느니라" 30절 "나와 아버지는 하나이니라 하신대" 예수 그리스도의 이름이 우리에게 무엇을 보이는가를 알 수 있는 명백한 것이 여기에 나옵니다.

예수님의 뜻은 곧 하나님의 뜻입니다. 이 세상에 육신을 입고 내려오셨을 때 "내가 이 세상에 하늘로부터 내려온 것은 내 뜻을 행하려고 한 것이 아니라 나를 보내신 이의 뜻을 행하려고 함이다"(요 6:38). 나와 아버지는 일체라. 즉 하나님 아버지의 뜻을 이 땅 위에서 계시하고 행하려고 나오신 것이라 말입니다. 그런 예수님이 하나님 앞에 뭘 구하면 하나님과 일체인 심정에서 거기에 모순이나 착오가 하나도 없이 그대로 통하는 것입니다. 단순히 여기서 구하고 저기서 대답해 주는 식의 상태가 아니라 하나의 정신과 하나의 생각으로 전체가 하나로서 통한다 말입니다.

우리가 예수의 이름으로 구할 때 예수 그리스도께서 우리에게 영원한 생명을 주셔서 그와 더불어 연결이 돼서 하나가 됐으면 우리도 역시 예수 그리스도의 뜻을 바로 알아야 할 것입니다. 그리스도께서 우리에게 계시하신 하나님의 거룩하신 뜻을 바로 알고서 그 뜻에 따라서 구하며, 또 나와 관계돼 있는 여러 가지 뜻을 아는 것이 필요합니다. 하나님께서 나를 세상에 두신 본래의 거룩한 뜻과 계획을 내가 바로 알고 거기에 의해서 하나님 앞에 예수의 이름을 가지고 기도하는 것이 옳은 것입니다. 그렇게 하지 않으면서 우리가 예수의 이름을 함부로 쓰면 그를 오히려 욕되게 하는 것입니다. 그러고서도 마치 기도한 것같이 생각하는 것은 옳지 않습니다. 하나님의 뜻을 생각한다는 것이 중요합니다. 하나님 당신이 구체적으로 나에게 보이신 것을 깨닫고 거기 의해서 기도한다는 것은 중요한 일입니다.

기도

사랑하시는 주님, 예수 그리스도의 이름으로 나와서 기도하는 것은 예수 그리스도께서 함직한 말씀을 드리는 것이옵니다. 하나님과 일체이신 주께서 또한 저희에게 영생을 주셔서 그 영생에 의해서 저희가 혼연히 그리스도와 연결된 터 위에서 그 생명이 바로 발전하고 또한 열매를 맺어야 하겠사옵니다. 그러기 위해서 필요한 것들을 예수 그리스도의 계시에 의해서 깨달은 대로, 또한 성령님의 역사 위에서 바로 주께 고하는 데 있음을 믿사옵나이다. 주 예수의 이름을 의지해서 기도한다면서 자기의 긴 기도나 오랜 기도나 자기의 종교 열정에 의지하는 심정이 만일 있다면 그것이 그릇된 것임을 아나이다. 주님, 이런 데서 저희를 건져 주시고 진정으로 예수님만을 의지하고 주께서 드림직한 거룩한 내용을 하나님의 뜻을 따라서 늘 기도드리고 살게 하옵소서.

예수님 이름으로 기도하옵나이다. 아멘.

1978년 5월 21일

성구색인